C. H. BECK
STUDIUM

Wolfgang Kaschuba

Einführung in die Europäische Ethnologie

Verlag C. H. Beck München

1. Auflage. 1999
2., aktualisierte Auflage. 2003

3. Auflage. 2006

Satz: Fotosatz Buck, Kumhausen
Druck und Bindung: Nomos, Sinzheim
Umschlagentwurf von Bruno Schachtner, Dachau
Gedruckt auf säurefreiem, alterungsbeständigem Papier
(hergestellt aus chlorfrei gebleichtem Zellstoff)
Printed in Germany
ISBN-10: 3 406 50462 0
ISBN-13: 978 3 406 50462 4

www.beck.de

Inhalt

II. Begriffe und Theorien

III. Methoden und Felder

Anhang

Einleitung

Wissenschaftliche Einführungstexte in die Geschichte und die Perspektiven eines Faches sind stets „Problembücher" – und dies in doppeltem Sinn: Sie handeln von Problemen, und sie sind selbst ein Problem. Was damit gemeint ist, im allgemeinen wie im speziellen Fall der Europäischen Ethnologie, soll im folgenden ein wenig erläutert werden. Ich beginne dabei mit der zweiten Problemstellung.

Eine Einführung ist primär gedacht für Studierende und Interessierte, denen sie einen Einblick in die Denkweisen eines Faches vermitteln sowie konkrete Orientierungshilfen geben will auf dem oft unübersichtlichen Weg durch Seminare, Themen und Theorien. Diese Bestimmung hat Konsequenzen für die Darstellung, die sich daher auf das Wesentliche des Stoffes begrenzen und dazu im Stil möglichst lesbar und verständlich sein soll. So wird man jedenfalls vernünftigerweise als Autor denken müssen – aber man wird vielleicht nicht ganz so vernünftig dann auch handeln und schreiben können. Denn es kommt noch ein anderer Umstand ins Spiel, über den man eher selten spricht: Jeder Verfasser einer Einführung wendet sich beim Schreiben zwar mit den besten Absichten an die Studierenden als die künftigen Leser. Er schielt hinter deren Rücken aber natürlich schon auch zu den Kolleginnen und Kollegen im Fach hinüber, deren sachkundige Reaktionen und Urteile folgen werden. Und da es bei einer Einführung um nicht weniger als das „Gesamte" einer Wissenschaft geht, muß er schon vorher vermuten, daß deren spätere Kommentare eigentlich nur kritisch bis negativ ausfallen können, denn (fast) alles ließe sich auch ganz anders sehen und wesentlich anspruchsvoller darstellen. Diese ungemütliche Erwartung wiederum begünstigt – wie wir dann ahnungsvoll an unserem eigenen Schreiben beobachten – eine gewisse Tendenz zur Langatmigkeit und Umständlichkeit der Darstellung, um solcher Kritik antizipierend zumindest einige schützende Nebelwände entgegenzustellen. Gerade dies aber wollte man ja eigentlich vermeiden ... – Ich breche hier ab, weil damit jenes Dilemma hinreichend deutlich geworden sein dürfte und zugleich auch die darin angedeutete Bitte um Nachsicht, wenn nicht immer eine „uneitle" literarische Lösung des Problems gefunden wurde.

Nun hat jede Not angeblich auch ihre Tugend. Wenn dem so ist, könnte sie hier darin bestehen, daß allein schon die zu behandelnde

Stoffülle fast nur auswählende und vereinfachende Darstellungsformen zuläßt. Und eine einfache Darlegung komplexer Sachverhalte gehört bekanntlich zu den kompliziertesten Übungen im Wissenschaftsgeschäft überhaupt. Zudem zwingt eine Einführung zu dem Versuch, über wissenschaftliche Einzelfragen und Einzelthemen hinaus ein zusammenhängendes Bild eines Faches zu entwerfen, das sich mit seinen vielen Bereichen und Feldern meist recht energisch gegen solche Überblicksdarstellungen sperrt.

Ein zweites Problem ergibt sich bereits aus dem Titel dieses Bandes: Was meint Europäische Ethnologie im disziplinären Sinn? Wer deutsche oder europäische Universitätsverzeichnisse durchblättert, wird auf diese Fachbezeichnung eher selten treffen. Unter den gegenwärtig 19 deutschen bzw. 26 deutschsprachigen volkskundlich orientierten Instituten gibt es nur fünf, die sich – teils in variierenden Begriffsverbindungen – so nennen. In Schweden hingegen ist diese Bezeichnung selbstverständlich, und auch in den osteuropäischen Ländern wird sie zunehmend benutzt – vor allem, wenn dort Konzepte aus der amerikanischen Anthropologie dem Fach Pate standen. Bis vor wenigen Jahren noch erschien die Verknüpfung von „Europa" und „Ethnologie" in Deutschland ohnehin als eher unangemessen, da mit dem Stichwort „Ethnologie" in aller Regel die Völkerkunde assoziiert wurde, die ihre Forschungsfelder überwiegend außerhalb Europas gefunden hatte. Dies hat sich inzwischen insofern verändert, als sich im Rahmen einer Europäischen Ethnologie heute Forschungsrichtungen begegnen, die einerseits aus der Tradition der deutschen Volkskunde, andererseits aus den Theorie- und Methodenbeständen der Völkerkunde wie der Kultur- und Sozialanthropologie stammen. Bei allen Unterschieden im Zugang wie im Verständnis besteht ein gemeinsames Interesse daran, Kultur in der Vielfalt ihrer Bedeutungen und Praktiken vor dem Horizont europäischer Geschichte und Gesellschaftlichkeit auszuleuchten und diesen wiederum – nicht erst seit 1989, aber seitdem verstärkt – in globalen Zusammenhängen zu betrachten.

Ein Copyright auf die Fachbezeichnung „Europäische Ethnologie" gibt es also nicht, da sie weder in der volkskundlichen noch in der völkerkundlichen Fachtradition systematisch festgeschrieben war und da sich bei den Versuchen ihrer inhaltlichen Füllung zugleich vielfache Berührungspunkte zwischen den beiden Nachbardisziplinen ergeben. Ich werde hier eine aus der ehemaligen Volkskunde entwickelte Perspektive vertreten, die für mich eine/meine eigenständige und neue Fachidentität verkörpert. So wird auch verständlich, daß diese Darstellung immer mehr eine deutsche sein wird als eine europäische, die eben auch nicht einfach aus „nationalen" Blikken zusammengesetzt werden kann.

Damit ist bereits ein drittes Problem angeschnitten, nämlich die Frage, wie sich die Europäische Ethnologie in ihrem thematischen, theoretischen wie methodischen Selbstverständnis definieren läßt. Eine ausführliche Antwort darauf soll in diesem Buch versucht werden. In dieser Einleitung will ich jedoch zunächst nur skizzieren, was sie meiner Auffassung nach jedenfalls *nicht* ist oder sein soll: Sie ist nicht die Wissenschaft vom Ethnos, wenn damit ein vermeintlich historisches Prinzip abstammungsgemeinschaftlicher Entwicklung gemeint sein soll. Sie kann auch nicht die europäischen Gesellschaften als die „eigene" und die außereuropäische Welt als die „fremde Kultur" betrachten, analog den früheren Definitionen einer „deutschen" Volks- und einer „überseeischen" Völkerkunde. Und sie darf meiner Auffassung nach ebensowenig als eine „europäische Völkerkunde" mißverstanden werden, die einen bunten Bilderbogen vorgeblich homogener National- oder Regionalkulturen von Island bis Italien zu entwerfen hätte. Nun könnte man natürlich versuchen, das Fach gleichsam von innen her zu beschreiben, etwa indem die empirischen Gegenstände, die theoretischen Orientierungen oder die methodischen Zugänge aufgeführt werden, um die es hier geht. Allerdings ist auch dieser Weg nicht sonderlich erfolgversprechend, denn weder ergibt sich aus der bloßen Addition von Gegenständen und Werkzeugen ein tragfähiges Gebäude, noch befinden sich die meisten Themen, Theorien und Methoden im Alleinbesitz des Faches.

Ich beende daher die Aufzählung solcher negativen oder unzulänglichen Bestimmungsversuche mit dem Hinweis, daß handbuchartige Definitionen eben meist wenig hilfreich sind. Dies ist nun allerdings kein Fachspezifikum der Europäischen Ethnologie. Entsprechende Kurzformeln für die Psychologie oder die Mathematik erscheinen uns auch nur solange befriedigend, wie wir uns nicht näher damit beschäftigen. Zu verstehen, was Europäische Ethnologie bedeuten soll, heißt letztlich also, jene Problemsichten in einiger Ausführlichkeit nachzuvollziehen, die das Fach im Laufe seiner Geschichte entwickelt hat. Dabei will dieses Buch mit mehr als einem Satz behilflich sein.

Damit bin ich bei einem vierten Problem. Als universitäres Fach ist die Europäische Ethnologie eine verhältnismäßig junge Disziplin, die ihr Selbstverständnis immer wieder neu suchen muß und sich deshalb in ihren Orientierungen vielleicht auch schneller bewegt und verändert als andere Studienfächer. Das ist einerseits ihrem volkskundlichen Erbe geschuldet, das nach 1945 dazu zwang, sich in einem mühevollen Prozeß von den Traditionen völkischer Wissenschaft zu lösen. Zum andern läßt ihr zentraler Gegenstand, die *Kultur* in all ihren vielfältigen Erscheinungsformen und Wandlungen, eine Statik der Begriffe wie ein bequemes Sich-Einrichten in stabilen

Selbstverständnissen kaum zu. Betrachtet man die Dissertationsthemen im Fach über die letzten Jahrzehnte hinweg, so zeigt sich dieser schnelle Wechsel der Perspektive sehr deutlich – vielleicht nicht unmittelbar in der vordergründigen Themenwahl, aber doch in bezug auf den Themenschnitt und den Themenzugang. Forschungen zu Karneval, Festen oder Kleidung etwa finden sich in den 1950er Jahren ebenso wie heute. Aber sie sind nunmehr doch einer vielfach anderen, aus den Gegenwartsinteressen und -erkenntnissen formulierten Fragestellung unterworfen und begnügen sich meist nicht mehr mit einem historischen Rückblick auf vermeintlich abgeschlossene historische Welten und Prozesse.

So ist das Fach in seinen Themen und Leitbegriffen ständig in Bewegung. Das macht es spannend und schwierig zugleich, vor allem für Studienanfänger und -anfängerinnen, die verständlicherweise klare Orientierungslinien und Verständnishilfen suchen. Die bietet das komplizierte Gelände der Kultur nun leider weniger an, dafür aber eine interessante Herausforderung für diejenigen, die sich auf Wege begeben, deren Verlauf sie an deren Beginn noch nicht klar übersehen können. Das klingt vielleicht nach Abenteuerstudium, meint jedoch Wissenschaft in ihrem vollen Wortsinn.

Kaum gemildert wird dieses Orientierungsproblem durch das Außenbild der Europäischen Ethnologie, das in mancher Hinsicht schillernd wirkt. Das Fach scheint zuständig für vieles, was zum klassischen Repertoire der Volkskunde gehörte wie Feste, Bräuche und Trachten, aber eben auch für viele ganz aktuelle Phänomene im Zusammenhang von Migration, Tourismus oder Medien. Zum Teil drückt sich in dieser sehr unterschiedlichen Außenwahrnehmung auch der Wandel im Selbstverständnis des Faches aus, der in der Öffentlichkeit nur mit zeitlicher Verzögerung vermittelt werden kann. Dabei geht es keineswegs darum, sich beispielsweise für die Trachtenfrage unzuständig zu erklären, sondern um die Vermittlung neuer Perspektiven dazu im Sinne einer Kleidungs- oder Symbolforschung. Doch hat diese verschobene Außenwahrnehmung neben einigen negativen auch gute Seiten, denn sie verweist auf das breite Spektrum des in unserem Fach – vermeintlich oder tatsächlich – produzierten Wissens, das wiederum ein vergleichsweise breites Spektrum von Berufsmöglichkeiten für seine Absolventen eröffnet. Denn auch in dieser Hinsicht hat sich viel „bewegt“: Neben den klassischen Berufsbereich der Museen und Ausstellungen sind längst Arbeitsbereiche in der Erwachsenen- und Weiterbildung getreten, in den verschiedenen Medien, in der Kulturplanung wie im Kulturmanagement. Auch dies gehört also zur Charakteristik des Faches, zu jenem Wechselspiel von Selbstbildern und Außenbildern, von dessen Reibung und Spannung wir letztlich profitieren.

Dennoch bleibt ein fünftes Problem: die Frage nach dem spezifischen Profil Europäischer Ethnologie. Denn mit dem Hinweis auf die Veränderungen im Verlauf der jüngeren Fachgeschichte, auf die vielfältigen Verbindungen und Schwerpunkte, die im interdisziplinären Raum gesucht und gefunden worden sind, auf die Vielfalt der gängigen Theorien und Methoden kann keinesfalls gemeint sein, daß wir auf dem Wege zu einem beliebigen Sammelfach und zu einer thematischen Trendbörse sind. Sich in vielfältigen Feldern erfolgreich zu bewegen setzt vielmehr eine markante Handschrift voraus, die sich im Falle der Europäischen Ethnologie sicherlich aus der Mischung von Themen, von Betrachtungswinkeln und von Darstellungsweisen ergibt. Keiner dieser drei Faktoren reicht für sich genommen aus, sondern es ist deren Mischung, die das Fach ausmacht. Dies zeigt sich gerade in Themenfeldern nahe den großen Forschungsautobahnen. Im Bereich der Reise- und Tourismusforschung etwa tummeln sich neben Volkskunde/Europäischer Ethnologie längst auch Germanistik und Geschichtswissenschaft, Soziologie und Geographie, Kunstgeschichte und Wirtschaftswissenschaften. Auch dort wird erfolgreich gearbeitet, aber eben nicht mit jenem kulturellen oder ethnologischen Blick, der uns bestimmte Problemsichten und Theorien nahelegt, der uns zu bestimmten methodischen Annäherungen an Thema und Feld auffordert, um – jedenfalls meistens – dadurch zu einer Perspektive mit unverwechselbarer Handschrift zu gelangen.

Nun mehren sich gegenwärtig Stimmen im Fach, die davor warnen, daß dieses neue Profil zu schwach sein könne. Daß es strategisch vernünftiger sei, sich wieder stärker auf thematische Schwerpunkte zu konzentrieren, wie sie in der volkskundlichen Fachgeschichte erfolgreich herausgebildet worden seien – Schwerpunkte etwa in der historischen Kulturforschung oder in der Folkloristik. Erfolge diese Rückbesinnung nicht, würden diese Stammlande des Faches von anderen, expansiveren Disziplinen besiedelt. Und in den neueren, oft auch stärker gegenwartsbezogenen Feldern werde ein kleines Fach von der großen sozialwissenschaftlichen und sozialgeschichtlichen Konkurrenz ohnehin leicht erdrückt.

Gewiß muß man sich um die „kognitive Identität" (Lepenies 1981: 1) des Faches Gedanken machen, also um jenes Verhältnis von innerem Selbstverständnis und öffentlicher Wahrnehmung, das letztlich auch über universitäre Haushalte, über Forschungsressourcen und insbesondere über die Berufschancen der Absolventinnen und Absolventen entscheidet. Und daß Kultur Konjunktur hat, daß kulturwissenschaftliche Studiengänge gegenwärtig gleichsam wie Pilze aus dem Boden schießen, sollte uns gewiß veranlassen, diese Schwemme skeptisch zu beobachten und genau zu überlegen, ob und wo wir unseren Stand auf diesem überlaufenen Markt plazieren wollen.

Jedoch scheint mir die Gefahr des Aufgehens im Modischen, in Konjunkturen und ihrem schnellebigen Sinnstiftungsgeschäft letztlich erheblich geringer zu sein als jene andere Gefährdung, die aus solchen Bedrohtheitsszenarien entsteht und die das Fach mit dem Rückverweis auf angeblich glorreiche Vergangenheiten lähmt. Gerade die Entwicklung der letzten drei Jahrzehnte: das Zugehen auf Gegenwartsprobleme, ohne die historische Dimension zu verlassen, die Öffnung zu sozialwissenschaftlichen, sozialgeschichtlichen und kulturanthropologischen Theorien und Methoden, ohne das volkskundliche Handwerkszeug beiseite zu legen, die theoretische Anstrengung, ohne deren empirischen Ausgangspunkt aus den Augen zu verlieren – gerade diese Beweglichkeit des Faches also hat es aus einer beschaulichen Nische der Wissenschaftslandschaft der Nachkriegszeit in wissenschaftliche und gesellschaftliche Diskussionszusammenhänge treten lassen, aus denen wir unsere heutige kognitive Identität wesentlich beziehen. Und diese veränderte Identität scheint mir nicht beliebig, sondern zeigt wiederum spezifische Züge. Unsere Handschrift bleibt erkennbar, auch wenn unser Außenbild in durchaus unterschiedlicher Facettierung wahrgenommen wird. Damit aber können wir leben, sogar gut leben, weil dies einer tatsächlichen Pluralität und Vielseitigkeit unseres Faches entspricht. Von dieser Vielgestaltigkeit unserer Institute und Arbeitsgebiete profitieren wir – solange daraus nicht Beliebigkeit wird. Und die sehe ich bislang nur in Einzelfällen. Nichts wäre daher wohl kontraproduktiver, als sich im wissenschaftlichen Gelände wieder in das Fachwerkhaus zurückzuziehen, dessen dicke Butzenscheiben Ein- wie Ausblicke verhindern.

Mit den genannten Problemen ist zugleich auch die Absicht dieser Einführung beschrieben. Sie kann und will keine kurzen, oberflächlichen Antworten darauf geben, was Europäische Ethnologie als Fachbezeichnung oder Kultur als Beobachtungsgegenstand meint; sie soll vielmehr dabei helfen, zunächst die richtigen Fragen zu entwickeln. Denn diese Fähigkeit, Erkenntnis erschließende Fragen an den Gegenstand zu formulieren und zu wissen, daß diese meist langlebiger sind als schnelle Antworten, ist für mich eine ganz wesentliche Qualität von Kulturwissenschaft.

Nun gibt es gewiß viele Möglichkeiten, eine solche Einführung zu konzipieren. Die hier gewählte Form und Gliederung mag vielleicht wenig originell erscheinen, weil sie mit dem üblichen Zugang über die Entwicklung der Fachgeschichte beginnt, dann in einem zweiten Teil zentrale Begriffe und Theorien diskutiert und in einem dritten Abschnitt Felder und Methoden der Forschung vorstellt. Doch hat diese Konventionalität auch ihre Logik: Sie will es ermöglichen, das Fach auf dem Wege der Veränderung seiner Selbstverständnisse und seiner Begriffe zu begleiten, seine Abhängigkeit vom jeweiligen Zeitgeist zu reflektieren, die Pfade der Erschließung neuer Themen- und Forschungsfelder mitzugehen. Das scheint mir unverzichtbar angesichts des ständigen Wandels unserer Leitbegriffe und ihres zusätzlichen Bedeutungswandels: Volk, Tradition, Kultur ...

Die relativ breite Berücksichtigung der Fachgeschichte hat aber noch einen zweiten Grund. Neben dem Hinweis darauf, wie sehr stets Veränderungen die Geschichte unseres Faches begleitet haben und prägten, wie oft zentrale Begriffe wechselten oder – häufiger noch – blieben, jedoch mit veränderter Bedeutung, mag sie uns auch als Mahnung für unser gegenwärtiges Verständnis von Kultur und Gesellschaft dienen. Sie soll uns mahnen, nicht dem Irrtum zu verfallen, wir sähen heutige gesellschaftliche Problemlagen sozusagen von einem Gipfel der Erkenntnis, der letztgültige Klarsicht bedeute. Das Wissen um die Zeitgebundenheit von Deutung und Erkenntnis gehört vielmehr zur Grundauffassung gerade einer Wissenschaft, die sich mit Erscheinungsformen der Kultur beschäftigt.

Andererseits kann diese Einführung keine Gesamtdarstellung der Fachgeschichte und Fachlandschaft bieten. Dazu sind die Felder und Themen inzwischen zu breit, die Theorien und Methoden zu vielfältig geworden. Was dargestellt wird, folgt vielmehr einer subjektiven Auswahl, die sich darum bemüht, an exemplarischen Ausschnitten möglichst plastisch die Entwicklung hin zum Problem- und Themenhorizont der späten 1990er Jahre nachzuzeichnen. Ein anderer Autor – oder auch derselbe ein Jahrzehnt später – würde vielleicht manchen anderen Ausschnitt wählen. Und jeder wird in dem hier Vorgestellten vieles vermissen, auch ich. Bei allen Überlegungen zu einem systematischen Aufbau solch einer Einführung soll sie aber auch die Möglichkeit bieten, quer gelesen und als Nachschlagewerk gebraucht zu werden. Sie ist gedacht als Einstiegshilfe für Neugierige, als Orientierung für Studierende, als Hilfsmittel für „einsam" Forschende – und sei es nur als ein stiller Dialogpartner, dessen Erkenntnisse sich vielleicht gar nicht neu und deshalb beruhigend für das eigene Arbeiten lesen.

Am Ende dieses Anfangs ist schließlich Dank abzustatten. Dank an die Studierenden unseres Berliner Instituts, die meine Einführungsvorlesungen – wie sie zumeist versichern – ohne größere Schäden überstanden haben und mir dabei Kritik und Ermutigung zurückgaben. Dank an die Kolleginnen und Kollegen am Berliner Schiffbauerdamm, von deren ähnlichen wie anderen Betrachtungsweisen des Faches und seiner Themen ich viel gelernt habe. Dank namentlich an Beate Wagner und Evelyn Riegel, ohne die das Manuskript, an Victoria Schwenzer, Alexa Färber und Cornelia Kühn, ohne die Anmerkungen und Literaturverzeichnis nie zustande gekommen wären, und an Hermann Bausinger, Stefan Beck, Gisela Kirschberg, Stefanie Krug, Peter Niedermüller und Gisela Welz, die manchem nicht zu Ende Gedachten noch zu einem Sinn verhalfen. Dank insbesondere auch an Karin Beth, ohne deren beharrliche Nachfragen und freundliche Ermutigung und Betreuung das Buchprojekt sicherlich im Status der Oral History verblieben wäre. Und Dank schließlich auch an Gisela und NoJo für den geduldigen Umgang mit einem oft nur „flüchtig" anwesenden Familienmitglied.

I. Zur Wissens- und Wissenschaftsgeschichte

Die Wissenschaftsgeschichte eines Faches darzustellen ähnelt in vieler Hinsicht dem Abfassen eines Lebenslaufes für die Bewerbung um eine Stelle: Am Ende sollte plausibel geworden sein, weshalb und wie der Lebenslauf, die Ausbildung, die vorherigen beruflichen Stationen fast zwangsläufig jene Qualifikation ergeben haben, die haargenau auf die gewünschte Stelle paßt. Ein Werdegang wird so dargestellt, als sei er linear auf diesen Punkt zugelaufen – auf ein Ziel, das vorher doch unabsehbar in der Zukunft lag.

Ein wissenschaftliches Fach schreibt seine Lebensgeschichte kaum anders. Es muß sie ebenfalls so darstellen, als habe ihre Entwicklung systematisch auf die Gegenwart zugeführt, als habe sie gewissermaßen nur so verlaufen können. Denn die Geschichte des Faches legitimiert seine Gegenwart. Sie rechtfertigt Kontinuitäten in den Themen, Theorien und Methoden. Sie rechtfertigt aber auch Veränderungen, Abweichungen, neue Horizonte – dann nämlich, wenn ein Bruch mit der Geschichte die Position der Gegenwart in ein besseres Licht zu rücken vermag. Damit ist Fachgeschichtsschreibung immer auch ein Stück Flurbereinigung: Die Vergangenheit wird als eine säuberlich gegliederte Landschaft hergerichtet, die auf die Gegenwart zuläuft bzw. die von der Gegenwart aus bequem als zurückgelegter Weg überblickt werden kann. Was in der geschichtlichen Landschaft an Umwegen, an Abweichungen und Verirrungen stattgefunden hatte, bleibt weithin ausgeblendet. Es wäre einmal ganz interessant, diese andere Geschichte der Ab- und Umwege zu schreiben, die in unser heutiges Bild nicht mehr passen. Dabei sind wir natürlich nicht die ersten Flurbereiniger, sondern wir setzen mit unserer Darstellung auf bereits vorhandenen Karten und Marksteinen auf, die von unseren Vorgängerinnen und Vorgängern im Fach gezeichnet und gesetzt wurden. So baut sich schichtweise das auf, was sich später unter dem Signum geschichtlicher Kontinuität und wissenschaftlicher Disziplinarität stolz vorweisen läßt.

Nun ist dieser Hinweis auf das vielfach Ausschnitt- und Konstrukthafte der Wissenschaftsgeschichte kein Argument gegen die Beschäftigung mit ihr. Im Gegenteil: Immer wieder ist neu zu rekonstruieren, wie wir die Fachgeschichte sehen, welche Themen, Felder, Methoden, Theorien, Begriffe wir aus welchen Gründen fortgeführt haben und weshalb anderes verändert wurde, auch was sich unter derselben Begrifflichkeit inhaltlich gewandelt hat. Denn diese Beschäftigung vermittelt wichtige Aufschlüsse über die Identität eines Faches, da sie nicht nur zeigt, wer wir sein wollen und daß wir uns dabei auf ständig wechselnde Selbstbilder beziehen. Vielmehr wird auch deutlich, welche Vorstellungen vom Fach „draußen" in der Gesellschaft zu unterschiedlichen Zeiten existierten, welche Außenbilder und Fremdzuschreibungen uns also ebenfalls beeinflußt haben.

Der Sozialwissenschaftler Wolf Lepenies prägte vor einigen Jahren den Begriff der „kognitiven Identität" einer Wissenschaft, deren Selbstverständnis sich immer in dieser Wechselwirkung von Innen- und Außenwahrnehmung, von Selbst- und Fremdbildern herstellt. In dieser Formel von der kognitiven Identität ist auch die Vermutung enthalten, daß nicht nur Zufälle darüber entscheiden, wer um 1900 Volkskunde betrieb oder wer heute Europäische Ethnologie studiert. Es ist vielmehr diese Fachidentität, so diffus und wenig konkret ihre Bilder gerade für StudienanfängerInnen sein mögen, die bestimmte Interessen weckt und Gruppen anzieht. Kleinere Umfragen in unseren Berliner Einführungsvorlesungen wie an anderen Instituten des Faches bestätigen immer wieder, daß die Studienentscheidung im Zusammenhang mit zum Teil doch recht präzisen Vorstellungen von den Themen des Faches wie von seiner spezifischen Wissenschaftskultur gefällt wird. Dazu zählt als Charakteristikum vor allem, daß viele der Themen und Fragen, die wir wissenschaftlich betrachten, reflexiv zwischen Wissenschaft und Gesellschaft vermitteln und daß sie zugleich Problemfelder unserer eigenen Lebens- und Alltagswelt verkörpern. Wer sich mit nationalen und ethnischen Bildern beschäftigt, mit Lebensgeschichten und Körpergeschichten, mit Fragen der Eßkultur oder der Reisekultur, der wird die daraus gewonnenen Erkenntnisse nur schwerlich getrennt halten können von den eigenen Alltagserfahrungen. Unsere Forschungsfelder sind in diesem Sinne selten isolierbar und distant, weil wir uns darin selbst als Faktoren wie Akteure erleben, meist in der Doppelrolle des beobachtenden Wissenschaftlers und des handelnden Alltagsmenschen.

Zugleich fordert diese spezifische Alltagsnähe unserer Themen und Felder die Öffentlichkeit außerhalb unseres Faches geradezu dazu auf, sich dafür aufgrund eigenen Alltagswissens ebenfalls zuständig zu fühlen. Diese Erfahrung, daß in vielen unserer Forschungsbereiche fast jeder mitreden zu können glaubt, ist vielleicht ernüchternd, wenn man sich unter Wissenschaft einen exklusiven Ort gelehrter Disputation über den gesellschaftlichen Niederungen vorstellt. Betrachten wir jedoch unsere Fachgeschichte, so ist diese Alltagsnähe stets ein Signum unseres Faches gewesen. Lediglich der Blick auf entferntere, „exotische" Kulturen etwa in Übersee schützte eine Zeitlang durch die räumliche Distanz vor dieser Laienethnologie. Wer Wissenschaft freilich in der Nähe der Gesellschaft wissen will, dem wird dieser Umstand Bestätigung dafür sein, daß unsere Themen jedenfalls nicht in akademischen Elfenbeintürmen spielen, und der wird dies begrüßen.

Nun stellt sich diese Fachidentität in den verschiedenen europäischen Ländern und selbst innerhalb der deutschen Fachlandschaft von Institut zu Institut durchaus unterschiedlich dar. So mag es auf den ersten Blick irritieren, wenn man in München Volkskunde studieren kann, in Tübingen Empirische Kulturwissenschaft, in Frankfurt/Main Kulturanthropologie, in Berlin Europäische Ethnologie – um sich dann, im Wechsel von einem Institut zum anderen, doch im wesentlichen innerhalb eines Studienganges zu bewegen. Auf den zweiten Blick und nach einigen Semestern Studium wird dies schon weniger merkwürdig erscheinen, weil die Erfahrung hinzugekommen ist, daß sich jenseits der unterschiedlichen Institutsbezeichnungen doch auch gemeinsame Perspektiven zwischen den Instituten ergeben, die den Zusammenhang von Geschichte, Kultur und Gesellschaft zumindest von bestimmten Grundpositionen einer Fachidentität aus betrachten. In dieser Namensvielfalt drückt sich eben auch die spezifische Fachsituation der Nachkriegszeit aus, die von heftigen Positionskämpfen, von Versuchen einer theoretischen wie thematischen Neubestimmung gekennzeichnet war, in der gewissermaßen mit „Kampfbegriffen" operiert werden mußte. Solche Kampfbegriffe dienten in oft ganz pragmatischer Weise dazu, sich von bestimmten Fachkontinuitäten abzugrenzen oder sich anderen Orientierungen zuzuordnen. Deshalb dokumentiert diese Namensvielfalt in der Tat, daß wir ein Fach „in Bewegung" sind, daß jenseits konventioneller Disziplingrenzen Zwischenräume aufgesucht und Brückenschläge versucht werden, in denen sich schließlich etwas Neues konstituieren kann: ein anderes Selbstverständnis, eine neue Fachperspektive.

Dieser Umstand macht nochmals deutlich, wie sehr Wissenschaftsgeschichte immer auch Gesellschaftsgeschichte ist. Die Fragen, die Themen, die Theorien, die Methoden, mit denen wir uns beschäftigen, sind stets geprägt von den gesellschaftlichen Rahmenbedingungen wirtschaftlicher und politischer Art. Und sie sind in gewisser Weise auch begrenzt von den zeitgenössischen Wert- und Denkhorizonten, die unseren Erkenntnismöglichkeiten und Erkenntnisfähigkeiten Grenzen setzen. Sie sind überdies abhängig von den je spezifischen Formen und Medien, in denen gesellschaftliches Wissen erzielt und verfügbar gemacht wird. Jede Epoche und jede Gesellschaft schreibt der Wissenschaft besondere Aufgaben vor bzw. weist sie ihr zu, so wie umgekehrt die Gesellschaft von den wissenschaftlichen Fragen und Antworten mit geprägt wird. Insofern ist die Wissenschaft immer zugleich eine Gefangene ihrer Zeit wie deren freie Mitgestalterin. Daher werde ich in dieser Einführung versuchen, im

Raum der Wissenschaftsgeschichte diese gesellschaftlichen Zeitumstände jeweils mit zu bedenken und die Entwicklung zur Volkskunde und von dort zur Europäischen Ethnologie vor allem als eine Geschichte sich beständig verändernder Betrachtungsweisen unserer Gegenstände zu beschreiben. Das nimmt uns zwar etwas vom stolzen Nimbus der von der Welt unangefochtenen und nur ihrem Ideal verpflichteten wissenschaftlichen „Gralsritter". Dafür aber gewinnen wir die tröstliche Gewißheit, daß Wissenschaft ein Teil der Gesellschaft ist und daß unsere Erkenntnisse zeitgebunden bleiben – also auch unsere Irrtümer.

1. Anfänge: Aufklärung, Romantik und „Volks-Kunde"

Wenn Fachgeschichte danach fragt, woher wir kommen, dann suchen wir wohl unwillkürlich nach einer Art Ausgangspunkt und Anfangsdatum, also gleichsam nach Geburtsort und Geburtsstunde. Nun ist dies einer jener Punkte, in denen sich menschliche Lebensgeschichten – jedenfalls in der Moderne und in Europa – dann doch von Fachgeschichten unterscheiden. Die Wissenschaftsgeschichte bietet uns selten das an, was man die Geburt einer Wissenschaft im Sinne einer exakten Datierung und Plazierung nennen könnte. Vielmehr bilden sich neue Wissenschaftsrichtungen im Rahmen allgemeiner gesellschaftlicher Wissensordnungen heraus, in denen sich Gesellschaften über ihre jeweiligen „Fragen der Zeit" zu verständigen versuchen. Allmählich entstehen daraus Problemkerne, besondere Leitbegriffe, vielleicht bereits spezifische Theorien und Methoden, mit deren Hilfe Antworten darauf gesucht werden. Und erst damit, mit der Entwicklung eigenständiger „Paradigmen", beginnt ein Prozeß der Institutionalisierung von Wissenschaft, indem besondere Artikel und Bücher zu einem Thema geschrieben werden, indem Zeitschriften sich solchen Themenkreisen kontinuierlich widmen, indem wissenschaftliche Netzwerke, Forschungsverbände und vor allem auch Finanzierungsstrategien entstehen, über die versucht wird, die Forschung und Lehre auf einem besonderen Gebiet akademisch zu etablieren. Historisch betrachtet, steht das Bild der Wissenschaft als eines Spektrums fest institutionalisierter Universitätsfächer also keineswegs am Anfang, sondern am Ende einer langen Entwicklung. Und der Weg der Volkskunde/Europäischen Ethnologie dahin war sogar ganz besonders lang.

Natürlich ist es andererseits ganz wesentlich, wann und wo eine Fachbezeichnung zum ersten Mal auftritt und wie sie in systematischer Absicht verwendet wird. Für den Fall der Europäischen Ethnologie gibt es darauf zwei Antworten: eine kurze und eine (sehr) lange. Die kurze – und eher spitzfindige – Antwort würde lauten, daß die Bezeichnung Europäische Ethnologie in Deutschland erst in den 1970er Jahren auftritt, als das Verhältnis des älteren Fächerspektrums der „Ethnowissenschaften“ endgültig aufgebrochen ist. Bis dahin wurden die Fachbezeichnungen jedenfalls im jeweiligen nationalen Rahmen relativ systematisch verwendet: Volkskunde und Völkerkunde in Deutschland, Ethnographie und Ethnologie in manchen osteuropäischen Ländern (wobei dies keineswegs der Aufgabenteilung zwischen Volkskunde und Völkerkunde entsprach), Sozialanthropologie oder Ethnologie in England und Anthropologie, später Kulturanthropologie in den Vereinigen Staaten. Nun diskutierte man in Deutschland jedoch über eine stärkere sozialwissenschaftliche Orientierung und über Fachumbenennungen. Als erstes wechselte das Tübinger Ludwig-Uhland-Institut 1971 zur Bezeichnung Empirische Kulturwissenschaft über.[1] Auch Europäische Ethnologie wurde vielfach ins Gespräch gebracht, doch entschied sich zunächst nur das Marburger Institut im Jahr 1971 für diesen Namen, und es wäre damit also die früheste deutsche Gründungsinstitution.

Erkundungen „des Volkes“

Die längere und ernsthaftere Antwort auf die Herkunftsfrage gibt allerdings die volkskundliche Fachgeschichte. Sie beginnt damit, daß die Begriffe Völkerkunde und Volkskunde in Deutschland zunächst im Zusammenhang der Aufklärung am Ende des 18. Jahrhunderts auftauchen. Im Jahr 1771 verfaßt der Göttinger Historiker August Ludwig Schlözer eine Schrift mit dem Titel ‹Allgemeine Nordische Geschichte›, in der er versucht, die Geschichte der Völker, der Staaten und vor allem auch der Sprachen in Nord- und Osteuropa sowie in Teilen Asiens darzustellen. In diesem Zusammenhang gebraucht er „nicht nur die Begriffe ‚Völkerkunde‘ und ‚Ethnographie', sondern auch das Adjektiv ‚ethnographisch‘ und die Tätigkeitsbezeichnung ‚Ethnograph'“ (Vermeulen 1994: 331). Diese Begriffe besitzen bei Schlözer bereits systematischen Charakter, da er mit ihnen konkrete geschichts- und sprachwissenschaftliche Vorgehensweisen zu beschreiben versucht, die den Vergleich von Völkern und Gesellschaften ermöglichen sollen. Ob die Prägung des Wortes Ethnographie als „völkerkundliche Beschreibung“ für Schlözer eine Kategorie verkörpert, die auf geographischen und statistischen Verfahren der Staats- und Gesellschaftsbeobachtung aufbaut, oder ob er sie eher in einem geschichts- und sprachwissenschaftlichen Zusammenhang entwickelt, ist dabei noch eine offene Frage. Der Begriff „Volks-Kunde“ wiederum taucht elf Jahre später ebenfalls im Bereich der Göttinger Universität auf. Der damalige Bibliothekssekretär Friedrich Ekkard benutzt ihn in der Zeitschrift ‹Der Reisende›, um damit ein Beobachtungssystem zu umschreiben, mit dessen Hilfe Reisende im eigenen Land dessen Kultur und Geschichte beobachten und erforschen sollen. 1787 verwendet der Prager Statistiker Josef Mader dann den Begriff „Volkskunde" sogar im Titel seines Buches über eine ‹Landes-, Volks- und Staatskunde Böhmens› (Bausinger 1971: 29). Dort durchaus auch im Kontext eines beginnenden „Tschechoslowakismus", der sich als nationale Bewegung entfaltet (Hroch 1968).

Mit diesen Datierungen und Verortungen ist nun keine „Geburt" oder „Erfindung" bezeichnet, aber es sind immerhin Hinweise auf begriffliche Entstehungsbedingungen gegeben. Zum einen bildet die Universität Göttingen damals ein Zentrum der Beschäftigung mit der Frage, wie Staaten, Völker und Nationen in ihrem Inneren beschaffen sind, was sie zusammenhält und welche Unterschiede zwischen ihnen sich feststellen lassen. Damit ist eine Art vergleichende Volks- und Völkerforschung begonnen, die ganz im Zeichen der Aufklärung und mit vielfach „harten" statistischen und geographischen Methoden die Bevölkerungs- und Wirtschaftsverhältnisse untersucht, in ihren wissenschaftlichen Erkenntnishorizont aber auch einen utopischen Gehalt einschließt: die Frage nämlich nach den Möglichkeiten menschlichen Fortschritts im Sinne einer neuen sozialen Humanität. Zum zweiten wird deutlich, daß die Begriffe „Völkerkunde", „Volks-Kunde" und „Ethnographie" im Rahmen einer Gruppe von Forschern und Wissenschaftlern benutzt werden, die sich persönlich kennen und deren Arbeiten miteinander in Verbindung stehen. Zusammen mit Schlözer und Ekkard sind in Göttingen damals der Südseeforscher Johann Reinhold Forster, der Statistiker Gottfried Achenwall, der Kameralist Christoph Wilhelm Jakob Gatterer, der Geograph Johann Ernst Fabri oder der Historiker Matthias Christian Sprengel tätig, in deren Kreis vor allem ähnliche Konzepte französischer Aufklärer diskutiert werden. Zum dritten meinen „Volkskunde" und „Völkerkunde" in diesem Diskussionszusammenhang noch eine Art generelle „Bevölkerungswissenschaft", werden also eher assoziativ und metaphorisch denn systematisch und dazu oft noch synonym gebraucht (Könenkamp 1988). Es gibt daher vorerst auch keine begriffliche Trennung zwischen beiden (Hartmann 1988). Und zum vierten entsteht daraus noch lange nicht das Universitätsfach Volkskunde oder Völkerkunde, sondern zunächst nur ein Verbund von Personen, Begriffen, Diskussionen und Publikationen, der in die Öffentlichkeit hineinwirkt und dort allmählich seine Leitbegriffe „besetzt" und bekannt macht. Was damit präzise gemeint ist, bleibt freilich umstritten bzw. offen, weil dieses völkerkundliche und volkskundliche Interesse eingebunden ist in andere thematische und fachliche Diskussionszusammenhänge, die disziplinär von der Staatswissenschaft bis zur Geographie und von der Geschichtsphilosophie bis zur Sprachwissenschaft reichen.

Es ist also eher ein bestimmtes Gegenstandsinteresse am Volk, das hier allmählich zu seinem Begriff findet, als daß die Frage selbst neu gestellt worden wäre. Vielmehr muß man noch sehr viel weiter in die Geschichte und Wissenschaftsgeschichte zurückgehen, um die Entstehung solcher Vorstellungen zu verfolgen. Wenn man nicht bereits bei Tacitus' ‹Germania› als Beginn einer Landes- und Stammesbeschreibung beginnen will, muß zumindest die Zeit der Renaissance genannt werden, also des 14. und 15. Jahrhunderts, in der Humanisten und Reformatoren, anknüpfend an philosophische Traditionen der Antike, neu nachzudenken begannen über gesellschaftliche wie individuelle Bedingungen des Menschseins und der Menschlichkeit. Verbunden mit Namen wie Ulrich von Hutten und Philipp Melanchthon in Deutschland oder Thomas Morus in England wurde hier über die Idee eines menschlichen Lebens in Würde, über gemeinschaftliche Ethik und Moral, über einen freieren Umgang mit Religion und nicht zuletzt über die Anerkennung anderer Kulturen und Wissenstraditionen diskutiert und geschrieben. Aus der philosophischen Höhe der allgemeinen Bedingungen des Menschseins tauchten diese Ideen dann im 16. und 17. Jahrhundert gleichsam in die „Niederungen" der materiellen Staatswissenschaften, der Landesbeschreibungen und der regionalen Kulturdarstellungen ein. Hier ging es bereits um Natur und Geographie als die stofflich-räumlichen Bedingungen menschlichen Lebens, um materielle Lebensweisen wie Arbeit, Hausbau und Ernährung in konkreten Regionen und um Traditionen und Bräuche als Hinweise auf regionale Eigenarten und Mentalitäten der Bewohner. Entworfen wurden also Bilder von europäischen Landschaften, von Wirtschaftsweisen und von Menschengruppen, die sich aus einzelnen Mosaiksteinen zu einem Ganzen zusammenfügten. Doch waren dies nur Vorläufer einer kommenden Neugier auf Volk und Gesellschaft, die sich erst jetzt, in der zweiten Hälfte des 18. Jahrhunderts, ihre breite Bahn bricht.

Daß sich diese Entwicklung neben Frankreich, den Niederlanden, der Schweiz, Böhmen oder Ungarn insbesondere in Deutschland vollzieht, läßt sich wohl aus der spezifischen politisch-gesellschaftlichen Situation erklären. Deutschland ist in dieser Zeit vor und nach 1800 immer noch ein „Flickenteppich" aus vielen Einzelstaaten, von kleinsten Stadtstaaten bis zu den großen Preußen und Österreich. Dieser staatlich-politischen Zerrissenheit entsprechen zahllose innere Unterschiede: verschiedenartige wirtschaftliche Strukturen, zahllose Geldwährungen, unterschiedliches Recht, Maß und Gewicht, über Jahrhunderte gewachsene regionale Traditionen und Mentalitäten, schließlich auch der harte Konfessionsgegensatz zwischen Katholiken und Protestanten sowie ein religiös motivierter Antisemitismus. Diese konfessionelle Spaltung zeitigt vielleicht noch einschneidendere Wirkungen auf die Denk- und Wertehorizonte als die zahllosen Grenzen und Paßstellen, die alle paar Kilometer ein politisches Deutschland durchschneiden. Dieses fühlt sich noch keineswegs als ein gemeinsamer Raum und ist auch sprachlich in zahllose Dialekte und lokale Idiome aufgespalten, die ohne Dolmetscher untereinander kaum verständlich gemacht werden können.

Eine neue Zeit

Verbindendes Element ist in gewisser Weise ein „provinzieller Charakter" des Alltagslebens: 90 Prozent der Bevölkerung wohnen auf dem Lande in kleinen Dörfern, die großen Städte zählen kaum 10 000 Einwohner, drei Viertel der Menschen leben noch von der Landwirtschaft.[2] Lokal übergreifende Medien in Form von Büchern und Zeitungen gibt es erst in Ansätzen, nicht zuletzt deshalb, weil sich erst jetzt in einem breiteren Publikum Lesefähigkeit und deutsche Hochsprache durchzusetzen beginnen und das Lateinische der Kirche bzw. das Französische des Adels zurückdrängen. Verbindend wirkt auch das Prinzip der Ständegesellschaft, in dem das Feudalsystem jeder gesellschaftlichen Gruppe einen festen Platz in der sozialen Ordnung zuweist. Adel und Geistlichkeit, städtische Beamte und zünftige Handwerker, Bauern und Tagelöhner haben wenig miteinander zu tun. Jede Gruppe besitzt ihre eigenen sozialen Räume, auch innerhalb einer scheinbar gemeinsamen Stadtgesellschaft; jeder ist ein eigener Kleidungsstil zugewiesen, ihre Geselligkeit folgt eigenen Regeln, ja bis zur Sargausstattung ist der „Standeshabitus" festgelegt. Es ist eine Sozialordnung, die sich noch fest im Griff des aufgeklärten Spätabsolutismus befindet. Einerseits existieren noch Leibeigenschaft, Adelsherrschaft, es gibt noch keine Wanderungs- und Pressefreiheit, keine politischen Parteien und Medien. Andererseits beginnt der Staat, sich verantwortlich zu fühlen für das „Gemeinwohl", zu dem die Anfänge einer systematischen Armenpolitik, einer Hygienepolitik, einer „kameralistischen", also staatlich gelenkten Wirtschaftspolitik ebenso gehören wie der Beginn der Schulpflicht und einer allgemeinen Wehrpflicht.

Jenseits der deutschen Gebiete ist dies aber bereits das Zeitalter der Nationalstaaten, der sich ideologisch wie politisch formierenden Gesellschaften Englands, Frankreichs und der USA, die auch zu den dominanten Kulturmächten innerhalb wie außerhalb Europas werden. So verkörpern diese Jahre um 1800 eine zugleich nationale wie bürgerliche „Sattelzeit" (Reinhart Koselleck), die einen epochalen Wandel ankündigt. Mit der Französischen Revolution von 1789 sind neue politische Vorstellungen und gesellschaftliche Wertordnungen entstanden, mit der Herausbildung neuer staatlicher Systeme neue Rechtsvorstellungen, Institutionen und Wirtschaftsordnungen, mit dem nationalen Denken neue Identitäten und Ideologien. Als Horizont über all dem spannt sich das Ideengebäude der Aufklärung, die Gesellschaft nicht mehr als gottgewollte Ordnung, sondern als menschengemachtes Werk erklärt und die das gesellschaftliche Wissen zu „verwissenschaftlichen" beginnt.

Diese neue Zeit hat in der Tat auch die Zeit neu entdeckt: Geschichte kann nun als Vergangenheit und Zukunft gedacht werden. Sie wird nicht mehr als zyklisch sich wiederholend wahrgenommen, sondern als linear fortschreitender Prozeß, hin auf einen „zivilisatorisch" wirkenden gesellschaftlichen Fortschritt. Zeit wird zu *dem* Schlagwort schlechthin: Das ‹Deutsche Wörterbuch› der Gebrüder Grimm notiert zwischen 1770 und 1830 über hundert neue Wortschöpfungen mit der Silbe „Zeit" wie „Zeitanschauung", „Zeitgeist", „Vorzeit" oder „Neue Zeit". Gegen dieses Zeitdenken, das Vergänglichkeit und Wechsel, Geschwindigkeit und Hektik im geschäftlichen und gesellschaftlichen Leben ankündigt, inszenieren sich damals bereits symbolische Gegendemonstrationen: In Paris führen vornehme Spaziergänger an sonnigen Nachmittagen ihre Schildkröte an der Leine spazieren, um in diesem Habitus des beschaulichen Flaneurs ihr Recht auf Gemächlichkeit, auf Eigenzeit zu bekunden.

Auch in Deutschland wird dieser soziale und kulturelle Wandel allmählich spürbar. Die neue Zeit beginnt auch hier, das bürgerliche Zeitalter einzuläuten. „Bürgerlichkeit" meint neue Ideen und neue Verhaltensweisen in allen gesellschaftlichen Bereichen. Es meint ein Nachdenken über Familie und Geschlechterrollen, über die Trennung von privatem und öffentlichem Leben, über Arbeitsethik und Bildung, über Individualität und Kindheit, über Politik und Fortschritt, über Wissenschaft und Technik. Die Orte dieses bürgerlichen Nachdenkens und Diskutierens sind einerseits die Salons der großen bürgerlichen Häuser, in denen über Literatur, Philosophie und Politik gesprochen wird, andererseits die zahllosen Geschichts-, Gesangs-, Wohltätigkeits- und Schützenvereine, in denen sich in jeder deutschen Stadt nun geselliges Leben mit sozialen Zwecken verbindet.

Diese in unglaublich kurzer Zeit entstehende bürgerliche Vereinslandschaft bildet auch die ersten institutionellen Formen „bürgerlicher Öffentlichkeit" (Jürgen Habermas) heraus, die dann etwa in der Gestalt von „Museen" auch Literatur- und Kulturpflege betreiben. Zunächst sind dies Versammlungsräume für die Vereinsmitglieder, oft ausgestattet mit Lesezimmern und Bibliotheken, aus denen sich später das moderne Museum als Sammlungsort von Gegenständen der Kunst oder der lokalen Geschichte entwickelt. In diesen Salons, Vereinen und Museen wird versucht, „praktische Aufklärung" zu betreiben: Es wird über Armenpflege und soziale Hilfstätigkeiten diskutiert, über lokalhistorische und landesgeschichtliche Themen, über Geographie und Botanik, über Expeditionsberichte und Reisebeschreibungen. Es ist ein Aufbruch zu neuen Ufern, den freilich das Gefühl begleitet, das „Alte" verschwinde, die Traditionen bäuerlichen und handwerklichen Lebens lösten sich auf. So will man die Spuren dieser Geschichte, die gerade noch in die Gegenwart hineinragen, jetzt sammeln, bewahren, erinnern, um sich der eigenen Wurzeln bewußt zu bleiben.

Bürgerlicher Kulturnationalismus

In dieser Atmosphäre und in dieser Mischung unterschiedlichster Interessen und Beschäftigungen kristallisieren sich jene Anfänge einer Volks- und Völkerkunde heraus, die nicht mehr nur von einzelnen Wissenschaftlern „nebenbei" betrieben wird, sondern in Zirkeln interessierter Laien aus den Reihen des Bürgertums. So, wie man gebannt ist von Nachrichten aus fremden, exotischen Ländern, von Bildern ferner Kulturen, so ist man auch fasziniert von der Beschäftigung mit der eigenen Herkunft, deren Überlieferung man noch in der bäuerlichen Kultur lebendig glaubt. „Volks-Kunde" forscht nach den geistigen und materiellen Traditionen dieses „einfachen Volkslebens", nach den Sitten und Gebräuchen, den Trachten und der Volkskunst. Es ist ein Versuch, sich der Geschichte zu vergewissern, um die Gegenwart nicht an eine Zukunft zu verlieren.[3]

Dieses Ahnen der neuen Zeit verbindet sich aber auch mit der Erwartung einer nationalen Zeit. Auch im deutschen Bürgertum, das die französischen und englischen Vorbilder starker Nationalstaaten vor sich sieht, in denen sich bürgerliches Leben neue politische und wirtschaftliche Horizonte erschließt, beginnt nun auf breiter Front ein nationales Nachdenken. Angesichts der fehlenden politisch-staatlichen Einheit entsteht daraus zunächst eine Bewegung des Kulturnationalismus, der die Pflege deutscher Geschichte, deutscher Sprache und „deutscher Art" als seinen geschichtlichen Auftrag betrachtet. Gerichtet sowohl gegen die Fremdherrschaft Napoleons in den deutschen Staaten als auch gegen den eigenen Adel, dessen Anfälligkeit gegenüber französischer Sprache und Mode als Überfremdung empfunden wird, als Zerstörung eines „Deutsch-Seins", entsteht ein bürgerlicher Elitennationalismus, der die Idee der deutschen Nation als einer aus der Geschichte überlieferten „Schicksalsgemeinschaft" entwickelt. Darin sind politische Vorstellungen enthalten, die sich unmittelbar gegen das Feudalsystem und den Spätabsolutismus richten, freilich auch romantische und mythische Überhöhungen deutscher

Geschichte und „deutschen Wesens“. Vom deutlich kosmopolitischen Aufklärungsdenken des 18. Jahrhunderts beginnt sich diese nationalistische Grundhaltung also immer weiter zu entfernen.

Nun erscheint der Nationalstaat als die Verwirklichung der deutschen Geschichte, wobei als Grundlage dieser deutschen Nation „das Volk“ beschrieben wird, verstanden als eine Abstammungsgemeinschaft, die in der Geschichte wurzelt. Wenn in diesem Zusammenhang von „Volks-Kunde“ die Rede ist, meint dies ein kultur- und stammesgeschichtliches Konzept, das die geschichtliche Begründung der nationalen Volkwerdung liefern soll. So veröffentlicht im Jahr 1810 Friedrich Ludwig Jahn, der Initiator der deutschen Turnerbewegung, seine Kampfschrift ‹Deutsches Volksthum›. Darin beschreibt er zunächst die Prinzipien, nach denen verantwortliche staatliche Verwaltung, kirchliche Aufsicht und bürgerliche Initiative ineinandergreifen sollen, um das Volk zu erziehen. Er argumentiert dann mit einem „Volksgefühl“, das er in seinen vielfältigen Beobachtungen von Bräuchen, Sitten, Trachten, Festen und häuslichem Leben in den deutschen Regionen bestätigt sieht. Schließlich wendet er diese Beschreibung in ein programmatisches Konzept, in dem das Volk als „höchste, und größeste, und umfassendste Menschengesellschaft“ erscheint, zusammengehalten durch die „Einungskraft des Volksthums“, denn darin „waltet des Volks ursprünglicher Urgeist“ (Jahn 1813: 7). Diese gewachsene wie erzogene Volkstümlichkeit ist für ihn „Deutschheit“, sie bedeutet eine gefühlsmäßige Einheit über alle sozialen Unterschiede hinweg. Und dieses deutsche Volk braucht einen Staat, wie der Staat umgekehrt dieses „Volksgefühls“ bedarf.

Jahn bringt als erster in so expliziter Form den ethnischen mit dem nationalen Gedanken zusammen: „Abstammungsgemeinschaft“ und „Schicksalsgemeinschaft“ vermengen sich zu einem ethnozentrischen Grundmotiv. Denn Jahns Botschaft lautet: Der Dreiklang von Volkstum, Deutschtum und Nation sei nichts Neues, Künstliches, sondern er bedeute die Besinnung auf ein geistig und gefühlsmäßig Vorhandenes, das gegenwärtig verschüttet, jedoch wieder ans Licht zu bringen und kulturell neu zu bekräftigen sei. Er fordert „Volksthums-Bücher“, die jene Wurzeln des Deutschtums in graue Vorzeiten zurück freilegen. Diese Botschaft ließe sich bereits als Einladung zu einer „mythenarchäologischen“ Volkskunde lesen.

Während Jahn also einen politischen Volkstums-Gedanken verfolgt, spüren zur selben Zeit die deutschen Romantiker einer anderen Volksidee nach, die gleichwohl Berührungspunkte mit der Jahnschen aufweist. Auch die Romantiker verkörpern eine bürgerliche Kulturbewegung, die sich um 1800 gegen das rationalistische, szientistische Programm der Aufklärung richtet und die Welt als etwas „Werdendes“ und den Menschen als „Empfindungswesen“ verstanden wissen will. In der Literatur der Romantik geht es um Anmutungen, um Gefühle, um Sehnsüchte, um Vorstellungen von Selbstverwirklichung, von Individualität, von Natürlichkeit, die zwar dem Goetheschen Bildungsideal folgen, dieses aber nicht durch rationale Aufklärung und Bildung, sondern eher durch ein Rückbesinnen auf Innerlichkeit und Empfindsamkeit erreichen wollen. Namen wie Johann Gottfried von Herder, Achim von Arnim, Clemens Brentano, Friedrich Schleiermacher, Bettina von Arnim oder Rahel Varnhagen stehen für diese Bewegung, die – auch unter dem Einfluß von Jean-Jacques Rousseau – eine neue oder vielmehr: alte Nähe zu Natur und Natürlichkeit sucht. Man will sich von der Hof- und Adelskultur distanzieren, von deren steifer Etikette, Perücke und Maske, die alle Individualität und Erlebnisfähigkeit verbirgt. Statt dessen geht es um „Menschlichkeit als Erlebnistiefe", durchaus auch in sehr exaltierter Form: „Man weint über jeden Brief, den man erhält, über jedes Buch, das man aufschlägt, über den Freund, über die Braut, über sich selbst; man weint überhaupt", notiert ein Kulturgeschichtler dieser Zeit. Einer seiner Kollegen spricht weniger mitfühlend von einem „breiweichen Gefühlsaustausch", der alles überwabere.

Einerseits spielen in dieses romantische Denken neue Ideen der Philosophie hinein. Etwa Elemente aus Immanuel Kants „Kritischem Idealismus", der ein neues Fundament für Wissen, Sittlichkeit und Glauben zu legen versucht, indem er auch die Grenzen der Erkenntnis beschreibt. Wissen sei nichts Absolutes, sondern beruhe auf Erfahrungswissen. Auch Gedanken Georg Wilhelm Friedrich Hegels, der die Wirklichkeit als Prozeß der Selbst-Bewußtwerdung beschreibt, als dialektisches Verhältnis von Denken und Sein. Und schließlich fordert Friedrich Schlegel die Verwandlung der Welt in Seele und Geist, damit „kulturvolles Leben" entstehe. All dies wird getragen von dem Gedanken eines neuen Humanismus. Andererseits versucht die Romantik, „das Einfache" in Natur und Kultur wiederzufinden, „das Echte", das nur noch im einfachen Volk der Bauern und der Landleute bestehe; einen „Volksgeist", der die mentalen Kräfte „der Gemeinschaft" verkörpere, überliefert in Sprache und Poesie, in Mythologie und Rechtsbewußtsein, in Musik und Tanz.

„Volks-Kunde" als Wissenschaftsdiskurs

So weit eine knappe Skizze der gesellschaftlichen und gedanklichen Situation um 1800, in der sich aufklärerischer und romantischer Zeitgeist gegenüberstehen, sich aber auch verbünden und verbinden in einem wachsenden Bedürfnis nach gesellschaftlicher Selbstbeobachtung und Selbstbeschreibung. Wer sind wir? Woher kommen wir?

Wo stehen wir heute? Das sind Fragen nach einem Ursprung, nach der Geschichte, nach mentaler Gemeinschaft, nach kultureller Zusammengehörigkeit, nach Unterschieden zu anderen Völkern und Gesellschaften. Es sind „Sinnfragen", Fragen auch nach einem zivilisatorischen Klassifikationskonzept, das vertikale Vergleiche zurück in die Geschichte eröffnet und horizontale Vergleichsmöglichkeiten mit anderen Gesellschaften erlaubt.

Antworten auf diese Fragen scheint eine „Volks-Kunde" zu versprechen, die sich mit Statistik und Bevölkerung beschäftigt, mit Wirtschaft und Geographie, vor allem aber mit Sitten und Bräuchen, mit Festen und Trachten, mit Religiosität und Aberglauben. Ein solches Konzept entwickelt sich aus der „Volks-Kunde" und der „Völkerkunde" des letzten Viertels des 18. Jahrhunderts als Ergebnis ganz unterschiedlicher Wissenschaftsdiskurse und aus ganz verschiedenen politischen Thematisierungszusammenhängen. Und dies keineswegs nur in Deutschland, sondern etwa zur gleichen Zeit auch in der Schweiz, in Frankreich, in Ungarn, in Rußland, etwas später auch in England und in den USA.[4] Noch ist es kein Wissenschaftsprogramm, aber es gewinnt mit seinem Interesse am Studium der Geschichte, der Kultur und der Mentalität von Völkern in verschiedenen wissenschaftlichen Disziplinen an Boden, nicht zuletzt getragen von einem großen außerwissenschaftlichen Kreis bürgerlicher Laienforscher. Dieses Zusammenspiel von innerwissenschaftlichen Interessen am Rande unterschiedlicher Universitätsdisziplinen mit außerwissenschaftlichen Aktivitäten wird das Gesicht einer zunächst noch gemeinsam verstandenen Völker- und Volkskunde bis weit ins 19. Jahrhundert hinein prägen.

Will man also weder eine Erfindung der Ethnologie genau datieren noch ihren Entstehungsprozeß gegebenenfalls bis in die Antike zurückverlängern, dann sind am deutschen Beispiel doch *drei* wesentliche Diskussionszusammenhänge zu erkennen, in denen sich ethnographische Beobachtungsinteressen zum Ausgang des 18. Jahrhunderts hin formieren:

Der älteste Strang verweist auf Traditionen der Kameralistik, der Topographie und der Statistik, also auf eine Art „staatswissenschaftlichen" Bereich, der sich bereits in der Frühen Neuzeit entwickelte. Dabei ging es vor allem um die Frage, wie ein bestimmtes herrschaftliches Verwaltungsgebiet in seinen natürlichen wie gesellschaftlichen Voraussetzungen sinnvoll zu erfassen sei, um seine Entwicklungsmöglichkeiten zu erkennen, vielleicht sogar zu lenken. Als Methoden der Datenbeschaffung dienten Volks- und Viehzählungen, geologische wie geographische Beschreibungen, medizinische wie Wirtschaftsstatistiken, auch orts- und regionalgeschichtliche Dokumentationen. Im Zuge der Aufklärung, in der eine systematische

Verwissenschaftlichung der Weltanschauungen beginnt, entwickelt sich aus diesem doppelten Zugriff von Statistik und Beschreibung ein immer ausgefeilteres „‚Koordinatensystem' zur Klassifizierung" von Gesellschaft (Hartmann 1988: 13). Vor allem entsteht die Perspektive einer „Bevölkerungskunde" (Möller 1964: 221), die unter dem Begriff „Land und Leute" Wissenswertes und „Merkwürdiges" aus regionaler Geschichte und Gegenwart zu sammeln beginnt, um daraus gesellschaftliche Zustandsbeschreibungen und Mentalitätsbilder zu entwerfen. Daß dabei vor allem immer wieder bäuerliches Land und bäuerliche Leute ins Blickfeld geraten, erklärt sich zum einen aus der noch weithin agrarischen Prägung der damaligen Wirtschafts- und Lebensverhältnisse. Zum andern kommt damit bereits ein Begriff von „Volk" ins Spiel, dessen zunächst statistische Umrisse sich bald auch mit einer spezifischen historischen und kulturellen Semantik füllen lassen: „Volk" als das Bild einer historisch wurzelnden und kulturell wie ethnisch homogenen Gemeinschaft.

Der Osnabrücker Beamte und Aufklärer Justus von Möser (1720–1794) verkörpert in herausragender Weise diesen Typ eines beruflich engagierten, aufklärerisch motivierten und wissenschaftlich interessierten Forschers, der sich in seinen ‹Patriotischen Phantasien› mit geschichtsphilosophischen wie naturrechtlichen Fragen beschäftigt, zugleich aber ganz konkretistisch und buchhalterisch die materiellen Bedingungen des lokalen bäuerlichen Lebens auflistet: die Bauweise von Bauernhäusern in seiner Region, die Arten der Raumnutzung, die Anordnung des Mobiliars, die Regeln und Funktionen häuslichen Lebens, den Viehbestand und die Nutzung der Äcker. Er verbindet dann in gewisser Weise die philosophische Weite seiner Gedanken mit den statistischen Daten, wenn er aus diesen materiellen Organisationsformen bäuerlichen Lebens Rückschlüsse auf dessen kulturelle Ordnung zieht – auf Werte- und Rechtsvorstellungen, auf Traditions- und Glaubenssysteme. Aufklärung ist bei ihm letztlich die nützliche Anwendung wissenschaftlicher Erkenntnisse auf das praktische Leben. Und dieses praktische Leben tendiert zu keiner aufklärerischen Utopie, sondern ist das Vorfindbare, verbessert lediglich um das Machbare. Vernünftig ist nicht, was denkbar wäre, sondern was machbar ist, also schon Bestand hat, durch seine Kontinuität überzeugt. Möser ist hier nur ein Name für viele, die sich in ähnlicher Weise, wenngleich oft sehr viel bildungsbürgerlicher und dilettantischer, mit solchen Fragen der „Bevölkerungskunde" beschäftigen. Sie alle fühlen sich auch in der Tradition einer „Bauernaufklärung", die den Landleuten den Sinn rationaler Haus- und Lebensführung vor Augen stellt: einiges Neue, verbunden aber mit viel Lob des Alten, auf das man sich rückbesinnen müsse (Lichtenberg 1970).

Reise und Ethnographie

Eine zweite Wurzel reicht zurück in den Bereich des Reisens und der Reiseliteratur, also in jenen besonderen Raum kultureller Begegnung, in dem – ohne daß diese Formel bereits gefunden gewesen wäre – die Beschreibung von „Land und Leuten" unterwegs schon ein altes literarisches Genre verkörpert. Es sind vor allem die „Neuen Welten" und zugleich „Gegenwelten" afrikanischer oder asiatischer Regionen, die von den Reisenden einem abendländischen Publikum bereits im 15. und 16. Jahrhundert vorgeführt werden (Harbsmeier 1994). Erst im 17. und 18. Jahrhundert jedoch und vollends in dessen Ausgang verbindet sich dieses Genre zunehmend mit wissenschaftlichem Anspruch. Die Vielfalt der Welt zu sehen, sie detailliert zu beschreiben und darin die Gesetzmäßigkeit der Natur wie der Kultur zu erkennen, das setzt sich nun eine Vielzahl adliger und bürgerlicher Reisender zum Ziel, deren Unternehmungen sowohl in die nahe Fremde ländlicher Regionen führen als auch in die exotische Ferne der Südsee. Was zunächst seine Vorläufer in den „Kavaliersreisen" der jungen Adligen hatte, die andere Fürstenhöfe und Adelskulturen kennenlernen sollten, und in den Pilgerreisen aus religiösen Motiven, das erhält durch Goethes Modell der „Bildungsreise" einen neuen, humanistischen wie universalistischen Zuschnitt. „Reisen bildet", daran besteht kein Zweifel, zumal für die reisenden Aufklärer, die dieses Bildungserlebnis in ihren Tagebüchern und Schriften an das zu Hause gebliebene Publikum weitergeben wollen.

Reiseberichte, Reisehandbücher, Apodemiken und bald auch die ersten Reiseführer spiegeln so ein doppeltes Programm wider: einerseits den Versuch der ethnographischen Beschreibung der „Merkwürdigkeiten" eines Landes, seiner Natur, seiner Bewohner, ihrer Sitten, ihrer Geschichte, ihrer Religion wie ihrer abergläubischen Vorstellungen; andererseits die Vermittlung der „richtigen" Form des Reisens und des Betrachtens, Reisen als eine Schule des Sehens, die einen aufklärenden, vielleicht sogar schon „ethnographischen" Blick einüben soll. So reisen Ludwig Philipp Hermann Röder (1755–1831) und Friedrich Nicolai (1733–1811) durch Deutschland bzw. die Schweiz und Italien, um dem Publikum in mehrbändigen Werken detaillierte Bilder von „Land und Leuten" zu entwerfen; James Cook (1728–1779) und Georg Forster (1754–1794) durchkreuzen die ferne Südsee und berichten ihre Beobachtungen einem staunenden Europa. Zwischen ihnen widmen sich Tausende anderer Reiseberichte kleinen wie großen Phänomenen in Nähe und Ferne, von der detaillierten Beschreibung von Karnevalsbräuchen in rheinländischen Dörfern bis zu komplexen Überlegungen über Ähnlichkeiten und

Unterschiede zwischen fernen Kulturen und Zivilisationen (Bausinger u.a. 1991). Immer spielt dabei auch die Hoffnung mit, im Spiegel „des Anderen" mehr über sich selbst, über die eigene Kultur und Gesellschaft zu erfahren.

Viele dieser Reiseberichte werden damals regelrechte Bestseller, die zur beliebten Lektüre des bürgerlichen Lesepublikums gehören. Und sie wirken als erstes modernes Medium auch im Sinne einer massenkommunikativen Breite, weil sie bestimmte Bilder, Perspektiven, Beobachtungsweisen multiplizieren und popularisieren: Man weiß nun, was man wie zu beobachten hat, wenn man unterwegs ist. Und man entwickelt feste Vorstellungen vom Anderen, vom Fremden. Nebenbei entstehen im Zuge dieser Reiseunternehmungen auch bereits vorwissenschaftliche Methoden: Gedanken über Beobachtungskategorien und Textgenres werden ebenso entwickelt, wie erste Fragebögen oder Feldtagebücher zum Einsatz kommen. Schließlich werden diese Berichte im weiteren Verlauf des 19. Jahrhunderts zu den wesentlichen volks- und völkerkundlichen Quellen, die späteren Wissenschaftlergenerationen als vermeintlich historische Momentaufnahme des „wirklichen Lebens" eigener wie anderer Gesellschaft dienen.

Romantisches Volk

Die dritte Wurzel des Faches, die jüngste, die jedoch die Wirkung der beiden erstgenannten gleichsam aktualisiert und in vieler Hinsicht integriert, verweist auf den Bereich der Vorromantiker und Romantiker. Sie entdecken nun auch das eigene Volk, als ein „Eigenes" und „Fremdes" zugleich: als Verkörperung der eigenen nationalen Abstammung, aber auch als eine sozial fremde, unbekannte Kultur in der eigenen. Als Vordenker – durchaus für den europäischen Raum – ist hier Johann Gottfried von Herder (1744–1803) zu nennen, der Theologe und Philosoph, Freund Goethes, der 1784 in seinen ‹Ideen zur Philosophie der Geschichte der Menschheit› grundlegende geschichtsphilosophische und kulturtheoretische Überlegungen entwickelt, in die auch sprachphilosophische Gedanken eingehen. Herder versteht die Geschichte als einen Prozeß wachsender und sich ausbreitender Humanität, die er aber an die materiellen Bedingungen der Lebensführung zurückbindet. Denn der Blick auf diese Lebensumstände scheint ihm die Möglichkeit zu bieten, Völker in ihren Charakteren zu beschreiben, Kulturen zu vergleichen, Zivilisationen einzuteilen. „Man ist gewohnt, die Nationen der Erde in Jäger, Fischer, Hirten und Ackerleute abzutheilen und nach dieser Abtheilung nicht nur den Rang derselben in der Kultur, sondern auch die Kultur selbst als eine nothwendige Folge dieser oder jener Lebensweise zu bestimmen. Vortrefflich, wenn diese Lebensweisen zuerst nur selbst bestimmt wären; sie ändern sich aber beinah mit jedem Erdstrich und verschlingen sich meistens so sehr in einander, daß die Anwendung der reinen Klassifikation überaus schwer wird. Der Grönländer, der den Walfisch trifft, das Rennthier jagt, den Seehund tötet, ist Fischer und Jäger, aber auf ganz andre Weise, als der Neger Fische fängt oder der Arauker auf den Wüsteneien der Andes jagt. (...) Ebenso wenig scheint auch das Bedürfniß allein, selbst wenn Kräfte genug in der Nation da sind, die auf ihre Entwicklung warten, Kultur hervorbringen zu können; denn sobald sich die Trägheit des Menschen mit seinem Mangel abgefunden, und beide das Kind hervorgebracht haben, das er Behaglichkeit nennt, verharrt der Mensch in seinem Zustande und läßt sich kaum mit Mühe zur Verbesserung treiben. Es kommt also noch auf andre einwirkende Ursachen an, die die Lebensart eines Volkes so oder anders bestimmten ..." (Herder 1985: 82f.)

Dies ist bereits ein Entwurf, der die „Kulturen der Völker" systematisch und klassifizierend zu erfassen sucht, dabei kritisch über die Maßstäbe nachdenkend, die anzulegen sind, um der jeweiligen Kultur in ihren konkreten Existenzumständen Gerechtigkeit widerfahren zu lassen. So finden sich bei Herder bereits Reflexionen, die das klassische europäisch-ethnozentrische Denken skeptisch beurteilen, die eine systematische Beschreibung nach den jeweiligen „dortigen" Umständen verlangen. Andererseits ist bei ihm ein Vorbehalt gegenüber der aufklärerischen Erwartung eines naturwüchsigen Fortschritts zu spüren. Das Sich-Einrichten in der „Behaglichkeit" verhindert nach seinem Verständnis die Weiterentwicklung vieler außereuropäischer Kulturen. Sie verhindert aber auch vielfach den Fortschritt der „Humanität" in einem Europa, in dem Herder die Gegenwart bereits zunehmend zivilisatorisch erschöpft und erstarrt sieht.

So sucht er nach organischen Traditionen der Kultur in der Geschichte, die gleichsam „überzeitlich" vorhanden sind, die als „Jungbrunnen zur Erneuerung der Gegenwart" dienen könnten. Bei seinen Reisen und Literaturstudien stößt er dabei immer wieder auf Volkslieder, die ihm als Zeugnis großer Seelentiefe „im Volk" erscheinen und zugleich als Medium der Bewahrung und Übermittlung eines naiven Geschichtsbewußtseins. Hier scheint ihm eine „Volksseele" zu begegnen, die wach und kräftig ist, die – aus dem bäuerlichen Volk kommend – in der Lage scheint, die „Seelenkräfte" einer Nation insgesamt neu zu beleben. Er folgt dieser Spur und gibt 1778 den Band ‹Volkslieder› heraus, 1807 neu aufgelegt unter dem Titel ‹Stimmen der Völker in Liedern›.

Herders Volk ist ein idealisches Volk, mehr ein Gefühl, mehr romantische Idee als soziale Wirklichkeit. Es ist nicht das ungebärdige

Volk der Stadt und der Straße, der „Pöbel", denn der – schreibt Herder – „singt und dichtet niemals, sondern schreit und verstümmelt" (Moser 1956/57: 134). Vielmehr ist es die Vorstellung einer vitalen „Volkskultur", die – mythisch überhöht – in der sozialen Mitte und im sozialen Unten der Gesellschaft vermutet wird, eben dort, wo das Volk noch unter sich und damit auch „bei sich" sei: als Hort der Geschichte, zugleich aber auch als „ein Vehikel des Genialischen, Schöpferischen". Herder findet also in den Volksliedern ein authentisches Volk wieder, das ihm das probate „Mittel einer grandiosen nationalen Verjüngungskur" (Bausinger 1971: 31) zu sein scheint. Denn damit ist ihm die Existenz eines Volkscharakters erwiesen, der jede Nation unverwechselbar prägt. Diese Vorstellung vom Volkscharakter wird zu einer zentralen Kategorie der frühen ethnologischen und anthropologischen Debatten des späten 18. und des beginnenden 19. Jahrhunderts, von der aus sich wiederum leicht eine Brücke schlagen läßt zu jenem Nationalcharakter, der dann bei Jahn oder in der Reiseliteratur des 19. Jahrhunderts so ausgiebig beschrieben wird. Bei Herder fehlt dieser politische Nationenbegriff noch weithin, aber er ist seiner Zeit – obwohl selbst eher Kosmopolit – ungewollt ein Brückenbauer zum nationalen Ufer.

Germanistik als „deutsche Art"

Über diese Brücke gehen nach ihm und in seinen Spuren vor allem die Gebrüder Jacob (1785–1863) und Wilhelm Grimm (1786–1859), beide Philologen und Sprachwissenschaftler, Professoren in Göttingen und Berlin. Auch sie sehen im „Singen und Sagen im Volk" die Überlieferungen eines „Volksgeistes", der für sie – und hier im Unterschied zu Herder – weniger universal wirkt als vielmehr in besonderer Weise deutsche Kultur und deutschen Nationalgeist verkörpert. Volkstümliche Lieder und Sagen scheinen ihnen der Stoff und die volkstümliche Sprache das Medium zu sein, das einer deutschen Geschichts- und Identitätsarbeit in schwierigen Zeiten helfen kann. Denn darin spiegelt sich für sie die Kontinuität deutscher Kultur wider, die sich in „treuer Überlieferung" bis in die graue Vorzeit germanischer Mythen und archaischer Bilder zurückverfolgen läßt. Mit ihren zahllosen Sammlungen und Veröffentlichungen wie den ‹Kinder- und Hausmärchen› (1812–1822) oder den ‹Deutschen Sagen› (1816–1818) und insbesondere mit Jacobs Arbeiten zu deutscher Sprache, Grammatik und ‹Deutscher Mythologie› (1835) sind sie die einflußreichen Begründer einer germanistischen Sprachwissenschaft und Altertumskunde, in denen der nationale Gedanke zum zentralen Erkenntnismotiv wird.

Ihr philologisches Bemühen zielt sicherlich nicht auf die Etablierung eines Faches Volkskunde, doch begründen sie stofflich wie ideologisch ein zentrales Betätigungsfeld späterer Volkskunde mit. Denn ihre Auffassung des „Deutschtums" baut auf der Vorstellung unveränderter und unveränderlicher Kulturgüter auf, auf jenem „Grundschichtigen" germanischer Abstammung, das „deutsche Art" einst entstehen ließ und in dem sie sich auch bewahrt hat. Daß ihre Dokumente, die Volkslieder und Volksmärchen, oft weniger dem Volke von den Lippen abgelauscht als vielmehr von Lehrern oder Pfarrern als Gewährsleuten zusammengetragen worden sind, daß es sich vielfach um Neu- und Nachdichtungen bürgerlicher Romantiker handelt, daß sie nicht die Variationen der Stoffe über die Zeit untersuchen, sondern an eine feste, stabile Form glauben, in der sich „Kontinuität" auch inhaltlich erhalten habe, das tritt gar nicht in ihr Problembewußtsein. Sie finden eine Tradition, die sie zugleich auch selbst „erfinden", die romantische und bürgerliche Sehnsüchte nach einem wahren und harten Kern deutscher Identität befriedigt. Und sie begegnen dabei Dichtern und Sammlern wie Achim von Arnim (1781–1831) und Clemens Brentano (1778–1842), die bereits 1806 die Volksliedsammlung ‹Des Knaben Wunderhorn› veröffentlichten, oder Joseph von Görres (1776–1848), der in seinen ‹Teutschen Volksbüchern› eine Sammlung von alten Drucken vorlegte, in denen sich ebenfalls der „ursprüngliche Volksgeist" der Deutschen überliefern sollte.

All dies bewegt sich schon recht weit weg von Herder, von seinem noch wenig nationalistisch eingefärbten Begriff einer „Völker-Kunde". Aber es wirkt damals ungleich einflußreicher, weil es der gewandelten, nationalistischen Zeitstimmung im deutschen Bürgertum ein Medium und Vehikel anbietet, um nationales Denken in den Köpfen zu verankern. Die Sammlungen der Grimms, der Arnims, Brentano und Görres werden in hohen Auflagen verbreitet und gelesen von Erwachsenen wie von Kindern und Jugendlichen. Sie finden vor allem Eingang in das Konzept einer nationalen Pädagogik, die ganz im Sinne Jahns dazu beiträgt, „deutsch" zu erinnern, zu fühlen und zu denken. So wird hier, in der Romantik, im Zusammenspiel von Literatur und Kunst, von Wissenschaft und Politik, der Volksgedanke zu einem ideologischen Praxiskonzept ausgearbeitet, das der künftigen Volks- und Völkerkunde implizit politische Aufgaben zuschreibt: die Wurzeln des Deutschtums zu entdecken, offenzulegen und zu kräftigen. Damit wenden sich die Romantiker in einer „Revolte gegen die Vernunft" (Burke 1981: 25) und gegen die rationale und intellektuelle Sicht der Aufklärung – und zwar nicht nur in Deutschland, sondern im Rahmen fast aller europäischen Nationalbewegungen des frühen 19. Jahrhunderts. In Italien werden die

Etrusker als nationales „Urvolk" entdeckt und in der Etruskologie wissenschaftlich aufbereitet. In Schweden erfahren die Goten eine entsprechende Aufmerksamkeit. Der Nationalismus benötigt Ursprungsmythen und Gemeinschaftsgefühle, um der Geschichte Zukunftsvisionen abzuringen.

Das „ethnische Paradigma"

Dieser Versuch, drei Herkunftskontexte volkskundlichen Denkens zu umschreiben, darf weder dazu verführen, sich diese drei Bereiche scharf getrennt voneinander vorzustellen, noch dazu, sie kurzerhand in eine volkskundliche Fachgeschichte „einzugemeinden". Neuere Untersuchungen zur Wissenschaftsgeschichte, die stärker die Entwicklung von fachlichen Paradigmen untersuchen, also die systematische Entwicklung von disziplinären Leitfragen, -theorien und -methoden, warnen zu Recht vor solchen Vereinfachungen.[5] Vielmehr handelt es sich um Diskurse, die teils disziplinär getrennt voneinander verlaufen, teils ganz eng ineinander verwoben sind. Nicht selten treffen wir auf Namen, die zugleich als Vertreter der Romantik wie als Reisende und Statistiker einzuordnen sind. Auch entsteht daraus noch kein systematisches wissenschaftliches Konzept – sieht man einmal von Ansätzen zu einer germanistischen Sprachwissenschaft ab. Tatsächlich geht es um ein eher positivistisches Zusammentragen und Sammeln vielfältiger Stoffe, Daten, Eindrücke, welches sehr subjektiv und noch ohne feste wissenschaftliche Methoden und Instrumentarien erfolgt.

Dennoch bildet sich bereits etwas heraus, das man die Keimform einer Wissenschaftskultur nennen könnte: räumliche Konzentrationen, personelle Verflechtungen, begriffliche Prägungen, diskursive Ansätze. Das Personal dieser frühen Ethnologie und Ethnographie besteht aus Wissenschaftlern wie Germanisten, Statistikern, Historikern, aus Verwaltungsbeamten, aus Pfarrern und Lehrern sowie anderen Mitgliedern gebildeter bürgerlicher Kreise. Sie sind zum Teil über Freundeskreise, Vereine, Zeitschriften und Briefwechsel locker organisiert, entwickeln erste Begriffsapparate und Klassifikationssysteme ihrer Arbeit, wenn auch eher vorwissenschaftlich, deskriptiv, assoziativ, methodisch noch kaum reflektiert. Und sie sammeln Zeugnisse und Bilder von regionalen und nationalen Traditionen in der eigenen wie in fremden Gesellschaften, und zwar vor allem im Bereich der ländlichen, der „einfachen" Kulturen. Dazu zählen insbesondere Sagen und Märchen als ideelle Stoffe, Tracht und Kleidung als materielle Güter, Glaube und Aberglaube als mythische Vorstellungen sowie Überlieferungen aus Sitte und Brauch als rituelle Kulturformen.

Dies sind in vieler Hinsicht auch die Beobachtungsgegenstände bei der Erforschung überseeischer Kulturen, die mit den Expeditionen und Entdeckungsreisen nun verstärkt aufgesucht werden. Dabei hat sich zum Ende des 18. Jahrhunderts allmählich die Perspektive verändert: Die exotischen Bilder von „den Wilden", die von den Weltreisenden des 15. und 16. Jahrhunderts nach Europa zurückgebracht, dabei aber gewissermaßen noch nicht in das Menschheitsbild eingepaßt worden waren, weichen der Vorstellung eines universellen Zivilisationsprozesses. Aus dem globalen Gegensatz des 17. Jahrhunderts, der „Natur" noch der „Kultur" gegenüberstellte, das „Wilde" dem „Zivilisierten", entsteht unter dem Einfluß der französischen Aufklärung das Bild eines „ursprünglichen" Menschen, der einerseits noch im Einklang mit der Natur steht, andererseits den Möglichkeiten der Zivilisierung unterworfen werden kann. Dabei erscheint dieser Zivilisationsbegriff bereits ambivalent: Der mögliche zivilisatorische Fortschritt wird immer mehr auch als ein – notwendiger – Verlust ursprünglicher Identität betrachtet. Auch dies zeigt, wie sehr die „Bilder vom Anderen" stets europäische Blickwinkel widerspiegeln. Daß in Frankreich etwa um die Wende ins 19. Jahrhundert das Bild des *bon sauvage* existiert, „des guten Wilden", verdankt sich nicht zuletzt dem zivilisationskritischen Blick eines Rousseau. In England wird zur gleichen Zeit der *noble savage*, der „edle Wilde", gezeichnet, kriegerisch, stolz und stark. Beides bestätigt, wie sehr der jeweilige nationale Zeitgeist der europäischen Welt auf das Fremde projiziert wird: In Frankreich dominiert damals der Naturdiskurs, in England der Heldendiskurs.

Herders völkerkundliche Gedanken sperren sich noch gegen solche ethnozentrischen Blicke, wenn er über die „Nationen der Erde" nachdenkt und über die jeweiligen Bedingungen ihrer „Kultur und Lebensweise". Sein Beobachtungspunkt ist eher der eines Suchenden, der in der globalen Vielfalt der Lebensumstände und Sitten das Ferne und Fremde als ein Gegenüber zu begreifen versucht. So zeigt er bemerkenswerte Einsichten, wenn er in seinen ‹Ideen zur Philosophie der Geschichte› schreibt: „Endlich wünschte ich auch die Unterscheidungen, die man aus rühmlichem Eifer für die überschauende Wissenschaft dem Menschengeschlecht zwischengeschoben hat, nicht über die Grenzen erweitert. So haben Einige z.B. vier oder fünf Abtheilungen desselben, die ursprünglich nach Gegenden oder gar nach Farben gemacht waren, Racen zu nennen gewagt; ich sehe keine Ursache dieser Benennung. Race leitet auf eine Verschiedenheit der Abstammung, die hier entweder gar nicht stattfindet oder in jedem dieser Weltstriche unter jeder dieser Farben die verschiedensten Racen begreift. Denn jedes Volk ist Volk; es hat seine Nationalbildung wie seine Sprache. (...) Kurz, weder vier oder fünf Racen noch ausschließende Varietäten giebt es auf der Erde. Die Farben verlieren sich in einander; die Bildungen dienen dem genetischen Charakter; und im Ganzen wird zuletzt Alles nur Schattirung eines und desselben großen Gemäldes, das sich durch alle Räume und Zeiten der Erde verbreitet." (Herder 1985: 42f.)

Gewiß ist dies noch kein Manifest gegen den späteren „modernen" Rassismus, doch ein nachdrückliches Plädoyer für die gleichberechtigte Würdigung unterschiedlicher Kulturen. Diesem Grundgedanken folgt auch Georg Forster, wenn er auf seinen Reisen in die Südsee sich mit Geologie und Botanik beschäftigt, aber auch mit „fremden Sitten und Eigenarten". Weniger der Drang nach Klassifizierung als vielmehr nach Verständnis steht bei ihm im Vordergrund, wie es dann nochmals und vielleicht zuletzt bei dem Landeskundler und Naturforscher Alexander von Humboldt aufscheint, der 1845 in seinem ‹Kosmos. Entwurf einer physischen Weltbeschreibung› versucht, die Entwicklung der natürlichen und gesellschaftlichen „Lebensbedingungen der gesamten Menschheit" zu beschreiben (Henningsen 1997).

Andererseits weist Herder mit seinem Kommentar zu den „Racen" schon auf eine Entwicklung hin, die in der zweiten Hälfte des 19. Jahrhunderts endgültig an Kraft und Macht gewinnt: auf die Erfindung des „ethnischen Paradigmas", das sein Bild von Völkern und Gesellschaften nicht mehr auf kulturellen Zuschreibungen begründet, sondern auf biologischen und genetischen Abstammungsprozessen vermeintlich homogener ethnischer Gruppen. Diese Entwicklung hin zu ethnobiologischen Argumentationen verbindet sich dann aufs engste mit der nationalistischen Ideologie.

Solche Vorzeichen charakterisieren damals freilich nicht nur das Selbstverständnis der Vorläufer einer „Volkswissenschaft". Mit dem Verweis auf die Brüder Grimm und deren Begründung einer germanistischen Sprach- und Literaturwissenschaft wurde bereits darauf hingedeutet, daß auch dort nationalistische Grundströmungen dominieren. Ausgehend von der Vorstellung, die germanische Geschichte biete den Deutschen das Bild eines bereits „fertigen Volkes" mit nationalem Charakter, sieht diese germanistische Philologie ihre Aufgabe vor allem darin, diesen historischen Auftrag in der Gegenwart zu vollenden. Daher findet auch ein Teil der frühen „Volks-Kunde" zunächst seinen Platz unter dem Dach der Germanistik. Wobei es mehr als eine Anekdote ist, daß der erste Germanistikprofessor der Münchner Universität ein Berliner Turnlehrer sein wird (Brückner 1987: 106). Für den Zweck der „geistigen Ertüchtigung" ist er zweifellos der geeignete Mann.

Diese Entwicklung wird dadurch gefördert, daß in der europäischen Literatur damals das populärste Genre der Historische Roman ist. In Walter Scotts ‹Ivanhoe›, in Victor Hugos ‹Glöckner von Notre-Dame›, in Achim von Arnims ‹Die Kronenwächter› oder in Wilhelm Hauffs ‹Lichtenstein› werden Fakten und Fiktionen der jeweiligen nationalen Geschichte vermischt, Schlachten und Helden mythisiert, um Heroen und Epen nationaler Geschichtswerdung zu schaffen. Es bleibt nicht aus, daß auch die Geschichtswissenschaft selbst von dieser Identifikation mit Staat und Nation erfaßt wird. Leopold von Ranke etwa, ab 1825 der führende Vertreter des Faches in Berlin, formuliert als Aufgabe zwar, der Historiker habe aufzuzeigen, „wie es wirklich gewesen ist". Doch hindert ihn dies nicht daran, zum getreuen Historiographen des preußischen Staates zu werden. Schließlich tritt insbesondere in der Pädagogik neben das allgemeine humanistische Ideal der Menschenbildung verstärkt jenes der Erziehung zur nationalen Bürgergesinnung.

2. Programme: „Volkskunde als Wissenschaft"

Nach der Zeit des Vormärz und der in ihren demokratischen und republikanischen Absichten letztlich gescheiterten Revolution von 1848/49 verändert sich das Bild der deutschen Gesellschaftslandschaft. Zur *nationalen* tritt nun verstärkt die *soziale* Frage. Im wirtschaftlichen wie im kulturellen Leben und allmählich auch im politischen Raum etablieren sich bürgerliche Eliten, deren Einfluß schrittweise die Macht der adeligen Oberschicht zurückdrängt. Fabrikanten und Handwerker, Beamten und Professoren bereiten die Bühne einer bürgerlichen Gesellschaft vor, in der wirtschaftlicher Erfolg und kulturelle Bildung zu neuen sozialen Unterscheidungsmerkmalen werden, welche die alten Standesprivilegien aufzulösen beginnen. Getragen wird dieser gesellschaftliche Wandel vor allem von zwei Faktoren: von der Industrialisierung einerseits und einer Politisierung der Gesellschaft andererseits. Denn inzwischen sind die ersten wirklichen Fabriken entstanden, insbesondere in der Textilindustrie; auch Bergbau und Hüttenwerke erhalten industriellen Zuschnitt; die Städte beginnen zu wachsen, weil eine breite inländische Arbeitswanderung begonnen hat, die aus den ländlichen, agrarischen Regionen in die gewerbeintensiven Zentren führt. Damit entsteht eine neue gesellschaftliche Gruppe gewerblicher Handarbeiter und Industriearbeiter, die neue, eigene Formen des Arbeitslebens wie der Lebensführung insgesamt entwickeln muß.

Dies ist die neue „soziale Frage", die von den Zeitgenossen intensiv diskutiert wird: Mit welchen gesellschaftlichen und politischen Mitteln läßt sich diese „Arbeiterbevölkerung" in die soziale Ordnung der Gesellschaft integrieren? Wie kann dieser „Flugsand" der Industrialisierung beheimatet werden, der immer wieder neu seine Arbeitswanderung beginnen muß, gegen die Krisen-, Lohn- und Konjunkturgefälle? So kommt die Gesellschaft „in Bewegung"; regionale und soziale Identitäten wandeln sich, mischen sich neu. Und die Revolution von 1848 hat einen Vorgeschmack darauf gegeben, wie stark und drängend nun auch die unteren Schichten ihre Ansprüche geltend machen – auf Bildung und freie Berufswahl, auf gerechte Bezahlung und auf politisches Wahlrecht. Damit ist eine neue politische Kultur entstanden, die in Vereinen und Wahlkomitees, in Zeitungen und Flugschriften, in sozialen Bewegungen und Bürgerinitiativen auch ihre ersten institutionellen Ausdrucksformen gefunden hat. Zwar dürfen nach wie vor nur die Begüterten ein politisches Wahlrecht und Wahlamt ausüben, aber der Kreis der Berechtigten hat sich immerhin weit ins mittlere und kleine Bürgertum hinein geöffnet, und die Vertreter der Arbeiter- und Gewerkschaftsvereine entwerfen bereits eigene politische Forderungen und Programme (Kaschuba 1990: 16ff.).

Sozialistische Gesellschaftstheorie

Zugleich entsteht damit die Vorstellung einer Gesellschaftstheorie, die nicht mehr nur philosophisch „Welt an sich" erörtert, sondern die als politische Theorie die neuen Horizonte gesellschaftlicher Entwicklung analysiert, kommentiert und letztlich versucht, sie aktiv mitzugestalten. Am entschiedensten betreiben dies zunächst „utopische Sozialisten" wie François Babeuf oder Wilhelm Weitling mit ihren alternativen Welt- und Gesellschaftsvisionen, dann aber vor allem die Begründer des „wissenschaftlichen Sozialismus", Karl Marx (1818–1883) und Friedrich Engels (1820–1895).

In der Gesellschaftsanalyse ihres ‹Kommunistischen Manifests› (1848) und in Marx' Hauptwerk ‹Das Kapital› (1867) zeichnen die beiden die Züge einer neuen Klassengesellschaft, in der die Verfügungsmacht über Kapital – also der Produktions- wie der anderen ökonomischen und politischen Machtmittel – über alle Lebenschancen und Lebens-Mittel entscheidet und damit über die Zugehörigkeit zu den „Herrschenden" oder den „Unterdrückten". Diese vertikale Gliederung der industriekapitalistischen Gesellschaft in Klassen wird als ein Antagonismus beschrieben, als ein unversöhnbarer Gegensatz der sozialen Erfahrungen und der politischen Interessen, der seine Auflösung nur in der Vergesellschaftung der Produktions- und Machtmittel finden kann. Vergesellschaftung aber bedeutet hier Revolution: die Zerstörung der kapitalistischen Arbeits- und Besitzverhältnisse, die Ergreifung der Staatsmacht durch das Proletariat und die Überführung der Produktionsmittel zunächst in Staatseigentum, dann in die Selbstverwaltung der Produzenten. Nur damit könne die lange Geschichte der Herrschaft des Menschen über den Menschen zu ihrem Ende kommen und statt dessen eine klassenlose Gesellschaft entstehen, in der „jeder nach seinen Bedürfnissen“ leben könne, in der Emanzipation statt Entfremdung, Solidarität statt Konkurrenz gälten. Insofern verkörpert diese „Theorie der Klassengesellschaft“ auch ein politisches Handlungsprogramm für den Kampf einer als „Klasse“ verstandenen Arbeiterschaft.

Darüber hinaus aber ist sie in der Tat eine neue Theorie der Gesellschaft, die deren Ordnungen und Funktionen aus ihrer wirtschaftlichen und materiellen Basis heraus erklären und die das Bewußtsein vermitteln will, daß Menschen „ihre Geschichte selber machen“, daß sie daher geschichtlich gewordene Lebensverhältnisse auch selbst umgestalten können. Damit ist nicht nur ein neues Geschichtsbild konzipiert, das Gesellschaft als ein Ergebnis von sozialen Kämpfen erklärt, in denen die unterdrückten Vielen den mächtigen Wenigen stets „Leben“ abzuringen hatten. Zugleich wird ein neues Menschenbild entworfen, in dem diese Lebens- und Überlebensarbeit des Menschen als soziale und kulturelle Tätigkeit neu bewertet wird. „Die Produktion der Ideen, Vorstellungen, des Bewußtseins ist zunächst unmittelbar verflochten in die materielle Tätigkeit und den materiellen Verkehr des Menschen, Sprache des wirklichen Lebens. (...) Das Bewußtsein kann nie etwas Andres sein als das bewußte Sein, und das Sein der Menschen ist ihr wirklicher Lebensprozeß.“ (Marx 1969: 26)

Nun könnte man erwarten, daß solch eine neue Gesellschaftstheorie, die in ihrem Entstehen wie in ihren Absichten ja ganz eng mit sozialen Bewegungen im damaligen „Volk“ des heraufdämmernden Industriekapitalismus verknüpft ist, eine Volkskunde geradezu herausfordert und zu eigenen Positionsbestimmungen veranlaßt: Wie verhalten sich ihre Auffassungen von Volk, Volkskultur, Tradition zu dieser neuen Sicht einer Gesellschaft der Klassen und der sozialen Kämpfe? Diese Volkskunde aber, die sich als eine feste Fach- und Wissensinstitution angesprochen fühlen könnte, gibt es damals noch nicht. Sie vermag die „sozialistische Herausforderung“ nicht anzunehmen, weil sie noch über keine eigenständige wissenschaftliche Position verfügt, die zu verteidigen oder zu modifizieren wäre. So sind es lediglich vereinzelte Laienforscher oder Wissenschaftler aus – späteren – Nachbardisziplinen, die auf diese neuen Gesellschaftstheorien stoßen und aus „volkskundlicher“ Perspektive darauf reagieren. Natürlich tun sie dies in strikter Ablehnung, da ihr „Volk“ eines der Überlieferung und der Geschichte ist, ein „poetisches“ Volk der bäuerlichen Mythen und Relikte, und nicht der Marxsche „Pöbel“ der Städte.

Wilhelm Heinrich Riehl: „Volkskunde als Wissenschaft"

Eine gewisse Ausnahme bildet ein Mann, der später oft als der „Begründer der wissenschaftlichen Volkskunde" apostrophiert werden wird: Wilhelm Heinrich Riehl (1823–1897). Riehl, Staatswissenschaftler, daneben Kulturhistoriker und ein begabter Novellist, später Professor in München und Direktor des Bayerischen Nationalmuseums, will die „Wissenschaft vom Volke" in die „Lehre von der bürgerlichen Gesellschaft" einbringen. Seit den 1850er Jahren unternimmt er ausgedehnte Wanderungen durch die Pfalz, die Rhön oder die Eifel, um dort, an Ort und Stelle, bäuerliches Leben zu beobachten – in seinen materiellen Existenzbedingungen wie in seinen kulturellen Überlieferungen. So bewegt er sich einerseits noch auf den Spuren einer romantisch motivierten Natur- und Volkserkundung, wie das vor ihm und mit ihm viele heimatkundlich interessierte Bürger tun. Andererseits entwirft er im Jahre 1858 das Konzept einer „Volkskunde als Wissenschaft". Er entwickelt darin das Programm einer systematisch angelegten historischen und aktuellen Erforschung des Volkes, seiner materiellen wie seiner geistigen Kultur. Und er versucht damit, die historisch-philologische „Volks-Kunde" der romantischen Tradition mit einer fast modernen Soziologie des Volkes zu verbinden.

Riehl liest und kennt also durchaus die neuen Gesellschaftstheorien. Seine „sociale Ethnographie" (1854: 107) sucht indessen nach den Prinzipien des „inneren Aufbaus des Volkskörpers", die er nicht vorrangig in der Ökonomie, sondern vor allem in überlieferten sozialen und kulturellen Formationen wie der Familie und der Dorfgemeinschaft, der Sitte und dem Brauch vermutet. Die Titel seiner Bücher sind in dieser Hinsicht programmatisch: Auf ‹Die Bürgerliche Gesellschaft› (1851) folgt ‹Die Familie› (1855), verbunden mit anderen Werken dann zu einer ‹Naturgeschichte des Volkes› (1851–1869) gefaßt. In seiner Schrift ‹Land und Leute› (1854) erläutert Riehl sein Konzept einer Volkskunde folgendermaßen: „Die organische Gesamtpersönlichkeit des Volkes wäre zuerst zu bestimmen nach ihren natürlichen geographischen Grundzügen – Land und Leute, wie sie sich gegenseitig bedingen. Dann kämen jene durch die Bande der Natur und des häuslichen Lebens zusammengehaltenen kleinen Gruppen und solche, welche den Staat noch nicht notwendig voraussetzen – die Lehre von der Familie. Dann jene umfassenderen organischen Glieder der Volkspersönlichkeit, jene Gruppen, die durch Sitte, Beruf und Lebensweise sich voneinander abheben, die natürlichen Stände – die Lehre von der Gesellschaft." (Bausinger 1971: 55) Diese „Volkspersönlichkeit" erfüllt sich für ihn in der Idee der (deutschen) Nation.

Diese organologische Vorstellung, wonach eine Einheit auf der anderen aufbaut, wonach jeder Teil seinen Platz im Ganzen hat, wonach sich in jedem Teil auch umgekehrt die Gesamtanlage des Ganzen widerspiegelt, entwickelt sich damals unter dem Einfluß des neuen naturwissenschaftlichen Denkens, insbesondere der Biologie, und sie liefert Riehl eine wesentliche Begründung für seine „Naturgeschichte des Volkes“. Im Unterschied zu Herder meint bei ihm Volk eine reale, durchaus in sozialer Gliederung und in unterschiedlichen Lebensumständen gedachte gesellschaftliche Landschaft, die freilich jenseits aller sozialen Verwerfungen in ihrem Innern zusammengehalten wird durch jene „Bande der Natur“, die wie ein genetisches Programm alle Charakteristika der „Volkspersönlichkeit“ ausbilden. Es ist die Vorstellung der in ein historisches Ensemble von „Land und Leuten“ Hineingeborenen, die in der Tradition von „Sitte und Brauch“ ihre Dazugehörigkeit bestätigt finden und durch deren Gebrauch ihre Dazugehörigkeit selbst bestätigen. Anders als bei Marx oder anderen Vordenkern moderner Gesellschaftstheorie kommt bei Riehl also der Tradition kultureller Überlieferung und der Kontinuität gesellschaftlicher Ordnung eine herausragende und durchweg positive Bedeutung zu. Nicht die mobile Arbeiterklasse, sondern das bodenverbundene Bauerntum bildet für ihn den sozialen wie moralischen Kern auch der künftigen Gesellschaft, eine feste „Macht des Beharrens“. Denn Bewegung bedeutet stets auch ein Verlassen der Ordnung, einen Verlust der Wurzeln (Altenbockum 1994: 218ff.).

Auf solche Wurzeln verweisen vor allem die vier zentralen Begriffe, die „großen vier S“, die Riehl in ‹Die deutsche Arbeit› (1861) einer künftigen Volkskunde als Begriffskanon ins Stammbuch schreibt: Stamm, Sprache, Sitte und Siedlung. Alle vier verweisen auf den Bereich sozialen und kulturellen Gemeinschaftshandelns, wobei insbesondere der Begriff „Stamm“ jenen Mythos der „blutsmäßigen Bande“ aufnimmt, der bei Jahns „Volksthum“ schon aufscheint. Stamm ist der Rückverweis auf Abstammungsgeschichten der grauen germanischen Vorzeit, und zugleich komponiert sich aus der Vorstellung solcher archaischer Stämme und Regionen des Deutschen ein harmonisches Gesamtbild der Nation als einer völkischen Gemeinschaft. Nur dieses Gemeinschaftliche bringt für Riehl Kulturgüter und Werte hervor, die soziale Gruppen überwölben und Epochen überdauern, die daher auch in die überzeitliche Form von Märchen, Sagen, Liedern, Sitten und Rechtsauffassungen gefaßt werden und über mündliche Tradierung „im Volke“ bleiben. So vermag jedes Volkslied, jede Sage, jede Tracht als Teil des Ganzen auch das Ganze auszudrücken: die „nationale Volksseele“ und den „nationalen Volkscharakter“.

Riehl entwirft das Bild eines Volkes, das sich nicht erst im Rahmen eines Nationalstaates selbst finden muß, sondern das bereits ist, was es werden soll – sofern es sich im Besitze seiner Geschichte befindet. Nationalstaat und Volk werden dann gleichsam eins, ganz im Sinne damaligen staatswissenschaftlichen Denkens: „Er (der Staat; W.K.) ist in der Tat ein lebendiges Ganzes, das des gesellschaftlichen Volkslebens selbst oder die lebendige Organisation dieses Volkslebens und seiner Kultur." (Rotteck/Welcker 1834: 12) Damit konzipiert Riehl eine zugleich höchst ideologische und zutiefst konservative Volkskunde als Wissenschaft, die ihren Gegenstand bereits vorfindet, wenn sie ihn nur recht versteht: „Denn während man vordem bloß die äußere Existenz des Volkes beobachtete und sein inneres Leben höchstens nur so fern es sich in charakteristischen Sagen, Sitten und Bräuchen spiegelt, geht die moderne Volkskunde viel tiefer und unterscheidet sich dadurch von allen früheren Versuchen. Das ganze kirchliche, religiöse, künstlerische, wissenschaftliche, politische Leben der Nation erschauen wir aus dem Mittelpunkte der Volkskunde in einem neuen Lichte, dessen Reflex auf das Volksthum selber wieder zurückfällt. Zur wissenschaftlichen Untersuchung einer deutschen Volksgruppe gehören jetzt ebensogut kirchengeschichtliche und kunstgeschichtliche Vorstudien wie volkswirthschaftliche und statistische. Denn die Nation ist ein Ganzes und auch die untersten Schichten des Volkes tragen ihre Gabe bei zu unsern höchsten geistigen Entwickelungen, wie sie von dorther Gaben die Fülle zurückempfangen." (Bausinger 1971: 59)

Nun hat bereits Hermann Bausinger auf das eigenartige Mißverhältnis aufmerksam gemacht, das zwischen solchen programmatischen Äußerungen Riehls und dessen eigenen empirischen Studien besteht. In seinen Wanderungen zu ‹Land und Leuten› erweist Riehl sich nämlich als ein scharfsichtiger Beobachter, als ein genauer Ethnograph und vor allem als ein glänzender Stilist, dem facettenreiche Porträts und Miniaturen „aus dem Volksleben" gelingen. So genau und einfühlend er oft im Detail beobachtet und beschreibt, so wenig entwickelt er indessen systematische und transparente Methoden seiner Beobachtungsweise und so rasch verwischt er auch manche Differenzierung wieder, wenn er das Detail in sein konservatives Gesellschaftsmodell einzupassen versucht. Er arbeitet assoziativ und intuitiv, versucht unterschiedlichste wissenschaftliche Betrachtungsweisen in seine „sociale Ethnographie" zu integrieren, ohne diese Anleihen jedoch transparent zu machen und in ihren disziplinären wie paradigmatischen Voraussetzungen zu erörtern. Damit verstößt er gegen die Regeln des wissenschaftlichen Diskurses, was ihm auch bereits von Zeitgenossen das Attribut „unwissenschaftlich" einträgt. So bleibt er ein eigenwilliger Grenzgänger zwischen den Staatswissenschaften und „seiner" Volkskunde, die er zwar als ideologischen Entwurf, wegen der fehlenden theoretischen wie methodischen Fundamente jedoch kaum „als Wissenschaft" neu begründet hat.

Väter und Erbschaften

Dennoch prägt Riehls konservative Festschreibung auf lange Zeit das Außenbild wie die Entstehungsbedingungen des Faches – in ebenso eigenartiger wie verhängnisvoller Weise. Denn sein Programm antizipiert Bilder einer Wissenschaft und ihrer Gegenstände, die ideologische Bestimmungen und Bedeutungen dort schon festschreiben, wo eine Volkskunde später „als Wissenschaft" erst wirklich beginnen soll. Mit anderen Worten: Riehls Konzept wird wissenschaftlich zwar zunächst nicht sonderlich ernst genommen; es ist eher das interessierte Publikum, das seine zahllosen Vorträge und Schriften hört, liest und schätzt. Als sich die Volkskunde dann aber tatsächlich zu etablieren beginnt, sieht sie sich mit Riehlschen Formulierungen und Positionen konfrontiert, die in der Zwischenzeit und in der Öffentlichkeit die Bestimmung des Faches in vieler Hinsicht vordefiniert haben. Es ist also ein unfreiwilliges Erbe, das nun anzutreten ist (Zinnecker 1996).

Sicherlich verdankt sich diese zeitlich verschobene Wirksamkeit zum einen der Tatsache, daß Riehl sich weltanschaulich stets in der konservativen Mitte des politischen Zeitgeists aufhält. Dort werden soziale Harmonisierungslehren den kritischen Entwicklungstheorien schon in den 1850er Jahren vorgezogen, und im bürgerlichen Denken des Kaiserreichs wird diese Haltung, verbunden mit einer strikt nationalistischen Grundorientierung, dann noch dominanter. Zum anderen zeigt sich hier bereits die Wirkung eines ausgesprochen modernen Prinzips wissenschaftlich-öffentlicher Diskurse, nämlich die prägende Rolle von Stichwortgebern, die nur zur rechten Zeit das richtige Schlagwort finden müssen, um Weichenstellungen vorzunehmen, deren Wirkungen sie selbst meist gar nicht absehen. Mit seiner Formulierung von der „Volkskunde als Wissenschaft" hat Riehl offenbar einen solchen Markstein gesetzt, den spätere Volkskundler höchstens noch etwas verrücken oder bearbeiten, vorerst jedoch nicht mehr neu setzen konnten.

Bis heute bietet uns Riehl daher immer wieder Anlaß, über die Problematik wie den Nutzen fachgeschichtlicher Herkunftslinien nachzudenken, auch zu streiten. Ist er nun tatsächlich als der „Begründer" der wissenschaftlichen Volkskunde zu betrachten? Bedarf es überhaupt solcher Gründerväter?[6] Man kann diese Fragen gewiß verneinen bzw. an der Suche nach solchen Gründerlegenden disziplinäre Krisen und Profilneurosen abzulesen versuchen. Andererseits muß sich jedes wissenschaftliche Fach seiner Entwicklungsgeschichte versichern, sich immer wieder erneut mit ihr auseinandersetzen, um seine kognitive Identität nicht zu verlieren. Zu dieser Fachgeschichte gehört stets auch die Frage, wann und wo im wissenschaftlichen Diskurs jene markanten Wortmeldungen erfolgten und jene strategischen Plätze besetzt wurden, durch die und an denen sich ein Fach mit dem Anspruch einer wissenschaftlichen Disziplin präsentierte. Und es muß – das lehren uns die Symbol- und Ritualtheorien – in solch einer Gründungsgeschichte auch einen symbolischen Akt der Initiation geben, auf den man sich *ex post* beziehen kann, um endlich zu dem zu werden, was der Gründungsmythos schon als bereits existent behauptet.

So erging es offenbar auch der Volkskunde nach Riehl. Sie wollte werden, was sie in Riehls Programm schon zu sein vorgab: eine Wissenschaft, konkret: ein Museums- und Universitätsfach mit Stellen und Karrieren, mit Reputation und Einfluß. Sie wurde es – dank und trotz Riehl. Riehl selbst wurde nie ein Volkskundler im eigentlichen Wortsinn, und ob er theorie- und methodengeschichtlich als Gründungsvater taugt, ist insofern eine eher unerhebliche Frage. Als eine zentrale Figur im fachlichen Gründungsmythos scheint er hingegen unverzichtbar, weil sich gerade an seiner Rolle und an seiner „diskursiven" Leistung die volkskundliche Fachgeschichte in ihren wissens- wie wissenschaftsgeschichtlichen Eigenarten erklären läßt.[7]

Durchbruch zur Wissenschaft

Neben Riehls Anspruch, das Wissenschaftskonzept einer Volkskunde zu entwerfen, tritt bis zum Ende des 19. Jahrhunderts kein zweiter, ähnlich ambitionierter Entwurf. Allerdings entwickeln sich systematische Ansätze einer „germanistischen Altertumskunde", die mit ihren mythologischen Forschungen inhaltliche Motive und methodische Bausteine für die spätere „germanistische Volkskunde" bereitstellt. Einflußreich sind hier vor allem die Arbeiten Wilhelm Mannhardts (1831–1880), der unmittelbar an jene Mythologieforschung anknüpft, wie sie von Jacob Grimm begründet worden war. Im Gegensatz zu Grimm sieht er in Märchen und Sagen allerdings keine statische und überzeitliche Überlieferungsform, sondern einen Überlieferungs*prozeß*, der den Wandel von Formen und Inhalten einschließt, und er bezweifelt insbesondere eine spezifisch „germanische" Mythologietradition. Dennoch glaubt auch er an „Grundanschauungen", an „urmenschliche Weltdeutungen", die im Brauchtum als dem „Volksgedächtnis" die Jahrtausende überdauerten und so einem indogermanischen Sprachraum kulturelle Gemeinsamkeit und Kontinuität verliehen. Um dies zu belegen, unternimmt er das anspruchsvolle Vorhaben, eine möglichst komplette Sammlung deutscher Mythologien zusammenzustellen, der er den Namen „Monumenta Mythica Germaniae" geben will. Einen möglichst breiten Quellenfundus dafür soll ihm ein Fragebogen verschaffen, der in fast 150 000 Exemplaren an Freunde und mythologieinteressierte Gewährsleute in Deutschland, Österreich, Ungarn, Polen, Litauen, der Schweiz, Frankreich, Holland und Skandinavien verschickt wird.

Es ist das erste große Forschungsunternehmen mittels Fragebogen, das uns aus einem später der Volkskunde zugerechneten Themengebiet bekannt ist. Erhoben werden zunächst vor allem „Ackergebräuche", also Arbeitsformen, Mythen und Riten der bäuerlichen Lebenswelt. Obwohl nur ein Bruchteil der Fragebogen beantwortet zurückkommt, entsteht hier eine erste große „Datenbank" brauchtümlichen Materials – freilich von zweifelhaftem Informationsgehalt, da dessen mythologische Bedeutung im Fragebogen einfach vorausgesetzt wird. Dadurch wenig angefochten, veröffentlicht Mannhardt zwei gewichtige Bände über ‹Wald- und Feldkulte› (1875/78) und belegt darin materialreich jene mythologische Kontinuität, die er zuvor vermutet hatte. Im Vergleich zu Riehl ist es also ein ganz anderer Zugang zum „Volksgeist", dem aber das Verdienst zukommt, zum ersten Mal das zentrale Problem der geschichtlichen Überlieferung und ihrer Dokumentation systematisch empirisch angestoßen zu haben, ohne es allerdings bereits methodisch wie theoretisch zu reflektieren.

Was der Altertumskunde so unter den günstigen Zeitumständen nach der Reichsgründung von 1871 gelingt, nämlich eine feste konzeptionelle und institutionelle Gestalt zu erhalten, erreicht die engere Volkskunde endlich zu Beginn der 1890er Jahre. Bereits 1889 wird in Berlin ein „Museum für deutsche Volkstrachten und Erzeugnisse des Hausgewerbes" eingerichtet, ein erster Beweis dafür, wie sehr die materiellen und ideellen Gegenstände einer Volkskunde nun für öffentlich „repräsentabel" gehalten werden. Im Jahr 1890 begründet dann vor allem der Germanist Karl Weinhold (1832–1901) den ‹Berliner Verein für Volkskunde› und wird ein Jahr später auch Herausgeber der ‹Zeitschrift für Volkskunde›, die zuvor – seit 1859 – ‹Zeitschrift für Völkerpsychologie und Sprachwissenschaft› geheißen hatte.

Mit diesen Gründungen erhält die volkskundliche Arbeit – mehr als eine Generation nach Riehls Vorstoß – endgültig feste institutionelle Formen und Medien. Denn das „Berliner Modell" wird nachgeahmt: Sehr rasch entstehen in den Folgejahren weitere regionale Volkskundevereine und -einrichtungen in Bayern, Niedersachsen, Schlesien, schließlich in ganz Deutschland, die bald auch mit eigenen Veranstaltungen, Mitteilungsblättern und Zeitschriften in den öffentlichen wie den Fachdiskurs eintreten. 1894 gründet sich überdies der

„Verein für österreichische Volkskunde", 1897 die „Schweizerische Gesellschaft für Volkskunde". Nach einer kurzen Zeit des Unterschlupfs bei den „Deutschen Geschichts- und Altertumsvereinen" bildet sich schließlich im Jahr 1904 der „Verband Deutscher Vereine für Volkskunde" als eine selbständige Dachorganisation, die auf nationaler, regionaler wie lokaler Ebene die fachlichen Aktivitäten koordiniert (Sievers 1991).

Zugleich – und das ist ebensowichtig wie die institutionelle Seite – vertritt Weinhold als Sprecher der volkskundlichen Bewegung ein Forschungskonzept, das sich explizit von einer Verengung auf bäuerliche Traditions- und Mythenforschung abgrenzt und sich in seinen Themen und Theorien interdisziplinär zu verorten versucht. In seinem programmatischen Artikel ‹Was soll die Volkskunde leisten?› nennt Weinhold u.a. Geschichtswissenschaft und Anthropologie, Psychologie und Technikforschung, Rechtskunde und Literatur als flankierende Wissenschaftsperspektiven, die volkskundliche Forschungsfelder mit erhellen sollen. Und er beantwortet seine eigene Frage mit dem Kernsatz: „Die Volkskunde hat die Aufgabe, das Volk, das ist, eine bestimmte, geschichtlich und geographisch abgegrenzte Menschenverbindung von Tausenden oder Millionen, in allen Lebensäußerungen zu erforschen." (Weinhold 1890: 2)

Diese Definition klingt eher nüchtern, sachlich, gegenwartszugewandt, jedenfalls im Vergleich zu den deutlich romantischen und ideologischen Untertönen bei Riehl. Es ist das Programm „einer Volkskunde modernen Zuschnitts" (W. Jacobeit 1991: 24), zu dessen Modernität freilich auch das Bekenntnis gehört, eine „nationale Wissenschaft" sein zu wollen. Denn Weinholds Ziel sind eindeutig die öffentliche Akkreditierung und die akademische Etablierung des Faches, das mit der von ihm genannten Aufgabenstellung also das erhalten soll, was man heute Expertise nennt: den Nachweis und zugleich die Zuschreibung einer besonderen öffentlichen Themen-, Wissens- und Wissenschaftskompetenz. Sich zuständig zu erklären für die Betreuung des nationalen Volkslebens in seinen kulturellen Traditionen und Äußerungen paßt in diese neue „kaiserliche" Zeit nach der Gründung des Deutschen Reiches. Denn mit dem gewonnenen Krieg gegen Frankreich 1871 erfolgte die deutsche Einigung „von oben", unter militärischen und monarchistischen statt unter demokratischen und republikanischen Vorzeichen, und sie war deshalb nachträglich noch in besonderer Weise ideologisch und mental abzusichern. Da muß der Plan einer Volkskunde, die auch eine Geschichte des „Deutsch-Werdens" und „Deutsch-Seins" zu schreiben verspricht, fast zwangsläufig öffentlichen Beifall und staatliche Förderung nach sich ziehen. Darauf spekuliert Weinhold, wobei damit noch wenig mehr über seine persönliche politische Einstellung ausgesagt ist, als daß er sich offenbar im konservativen Bürgergeist heimisch fühlt.

Volkskunde *ist* nun also eine Wissenschaft, wenn auch noch nicht mit der endgültigen akademischen Weihe. An diesem Konstituierungsvorgang sind mindestens vier Dinge bemerkenswert. Zum einen ist es ironischerweise die aufstrebende Metropole Berlin, in der sich der formelle Gründungsakt einer Wissenschaft vollzieht, die immer (noch) von einem überwiegend ländlich-bäuerlichen Volk spricht und träumt. Eine ironische, aber zeitgenössisch durchaus stimmige Konstellation, denn Agrarromantik und Zivilisationskritik entstehen damals bekanntlich in den städtischen Etagenwohnungen des Bildungsbürgertums. Zum zweiten zeigt sich im Falle der Volkskunde sehr deutlich, wie entscheidend für die Wissenschaftsgeschichte immer wieder die vorwissenschaftlichen Felder sind, also das Vorhandensein öffentlicher Diskurse sowie eines interessierten und in Teilen organisierbaren Publikums. Hier ist es die große Zahl der lokal tätigen Hobby-Volkskundler, die aus der Volkserforschung eine regelrechte Bewegung werden läßt und ihrem Anliegen Nachdruck und Gewicht verleiht. Daß dafür die Vereinsform als erste Stufe der Interessenformierung gefunden wird, liegt in einem Land und in einem Jahrhundert nahe, in denen sich „der Verein" zur zentralen Gesellungs- und Organisationsform des Bürgertums entwickelt hat. Zum dritten und damit zusammenhängend konstituiert sich die Volkskunde als eine *praktische* Wissenschaft, die ihre Interessen und Erkenntnisse unmittelbar in traditions- und kulturpflegerische Aktivitäten umzusetzen versucht; dafür steht ja auch die Organisationsform der Vereine und Museen. Zum vierten schließlich verweist die große Resonanz des volkskundlichen Programms nicht nur auf die völkisch orientierte Grundstimmung der bürgerlichen Gesellschaft des Kaiserreichs, sondern auch auf das starke zivilisationskritische Element, das in ihr wiederum eingelagert ist und das sich bald in der Jugendbewegung einen eigenen Ausdruck verschaffen wird. Dazu gehört, daß solche Empfindungen und Haltungen längst über die Heimatliteratur und Heimatkunst ästhetisch vorbereitet, kulturell eingeübt und medial verbreitet worden sind. So bilden „Volk" und „Natur" zentrale Sinnstiftungsformeln dieser Zeit. Als Wissens- und Ideologieproduzentin ist die Volkskunde also durchaus zuständig für die „Nostalgiestoffe" der bürgerlichen und industriellen Moderne, so unmodern und altmodisch sie sich auch meist geriert.

Ortsbestimmungen und Abgrenzungen

Diese neue, gefestigte Position einer modernen und damit zugleich nationalen Volkskunde drängt andere Ansätze im Fach und in dessen

Umfeld zurück. Ansätze, wie sie sich etwa in volks- und völkerpsychologischen Arbeiten entwickelt haben, die der „Volksseele" noch eine eigene, von der Zivilisation unverbildete psychisch-spirituelle Kraft und Konstitution zuschreiben. Abgedrängt werden auch die Ideen einer vergleichenden Folklore-Forschung, die nicht in das nationale Denkschema passen. Unter dem in den 1840er Jahren in England geprägten Begriff der Folklore wird die populäre Weitergabe historischer Erinnerungs- und Übermittlungsformen verstanden, also in gewisser Weise der Anstoß der Romantik fortgeführt. Sammlungen von Liedern und Sprichwörtern, von Glaubensvorstellungen und Bräuchen suchen im internationalen Vergleich nach verwandten Motiven wie Tradierungsformen, um daraus Typologien folkloristischer Stoffe zu erstellen. Dem liegt die Annahme zugrunde, daß es sich eben nicht um spezifisch nationale, vielmehr um universelle Stoffe handelt, die quer durch die Kulturen wandern, sich immer wieder aber auf ähnliche Ursprungsmotive zurückführen lassen. In gewisser Weise könnte man darin einen Vorläufer des modernen Strukturalismus sehen, insofern dahinter die Vorstellung eines inneren, ordnenden Strukturprinzips in der Kultur steht, das sich nationalen Grenzen und kultureller Abschließung verweigert. Unter dem zeitgenössischen Druck nationaler Weltanschauung werden freilich auch solche vermeintlichen Dokumente eines „Weltgeistes" leicht wieder in nationale Kulturgeschichten eingebaut und dem Publikumsgeschmack angepaßt.[8] Der findet daran großes Interesse, denn es gehört zum bürgerlichen Habitus der Zeit, seine Bildung auch durch eifriges Zitieren von Klassikersätzen oder Volksweisheiten unter Beweis zu stellen.

Damit wirkt das Bild der Volkskunde am Ende des 19. Jahrhunderts ambivalent: Archaismen stehen neben zeitgemäßen Vorstellungen, fachliche Abschließungs- und Öffnungstendenzen scheinen sich die Waage zu halten. Einerseits gehen viele ihrer Leitbegriffe wie Volksgeist, Volkspoesie, Volkstum und ihre Leitformel „Volkskunde als Wissenschaft" auf die Herders, Grimms, Jahns und Riehls zurück. Das Fach bleibt universitär daher auch an einer ganzen Reihe von Lehrstühlen zu Gast in den Literatur-, Sprach-, Geschichts- und Altertumswissenschaften – insbesondere natürlich bei der Germanistik. Auch ihr thematisches Fachwerkhaus ist erhalten geblieben, sogar um einige zusätzliche nationale Eichenbalken befestigt. Im Zentrum stehen nach wie vor die „bäuerliche Welt" und das „bäuerliche Volk", weil sie in der aufbrandenden Moderne vermeintlich die feste Klippe der Tradition bilden, an der sich die Wogen brechen sollen. So sind auch die Themen des volkskundlichen Sammelns und Sicherns vielfach die des Jahrhundertbeginns, nur ist das Spektrum breiter geworden: Sagen und Lieder, Sitte und Brauch, Tracht und

Volkskunst, aber eben auch Geräte- und Fest-, Nahrungs- und Hausforschung.

Andererseits hat sich mit der Institutionalisierung des Faches in Vereinen, Museen und Zeitschriften inzwischen eine feste eigene Wissenschaftskultur herausgebildet, in der der Typus des sammelnden, forschenden und zugleich auch in der Öffentlichkeit wirkenden Laienwissenschaftlers dominiert. Das ist nicht unwichtig, denn damit baut sich das Fach eine Klientel und ein soziales Umfeld auf, die man heute als „Netzwerk“ beschreiben würde. Und Netzwerke sind – wie wir wissen – die Voraussetzung für die Etablierung und Institutionalisierung sozialer wie wissenschaftlicher Bewegungen.

Auch kann nun von einer Volks- und Völkerkunde als einer gemeinsamen ethnologischen Wissenschaft kaum mehr die Rede sein. Spätestens in der zweiten Hälfte des 19. Jahrhunderts – und verstärkt nach der Reichsgründung 1871 – haben sich zwei Fachprofile herausgebildet, die immer stärker trennende Züge aufweisen. Dabei spielt sicherlich die stärkere nationale Rahmung der Volkskunde eine Rolle, die ihren hauptsächlichen Untersuchungsgegenstand, die als Volkskultur verstandene bäuerliche Kultur, ideologisch aufwertet. Unter dem Dach der Germanistik wie einer Regional- und Nationalgeschichtsschreibung wird ein „Volkstum“ überhöht, das nicht mehr in einem Atemzug mit überseeischen „Stammeskulturen“ genannt werden kann. Umgekehrt lehnt sich die Völkerkunde dieser Zeit weit stärker an naturwissenschaftliche Vorstellungen einer globalen Entwicklung menschlicher Arten an, die zumindest vordergründig wenig nach nationalen Kulturräumen fragt. Im Hintergrund freilich und im Zusammenhang der Kolonialpolitik der europäischen Großmächte bleiben auch hier nationale Erkenntniszwecke bestehen.

Damit entwickeln sich Volkskunde und Völkerkunde schließlich auch in unterschiedlichen Wissenschaftskontexten, und sie werden zu unterschiedlichen Wissenschaftskulturen. Dies hängt nicht zuletzt mit dem Laienumfeld und dem in beiden Bereichen noch weithin vorherrschenden Typus des Privatforschers zusammen. Die für Landes- und Volkskunde interessierte Klientel unterscheidet sich in ihrem eher heimatkundlich geprägten Habitus deutlich von jenem ebenfalls gut organisierten Auftreten der Völkerkunde, der das Ferne, Exotische inzwischen gedanklich doch näher liegt als der germanische Grabhügel im Teutoburger Wald. Jedenfalls zeichnen sich auch von völkerkundlicher Seite bereits ab den 1830er Jahren deutliche Tendenzen einer konzeptionellen und institutionellen Abgrenzung ab. In den westeuropäischen Ländern gründen sich seit dieser Zeit eigene „Ethnologische Gesellschaften“, auch erste „Museen für Völkerkunde“ – das erste deutsche dann in Berlin im Jahr 1868. Ein Jahr zuvor findet die erste Habilitation im Fach statt, und ein Jahr danach wird die ‹Zeitschrift für Ethnologie› gegründet, also wesentlich früher als die ‹Zeitschrift für Volkskunde›.

Völkerkunde und Naturwissenschaften

Ein entscheidender methodischer Unterschied zur Volkskunde, die ihre Quellen zum Teil vor Ort im Stile Riehls, zum Teil auch über Fragebogen und Gewährsleute selbst „schafft", besteht auf seiten der Völkerkunde zunächst darin, daß sie ferne Kulturen meist nicht selbst erforscht. Vielmehr wertet sie überwiegend schriftliche Berichte aus, die von Forschungsreisenden, Handelsexpeditionen, Missionaren u.a. vorliegen. Damit benutzt sie noch weit stärker als die Volkskunde Quellen „aus zweiter Hand", die zudem Dokumente eines „fremden", europäischen Blicks auf andere Kulturen sind. Später wird diese Art der ethnologischen Forschung als „Lehnstuhl-Ethnologie" kritisiert und ironisiert werden, weil nicht wenige Ethnologen den menschlichen Gegenstand ihrer Lebensbeschäftigung niemals selbst in Augenschein genommen hatten. Jedenfalls gilt dies für die einflußreiche britische Ethnologie, die sich vielfach auch die einschlägigen Aufzeichnungen und Statistiken der Kolonialbeamten des Empire zunutze machen kann. Die kontinentalen Ethnologen hingegen beginnen sich nun stärker selbst „ins Feld" zu begeben. Namentlich der Arzt und Ethnopsychologe Adolf Bastian (1826–1905), der 1869 zum ersten deutschen Dozenten „für Völkerkunde" an der Berliner Universität ernannt wird, unternimmt zahlreiche Reisen in den überseeischen Kontinenten. Seine Arbeit dort könnte schon als „Feldforschung" bezeichnet werden, wenn ihm nicht noch das museale Sammlungsinteresse weit näher gestanden hätte als der empirische Beobachtungsgedanke: Mehr als die Menschen schienen ihn die Dinge zu interessieren – Symbole, Fetische, Geräte.

Ähnlich wie die Volkskunde wird auch die Völkerkunde in dieser zweiten Hälfte des 19. Jahrhunderts von unterschiedlichsten Denkrichtungen und Schulen geprägt, die zum Teil aus ganz verschiedenen wissenschaftlichen wie politischen Verwendungszwecken herrühren: etwa aus biologischen oder medizinischen, aus psychologischen oder kolonialpolitischen Erkenntnisinteressen. So sucht Bastian in den unterschiedlichsten Kulturen nach „Elementargedanken der Menschheit", die er in Glaubensvorstellungen wie in Märchenmotiven und Mythen vermutet. Sein Ziel ist es, daran menschheitsgeschichtliche Entwicklungsstufen festzumachen. Der Geograph und Ethnologe Richard Andree (1835–1912) wiederum forscht kulturübergreifenden Motiven nach, die er ebenfalls im religiösen Bereich aufsucht: Orakel, Opfer, Werwolf-Sagen, Ursprungsmythen. Lewis Henry Morgan (1818–1881), ein amerikanischer Jurist und autodidaktischer Ethnologe, forscht – unter anderem bei den Irokesen – nach den Gesetzen der Entwicklung von der „Barbarei“ zur „Zivilisation“ und findet damit großes Interesse in der Fachwelt wie beim Publikum. Der Engländer Edward B. Tylor (1832–1917), oft als der „erste moderne Ethnologe“ apostrophiert, gibt unter anderem auch praktische Hinweise und Ratschläge für „Reisende und Residenten in unzivilisierten Ländern“. Und James George Frazer (1854–1941), der seine englische Heimatinsel angeblich selten und den europäischen Kontinent nie verlassen hat, unternimmt umfangreiche religionsethnologische Studien über die verschiedensten Kulturen, weil er im religiösen und mythologischen Raum den Fokus sieht, in dem sich eine allgemeine Entwicklungsgeschichte menschlicher Glaubens- und Denksysteme nachvollziehen läßt. In seinem zwölfbändigen Werk ‹The Golden Bough› legt er seine Erkenntnisse 1890 dar. Vor allem zu nennen ist der in Deutschland geborene Physiker und Geograph Franz Boas (1858–1942), der später in den USA und Kanada umfangreiche Untersuchungen in indianischen Gesellschaften unternimmt und mit seinen langen Forschungsaufenthalten im Feld zum methodischen wie konzeptuellen Wegbereiter der modernen amerikanischen Cultural Anthropology wird.[9]

Einerseits ist in der Völkerkunde also eine starke Konzentration auf mythische und mythologische Stoffe sichtbar. Daran – so glaubt man – lassen sich entscheidende „völkerpsychologische“, religionsethnologische und entwicklungsgeschichtliche Befunde ablesen. Eine Nachbarschaft zur Altertumskunde eines Wilhelm Mannhardt mit seinen germanisch-mythologischen Studien oder zur Volkskunde der folkloristischen Richtung ist somit thematisch unverkennbar; der Gedanke der „Volksseele“ eines Herder klingt in beiden Disziplinen noch hörbar nach. Andererseits und im Unterschied zur Volkskunde ist die Völkerkunde dieser Zeit noch deutlicher geprägt von – oft verstümmelnden – Auffassungen der Lehre von Charles Darwin, an Hand deren man sich die Ethnien und Kulturen der Welt als sichtbaren Ausdruck menschlicher Artenentwicklung vorstellt. Die naturwissenschaftlichen Evolutionstheorien werden im ethnologischen „Evolutionismus“ kurzerhand in die Form eines Zivilisationsparameters gegossen, der die „primitiven Kulturen“ mit „niederen Rassen“ gleichsetzt und sie am Fuße der menschlichen Entwicklungsleiter sieht. Untermauert wird das Ganze auch mit Befunden einer „physischen Anthropologie“, die „die Wilden“, wie sie inzwischen auf den „Völkerschauen“ eines Carl Hagenbeck dem Publikum europäischer Städte vorgeführt werden, gleichsam als das biologische Ausgangsmaterial der Menschheitsentwicklung studieren zu können glaubt. Dieses Faktum, daß die „Objekte“ der Wissenschaft inzwischen jahrmarktförmig zur Schau gestellt werden können, verschafft der Ethnologie in Europa zusätzliche Resonanz. Gleichzeitig fürchtet man, daß diese „Naturvölker" unter dem Einfluß des Kolonialismus allmählich aussterben, und versucht deshalb, ihre „vorzivilisatorische" Existenz wenigstens wissenschaftlich zu dokumentieren.

So faszinierend der Gedanke damals erscheint, eine anthropologische Linie der Menschheitsentwicklung nachzeichnen zu können, so sehr ist dieser Wunsch denn auch Vater der empirischen Ergebnisse. Was an Daten und Phänomenen gesammelt wird, wird meist isoliert betrachtet, herausgelöst aus seinem sozialen und historischen Kontext und in die vorgegebene Form gepreßt. Daher fallen auch scharfsichtige einzelne Kulturbeobachtungen vielfach der Schematik eines universellen Interpretationsmodells zum Opfer – da ist die völkerkundliche „Kulturgeschichte der Völker" wiederum nicht so weit entfernt von Riehls „Naturgeschichte des Volkes".

3. Verwicklungen: Vom „Volkstum" zur „Volksgemeinschaft"

Trotz noch bestehender ideeller wie personeller Verbindungen muß man trotzdem von zwei unterschiedlichen Fachprofilen sprechen, in denen sich die Volkskunde und die Völkerkunde dem beginnenden 20. Jahrhundert präsentieren. Jedenfalls gilt dies für die Innensicht: für das jeweilige Selbstverständnis der disziplinären Organisationsformen und der Gegenstandsperspektiven, die auf vielfältige fachliche Abgrenzungslinien verweisen – keineswegs nur darauf, daß die volks- und völkerkundlichen Untersuchungsregionen geographisch oft einige tausend Kilometer entfernt voneinander liegen. In der Außenansicht freilich mögen diese Differenzbestimmungen eher unerheblich erscheinen, wenn man die beiden Fächer vom Standpunkt einer Gesellschaft aus betrachtet, die inzwischen in die Phase der Hochindustrialisierung, der Urbanisierung und der technischen wie medialen Moderne eingetreten ist. Von da aus gesehen, nimmt sich der Blick der Ethnowissenschaften auf die Gesellschaft als ein weithin gemeinsamer, zumindest verwandter aus, der mit seiner Suche nach kulturellen Ursprüngen und Überlieferungen zwiespältige Reaktionen auslösen muß. Zwar ist das Interesse für das, was man für „archaische Kultur" hält, beim bürgerlichen Publikum in Mode, wie etwa auch die Kunstrichtung des Mythologien und Geheimnisse deutenden Symbolismus. Doch verkörpert sich darin eher eine nostalgiehafte Neugier, die den „Blick zurück" in kompensatorischer Attitüde sucht, als entlastende Perspektive im Angesicht des wirklich Neuen einer bedrängenden technischen Zivilisation der Gegenwart.

Bilder einer „Menschenwerkstatt“

Denn der Kontrast könnte schärfer kaum sein: hier die Wissenschaften von „Volk und Stamm“, von „Familie und Gemeinschaft“, von „Ritus und Mythos“; dort der Beginn der eigentlichen Moderne, die diesen volkskundlich-völkerkundlichen Leitbegriffen scheinbar entgegengesetzte kulturelle Phänomene und soziale Semantiken hervorbringt. Schließlich interpretiert die sozialkritische Lesart der Kunst das endende 19. und beginnende 20. Jahrhundert bereits auch in den Bildern und Texten einer Großstadtwelt. In der Literatur inspizieren Henrik Ibsen, George Bernard Shaw, James Joyce oder Gerhart Hauptmann skeptisch die düsteren Seiten einer bürgerlich-kapitalistischen Gesellschaft und ihrer Fähigkeit zu Menschlichkeit. Die Architektur wendet sich ab vom historistischen Bauen und hin einerseits zum verspielten Jugendstil, andererseits schon zur konstruktiven Stahlskelettbauweise in den urbanen und industriellen Zentren. Vielleicht noch vehementer bricht die Moderne der Alltagswelt herein: Die deutschen Großstädte und die technische wie die urbane Kultur wachsen in atemberaubendem Tempo; 1914 lebt bereits ein Fünftel der deutschen Bevölkerung in Großstädten. Sie lebt in einer Welt, in der Eisenbahn, Straßenbahn, Elektrizität, Automobil den sozialen Raum neu gliedern und verdichten, in der die neuen Medien der Massenpresse und der „Groschenhefte“, des Telefons und des Kinos die Nachrichten, Bilder und Szenarien der ganzen Welt konzentrieren und damit buchstäblich neue Weltbilder entstehen lassen, in der eine „Vergnügungsindustrie“ entsteht, die vom Tanzcafé bis zur Sportveranstaltung, von Jahrmarktrummel bis zum „Konsumtempel“ des Kaufhauses reicht und eine „neue Massenkultur“ schafft (Maase 1997). „Technik“, „Großstadt“, „Masse“, „Hektik“ und „Zeitnot“, das sind denn auch die Schlagworte, mit denen die Gesellschaft damals ihre Atmosphäre selbst beschreibt und in denen sie ihre Befindlichkeit diskutiert.

Es ist vor allem eine Gesellschaft, die sich politisch und sozial zunehmend polarisiert, die dem bürgerlichen Konservativismus die sozialdemokratische Arbeiterbewegung gegenüberstellt, der Bürgerkultur die Arbeiterkultur, dem „guten Geschmack“ der Wohlhabenden den „Massengeschmack“ der Vielen, dem traditionsbewußten Land die neue „Menschenwerkstatt“ der Großstadt, der klassischen Mutterrolle die „neue Frau“, dem Erbkaisertum bald das allgemeine Wahlrecht. Dem Bürger wird die „Masse“ schon sprachlich zum Inbegriff des Bedrohlichen, Fremden, das ihm durch den „Massenverkehr“ der Straßen und Schienen, das „Massenwohnen“ in Mietskasernen, die „Massenproduktion“ der Fabriken und die „Massenkleidung“ der neuen Konfektionsindustrie täglich vor Augen geführt wird. Diese „Masse" ihrerseits entdeckt sich selbst neu in ihren Bedürfnissen und Lebensformen, die Extremes zu vereinbaren suchen: körperliche Erschöpfung durch Arbeit und Erholung durch Vergnügen, langfristige Daseinsvorsorge durch Sparen und kurzfristige Verausgabung im Konsum, politische Gleichheitsforderungen und soziale Herrschaftserfahrungen, tiefe Religiosität und radikalen Atheismus. In der Spannung zwischen solchen Polen formieren und differenzieren sich soziale Milieus, die sich ihre eigenen Wertehorizonte, ihre eigenen Familien- und Wohnformen, ihre eigenen politischen Organisationen und Geselligkeitsvereine, ihre eigenen Kneipenkulturen und ästhetischen Praxen schaffen. Es ist eine Gesellschaft, die sich politisch, sozial und kulturell in vieler Hinsicht neu gliedert, ja zergliedert und deren Horizonte sich damit auflösen: Die soziale Ordnung scheint nur noch aus der Perspektive des eigenen Sozialmilieus interpretierbar, durch den klassengesellschaftlich geschärften Blick vom „Eigenen" auf das soziale „Andere" (vom Bruch u.a. 1989).

In diese zentrifugalen Tendenzen einer sich modern segregierenden Gesellschaft mischen sich freilich immer wieder „Gemeinschaftsbilder": Der Nationalismus versucht als politische Bewegung wie als kulturelle Haltung immer wieder Politik- und Klassengrenzen zu überspannen, indem er an „deutsches Wesen" appelliert. Und er nimmt dabei immer wieder rassistische, vor allem antisemitische Züge an, die sich auch im Gesicht der Wissenschaften mehr oder weniger stark widerspiegeln. So gilt auch für die Volks- wie die Völkerkunde, daß jüdische Mitglieder der Scientific Community zeitweise marginalisiert erscheinen, zumindest nicht immer selbstverständlich „dazugehören" (Hauschild 1997). Die Jugendbewegung wiederum sucht abseits der wilhelminischen Bürgerwelt und der Stadtzivilisation die rückwärtsgewandte Utopie eines Volkes in ländlicher Gemeinschaft, in idyllisierter Natur, in überlieferten Bräuchen und Volksliedern, also in einer Art Neuaufnahme der Romantik. Der Erste Weltkrieg wird bald ein Gemeinschaftserlebnis besonderer Art bedeuten, in dem das Motiv kollektiver Kriegs- und Todeserfahrung vorübergehend vieles Trennende zu überdecken scheint, in dem die Begriffe „Volk" und „Schicksalsgemeinschaft" auf eine dramatische Art ihre semantische Füllung erhalten. Und umgekehrt wird Sigmund Freuds Psychoanalyse die Welt des Individuums weit ins Unbewußte hinein vergrößern.

Diese Gegenbewegungen aber konterkarieren nur eine Gesamtentwicklung zwischen der Jahrhundertwende und der Weimarer Republik, die sich mit den Schlagworten Politisierung, Modernisierung und Kulturalisierung des Alltagslebens kennzeichnen läßt. Politische Positionierung, technikbezogene Lebensführung und kulturell wesentlich erweiterte und differenzierte Lebensstile prägen nunmehr den Alltag von Bevölkerungsmehrheiten. Vor allem die Weimarer Zeit gilt heute wohl zu Recht als eine ganz entscheidende Entwicklungs- und Experimentierphase moderner Massenkultur.

Welches „Volk"?

Wie spiegelt sich nun diese gesellschaftliche Entwicklung in einem Fach wider, das sich wie die Volkskunde zuständig erklärt hat für die ländliche Gesellschaft und die bäuerliche Volkskultur in ihren historischen Überlieferungen? Wie reflektiert sie selbst anhand ihrer Themen und Programme ihren Weg, der beim Volk begonnen wurde und in die Massengesellschaft geführt hat? Wie orientiert sie sich zwischen Tradition und Moderne, zwischen „Gemeinschaft" und „Gesellschaft", zwischen „Land und Leuten" und „Großstadtvolk"? Das sind Fragen, die sich an die Volkskunde zu Beginn des 20. Jahrhunderts neu stellen, die zugleich aber vielfach noch bis an die Gegenwart heranführen. Daß diese Tagesordnung damals im Fach in vielen Punkten ähnlich gesehen und akzeptiert wird, zeigt der Blick auf die Leitfragen, die in den folgenden Jahren in den volkskundlichen Diskussionen vorherrschen. Denn dabei geht es vor allem um die Neubestimmung der Rolle und des Gegenstandes der Volkskunde, um die Fragen nach dem „Volk", nach der „Kultur", nach den Kulturträgern wie Kulturproduzenten. Freilich ist diese Verallgemeinerung gleich ein wenig einzuschränken: Es sind zunächst einige wichtige Fachvertreter, nicht das Gros der volkskundlichen Laienforscher und Vereine, die diese aktuellen Fragen diskutieren.

Als erster Kronzeuge für eine solche Öffnung der volkskundlichen Auffassungen ist der bereits erwähnte Karl Weinhold zu nennen, der bis zu seinem Tod im Jahr 1901 die wissenschaftliche Volkskunde prägt und der schon in den 1890er Jahren seine Position programmatisch scharf umrissen hatte: zunächst mit dem Satz vom Volk als einer „Menschenverbindung", die „in allen Lebensäußerungen neu zu erforschen" sei. Zum zweiten müsse sich die Volkskunde endgültig als Wissenschaft konstituieren und sich daher von jenen „Folkloristen" abgrenzen, die das Märchen- und Trachtensammeln als „modischen Sport" betrieben. Drittens erklärt er das Fach wissenschaftsstrategisch zwar zur „nationalen" Wissenschaft, gleichwohl versucht er, feste Positionierungen in der nationalen Politiklandschaft zu vermeiden: „Unbefangenheit in allen nationalen Fragen ist unser Grundsatz." (Weinhold 1891: 10)

Als zweiten Kronzeugen dieser Jahre zitiere ich den Schweizer Volkskundler Eduard Hoffmann-Krayer (1854–1936), der im Jahre 1902 seine Baseler Antrittsvorlesung unter dem Titel Riehls ‹Die Volkskunde als Wissenschaft› abhält. Darin fragt er nach dem Gegenstand des Faches: „Welches Volk ist es, mit dem sich die Volkskunde beschäftigt?" Und er antwortet: „nicht das gesamte nationale Leben ..., sondern nur dasjenige, was dem ‚vulgus in populo', dem Volke im Volk angehört" (Hoffmann-Krayer 1902: 6), sei zu erforschen. Überdies liegt auch ihm an der endlichen Verwissenschaftlichung des Faches, und so warnt auch er vor den Umtrieben der Laienforscher, die als Klientel allerdings nicht zu verprellt werden dürften. Zudem fordert er eine Standortbestimmung der Volkskunde im wissenschaftlichen Raum zwischen Landesgeschichte, Kulturgeschichte und Ethnographie, also eine Art „Völkerbeschreibung" mit deutlich ethnologischer Ausrichtung.

Was bedeuten diese Formulierungen? Weinholds Definition hört sich soziologisch abgeklärt an, denn sein „Volk" klingt bereits nach „Bevölkerung". Zumindest scheint er – obwohl selbst auch Mythologieforscher – der Vorstellung „mythischer Kontinuität" und „germanischer Urstämme" wenig zugeneigt, er will Volk als „Menschenverbindung" vielmehr historisch erklären. Hoffmann-Krayer setzt seine Akzente etwas anders. Er spricht vom „Volk im Volke", also von einem historisch und sozial bestimmten Teil der Bevölkerung, den er vor allem im Bereich des „vulgus", d.h. des Gemeinen, Gewöhnlichen, der „unteren Schichten", vermutet, allerdings nur insoweit diese auch traditionsverbunden sind. Auch bei ihm ist es kein „mythisches Volk" mehr, aber doch ein Volk der Tradition, der Kontinuität, der geschichtlichen Tiefe, in dem die „Volksseele" noch hindurchschimmert.

Ähnlich liegen die Unterschiede in der Debatte um die Kultur, die damals freilich noch unter der Überschrift „Wer ist schöpferisch?" geführt wird. Weinhold spricht von „allen Lebensäußerungen", die zu untersuchen seien, also von einem breiten Beobachtungsspektrum ideeller und materieller Güter wie Praktiken, die er als „geistige und materielle Schöpfungen" bezeichnet. Sein Kulturbegriff ist eher offen, wenngleich seine weiteren Ausführungen darauf hindeuten, daß er unter diese „Schöpfungen" doch mehr das Tradierte, Bodenständige, Bewahrenswerte als das Neue, Innovative, Moderne rechnet. Hoffmann-Krayer ist demgegenüber deutlicher und zugleich enger. Ihm geht es um „die primitiven Anschauungen und die volkstümlichen Überlieferungen: Sitte, Brauch, abergläubische Vorstellungen, Dichtung, bildende Kunst, Musik, Tanz, Sprechweise usw. in ihren niedren, auf weite Schichten sich ausdehnenden Stufen". Damit trifft er eine wesentliche Unterscheidung, wonach die „höhere Civilisation" von der Kulturgeschichte zu behandeln sei, denn diese habe sich dem „individuell-civilisatorischen Moment" zu widmen, während die Volkskunde das Niedere, das „Generell-Stagnierende" zu erforschen habe (Hoffmann-Krayer 1902: 7, 10). Für ihn steht fest, daß es um Statisches und Traditionales gehen, daß das „Primitive" im Sinne eines Einfachen, Gemeinschaftlichen vorrangiger Gegenstand der Volkskunde sein muß. Denn: „Das Volk produziert nicht, es reproduziert." (Naumann 1922: 5) So ist sein Begriff der „Kultur" (den er als Begriff freilich so nicht expliziert) für das Höhere, das „Civilisatorische" reserviert. Und es verschwindet bei ihm damit endgültig jenes poetisch und mythologisch beschworene Volk der Romantiker.

Jenseits dieser unterschiedlichen Akzentuierungen wird bei beiden deutlich, daß sich dieser Volksbegriff der Volkskunde nun doch stärker auf die Gegenwartsgesellschaft bezieht als noch bei Wilhelm Heinrich Riehl. Volk scheint nicht nur im raunenden Raum der Geschichte beheimatet, sondern auch in den Orten einer sich wandelnden Gegenwart; es scheint nicht mehr nur eine mythische Kollektivpersönlichkeit zu besitzen, sondern in seinen Gruppen und Einzelmenschen auch Individualität auszuprägen. Damit ist es nicht mehr nur in romantischer Verklärung „wahrhaftig, einfach und edel", sondern eben auch „wirkliches Volk", somit vorurteilshaft, gewalttätig, widersprüchlich, verschieden. Hinter den Farbschichten dieses neuen Bildes vom Volk aber schimmert doch noch eine Schicht Riehlscher Grundierung hindurch: die Vorstellung eines inneren Kerns in den „niederen" und „traditionalen" Kulturschichten, eines „Grundschichtigen", das statisch-fest im Fluß der Geschichte stehe.

Gesellschaft statt Volk

Sicherlich wäre es falsch, das Verdienst an diesen – wenngleich begrenzten – Öffnungen und programmatischen Veränderungen ausschließlich einem inneren theoretischen Fachdiskurs zuzuschreiben. Zu einem Gutteil sind sie vielmehr einfach zeitbedingt: Der sich wandelnde Gesellschaftshorizont des begonnenen 20. Jahrhunderts spielt hier ebenso mit herein wie die Diskussionen in den Nachbardisziplinen. Das gilt zunächst insbesondere für die Geschichtswissenschaften, wo eine sich gerade entwickelnde Kulturgeschichtsforschung um den Leipziger Historiker Karl Lamprecht (1856–1915) bald wieder von einer national orientierten Staatshistoriographie ins Abseits gedrängt wird. Dann sind es vor allem das neue Gewicht „des Sozialen" und der Aufschwung der Soziologie, die sich in neuer Weise der Analyse gesellschaftlicher Gegenwarten zuwendet. Gesellschaft erscheint hier als ein Gewebe zweckgerichteter Institutionen, Verbände und Wertehorizonte, als ein universelles Ordnungsmodell, in dem sich die gesellschaftlichen Beziehungen und Entwicklungen regeln. Und die Soziologie versteht sich zugleich als eine neue politische Wissenschaft, die mit ihrer Analyse auch den Anspruch erhebt,

Gesellschaft in ihren gegebenen staatlichen Verfassungen zu modernisieren und zu demokratisieren.

Max Weber (1864–1920) ist zweifellos jener Soziologe, der damals die eindrucksvollsten und folgenreichsten Vorstellungen davon entwickelt hat, wie sich Gemeinschaften „vergesellschaften", wie sie Institutionen und Normen ausbilden, die als soziale Übereinkünfte wie als universelle Machtmittel an die Stelle alter und jeweils nur partiell gültiger religiöser oder herrschaftlicher Ordnungen treten. Seine „verstehende Soziologie" betont daher insbesondere die Rolle der Kultur als formgebendes und sinnvermittelndes Medium sozialen Handelns. Neben Weber steht Ferdinand Tönnies (1855–1936), Soziologe und Philosoph, der die Soziologie als eigenständiges Fach mitbegründet hat und vor allem mit seiner bereits 1887 veröffentlichten Schrift ‹Gemeinschaft und Gesellschaft› auch in der volkskundlichen Diskussion einflußreich wird. Tönnies sieht die beiden Sozialformen „Gemeinschaft" und „Gesellschaft" in einer historischen Abfolge, wobei „Gemeinschaft" die ältere Form darstellt, einen „naturorganischen Verband" in noch kleinen Sozialgruppen und wenig differenzierten Kulturen, während „Gesellschaft" für ihn die moderne Sozialform verkörpert als ein „zweckgerichteter Zusammenschluß" von Menschen und Gruppen. Durch seine Gedanken werden nicht zuletzt Diskussionen angestoßen, die auch die Verlustseite der Moderne thematisieren, indem sie dem Gewinn an Gesellschaft und Modernität einen Verlust an Gemeinschaft und Traditionalität gegenüberstellen. Während Tönnies so die Sozialformen diskutiert, nimmt ein anderer Soziologie, Georg Simmel (1858–1918), die Kulturformen der Moderne genauer in Augenschein. Er ist wohl als der erste ausgesprochene Kultur- und Großstadtsoziologe zu bezeichnen, der die Rituale und Symbole, die Orte und Moden des urbanen Lebens scharfsinnig beobachtet und in ihnen die kulturelle Ordnung moderner Alltagswelt zu „lesen" versteht.

So wirken in das volkskundliche Terrain vielfältige Anstöße von außen hinein, die bei Diskussionsführern wie Weinhold und Hoffmann-Krayer auch Folgerungen zeitigen. Aber diese Folgerungen scheinen ambivalent: Einerseits wird der soziale und kulturelle Wandel moderner Gesellschaft und dessen theoretische Reflexion durchaus registriert, um andererseits in seinen sozialen und kulturellen Auswirkungen doch eher bedauert und daher vielfach programmatisch ausgeblendet zu werden. Der mittlerweile fast einhundertjährige Prägeprozeß volkskundlichen Denkens wirkt offenbar zu nachhaltig. Trotz ihrer programmatischen Öffnungen bleibt die Volkskunde in ihren empirischen Arbeiten fixiert auf Volk statt Gesellschaft, auf das Dorf als den Ort der Tradition statt auf die Stadt als Feld der Moderne. Sie widmet sich weiterhin dem Relikthaften, bleibt eine

„konservative Soziallehre" (Hermann Bausinger), die, indem sie ein überzeitliches Volk der Vergangenheit beschwört, zugleich ein „Volkstum der Gegenwart" behauptet.

Diese Tendenz dokumentiert sich auch in den großen Forschungsvorhaben und Institutionalisierungsschritten vor und nach der Jahrhundertwende. Seit 1876 wird gemeinsam mit Sprachforschern im Rahmen der Arbeiten zu einem ‹Deutschen Sprachatlas› systematisch erforscht, wie sich Mundart und Dialekt in den verschiedenen Regionen erhalten haben. Die mythologischen Sammlungen eines Wilhelm Mannhardt werden weitergeführt. Das Berliner ‹Museum für deutsche Volkstrachten und Erzeugnisse des Hausgewerbes› zeichnet in seinen Trachten- und Volkskunstausstellungen überwiegend das Bild einer authentischen Volkskultur, die sich dem sozialen Wandel entgegenstellt. Und auch der Zusammenschluß in den regionalen und nationalen Volkskundevereinigungen dient wesentlich der Werbung und Mittelbeschaffung für altertums- und regionalgeschichtliche wie volkstumspflegerische Aufgaben. So entstehen im Rahmen kulturräumlicher Forschungen regionale und nationale Dialekt-, Brauchtums- und Trachtenatlanten, in denen die Untersuchungsgegenstände zunächst räumlich erhoben und verortet, dann deren Verbreitung dokumentiert und schließlich die Übermittlungswege erforscht werden. „Reliktforschung" bedeutet hier also: Suche nach ideellen und materiellen Zeugnissen einer Geschichte, die in kultureller Überlieferung vermeintlich gegenwartsmächtig geblieben ist.

„Gesunkenes Kulturgut"?

Von innen heraus, aus dem Kontinuum der Fachgeschichte, erscheint diese Entwicklung durchaus organisch und konsistent. Doch tritt man einen Schritt nach draußen, in jene moderne Welt nach der Jahrhundertwende, dann ist schon erstaunlich, welch hohe Resistenz die Volkskunde gegenüber der Wahrnehmung sozialer und kultureller Wandlungsprozesse entwickelt. Offenbar gelingt es ihr, überwiegend zu sehen, was sie sehen will: die Welt des 20. Jahrhunderts, betrachtet durch die volkskundliche Brille und im Begreifen des 19. Jahrhunderts.

Zwar wird diese Tendenz vereinzelt und durchaus scharf kritisiert, insbesondere nach dem Ende des Ersten Weltkriegs und dem Sturz des Kaiserreichs. 1923 fordert der Hamburger Volkskundler Otto Lauffer (1874–1949): „Volkskunde will ein Spiegel des Volkslebens sein. Sie will das Leben des Volkes schildern, wie es ist. Sie will feststellen, seit wann es so ist, und sie will zu ergründen versuchen, warum es so ist." (Lauffer 1923: 9) Doch dieses „wie es ist" bleibt für die Mehrheit der Volkskundler ein verklärtes „wie es war". In Hans

Naumanns (1886–1951) ‹Grundzügen der deutschen Volkskunde› wird dann zwar der Geschichtslosigkeit des romantischen Ursprungsdenkens eine Absage erteilt, und Naumann entwickelt ein Dreistufenmodell, das die Kulturentwicklung vom Stande der „Primitivität" bis zum „Gipfel" der Individualität erfassen soll. Doch bleibt für ihn jenes mystische „Primitive" die Grundlage auch jeder Gegenwartskultur, ihre Stärke und Sicherheit, insofern darin und dadurch „Gemeinschaft verbunden ist". Kultur bedarf nach Ansicht des einflußreichen Frankfurter Germanisten und Volkskundlers dieses Archaischen, um in sich wurzelfest und identisch zu bleiben. Und so steht für ihn als Kernfrage: „handelt es sich bei jeder noch so geringfügigen Einzelheit um von unten gekommenes primitives Gemeinschaftsgut oder von oben gekommenes gesunkenes Kulturgut?" (Naumann 1922: 8)

Bereits in dieser Frage sind Prämissen enthalten, die damals im Fach explosiv wirken und vielfältige, zumeist kritische Reaktionen hervorrufen. Kultur erscheint damit nämlich in zwei Schichten zerlegt, die zugleich auch „das Volk" trennen: einerseits in jenes „primitive Gemeinschaftsgut", das dem bäuerlichen Volk in seinem „Gemeinschaftsleben" zugeschrieben wird, andererseits in die wirkliche „Kultur", die im sozialen Oben entsteht und von dort nach unten „absinkt". Volkskultur, wo sie sich verändert, ist also „von oben gesunkenes Kulturgut"; „Volksgut wird in der Oberschicht gemacht" (Naumann 1922: 11). Dabei ist die Oberschicht wohl auf dieses archaische Moment „des Primitiven" angewiesen, es ist sozusagen ein Urgrund auch ihrer eigenen kulturellen Psyche. Doch was Gesellschaft bewegt, kommt von oben. Damit beschreibt Naumann letztlich ebenfalls wieder ein in der Geschichte erstarrtes Volkstum.

Naumanns Kritiker verwahren sich entschieden gegen solch eine „Primitivenkunde" und attackieren insgesamt sein psychologisierendes Modell, das der bislang so idealisierten Volkskultur ausdrücklich ihre „Kulturqualität" abzusprechen und deren vielbeschworene historische Kontinuität im Grunde genommen als bloße Unfähigkeit zu selbständiger Entwicklung zu beschreiben scheint. Naumanns Verteidiger verweisen darauf, daß die Zweischichtentheorie lediglich ein Entwicklungs- und Denkmodell verkörpere, nicht das „wirkliche" Volk meine. Auch bedeute „primitiv" eher „primär", also ein Ursprüngliches, Grundschichtiges in der Kultur.

Mit dieser Debatte um „gesunkenes Kulturgut" eröffnet sich eigentlich zum ersten Mal die Möglichkeit, die Frage nach einem Kulturbegriff systematisch zu erörtern und ihn – ähnlich wie in heutigen Diskussionen um Elitenkultur, Volkskultur und Massenkultur – endlich an feste geschichtliche und gesellschaftliche Horizonte zu binden. Der damalige Debattenverlauf führt jedoch konzeptionell eher zurück als nach vorn. So bleibt es insgesamt bei Hoffmann-Krayers „vulgus in populo", bei jenem immer noch mit archaischen Traditionszügen gedachten „Volksmenschen", als dem „sozialen Subjekt" der Volkskunde.

Auf dieser Position verharren auch die beiden volkskundlichen Großunternehmungen der 1920er Jahre. Zum einen wird 1927 mit den Arbeiten an einem umfangreichen ‹Handwörterbuch des Aberglaubens› begonnen, in dem die noch auffindbaren abergläubischen und magischen Praktiken „im Volke" dokumentiert und in ihrer Verbreitung verortet werden sollen. Gesucht werden vor allem vorchristliche, namentlich germanische Spuren, die in der Lebenswelt der unteren Schichten vermeintlich in Form von Sprüchen, Sagen, Zeichen und Symbolen überliefert sind. Zum andern beginnt 1929 eine große Fragebogenaktion in 20 000 Orten des Deutschen Reiches, Österreichs, Luxemburgs und der deutschen Sprachinseln in der Tschechoslowakei und in Ungarn, in der 250 Fragen zu Brauchtum und Volksglauben enthalten sind. Die Ergebnisse sollen in einem ‹Atlas der deutschen Volkskunde› erfaßt werden, der die Geschichtlichkeit von regionaler Volkskultur und deutschem Volkstum als „lebendige" Überlieferung festzuschreiben und in einer Art Kulturgeographie auch kartographisch zu dokumentieren sucht.[10] Andere Länder und „Volkskunden" ahmen dieses Beispiel übrigens nach: So konzipiert die französische Ethnographie 1942 ebenfalls einen solchen Atlas der Volkskultur, der allerdings über vereinzelte Vorarbeiten nicht hinauskommt (Chiva 1987: 19); ein österreichischer Atlas wird erst in den 1950er Jahren begonnen.

Gewiß sind bei diesen Unternehmungen vielfältige Befunde der Verbreitung von Kulturelementen von A wie Adventskranz bis Z wie Zauberspruch zu erzielen, zu kartieren und Schlußfolgerungen zu ziehen über kulturelle Diffussionsprozesse, also Verbreitungswege, Verbreitungsformen und Kontinuitätsmuster. Doch wird in den Befragungen stets nach Relikten gesucht, nach Einzelphänomenen, die scheinbar außerhalb aller sozialen und historischen Kontexte existieren. Es ist keine ethnographische Aufnahme von Lebenswelten, in denen sich Altes mit Neuem mischt, sondern eine Konstruktion von isolierten Brauchwelten, die abseits der Moderne durch die Zeiten dämmern. Daß die „Gewährsleute" und „Korrespondenten" dieser Umfragen und Sammlungen gleichzeitig meist aktive Laienvolkskundler sind, also jene Pfarrer, Lehrer und Wirte, die dem Volke selbst gerne „Kunde" von seiner Geschichte geben, verleiht dem gesammelten Material zudem und von vornherein seine eigene „historische" Patina.

An zwei Beispielen sei verdeutlicht, daß es in dieser Zeit der Weimarer Republik auch andere, allerdings wenig erfolgreiche Versuche gibt, Volkskunde auf modernere Wege zu bringen. Will-Erich Peukkert (1895–1969), Dozent an der Breslauer Pädagogischen Akademie, später Professor in Göttingen, versucht seit Ende der zwanziger Jahre, Umrisse einer „Großstadt-Volkskunde" zu skizzieren. 1931 veröffentlicht er eine ‹Volkskunde des Proletariats›, in der er vor allem den Weg der Landbevölkerung in die Stadt und in die Fabriken beschreibt und den sozialen und kulturellen Wandel nachzeichnet, den diese Mobilität des 19. und 20. Jahrhunderts für die betroffenen Gruppen bedeutet. Das ist für die Volkskunde ein neuer Horizont, der in die Zeit paßt, in die Epoche einer Klassengesellschaft, die sich in ihren politischen Manifestationen und kulturellen Artikulationen als in sich zerrissen und gespalten zu erkennen gibt. Aber auch Peukkert aktualisiert letztlich nur halbherzig, denn er beschreibt diesen Weg in die Großstadt und ins Proletariat eben vornehmlich als einen Verlust jenes „volkstümlichen Gutes" von Sitte, Brauch und Tradition, also als eine Geschichte der „Entwurzelung", nicht als eine Geschichte des kulturellen Wandels und des sozialen Neubeginns. In ähnlicher Weise widmet sich der Marburger Volkskundler Max Rumpf zur selben Zeit einer „Handwerker-Volkskunde", die nicht mehr nur den alten bäuerlichen Kern des volkskundlichen Volkes ins Auge faßt. Doch liegt auch bei ihm das Schwergewicht noch mehr auf der Tradition, beim Rückblick auf handwerkliches Brauchtum und Arbeiten, kaum auf der Beobachtung der sozialen und kulturellen Situation einer Produzentengruppe, die damals am Scheideweg zwischen Werkstatt und Fabrik steht. Nicht nur diese Versuche werden freilich zunächst innerhalb des Faches abgedrängt und nach 1933 endgültig unterbunden.

Bis heute gibt es keine systematische Wissenschaftsgeschichte der Volkskunde, die auf breiter empirischer Basis die historische Entwicklung der Wissenschaftskultur im Fach aufgearbeitet hätte. Wer damals Volkskundler wird, wie man im Fach kommuniziert, wie man sich nach außen präsentiert, welche Identität als wissenschaftliche Gruppe im akademischen Milieu angestrebt wird – all dies ist bislang nur punktuell erforscht. Doch zeigen diese schlaglichthaften Eindrücke, daß das Fach offenbar immer noch „hinter" der Gesellschaft bleiben will, auf der Suche nach ihrer „grundschichtigen" Substanz. Auch der wissenschaftliche Nachwuchs arbeitet sich jedenfalls an Dissertationsthemen ab wie „Segen und Zauberformeln aus einem österreichischen Roßarzneibuch des 16. Jahrhunderts", „Fastnachtsbrauchtum in Sachsen" oder „Sitte und Brauch in der Ernte im Kreis Pinneberg".

Dies erklärt sich zum Teil daraus, daß die Volkskunde in Deutschland – im Unterschied etwa zu Schweden, Ungarn oder Frankreich – akademisch weiterhin nur am Rande und unter dem Dach von germanistischen, geschichtswissenschaftlichen oder geographischen Lehrstühlen betrieben wird. Wer promoviert, orientiert sich in der Regel am Arbeitsmarkt jener Museen, die sich mit Trachten, bäuerlichem Gerät und Heimatkunde beschäftigen. Dort ist die Institutionalisierung der Volkskunde am weitesten fortgeschritten – freilich nicht unbedingt ihre Verwissenschaftlichung. Prägender als die wenigen theoretischen und programmatischen Entwürfe bleiben für die Volkskunde daher dieser Museumsbereich und vor allem die aktive Traditionspflege der „bekennenden" Volkskundler in Geschichts-, Altertums- und Brauchtumsvereinen. Dort „lebt" das Fach in seiner Mehrheit, dort schafft es sich öffentliche Resonanz und Wirkung. Daß nicht wenige dieser Aktivitäten bewußt oder unbewußt bereits auf „völkisches Terrain" hinüberspielen, daß vereinzelt sogar eine „Volkstums-Kunde" betrieben wird, die nicht mehr nur konservativ, sondern schon braun zu nennen ist, auch dies gehört zum vieldeutigen Gesicht des Faches.

Bronislaw Malinowski und das Feldforschungsparadigma

In dieser Zeit geht die Völkerkunde bereits deutlich andere Wege. Die vorher bestimmende Theorie des Evolutionismus, die auf die Einzelbeobachtung kultureller Praktiken zielte und auf deren Einordnung in eine Art globalen historischen Zivilisations- und Kulturplan, wurde als unzulänglich erkannt. Dennoch sucht man zunächst weiter nach einer Urform der Kultur, die dann in ihren Ausbreitungsformen und in ihrer Gestaltvielfalt zu erklären wäre. Diese Hypothese dominiert vor allem in der sogenannten Kulturkreislehre, die dem Diffusionsmodell anhängt. Sie sucht nach einer solchen „Urkultur", die sich vermeintlich schon in der Vor- und Frühgeschichte in ihren Varianten global verbreitete, da man auch die „alten Kulturen" bereits in Kontakt miteinander sieht. Wie materielle Gegenstände – etwa Opfergaben – oder magische Vorstellungen „diffundierten", also sich ausbreiteten, übernommen und tradiert wurden, wie Kultur also gleichsam aus „interkulturellem" Kontakt entsteht, das scheint die zentrale Frage für eine Wissenschaft, die nicht nur das Trennende, sondern auch das Verbindende zwischen den Epochen und Kulturen erforschen will.

Erst in den zwanziger Jahren verändert sich diese Perspektive, ja sie kehrt sich in ihrer Erklärungsrichtung geradezu um. Kultur wird nun als eine Vielfalt verstanden, deren Varianten unabhängig voneinander entstanden sind und sich aus dem Verhältnis Natur–Mensch entwickelt haben. Menschen machen sich die Natur zunutze, um zu überleben, und sie schaffen deshalb ein kulturelles Repertoire zweck- und verständigungsorientierten Handelns. Das neue Schlagwort heißt „Funktionalismus“, und es beruht auf der Annahme, daß jede kulturelle Praxis nicht einfach Form und Tradition verkörpert, sondern daß sie vor allem einem ganz bestimmten Zweck dient, der innerhalb eines Bedeutungssystems jeder Kultur genau festgelegt, gleichwohl in bestimmten Grenzen auch wandelbar ist. Tradition und Kontinuität werden also nicht mehr als Selbstzweck verstanden, als Erhaltung einer Form um der Form willen, sondern als Eigenschaften, die nur solange erhalten bleiben, wie sie nützlich sind. Diese Nützlichkeit, die jeweilige Funktion von Kultur an einem konkreten gesellschaftlichen Ort zu einem konkreten historischen Zeitpunkt, haben Völkerkundler zu erforschen.

Mit diesem nun ausgesprochen soziologisch argumentierenden Grundgedanken des Funktionalismus ist vor allem der Name von Bronislaw Malinowski (1884–1942) verbunden. Malinowski, aus Polen stammend und ausgebildeter Naturwissenschaftler, wird zum international wohl einflußreichsten Ethnologen seiner Zeit, nachdem er von 1914 bis 1918 einen langjährigen Forschungsaufenthalt auf den Trobriand-Inseln vor Papua-Neuguinea verbracht hat. Er lebt dort in den Siedlungen der Einheimischen, beobachtet deren Alltagsleben, ihre Familien- und Verwandtschaftsformen, ist Teilnehmer an festlichen und rituellen Veranstaltungen. Damit verkörpert er also weder den „Lehnstuhl-Ethnologen“ alter Prägung noch den expeditionshaft umherreisenden Forscher der jüngeren Generation. Erzwungen im übrigen durch die Kriegsumstände dieser Jahre, bleibt er vielmehr über lange Zeit fest an seinem Beobachtungsort und teilt dort – soweit ein Europäer dies vermag – auch das Routinierte, Gleichförmige, Sich-Wiederholende, kurz: den inneren Lebensrhythmus dieses so anderen Alltags. Im Jahr 1922 veröffentlicht er dann die Ergebnisse dieser Feldforschung unter dem Titel ‹Argonauten des westlichen Pazifik›.

Mit dieser Studie und ihrer Resonanz wird er neben Edward Evans-Pritchard oder William H. R. Rivers zum Mitinitiator jener „empirischen Wende“, die sich in der Ethnologie der 1920er Jahre weltweit andeutet und die vor allem eine moderne englische Sozialanthropologie begründet. Nun werden die Quellen nicht mehr fremden Literaturberichten entnommen, sondern aus erster Hand geschöpft, d.h. in der Feldforschung als einer Situation „Teilnehmender Beobachtung“ eigenhändig bzw. eigen-sinnig erhoben. Im Feld zu sein, ja selbst Teil dieses Feldes zu sein, indem man in dessen materielle und kulturelle Lebensumstände bis zu einem gewissen Grade eintaucht, das wird nun zum methodischen Paradigma ethnologischer Forschung. Für diese Feldforschung formuliert Malinowski bald feste Regeln, die helfen sollen, subjektive Beobachtungen möglichst weitgehend zu „objektivieren“, ihnen also die Qualität wissenschaftlicher Befunde zu verleihen. Einerseits fordert er ein festes, kontinuierliches Beobachtungssystem des Alltagslebens, eine – soweit möglich – statistische und historische Absicherung der dabei gemachten Beobachtungen, schließlich die Sammlung und Analyse *charakteristischer* Interaktions- und Gesprächsfiguren, um die subjektiven Erfahrungsmomente in „eine soziologische Synthese", in ein gesellschaftliches Gesamtbild zu überführen (Malinowski 1979: 116). Andererseits betont er notwendige individuelle Voraussetzungen wie soziale Fertigkeiten des Forschers, zu denen insbesondere gehört, der einheimischen Sprache mächtig zu sein, sich eine räumlich und sozial begrenzte kleine Einheit als „Lebensort" auszuwählen, dort längere Zeit zu leben, dabei nicht nur Zuschauer und Sammler, sondern auch Akteur zu sein.

Dies alles sind für ihn unumgängliche Bedingungen und zugleich Investitionen eines Forscherlebens, ohne die alle Annäherungsversuche an eine andere Kultur kursorisch und oberflächenhaft bleiben müssen. Seine eigene Kultur ein Stück weit zu verlassen, in einer anderen „allein" und „einsam" zu leben, um in sie „eintauchen" zu können, ohne ihr freilich je anzugehören, stets „fremd" zu bleiben, und aus diesem „Dazwischen" der Forscherexistenz systematische Erkenntnisse über gegenseitige Wahrnehmungen von Kulturen zu gewinnen – dies ist sein Grundgedanke. Dabei geht es ihm jedoch keineswegs nur um einen psychologischen Verfremdungseffekt, sondern vielmehr um eine wesentliche methodologische Vorbedingung einer systematischen Ethnographie. Nur das *Dort-Sein* in gleichsam existentieller Konsequenz, als mithandelnde und auf Verständigung angewiesene Figur im Feld, die dort eine „Art von zweiter Sozialisation" erfährt (Kohl 1993: 111), macht die Forschung als eine Begegnung zweier Kulturen empirisch wie theoretisch reflektierbar. Und nur dies wiederum ermöglicht die Entwicklung einer je spezifischen, den örtlichen Bedingungen angepaßten Praxis der Beobachtung und Beschreibung, die – und dies ist entscheidend – theoriegeleitet anzulegen ist. Malinowskis Ziel ist es, eine Mikrowelt möglichst in der Gesamtheit ihrer sozialen Bedingungen und kulturellen Phänomene zu erfassen, also eine holistische, ganzheitliche Schau kultureller Praxissysteme zu erhalten, um daraus Rückschlüsse ziehen und vergleichende Perspektiven auf Befunde aus anderen Kulturen entwickeln zu können. Nur in scheinbarer Paradoxie zielt dieser eher mikrosoziologische Zugang Malinowskis also durchaus auf eine allgemeine Theorie der Kultur.

Den „Eingeborenen" verstehen zu lernen und sich „seine Sicht seiner Welt vor Augen zu führen", das schreibt Malinowski den Ethnologen somit als neuen Anspruch ins Stammbuch. Mit dieser Forderung und dem Feldforschungsparadigma ist zugleich ein Stück neuer Wissenschaftskultur geschaffen, das den beobachteten „Stammeskulturen" durchaus ähnelt: Feldforschung als ein „Gesellenstück", als ein Initiationsritual in die echte Ethnologengemeinde. Nur wer die Mühsalen der Feldforschung durchlebt hat, wird vollwertiges Mitglied der ethnologischen Krieger- und Erwachsenengemeinschaft.

„Fremdheit" als methodisches Prinzip

„Malinowskis Paradigma" wirkt in der Tat nicht nur in der Völkerkunde revolutionär, sondern es beeinflußt nachhaltig die generelle Diskussion um den Einsatz qualitativer, also auf Einzelbeobachtungen und Fallanalysen aufbauender Methoden in den Sozialwissenschaften. Denn zum einen wird damit die kulturelle Situation der „Fremdheit" als ein methodisches Prinzip der Forschung eingeführt, das systematisch dabei hilft, das Verstehensproblem zwischen den Kulturen neu zu thematisieren. Zum zweiten wird die aktive Teilnahme an kulturellen Prozessen als wesentliches Erkenntnismoment sozialwissenschaftlicher Forschung festgeschrieben: Da der Forscher in der Feldforschung nicht mehr distanter, scheinbar neutraler Beobachter bleibt, sondern als Akteur im Feld auftritt, wird auch die Forschung selbst als kulturelle Tätigkeit sichtbar. Zum dritten läßt sich Kultur so als ein zweckorientiertes Bedeutungs- und Handlungssystem erklären, das von den Menschen nicht als statische Ordnung, sondern als flexible Praxisanleitung eingesetzt wird, die dem Zweck des sozialen Überlebens dient. Dabei wird die Vorstellung, daß Kultur und Gesellschaft – ähnlich einem biologischen Organismus – als ein „System" zu betrachten seien, in dem jedes Einzelelement sinnvoll in ein anderes greife und das Gesamtsystem stütze, wesentlich von den Naturwissenschaften übernommen. Diese neue Perspektive bedeutet zugleich eine entschiedene Absage an die mythologisch orientierten völkerkundlichen Forschungstraditionen der alten britischen Schule à la Frazer.

Allerdings darf rückblickend nicht vergessen werden, daß Malinowskis revolutionäre Entdeckung im Kontext europäischer Kolonialpolitik stattfindet. Es ist auch strategisch nützliches Wissen, das hier gewonnen wird. Denn die Kolonialmächte besitzen damals natürlich ein lebhaftes Interesse daran, sich ethnologisches Verstehen für die Zwecke der Kolonialverwaltungen nutzbar zu machen. Der alte Grundsatz „Wissen ist Macht" gilt gerade in den überseeischen Feldern der Ethnologie, wo Wissenschaft und Politik oft eng miteinander verzahnt sind, wo der Ethnologe häufig genug im Haus des Kolonialbeamten als Gast lebt. Diese Verbindung schafft damals bereits ethische Probleme für eine oft genug als „Kolonialwissenschaft" apostrophierte Disziplin, die sich mit dem Verdacht auseinandersetzen muß, Forschungszwecke mit Herrschaftszwecken zu vermischen. Dieser Verdacht von damals schwingt heute noch mit in der Warnung vor einer nun nicht mehr politisch, jedoch kulturell „kolonisierenden" europäischen Forschung in Ländern der „Dritten Welt". Es ist die besondere erkenntnistheoretische Problematik des Selbst- und Fremdverstehens, die durch Malinowskis Konzept des „Eintauchens in eine fremde Kultur" nicht gelöst, vielmehr erst aufgeworfen ist und die sich als grundsätzliche Frage nach den Möglichkeiten und Grenzen kulturellen Verstehens bis in die ethnologischen und sozialwissenschaftlichen Debatten der Gegenwart zieht.

Trotz vielfacher Berührungen volks- und völkerkundlicher Perspektiven in dieser Zeit treten also doch auch deutliche Unterschiede in den Vordergrund; insbesondere wenn man an die gesellschaftspolitischen Vorzeichen denkt, unter denen die beiden Fächer ihre Erkenntnisinteressen formulieren. Zwar geht es hier wie dort vordergründig um „Stamm" und „Ethnos", um modellhafte Vorstellungen von Zivilisationsstufen und Kulturkreisen, um kulturelle Diffusions- und Tradierungsprozesse. Doch bleibt die Volkskunde mit diesen Begriffen in Deutschland wie in den meisten europäischen Ländern im Denkhorizont einer „nationalen Wissenschaft" gefangen, und dies in gleich doppelter Weise: Zum einen sind ihr empirisches Feld vorwiegend die europäischen Regionen mit ihren „volkstümlichen" Phänomenen, in denen die Grundzüge jeweils nationaler Kulturen vermutet werden; zum anderen ist sie mit dieser Thematik in einen ideologisierten Wissenschaftsdiskurs eingebunden, in dem – zusammen etwa mit der Sprach- oder der Geschichtswissenschaft – nationale „Sinnstiftung" durch den Aufbau von nationalen Geschichtsbildern betrieben wird. Zwar kann sich auch die Völkerkunde von dieser Hypothek nicht ganz frei fühlen, da sie international wie national auch unter den Vorzeichen europäischer Kolonialpolitik steht. Aber sie ist doch stärker von den Bedingungen außereuropäischer Forschungsarbeit geprägt, die nun zunehmend *Feld*forschung bedeutet, und auch von Standards eines internationalen Wissenschaftsdiskurses bestimmt, der nationale Perspektiven und Grenzziehungen weniger berücksichtigt.

Ein weiterer Unterschied kommt in Deutschland hinzu, der nun, in den Jahren ab 1933, eine besondere Rolle spielen wird: Die Völkerkunde ist inzwischen ein akademisch etabliertes Fach, das in der Universitätsausbildung und der Museumsarbeit schon über strategisch gesicherte Positionen verfügt. Die Volkskunde hingegen beginnt ihre akademische Karriere erst jetzt, in der Zeit der „Volksgemeinschaft". Diese „neue Zeit" eröffnet ihr zuvor ungeahnte Möglichkeiten, endlich ihre öffentliche Expertise und akademische Weihe zu erhalten –

wenn sie sich als „nützlich" erweist. Man kann diese Situation durchaus als eine der großen wissenschaftsgeschichtlichen „Verführungen" bezeichnen: sich als kleines Fach nunmehr in der Gunst der Mächtigen zu wissen, die Mittel und Karrieren in Aussicht stellen.

Volkskunde in der „Volksgemeinschaft"

Damit sind wir bei dem schwierigsten Kapitel aller Wissenschaftsgeschichte in Deutschland und insbesondere der volkskundlichen Fachgeschichte: beim Verhältnis von Volkskunde und Nationalsozialismus. Denn hier stellen sich Fragen wie die nach ideologischen Vorleistungen des Faches und nach persönlichen Verstrickungen, nach einem Schuldigwerden von Wissenschaft und von Wissenschaftlern, die nicht allein mit fachgeschichtlichen und fachwissenschaftlichen Argumenten zu beantworten sind. Doch auch in einem ethisch-moralischen Sinne sind sie nicht einfach zu bewerten, selbst nicht aus einem schon „sicher" scheinenden Abstand von einem guten halben Jahrhundert. Denn von heute aus beurteilen wir die damalige Entwicklung weniger nach den damaligen Absichten der Beteiligten als vielmehr von deren Ergebnissen her. Und wir legen diese Ergebnisse den Akteuren jener Jahre letztlich zur Last. Dabei sind auch wir allerdings – in den Worten Malinowskis – „fremd" in einem Feld, in einer anderen Zeit und einer anderen gesellschaftlichen Situation, die wir nur schwer „verstehen" – vielleicht in diesem besonderen Fall auch gar nicht verstehen wollen. Denn Fremdheit bietet mitunter auch Schutz.

Nun kann dies nicht bedeuten, daß wir uns deshalb der Deutungen und Wertungen volkskundlicher Arbeit im Nationalsozialismus zu enthalten haben. Im Gegenteil: Wenn diese Fremdheit des zeitlichen wie politischen Abstands zugleich Chance für ein Verstehen-Wollen sein soll, dann müssen die Fragen, die uns beschäftigen, so offen und direkt formuliert werden, wie wir offen sein müssen für unterschiedlich befriedigende Antworten der Geschichte. Diese Fragen könnten lauten: Inwieweit führt die völkisch-nationale Grundeinstellung der Volkskunde bereits vor 1933 das Fach direkt in die nationalsozialistische „Volksgemeinschaft"? Inwieweit macht sich das Fachpersonal aus politisch-weltanschaulichen wie aus Karrieregründen bewußt zum ideologischen Handlanger des NS-Systems? Schließlich: Was nutzt die Volkskunde dem Nationalsozialismus und was der Nationalsozialismus der Volkskunde? Diese Fragen sind in den letzten Jahrzehnten im Fach immer wieder und intensiv diskutiert worden, ohne daß sie eine endgültige Beantwortung finden konnten.[11] Auch ich kann hier nur einige Teilantworten zu geben versuchen.

Wie schwierig dies im Einzelfall ist, mag zunächst das Beispiel Adolf Spamers (1883–1953) verdeutlichen. Spamer, zunächst Professor in Dresden, ab 1934 wissenschaftlicher Leiter der Abteilung Volkskunde in der Deutschen Forschungsgemeinschaft und ab 1936 der Inhaber des ersten deutschen Lehrstuhls für Volkskunde an der Berliner Friedrich-Wilhelms-Universität (heute: Humboldt-Universität), ein Wissenschaftler, dem man bis dahin kaum übertriebenen Nationalismus unterstellen kann, formuliert 1933 den folgenden programmatischen Satz: „Ziel der Volkskunde ist die Erkenntnis des geistig-seelischen Kräftespiels im Volksraum, soweit es den Menschen zum Menschen bindet, ihn als Gemeinschaftswesen, als Typus ‚Volksmensch', im Volksganzen und in dessen Gruppengliederungen erkennen läßt." (Spamer 1934/35: 19)

Der hier benutzte Jargon klingt im Umfeld des Jahres 1933 für unsere heutigen Ohren eindeutig: „Volksraum", „Volksmensch", „Volksganzes", das ist und wird die Sprache der Nationalsozialisten. Aber ist diese Sprache in ihrer ideologischen Bedeutung auch die von Spamer? Liest man Spamers Schriften vor 1933, läßt sich das nicht ohne weiteres bejahen. Denn er greift mit diesen Begriffen offenbar zurück auf seine älteren, psychologisch orientierten Überlegungen zu jener „ungeregelten Primitivität" des Menschlichen, die er unter der Tünche der Zivilisation stets hindurchschimmern sieht. Jenes „prämoralische Triebleben", das ihm in den sozialen Randgruppen der Gesellschaft begegnet, scheint ihm der Hinweis auf jenes „Gemeine" im Volke zu sein, auf jenen „vulgus in populo", der an den Rändern der Gesellschaft besser deutlich wird als in deren Zentrum, der aber für Spamer eine generelle „geistig-seelische" Disposition des „Volksmenschen" im „Volksraum" verkörpert. Die Begriffe klingen gewiß altmodisch und verfänglich, doch hat Utz Jeggle unlängst und wohl zu Recht daran auch die „psychologische Scharfsicht" hervorgehoben, mit der Spamer die „Volksseele entzaubert", indem er „die Triebgebundenheit des Menschen, Hunger und Liebe als die Motoren" des Kulturprozesses identifiziert (Jeggle 1988: 57). Zugleich aber verhindert Spamer mit seiner Lesart und seinen Begriffen auch nicht, daß seine Perspektive offen – heute würde man sagen: „anschlußfähig" – für nazistische Interpretationen ist, die diese Volkspsychologie rassistisch lesen.

So ist Spamer einerseits vielleicht ein durchaus typischer Fall für die Situation der Volkskunde insgesamt, die in diesen Jahren dann bei jenen Worten genommen wird, die sie vorher ohne großes gesellschaftspolitisches Nachdenken zu „Volk und Nation" geäußert hat. Und sie läßt sich bei diesen Worten nehmen, die nun mit Anerkennungen und Karrieren belohnt werden. Andererseits mag Spamer wiederum untypisch sein, weil er in den folgenden Jahren des Nationalsozialismus offensichtlich versucht, sich unliebsamen politischen Aktivitäten und Auseinandersetzungen zu entziehen, schließlich mit einer Art Flucht in Krankheit und psychisches Leiden reagiert. In solchen Entwicklungen erfährt die Volkskunde nun den historischen Sinn jenes Satzes, wonach auch die Worte schuldig werden können. Derselbe Begriff bedeutet nach 1933 nicht mehr dasselbe, weil sich die Bedeutungskontexte gewandelt haben, weil manche verschwommene und hochfliegende Idee vom „deutschen Volkstum" jetzt zu brutaler rassischer Säuberungspolitik, zu Völkermord wird. Und zwischen den späteren Bekenntnissen, es so nicht gemeint, so nicht gewollt, es so nicht verhindert zu haben, liegen nurmehr ethisch-moralische Nuancen.

Dennoch: Viele Gesichter

Eine erste Schwierigkeit der Interpretation besteht also darin, daß die Volkskunde vor 1933 mehrere Gesichter besitzt. Da ist das Interesse für das „Volk", somit auch für die soziale Unterschicht, die aber wiederum nur ausschnitthaft als „Bauerntum" und in der mythischen Verklärung der Tradition gesehen wird. Da ist gewiß auch der Versuch der Lösung von solchen mythischen Vorstellungen, der jedoch Denklinien gegenüberstehen, die den Nationalsozialismus direkt mit vorbereiten oder sich zumindest problemlos in ihn einfügen. Eine zweite Schwierigkeit ergibt sich daraus, daß die Volkskunde in dieser Zeit und mit ihren Themen eben auch gesellschaftspolitisch agiert. Sie will praktisch gesellschaftlich wirksam werden im Sinne eines „Bewahrens und Rettens" volkstümlicher Tradition. Ausstellungen über Trachten, Beiträge zur regionalen Kulturgeschichte, Brauchtums- und Liedersammlungen, Veranstaltungen zu Volkstanz und Volkskunst spielen sich nicht fern der Gesellschaft ab, sondern sind Bestandteil deren weltanschaulich-politischer Aktivitäten. So sind die Volkskundler als „Volkstumswissenschaftler" wie als praktische Kulturpfleger unmittelbar mit der lokalen Politik verbunden, die nun in die Politik der „Volksgemeinschaft" der Nationalsozialisten übergeht. Als Wissenschaftskultur, deren größter Flügel in den Museen und Vereinen praktisch und öffentlich wirkt, vermag sich die Volkskunde dieser Indienstnahme offenbar sehr viel weniger zu entziehen als andere, stärker akademisch ausgerichtete Fächer. Die dritte Schwierigkeit resultiert daraus, daß es zur Technik der gesellschaftlichen Machtübernahme der Nazis gehört, sich vieles anzueignen und braun einzufärben, was unter ganz anderen Vorzeichen gedacht oder geschrieben wurde. Der Volkskunde – so hat man nach 1945 jedenfalls argumentiert – geht es in dieser Hinsicht nicht viel anders als den Klassikern Goethe und Schiller, deren Zitate ebenfalls mißbraucht werden.

Freilich können diese Relativierungen den Eindruck nicht verhindern, daß das Fach über die Schwelle des Jahres 1933 hinweg eine spezifische Kontinuität aufweist. Alte volkskundliche Leitbegriffe, die in den zwanziger Jahren schon das Bild einer teilweise antiquiert wirkenden Wissenschaft vermittelten, erhalten im Nationalsozialismus neue Aktualität. Sitte und Brauch, Abstammung und Art, Volkstum und Gemeinschaft – dieses Vokabular muß jedenfalls von keinem Volkskundler erst neu gelernt werden. Daß dies ursprünglich keineswegs nazistisch gedacht war, hindert nicht daran, vieles nun explizit so zu denken. Dazu bedarf es manchmal nur leichter Schärfungen und Akzentuierungen der Begriffe und Perspektiven. Man kann dies vielleicht in einem dreistufigen Modell beschreiben, das sich an die Interpretationsmöglichkeiten des Begriffs „Volkstum" knüpft. Auf einer ersten Ebene, die bereits zuvor allgemeiner volkskundlicher Konsens war, meint „Volkstum" die Annahme einer gemeinsamen, geschichtlich überlieferten Art völkischen Empfindens und Denkens, die gleichsam stammesgeschichtlich verankert ist und sich nun auf ein besonderes „germanisches Volkstum" zuspitzen läßt. Auf einer zweiten Ebene wird dies zur Überzeugung, daß dieser Volkstumsgedanke aus dem wissenschaftlichen Modell in praktische Arbeit und Politik umzusetzen sei. Dazu gehört dann die Definition von „deutscher Art", von „deutschem Boden" und von „deutscher Kultur", also von kultur- und geopolitischen Faktoren, die in „ihr Recht" zu setzen seien. Und da dieses „Recht" immer bedroht scheint durch die „Anderen", insbesondere bei den „deutschen Volksgruppen" in Osteuropa, geht es hier schon um den Zusammenhang von „Volk und Raum". Auf der dritten Ebene verschmilzt dann Volkstumhaftes mit Rassedenken: Die Anerkennung der Überlegenheit der „germanischen Rasse" legitimiert jede Annahme der Minderwertigkeit anderer. Denn diese Lehre vom Zusammenhang von biologischem Erbgut und völkischer Kultur kann ein gemeinsames Humanum nicht mehr akzeptieren. Eine so verstandene Volkskunde ist zu allem bereit, auch zu einem mörderischen Antisemitismus, der zuvor in der Fachgeschichte eine bemerkenswert wenig ausgeprägte ideologische Basis besaß (Jeggle 1988).

Diese dritte Position, der Rassismus der „harten" Nazi-Volkskunde, findet sich vor 1933 offenbar recht selten, auch als antisemitische Haltung innerhalb der Volkskunde ist sie nur vereinzelt spürbar. Sie tritt dafür nach 1933 sehr viel häufiger auf, als es das Fach später lange Zeit wahrhaben will. Dabei sind die Motive dieser braunen Volkskundler durchaus unterschiedlich: Einige waren bereits vor 1933 aus politischer Überzeugung zur NS-Bewegung gestoßen, einige laufen nach 1933 bemerkenswert schnell über, andere stecken sich das Parteiabzeichen wohl aus eher karrieristischen Motiven an. Man darf nicht vergessen, daß es in dieser Zeit auch um Lehrstühle geht, die für die Volkskunde nun vermehrt eingerichtet werden, um Stellen in großen Forschungsvorhaben und auch um gute persönliche Beziehungen zu den NS-Propagandaorganisationen wie dem Reichspropagandaministerium von Joseph Goebbels oder dem Amt für weltanschauliche Schulung und Erziehung von Alfred Rosenberg, die berufliche Existenz und Einfluß versprechen. Daß gerade dieses Motiv eine nicht unwesentliche Rolle spielt, scheint sich durch die Tatsache zu bestätigen, daß viele volkskundliche Hinterbänkler nun in Ämter und Würden einrücken, denen dies nach akademischen Maßstäben sonst wohl kaum gelungen wäre.

Ich will hier nur zwei Beispiele für eine solche aktive Nazi-Volkskunde herausgreifen, zwei Namen und zwei Zitate, um den unverwechselbaren Duktus deutlich zu machen. Der eine Name ist Eugen Fehrle, ein badischer Alt-Nationalsozialist und Volkskundler, der – neben eher unauffälligen Fastnachtsforschungen – bereits frühzeitig den Rassegedanken propagiert. 1934 formuliert Fehrle dann programmatisch: Die Volkskunde „erforscht und erweckt immer wieder das uns Arteigene, das, was uns im Blut liegt, das Rassenhafte unseres Wesens, das, was unser Schicksal leitet und zu allen Zeiten für Wohl und Weh unseres Volkes richtungweisend sein wird" (Fehrle 1935: 62). Fehrle macht mit dieser beschwörenden Formel innerhalb wie außerhalb des Faches Karriere, wird badischer Ministerialrat und Hochschulreferent, Ordinarius für Volkskunde in Heidelberg und Mitglied im Vorstand des Verbandes der Volkskundevereine (Assion 1985).

Der andere ist Wilhelm Peßler, ein Mitarbeiter am ‹Atlas der deutschen Volkskunde›, der längst vor 1933 vor allem Stammes- und Kulturraumforschung betreibt und der danach in seinem ‹Handbuch der Deutschen Volkskunde› bekennt: „Möge es solcher Gestalt der deutschen Volkskunde gelingen, allen Volksgenossen das Wesen der Deutschheit zu erschließen und das Herz zu öffnen für ihre Brüder, daß sie, einig im Kampf um Deutschlands Auferstehen, mit uns sprechen: ‚Ich bekenne mich zur deutschen Volksgemeinschaft und ich glaube an Deutschlands Unsterblichkeit'." (Peßler 1935/38: 7) Peßler avanciert 1934 zum Leiter des Volkskundeatlas-Unternehmens und erhält ebenfalls seine Professur.

Bei Formulierungen wie den zitierten geht es nicht mehr um wissenschaftliche Ansprüche, sondern allein um Ideologie, um die „richtige" Volkskunde im Sinne eines weltanschaulichen Glaubensbekenntnisses. Wissenschaftlich wird von den „braunen" Volkskundlern ohnedies nichts Neues gedacht und geschrieben; sie sammeln nur Versatzstücke konservativer Volkskundelehre, spitzen sie zu und gruppieren sie neu um die Schwerpunkte von „Volkstumsarbeit" und „Rassenhygiene". Wissenschaft bietet nur den Vorwand für extremen Nationalismus und Rassismus. Aber eben einen sehr nützlichen Vorwand, weil sich aus den volkskundlichen Themen und Sammlungen eine propagandistisch wirksame Kulisse für die Inszenierung jenes Mythos von „Blut-und-Boden" errichten läßt: Sagen als „deutscher Volksgeist", Bräuche als „deutsche Art", Trachten als „deutsche Uniform". Dabei gehen die Fehrles und Peßlers weit über das hinaus, was „Mitläufern" damals an Bekenntnissen abverlangt wird. Ihnen ist die Rolle der Volkskunde als einer „braunen Wehrwissenschaft" höchst willkommen, und nicht nur diesen beiden, das bestätigen inzwischen die Aufarbeitungen zur Geschichte des Faches unter dem Nationalsozialismus (Gerndt 1987).

Gewiß sind diesen Namen auch andere entgegenzusetzen, Namen von Volkskundlern, die sich dem Regime im Fach wie in der Gesellschaft nicht so leicht angeschlossen, manchmal auch nicht gebeugt haben. Zu erinnern ist etwa an den Arbeitervolkskundler Will-Erich Peuckert, den Volksmusikforscher Kurt Huber, den Reformpädagogen und Kulturpolitiker Adolf Reichwein oder den Brauchtumsforscher Rudolf Kriss. Sie weigern sich, emigrieren oder arbeiten im Widerstand – einige um den Preis ihres Berufs, ihrer Freiheit, gar ihres Lebens. Sie tun dies aus ganz unterschiedlichen politischen wie humanistischen Motiven: manche aus religiösen Überzeugungen, andere als überzeugte Konservative oder Linke (Bausinger 1965). Und auch bei jenen, die „mitlaufen", gibt es vielleicht Ansätze, einzelne Gesten, verzweifelte Versuche, sich zu entziehen oder zu wehren; darüber wissen wir noch wenig.

Insgesamt jedoch ist die Zahl derer sehr klein, auf die eine Volkskunde verweisen könnte, die rückblickend auf diesen Abschnitt der Fachgeschichte stolz sein wollte. Zu Stolz besteht kein Anlaß, im Gegenteil: Gefordert ist auch heute noch weitere Aufarbeitung und Auseinandersetzung, nicht, um über Personen zu richten, sondern um über Positionen zu urteilen und um besser zu verstehen, was geschehen ist und wie so etwas geschehen kann.[12]

Eine „nützliche" Wissenschaft?

Nun mag man sich heute volkskundliche Dissertationsthemen, Buchtitel und Artikel aus dieser Zeit ansehen und dabei vielleicht den Eindruck bekommen, daß hier rückblickend doch etwas dramatisiert wird. Viele dieser Publikationen erscheinen eher harmlos, wenn von Sitte und Brauch, von Märchen und Sage, von Martinsgans und Lebensbaum die Rede ist. Was hat dies mit Ideologie und

Politik zu tun? Gar mit Nazismus und Völkermord? – Und man könnte weiterfragen: Was konnte selbst eine willfährige Volkskunde den Machthabern denn letztlich nutzen, ein kleines, unwichtiges, vielfach in eher mystischen Nebeln als in politischen Realitäten agierendes Fach?

So sind die Fragen nach 1945 in der Tat oft gestellt worden, um die Antworten darauf dann auf die übliche Mitläufer-Formel reduzieren zu können. Dies gehört zum Nachkriegskapitel der „Selbstentschuldung". Natürlich ersetzt die Volkskunde den Nationalsozialisten keine ideologische SA, vieles ist für sie auch gar nicht brauchbar und wirkt selbst auf sie eher mystisch, verschwiemelt. Dennoch ist die Volkskunde nützlich, und sie macht sich nützlich. Das kann heute leicht nachvollziehen, wer einmal Tageszeitungen und Familienzeitschriften dieser Jahre durchblättert. Denn sie strotzen – vor allem in ihren Beilagen – vor volkskundlichen Themen und Materialien, die von Wissenschaftlern, Laien-Volkskundlern oder Journalisten geschrieben sind und die von „deutschem Bauernleben" handeln, von „deutschem Muttertag" oder von „Soldaten-Brauchtum". Was die Volkskunde seit ihren Anfängen immer *auch* getan hatte: Bilder vom „Volksleben" zu entwerfen, sie über Ausstellungen, Bücher, Vorträge, Zeitungsartikel zu popularisieren, ihnen den lockeren Klang des „Es war einmal" zu verleihen und schließlich „Volkstum" in praktischer Traditionspflege zu vermitteln – das tut sie auch jetzt, und sie tut es jetzt ganz besonders eifrig.

Es ist das Prinzip der Wiederholung und Verdichtung, das hier wirkt. In den unterschiedlichsten Stoffen tauchen immer wieder ganz bestimmte Deutungen und Botschaften auf, die auch das entlegenste Phänomen noch in bezug zum Sinnzentrum „Volkstum" setzen. Ob ein Märchenforscher in Frau Holle Spuren deutscher „Volksgeistigkeit" zu finden vermeint oder ein Brauchtumsforscher in Erntebräuchen Überreste eines Germanenmythos – das Interpretations- und Bezugssystem ist ebenso simpel wie hermetisch, und es wirkt gleichsam durch Addition, durch die Verbreiterung und ständig erneuerte Bestätigung seiner Befunde. Das ist noch heute und war schon vor 1933 so. Doch nun verkörpert dieses „Volkstum" nicht mehr nur ein Ideengespinst, sondern es bildet den ideologischen Mittelpunkt nationalsozialistischer Machtpolitik, die diese Formel mit Leben bzw. Tod erfüllt.

So liefert die Volkskunde ideologische Versatzstücke, volkstümliche Bilder und ästhetische Muster für die Kulisse einer „Volksgemeinschaft", die sich in Reden und Zeitungen, in Ernte- und Parteifeiern als neue „Volkskultur" stilisiert. Volkskundler sind vielfach die Dekorateure der nazistischen Schaufenster, und sie sind oft genug die Dolmetscher der Propagandareden, deren Vermittlungsarbeit wesentlich dabei hilft, daß Vorurteile, Dummheit und Haß im Gewand des Volkstümlichen aussprechbar und auslebbar werden. Sie sind kleine Helfer nur, manchmal auch widerstrebende. Aber sie sind nützliche Helfer, und es sind viele, wenn man nicht nur auf das schmale akademische Segment blickt, sondern auf das nun breite Feld der „Volkstumsarbeit". 1934 sind im Reichsbund Volkstum und Heimat bereits rund 10 000 Vereine zusammengeschlossen mit etwa vier Millionen Mitgliedern, die sich – gesteuert vom Amt Rosenberg – dieser Pflege des „Volkstums" widmen und in tausendfachen Aktivitäten jene Bilder vom „Deutsch-Sein" in Geschichte und Gegenwart weiter ausmalen. Mit wohl doch großer Wirkung: Letztlich sind es weniger Hitlers ‹Mein Kampf› oder NS-Programmschriften, die massenhaft gelesen werden, als vielmehr solche „volkstümlichen" Geschichten von „Volk und Heimat".

Wenn man umgekehrt danach fragt, was der Nationalsozialismus der Volkskunde genutzt hat, dann fällt die Bilanz nicht weniger verhängnisvoll aus. Für die Volkskunde bedeuten die Jahre nach 1933 die Zeit ihrer endgültigen Institutionalisierung als akademisches Fach. Die ersten universitären Lehrstühle werden explizit der Volkskunde wie der Volkstumsforschung gewidmet, so in Berlin 1936 oder in Tübingen 1937. Zahlreiche neue Volkstums- und Heimatmuseen entstehen, dazu neue Publikationsreihen und Zeitschriften. Vor allem findet das Fach einen ungeheuer weiten Wirkungskreis in dem nun staatlich organisierten Bereich populärer Folklore. Volkstanz, Volksmusik, Brauchtumsfeiern durchziehen nicht nur das vielfältige Vereinsleben in Deutschland, sondern halten verstärkt auch in den Schulen Einzug, in den nationalsozialistischen Freizeitorganisationen, bei der Wehrmacht, im öffentlichen Leben generell.

So bleibt der Vorwurf auch über die engere Nazi-Volkskunde hinaus, daß im Fach vieles bereits vor 1933 so mißverständlich war, daß es danach nicht schwerfällt, dieses Mißverständliche in eine furchtbare Verständlichkeit zu verwandeln. Wer sich dem damals verweigern will, kann dies offenbar nicht in „innerer Emigration" tun, sondern nur durch ein wirkliches Verlassen seines Wirkungsfeldes und Landes. Diese äußerste Konsequenz ziehen nur sehr wenige, und sie kann im Rückblick nicht zum Maßstab der Beurteilung individueller Haltungen und Handlungen gemacht werden. Doch wer bleibt, verbleibt in einer Volkskunde, die als Fach vielfältig „schuldig" wird. Diese Schuld relativiert sich auch nicht dadurch, daß sich Germanisten, Historiker oder Naturwissenschaftler in ähnlichen Rollen und Situationen befinden, ja daß sich in Teilen dieser Fächer bereits vor 1933 Nationalismus und Antisemitismus sehr viel deutlicher ausgeprägt zeigten.

Gegenbeispiele gibt es wenige, am ehesten wohl die Soziologie, die als Vorhut einer kritischen Sozialwissenschaft den Nationalsozialisten bei deren Machtantritt natürlich als politisch besonders suspekt und „verjudet" erscheint und deren beste Köpfe Deutschland daher verlassen. Es kommt zu einem regelrechten Exodus demokratisch eingestellter WissenschaftlerInnen, die damit gleichsam die Würde ihres Faches retten. Der Volkskunde bleibt das eine erspart und gelingt das andere nicht.

4. Entwicklungen: Volkskunde als Sozialwissenschaft?

Eine Gesellschaft, die wie die deutsche zwölf Jahre das nationalsozialistische Regime geduldet und getragen hat, davon sechs Jahre als Kriegsgesellschaft, kennt keine Normalität mehr. Angesichts von Millionen Toten, von Millionen Flüchtlingen, von Millionen Rückkehrern aus dem Krieg gibt es nur eine Gegenwart des Überlebens jenseits von Ursache und Schuld. Es ist eine Gesellschaft ohne moralische und ethische Horizonte, die ihren „zivilen" Charakter erst wieder suchen und ihn vielfach neu bestimmen muß: Alltagsregeln wie Beziehungsformen, ideelle wie politische Werte. Daß dies damals auch so empfunden wird, drückt sich unfreiwillig in der Endzeitformel des Jahres 1945 aus: Man spricht von „Niederlage" oder „Zusammenbruch", nicht von „Befreiung". Denn „Befreiung" würde bedeuten, daß man sich bewußt wäre, wovon und wofür befreit, daß man in Begriffen von Geschichte und Lebensgeschichte zu denken in der Lage wäre. Dies ist nicht der Fall, denn es würde eine Distanz zu jenen zwölf Jahren voraussetzen, die erlebt wurden und Teil jeder Person geworden sind, eingeschrieben in Biographien und Identitäten. So ist lediglich der Krieg vorbei. Der Alptraum des Dritten Reiches aber ist noch gar nicht begriffen, weil die meisten Deutschen noch kein schreckliches Erwachen gehabt haben.

Noch und wieder: „Erhobenen Hauptes"?

Als treue, mitunter auch eifrige Mitläuferin hat die Volkskunde den Nationalsozialismus überlebt. Aber sie steht eigentlich vor einem Scherbenhaufen: Ihre Begriffe wie Volk, Volkstum, Gemeinschaft, Sitte scheinen unbrauchbar, weil das damit Bezeichnete zerbrochen ist; das Personal, die aktiven Nazis wie die passiv Mitschwimmenden, ist politisch diskreditiert; die akademischen Einrichtungen und die volkskundlichen Vereine sind durch die Alliierten aufgelöst. Wozu noch eine Volkskunde, auch wenn sie die Zwischensilbe der „Volkstumskunde" entfernen würde? Der Soziologe Heinz Maus etwa fordert in einem Artikel aus dem Jahre 1946 explizit die Auflösung des mit solchen Hypotheken belasteten Faches und die Übernahme von dessen weniger belasteten Bereichen durch die Soziologie, die Geschichts- und die Literaturwissenschaft (Maus 1946).

Dazu kommt es jedoch ebensowenig, wie die „völkisch" belasteten Begriffe aus der deutschen Sprache verschwinden werden. Denn der Übergang aus der kurzen Phase der Besinnung in den Kalten Krieg, dann die Trennung in die beiden deutschen Staaten und damit auch die Trennung des Faches schaffen bald eine scheinbar naturwüchsige Legitimation zur Restauration, zum Weitermachen, das die Fragen, wie neu zu beginnen wäre und mit wem dies „unbelastet" geschehen könne, in den Hintergrund drängt. Nur wenige wollen und wagen einen schmerzhaften Neuanfang wie Will-Erich Peukkert, der – vor 1945 von der Universität verdrängt – nun in Göttingen eine bewußt nicht mehr „tümliche" und „deutsche" Volkskunde als eine vergleichende Wissenschaft neu begründet. Eine wirkliche Entnazifizierung der Volkskunde wie der Volkskundler jedoch findet nicht statt, jedenfalls nicht als von außen oder von innen gesetzter Schnitt. Man zieht sich – zumindest in der Bundesrepublik – zunächst auf unverdächtige Gebiete des Kanons zurück, beginnt wieder zu publizieren, verbietet sich selbst jede „Rache" im Fach (wer hätte auch „Rächer" sein können?), so daß auch viele der „alten Kämpfer" nach kürzerer oder längerer Zeit wieder volkskundlich aktiv werden, die meisten sogar in ihrem alten Amt.

Charakteristisch für die Haltung vor allem der älteren Volkskundlergeneration ist wohl die des greisen John Meier, Volkskundler in Freiburg, seit 1911 und durch den ganzen Nationalsozialismus hindurch Vorsitzender des Verbandes deutscher Vereine für Volkskunde. Gewiß kein aktiver Nationalsozialist, aber ebenso gewiß verführbar und nützlich, bleibt Meier auch nach 1945 im Amt und legt im Jahr 1954, zum 50jährigen Bestehen des Volkskundeverbandes, einen bemerkenswerten Rückblick vor, aus dem ich hier ausführlich zitieren will, weil er vieles über die Person wie über die Volkskunde dieser Zeit und über ihre Art des damaligen Zurückblickens aussagt. „Der Verband hat auch nach Begründung des nationalsozialistischen Staates seinen alten Weg in der gleichen Richtung wie bisher fortgesetzt und schon auf seiner Weimarer Tagung im Oktober 1933 öffentlich darauf hingewiesen, daß es für ihn notwendig sei, eine gewisse Freizügigkeit und Isolierung gegenüber politisch-organisatorischen Bindungen zu bewahren, um die Eigenständigkeit und Unabhängigkeit der wissenschaftlichen Forschung, die ihre eigenen Gesetze habe, nicht zu gefährden. Gegenüber den Versuchen, diese wissenschaftlichen Aufgaben in den Dienst politischer Ideen der neuen Zeit einzuspannen, hat er dann noch einmal feierlich und ausdrücklich auf der Heidelberger Tagung des Jahres 1934 öffentlich in der Aula der Universität auf die Unvereinbarkeit einer politischen Tendenz mit den immanenten Gesetzen wissenschaftlicher Forschung hingewiesen und durch den Mund seines Vorsitzenden Verwahrung dagegen eingelegt, indem dieser wörtlich ausführte: ‚Wir werden uns im Innersten bei all unserem Tun bewußt sein, daß es die Aufgabe der Wissenschaft und ihre alleinige Aufgabe ist, die Wahrheit zu suchen, und daß sie sich durch keinerlei Anstürme und Tendenzen, mögen sie kommen, woher sie wollen, in dieser Aufgabe beirren lassen darf, will sie sich nicht selbst aufgeben.' Die führenden Kreise der Partei haben trotzdem, und dafür sind wir dankbar, den Verband seine Arbeiten ungestört und ungehemmt fortsetzen lassen, und er ist auch wohl die einzige größere Organisation gewesen, die an Haupt und Gliedern unangetastet gelassen ist und weder persönlich noch sachlich gleichgeschaltet wurde. Nur die kleinen Mitläufer und Nutznießer der Bewegung haben immer wieder von neuem uns und unser Tun in der Öffentlichkeit verleumdet und mit Schmutz beworfen.

So treten wir heute aufrechten Hauptes und ungebeugt in das dunkle Tor der Zukunft und werden im Bewußtsein einer unabdingbaren Verpflichtung unsre Arbeit zur Erhaltung und zum Aufbau des niedergebrochenen deutschen Volkstums still, aber unermüdlich fortsetzen, eine Arbeit, die heute notwendiger ist als je zuvor, im tiefen und festen Bewußtsein, damit nicht nur dem deutschen Volke, sondern ebenso dem Weltganzen zu dienen, in dem das deutsche Volkstum seinen gewiesenen und notwendigen Platz hat." (Meier 1954: 26f.)

Man will also keine Verantwortung übernehmen, weil man keine Schuld auf sich geladen hat, weil man unbeirrt einen Weg geht, der durch die Zeiten, Regime und Geschichten führt – immer im Dienste von Volkskunde und Volkstum.

Weshalb diese Verantwortung nicht nur nicht übernommen, sondern gar nicht als Problem gesehen wird, hat sicher vielfältige Gründe. Drei scheinen mir besonders wichtig: zum einen die enge Verflechtung von Lebensgeschichte, Fachgeschichte und NS-Geschichte, die wohl gerade diejenigen erahnen und spüren, die sich nun, nachträglich, während der Jahre von 1933 bis 1945 in einer „inneren Emigration" sehen wollen. Man hat ja nicht einfach nur „funktioniert" wie in vielen anderen Berufen, sondern man war – ungewollt, wie man sich einredet – eine Art geistiger „Rüstungsarbeiter". Verdrängen kann man das nur, wenn man dieses in den „normalen" Schicksalsverlauf einer Lebensgeschichte einbaut und nicht in einer moralischen Kategorie der Verantwortung für politische und gesellschaftliche Geschichte denkt. Zum zweiten unterscheiden sich die Volkskundler darin nur graduell von der deutschen Gesellschaft insgesamt, die jene von den Alliierten eingeleitete Entnazifizierung dazu benutzt, einen großzügigen Schlußstrich zu ziehen, außer wenigen einzelnen Tätern und Tätergruppen – „der Führer“, „die SS“ – nur Opfer zu sehen, Opfer der Zeitumstände. Und Opfer müssen den Blick nach vorn richten, um zu überleben, um zu vergessen, um sich in einer Zukunft wiederzufinden (Bönisch-Brednich u. a. 1991). Zum dritten wächst der Volkskunde ein spezifisches Aufgabenfeld im unmittelbaren Anschluß an Nationalsozialismus und Krieg zu, welches das Gewesene einerseits zu relativieren scheint und andererseits wieder ein Denken in Kontinuitäten ermöglicht: die „Vertriebenen-Volkskunde“. Denn die Millionen Flüchtlinge und Vertriebene aus Osteuropa nach 1945 scheinen eine tatsächliche deutsche Opferrolle zu belegen: schuldlos die Heimat verloren zu haben und so „unschuldig“ eine neue Heimat im Westen suchen zu müssen, in der sie sich freilich ihrer Herkunft und ihrer Tradition immer bewußt bleiben dürfen.

Ein Stück weit lebt damit jenes „Volkstum der Auslandsdeutschen“ offiziell wieder auf, das einmal die Fahne des Eroberungskrieges für „Volk und Raum“ mitgetragen hat. Sudetendeutsche Tracht, ostpreußische Mundart, ungarndeutscher Volkstanz schaffen eine Kulisse für Vertriebenenvereine und Vertriebenentreffen, die jenes „Recht auf Heimat“, das den „Andersrassigen“ in deutschem Namen vor kurzem noch abgesprochen war, nun in den geschichtsvergessenen Parolen des Kalten Krieges für sich einklagen. Menschlich und lebensgeschichtlich mag das noch verständlich sein, politisch ist es gefährlich und für die Volkskunde verhängnisvoll. Denn nun gibt es wieder „Volk und Heimat“. Die Begriffe scheinen eine neue Unschuld zu gewinnen, und die Volkskunde kann, wenn auch in veränderter Form, wieder ihre Rolle des „Volkstumsanwaltes“ aufnehmen. „Völkische“ Politik wird im Gewand einer Kulturpolitik wieder salonfähig gemacht.

In diesem Sinne bleibt die Volkskunde vorerst eine immer noch „völkische“ und „nationale“ Wissenschaft, ermuntert durch die westdeutsche Nachkriegspolitik und Verfassung, die der abstammungsgemeinschaftlichen Zugehörigkeit einen besonderen Stellenwert im neuen Staatsbürgerrecht beimißt: Deutsch ist man aufgrund Geburt durch deutsche Eltern und Herkunft. Zum schwierigen Beginn eines alternativen Wegs, nämlich zu beschreiben und zu analysieren, wer dieses „Volk“ war, dessen man sich vorher stets so sicher glaubte, und wer und was es nun sein kann und soll, dazu bringt die Volkskunde nicht die Kraft auf. So findet sich in den Nachkriegsjahren fast kein kritischer Artikel zur verhängnisvollen Volksideologie, kaum ein Blick auf das Unrecht, das in deren Namen anderen Völkern widerfuhr, „keine Publikation über die umherirrenden Überlebenden aus den KZ oder die nicht repatriierten Dps" (Jeggle 1988: 66), die im Alliiertenjargon Displaced Persons genannten Millionen ehemaliger Zwangsarbeiter und Kriegsgefangenen in Deutschland.

Die „Münchner Schule"

Die große Umkehr, eine intensive Selbstkritik gelingen nach 1945 also nicht. Immerhin folgen dann doch kleine Schritte zu einer allmählichen Reform der Fachperspektiven. Ein erstes Signal setzt der Schweizer Volkskundler Richard Weiss, der 1946 seine ‹Volkskunde der Schweiz› aus der moralisch unbedrängteren Schweizer Enklave, jedoch nicht ohne Blick auf die Gesamtsituation in den deutschsprachigen Ländern veröffentlicht. Dort formuliert er als Aufgabe des Faches: „Volkskunde ist die Wissenschaft vom Volksleben. Das Volksleben besteht aus den zwischen Volk und Volkskultur wirkenden Wechselbeziehungen, soweit sie durch Gemeinschaft und Tradition bestimmt sind." (Weiss 1946: 11) Also nicht mehr „Volkstum", sondern „Volksleben", das sich in materiellen und kulturellen Beziehungen äußert. Weiss fragt dabei vor allem nach den sozialen Trägern, den kulturellen Mustern und den sozialen Funktionen dieses Volkslebens. Manches davon könnte durchaus schon in Richtung auf einen modernen Begriff der Alltagskultur verstanden werden, ähnlich etwa der damaligen skandinavischen „Volksleben-Forschung", für die Sigurd Erixon 1951 knapp und elegant formuliert: Volkskunde „ist die Wissenschaft vom Menschen als Kulturwesen" (Erixon 1950/51: 5). Würden dann nicht doch wieder „Gemeinschaft und Tradition" so nachdrücklich ins Spiel gebracht. Der Kontinuitätsgedanke bleibt mächtig.

Dennoch gehen gerade von der Schweiz und von Skandinavien in dieser Zeit wichtige fachliche Impulse aus, die in der deutschen Volkskunde vor allem von der jüngeren Generation auch aufgenommen werden. Neben vielen Reformen im Kleinen, die einzelne Felder oder Fragestellungen betreffen, konzentrieren sich grundsätzlichere Versuche einer Neubestimmung in den 1950er und 60er Jahren vor allem in zwei Instituten: im Münchner und im Tübinger Institut für Volkskunde.

In München begründen Hans Moser und mit ihm dann Karl Sigismund Kramer den neuen Weg einer quellengenau und -kritisch argumentierenden historischen Volkskunde, die später als die „Münchner Schule" bezeichnet werden wird. Moser fragt nach einem gesellschaftlichen „Volk", nach einem zwar immer noch überwiegend bäuerlichen „Volksleben", das aber nachdrücklich geprägt erscheint von den jeweiligen wirtschaftlichen und politischen Gesellschaftsverhältnissen, vom Einfluß von Herrschaft und Recht, von

Wandlungen und Brüchen seiner kulturellen Tradition.[13] In seiner Arbeit und in seinem Gefolge entsteht eine Fülle von konkreten Einzelstudien zum bäuerlichen Arbeiten und dörflichen Leben im 18. und 19. Jahrhundert, zur religiösen und zur rechtlichen Volkskunde, in denen Traditionen und Überlieferungen genau geprüft, „Geschichtliches" genau datiert, das Volksleben also lokalisiert und historisiert wird. „Wichtiger als großlinige Kulturphilosophie ist vorerst eine exakte Geschichtsschreibung der Volkskultur, die stofflich unbegrenzt das Große und das Kleinste zu erfassen hat." (Moser 1954: 218) Nichts beginnt nunmehr einfach „in grauer Vorzeit", gründend auf zeitlosen Mythologien, praktiziert in geschichtsresistenter Kontinuität, getragen von einem allgemein waltenden „Volksgeist". Geschichte meint vielmehr Prozeß, Veränderung, Wandel, ist in ihren Bedingungen und Entwicklungen zu belegen und in ihren Deutungen überprüfbar zu machen.

Mit der Frage nach Überlieferung und Deutung eröffnet Moser schließlich auch das, was später im Fach die „Folklorismus-Debatte" genannt wird. Er wendet den kritischen Blick auf die Überlieferung auch gegen das eigene Fach, entdeckt Traditionen oft als „Volkskultur aus zweiter Hand", gibt also den Hinweis darauf, daß die „sichernde" Volkskunde des 19. und 20. Jahrhunderts vieles Brauchtümliche und Traditionshafte erst selbst gesucht, gefunden und dann mit Gebrauchsanleitungen versehen hat, bevor es „das Volk" in Form von „Volksliedern" oder „Bräuchen" – wieder – erreichte. Indem die Volkskunde Traditionen fand, „erfand" sie diese zum Teil auch; sie selbst wurde zur Produzentin von Traditionalität. Diese Debatte rührt natürlich an das Grundverständnis der Volkskunde, weil sie einerseits „Volkstum" und „Volkskunde" als Komplizenschaft kenntlich macht und andererseits damit implizit auch die Hoch-Zeit volkskundlicher Brauchtumspflege im Nationalsozialismus auf die Tagesordnung setzt. Moser wird daher auch heftig angegriffen, doch die Wirkung seiner Kritik läßt sich nicht aufhalten: Ein Fenster im volkskundlichen Fachwerkhaus ist endlich aufgestoßen, durch das frischer Wind hereinpfeift.

„Volkskultur in der technischen Welt"

Die zweite und noch wesentlich wirksamere Offensive wird Anfang der 1960er Jahre vom Tübinger Ludwig-Uhland-Institut für Volkskunde eröffnet, und sie ist vor allem verbunden mit dem Namen Hermann Bausinger. Bausinger, der gerade den Tübinger Lehrstuhl übernommen hat, veröffentlicht damals seine Habilitationsschrift mit dem programmatischen Titel ‹Volkskultur in der technischen Welt›. Darin formuliert er als Leitgedanken: „Verstehen wir unter Volkswelt nicht eine nirgends realisierte Idee zeitloser Gehalte, sondern die wirkliche geistige und materielle Welt des ‚einfachen Volkes', so rückt sie in den Bereich des Geschichtlichen." (Bausinger 1961: 17) Mit der Geschichtlichkeit nimmt er Mosers Gedanken der „Verzeitlichung" der Volkskultur auf, geht aber noch einen Schritt weiter, indem er die Gegenwart als Gegenstand wie als Perspektive des Faches einbezieht. Die Volkskunde selbst wird damit zum Bestandteil der Gegenwartskultur, und sie wird zugleich zuständig auch für Fragen der Gegenwartsgesellschaft. Denn wolle man dem Gegenstand des Faches in richtiger Weise treu bleiben bzw. überhaupt erst treu werden, dann müsse es um die „reale Welt der kleinen Leute" gehen: „Volksleben" sei frei von allen mythischen und romantischen Verklärungen als Teil einer gesellschaftlichen Landschaft zu analysieren, deren kulturelle Horizonte sich auf dem Weg durch die Geschichte beständig veränderten. „Diesen Weg verfolgen wir in drei verschiedenen Ansätzen: in der Frage nach der Verschiebung des räumlichen, des zeitlichen und des sozialen Horizonts." (Bausinger 1961: 52)

Mit seinem Bild von der „technischen Welt" unternimmt Bausinger also den Versuch, den statischen Blick der Volkskunde zu brechen und ihn auch auf jene grundlegenden sozialen und kulturellen Wandlungsprozesse zu lenken, die „Geschichte" letztlich ausmachen und die bislang durch die strikte Kontinuitätsfixierung des Faches ausgeblendet waren. „Volk" lebt nicht in einer vormodernen Tradition, in archaischer Ferne zum Technischen, sondern es lebt in der Gesellschaft, es *ist* Gesellschaft – und dies in all seinen kulturellen Erscheinungen und Äußerungen. „Volkskultur" tritt damit in die Geschichte zurück, verliert den Charakter der volkskundlichen Ikone und gewinnt zugleich ihre Alltagszüge wieder: Fastnacht und Karneval etwa sind unabhängig von der Frage, wie germanisch oder biblisch ihr Alter sein mag, zunächst zeitgemäße Formen der Traditionspflege, von Gruppenkulturen, von Freizeitkultur; „Volkslieder" gehören in einen Bereich der Populärkultur, der nur mittels ideologischer Verbiegungen in „echte", weil überliefert, und „falsche", weil neue Bestandteile zerlegt werden kann und der, wenn er kulturelle Praxis meint, ebenso auch den Schlager und andere moderne Unterhaltungsmusik einschließt; eine „Volkskunde der Vertriebenen" hat nur dann Sinn, wenn sie einerseits als eine spezifische Form der Traditionspflege betrachtet, andererseits aber auch im politischen Zusammenhang der Integrationswege der Flüchtlingsgruppen in die westdeutsche Gesellschaft gesehen wird.

Damit ist die Volkskunde ihrer zeitlosen Nische am Rand der Geschichte beraubt: Sie muß sich nun in der Geschichte bewegen, indem sie sich der Gegenwart stellt, indem sie ihre Erkenntnisinteressen nicht im dunkeln läßt, sondern in das Licht aktueller Gesellschaft und Politik rückt. Indem sie dies tut, unterwirft sich die Volkskunde letztlich sozialwissenschaftlichen Wissens- und Wissenschaftstheorien, und sie wird zugleich in ihren Perspektiven und Themen eine historisch argumentierende Gegenwartswissenschaft. Ausdrücklich einbezogen ist dabei die Mahnung, daß eine Neuorientierung der Volkskunde ohne die Aufarbeitung der verdrängten Vergangenheit nur Stückwerk bleibt: „Wenn die Volkskunde der Ort war, an dem sich nationalsozialistische Gedankengänge mit am stärksten austobten, dann ist sie auch der Ort, an dem ideologische Bestandteile aufgedeckt und solide Theorien entwickelt werden müssen." (Bausinger 1965: 177)

Auch Bausingers Entwurf erntet im Fach zunächst mehr Kritik als Beifall, weil er zu vieles von dem seit Riehl Gewohnten in Frage stellt – für manche Volkskundler nicht viel weniger als die Fachidentität. Doch läßt sich die Wende nur verzögern, nicht mehr aufhalten. Und dieses Herumwerfen des Ruders, an dem bald andere und nicht nur in Tübingen mit anfassen, kommt in gewisser Weise gerade noch zur rechten Zeit. Denn die studentisch geprägten Protestbewegungen der Jahre um 1968 entzünden sich wesentlich auch an dem Verhältnis von Wissenschaft und Gesellschaft, an der Situation des Bildungssystems und der Universitäten, an der Frage, von wem welche Wissenschaft für wen betrieben werden soll. Darauf hätte die alte Volkskunde zwar feste „volkstümliche" Antworten parat gehabt, doch wären diese außerhalb des Faches wohl von niemandem mehr verstanden und akzeptiert worden außer von einigen konservativen Politikern und Gruppen. Nun ist eine neue Situation da: Die Münchner und die Tübinger „Schule" haben die Volkskunde dazu veranlaßt, sich in kritischer Weise über ihre Gegenstände, Theorien und Methoden Rechenschaft zu geben und sich dabei auch als Fach- und Wissenschaftskultur zu verändern.

Neue Gesichter der Volkskunde

Diese Wandlung des Faches bezieht wesentliche Anstöße natürlich aus der Veränderung des gesellschaftlichen Klimas in den sechziger Jahren. Hermann Bausinger hat kürzlich unter der Überschrift ‹Wir Kleinbürger› selbst einen Rückblick auf diese Entwicklung versucht, der jenes Zusammenspiel von Gesellschafts- und Fachreform und die daraus erwachsenden Folgen plastisch macht, wenn er beschreibt, wie es im Verlaufe der in den sechziger Jahren begonnenen Bildungsreform und der sich dann formierenden Studentenbewegung zwar nicht gelang, „den akademischen Nachwuchs in der ganzen Breite der Gesellschaft zu mobilisieren. Aber am unteren Rande der Mittelschicht und am oberen Rand der Unterschicht ... kam es zu einer kräftigen und nachhaltigen Rekrutierung. Bald sprach man von der Bildungslawine, welche – das war die Gefahr, die in Abhandlungen und Feuilletons beschworen wurde – die Universität ersticken, zumindest manövrierunfähig machen könnte. Das waren quantitative Überlegungen, aber allmählich wurde spürbar, daß auch eine qualitative Änderung eingetreten war. (…) Ich beziehe mich zunächst einmal auf dieses Fach, das damals noch *Volkskunde* hieß, 1970 dann in Tübingen in *Empirische Kulturwissenschaft* umbenannt wurde. Das Fach erfuhr eine überdurchschnittliche Nachfrage aus den unteren Sozialschichten, und dabei ist es im ganzen geblieben. Vor einigen Jahren wurde eine kleine Umfrage gemacht, bei Juristen und Juristinnen einerseits, bei Studierenden der Empirischen Kulturwissenschaft andererseits, nicht repräsentativ, aber doch bei einer größeren Zahl. Zu den Ergebnissen zählte, daß es unter den EKWlern … weniger Lacoste-Freunde gab, weniger Skifahrer und weniger, die gerne Golf gelernt hätten; dagegen signifikant mehr Vegetarier und WG-Praktizierende, mehr Gedichtleser, mehr Herbert-Grönemeyer- und Tom-Waits-Anhänger, überwältigend mehr Trägerinnen und Träger von Second-hand- und Trödelkleidung, und – darauf kommt es hier an: deutlich mehr, bei denen kein Elternteil einen höheren Schulabschluß vorzuweisen hatte. In diesen Befund sind auch die Lehrenden einzubeziehen. Unter all den Professorinnen und Professoren des Faches, aber auch unter den Lehrenden des Mittelbaus gibt es nach meiner Kenntnis kein einziges Professorenkind; ein Befund, bei dem höchstens noch die katholischen Theologen mit uns konkurrieren können. (…) Wichtiger aber, und dies ist natürlich nicht unabhängig von der Zusammensetzung der Akteure: In diesem Fach wurden und werden Gegenstände und Probleme behandelt, die fast immer auch mit dem eigenen Milieu, der eigenen Herkunft zu tun haben – manchmal mehr, manchmal weniger." (Bausinger 1994: 3f.)

Mit all diesen Vorstößen und Anstößen von innen wie von außen – die im Fach in der Tat auch vielfachen „Anstoß" erregen – wird zu Beginn der siebziger Jahre ein grundsätzlicher Kurswechsel eingeläutet: Das Fach, seine Gegenstände, seine Paradigmen und Perspektiven verändern sich in zentralen Punkten nachhaltig, vor allem aber auch das Personal: Eine neue Generation von Lehrenden und Studierenden, die nicht mehr nur aus dem „klassischen" bildungsbürgerlichen Milieu kommen, rücken nach. Zu dieser sozialen Veränderung gesellt sich noch eine andere: Das bislang so männlich dominierte Fachprofil erhält immer stärker auch weibliche Züge. Das gilt zunächst auf der Ebene der Studierenden, allmählich aber auch für den Bereich der Lehrenden. Dieses neue Gesicht der Volkskunde meint nicht nur kosmetische Effekte, sondern vor allem inhaltliche Veränderungen und neue Akzente in den Forschungsfeldern wie den

Lehrbereichen. So wird Ingeborg Weber-Kellermann 1968 zur ersten Professorin des Faches in Marburg berufen, wo sie programmatisch (1969) wie institutionell wesentlich dafür die Verantwortung trägt, daß sich das dortige Institut frühzeitig öffnet für Fragestellungen einer Europäischen Ethnologie. Weitere Hochschullehrerinnen folgen ihr, zunächst zwar nur wenige, aber doch genug, um das Fach in seiner Neuausrichtung mitzuprägen und die „Geschlechterfrage" allmählich zu einem konstitutiven Bestandteil der Fachidentität werden zu lassen – als personelle wie als konzeptionelle Frage.

Ethnographie in der DDR

Spätestens hier muß noch von einer anderen „Wende" die Rede sein, von der Volkskunde nämlich in der DDR, die ihren Weg in den ersten beiden Jahrzehnten ihrer Existenz unter anderen Vorzeichen gesucht und gefunden hat. Dort wird zunächst mit Adolf Spamer eine Persönlichkeit mit dem Aufbau einer volkskundlichen Kommission an der Akademie der Wissenschaften betraut, die – wie die meisten westlichen Kollegen – noch an der Last nationalsozialistischen Erbes mitträgt. Nach ihm tritt dann aber mit Wolfgang Steinitz ein Philologe und Finno-Ugrist 1951 in die Leitung der Kommission ein, der 1945 aus dem Exil zurückgekehrt war. Dies ist ein Zeichen: Die Volkskunde der DDR soll sich mit einer antifaschistisch legitimierten und an den Ideen des Sozialismus orientierten Sichtung des „deutschen Kulturerbes" befassen, um damit am Aufbau einer „demokratischen Kulturpolitik" mitzuwirken. Steinitz entwickelt bald ein entsprechendes Konzept, indem er vor allem Forschungen und Publikationen zum Thema „Volkslieder demokratischen Charakters" unternimmt (Steinitz 1954/62). Das ist fachpolitisch klug gedacht: Einerseits bedeutet es die Anknüpfung an klassische volkskundliche Traditionen, die sich ja immer wieder um die Volksliedforschung rankten; andererseits werden jedoch nicht mehr poetische Überlieferungen völkischer Mythen gesucht, sondern Lieder als Ausdrucksform gesellschaftlicher Erfahrung vor allem der Unterschichten, insbesondere politische Lieder als Ausdruck jenes „kämpfenden Volkes", das im Volksbegriff der alten Volkskunde nicht vorkam. Bauern gegen Fürsten, Handwerksgesellen gegen Meister, städtische Unterschichten gegen Obrigkeiten – dieser Stoff soll zugleich Quelle und Horizont einer neuen, demokratischen „Volks-Kunde" begründen. In vieler Hinsicht gelingt dies auch, im übrigen bald mit positiven Wirkungen auf die historische Arbeit der Volkskunde in der Bundesrepublik.

1952 wird an der Berliner Humboldt-Universität zunächst das Institut für Völkerkunde eingerichtet, das danach in Institut für Volks-

und Völkerkunde umbenannt wird. Dort widmet man sich insbesondere der Erforschung ländlicher Wirtschaftsformen, bäuerlicher Arbeitsgeräte und historischer Berufswelten, wodurch einerseits stärkere Verbindungen zur Geschichtswissenschaft wie zur Wirtschaftsgeschichte in der DDR geknüpft werden, andererseits auch Parallelen zur „Münchner Schule“ unübersehbar sind. Mag sein, daß auch diese Wechselwirkungen dazu beitragen, daß die Volks- und Völkerkunde der Humboldt-Universität bei den Parteioberen nicht ungeteilten Beifall findet. Jedenfalls wird das Fach bald an die kurze ideologische Leine genommen und als „Bereich Ethnographie“ der akademischen und universitären Nomenklatur der Geschichtswissenschaften untergeordnet. Das verhindert jedoch nicht weiteres eigenständiges Denken: Mit Paul Nedo (1969) wendet sich das Fach verstärkt auch dem „Kulturschaffen der Gegenwart“ zu. Und mit Wolfgang Jacobeit wird dann eine Aufgabenstellung entwickelt, die sich unter der programmatischen Überschrift „Kultur und Lebensweise“ auf einen Herderschen Begriff aus den Anfängen der Volkskunde bezieht, ihn aber mit einer neuen gesellschaftlichen und wissenschaftlichen Semantik füllt: Kultur soll als Voraussetzung wie als Folge gesellschaftlicher Lebenstätigkeit untersucht werden, also in einem weitgefaßten Verständnis materielle wie ideelle Gestaltformen menschlicher Existenz umfassen und sie in ihrer historischen Entwicklung bis in die Gegenwart verfolgen. Viele der daraus resultierenden Forschungsergebnisse – vor allem zu einer Kultur- und Alltagsgeschichte der beginnenden industriellen Moderne des 19. und frühen 20. Jahrhunderts – erfahren auch internationale Anerkennung (S. u. W. Jacobeit 1986/95). Zudem wird – anders als in der Bundesrepublik – wieder der Anspruch formuliert, volkskundliche und völkerkundliche Fragestellungen nicht getrennt zu behandeln, sondern sie in einem gemeinsamen Konzept ethnographischen Forschens zu verbinden.

Daß all dem immer wieder ideologische Grenzen gesetzt sind – von außen, durch die staatliche Wissenschaftsregie, wie von innen, durch politische Überzeugungen und prekäre persönliche Situationen, die zur Vorsicht zwingen –, liegt heute rückblickend als Wissen wie als Vermutung auf der Hand. So bildete die Ethnographie das wissenschaftliche Personal für staatliche Museen und Kultureinrichtungen aus oder unterstützte „populäres Kulturschaffen“, gewiß auch dies in enger politischer Leinenführung. Und die ethnographischen Forschungen an der Akademie der Wissenschaften vermieden weitgehend inhaltliche Auseinandersetzungen mit „westlicher“ Theorie wie Empirie. Die Kommunikation zwischen Ost und West gestaltete sich teilweise etwas einseitig. Doch warten wir mit Beurteilungen noch ab: Eine systematische Erforschung dessen, was im Fach in den

Jahren der DDR geleistet worden ist und was wodurch bevormundet oder verhindert wurde, hat gerade erst begonnen (U. Mohrmann/W. Jacobeit 1991).

Claude Lévi-Strauss und der Strukturalismus

Während also die Situation der Volkskunde in den zwei Jahrzehnten nach dem Nationalsozialismus in West wie Ost als eine mühsame Standortsuche in kleinen Schritten zu beschreiben ist, die über weite Strecken allein bewältigt werden muß, findet sich die Völkerkunde in der Bundesrepublik in einem ganz anderen wissenschaftlichen Kontext wieder. Auch sie war gewiß nicht unbelastet aus der NS-Zeit hervorgegangen, aber ihre Belastungen wogen doch geringer, weil sie sich weniger „germanisch" diskreditieren mußte. In den fünfziger Jahren kann sie daher relativ rasch neue Einflüsse aus der internationalen ethnologischen Diskussion aufnehmen.

Beispielhaft zu nennen sind etwa der Gedanke des Neoevolutionismus, der vor allem in den USA wieder an Boden gewinnt, dabei auf Vorstellungen einer sich evolutionär entwickelnden globalen Kultur zurückgreift und mit Namen wie Leslie A. White oder Marshall Sahlins verbunden ist. Anders als im alten Evolutionismus wird hier allerdings bald nicht mehr mit der Vorstellung eines starren Einheitsmodells menschheitsgeschichtlicher Entwicklung argumentiert, sondern mit der Hypothese „parallel verlaufender Entwicklungssequenzen in historisch voneinander unabhängigen Einzelkulturen" gearbeitet (Kohl 1993: 158), bei denen die Entwicklungsmodi in engem Zusammenhang mit historischen und gesellschaftlichen Umweltbedingungen zu sehen sind. Daraus entwickelt sich die seit den sechziger Jahren in der US-amerikanischen Cultural Anthropology prominente Strömung einer Kulturökologie, die vor allem mit dem Namen Marvin Harris verbunden ist und in Westdeutschland bald von Ina-Maria Greverus am Frankfurter Institut für Europäische Ethnologie und Kulturanthropologie aufgenommen wird (Greverus 1978). Ausgangspunkt ist die Vorstellung, daß sich in der Kultur Prozesse vollziehen und widerspiegeln, in denen sich Gesellschaften an ihre spezifische Umwelt dadurch anpassen, daß sich das Verhältnis Mensch–Natur immer wieder neu auf die sich verändernden Bedingungen gesellschaftlichen „Überlebens" ausrichtet: auf der Ebene von materiellen wie ideellen Lebens-Mitteln, von ökonomischen wie politischen Strukturen. So steuert die Kultur als Erfahrungs- und Handlungssystem gewissermaßen die Balance zwischen Mensch und Natur jeweils neu aus.

Zweifellos am einflußreichsten aber sind die Gedanken des Strukturalismus oder der strukturalen Anthropologie, für die als Vordenker

Claude Lévi-Strauss steht, der große französische Ethnologe und Anthropologe. Lévi-Strauss sucht nach den allgemeinen, den „strukturellen" Gesetzmäßigkeiten in unterschiedlichen sozialen Phänomenen und Kulturen. Er schreibt über diese Vorstellungen 1955 in seinem epochemachenden Werk ‹Traurige Tropen›: „Die Gesamtheit der Bräuche eines Volkes ist stets durch einen Stil gekennzeichnet; sie bilden Systeme. Ich bin davon überzeugt, daß die Anzahl dieser Systeme begrenzt ist und daß die menschlichen Gesellschaften genau wie die Individuen – in ihren Spielen, ihren Träumen, ihrem Wahn – niemals absolut Neues schaffen, sondern sich darauf beschränken, bestimmte Kombinationen aus einem idealen Repertoire auszuwählen, das sich rekonstruieren ließe." Würde man all diese Bräuche in einem „Inventar" zusammenstellen, dann erhielte man eine Übersicht aller Bausteine eines gemeinsamen Baukastensystems, „so daß man nur noch herauszufinden brauchte, welche von ihnen die einzelnen Gesellschaften tatsächlich angenommen haben." (Lévi-Strauss 1978: 168f.)

Diese Vorstellung eines begrenzten Repertoires der Kultur, das universell ist und nur in seinen jeweiligen Zusammenstellungen und Nutzungsformen spezifische nationale oder stammesbezogene Eigenarten aufweist, ist natürlich faszinierend für eine Wissenschaft wie die Völkerkunde, die schon immer nach einem „großen" Erklärungsmodell kultureller Entwicklung durch die Epochen wie durch deren gesellschaftliche Verschiedenheiten hindurch gesucht hat. Lévi-Strauss liefert eine solche „Metatheorie". Denn er will kulturübergreifend, gegenstandsübergreifend wie fachübergreifend erklären, wie Gesellschaften und Gruppen funktionieren, wie Gesten und Gegenstände zusammenhängen, wie Formen sich ähneln und variieren können.

Durch diesen universalen Anspruch und gewiß ebenso durch die besondere literarische Qualität, die Lévi-Strauss' Schriften aufweisen, wird sein Denkmodell einflußreich nicht nur im Rahmen der Ethnologie. Vielmehr wird ethnologisch-anthropologisches Denken auf diese Weise auch zu einem attraktiven Bezugspunkt der allgemeinen sozial- und kulturwissenschaftlichen Diskussionen. Dabei hat sich Lévi-Strauss für seine Theorie auch umgekehrt vielfältige Erkenntnisse etwa aus der modernen Sprachwissenschaft wie aus der Mathematik zunutze gemacht, die auf die Regelhaftigkeit und innere Ordnung menschlicher Denk- und Kommunikationssysteme verweisen. Und er will nicht nur ein übergreifendes Ordnungsschema erstellen, das Kulturmodelle auf der Basis ihrer kleinsten Einheit festschreibt, sondern zugleich auch Entwicklungsmöglichkeiten andeuten, die sich aus der Handhabung dieser Handlungsmodelle im Sinne von Kreativität und Spontaneität ergeben – also jenes „Schöpferische", nach dem in der Volkskunde der 1920er Jahre so intensiv gefragt wurde.

In der deutschen Völkerkunde werden all diese Strömungen nicht etwa unbesehen übernommen oder begierig aufgegriffen. Aber man „reibt" sich doch an ihnen, entwickelt in der Auseinandersetzung mit ihnen eigene Konzepte, die sich – darin vielleicht unbefangener als in Frankreich oder England – vor allem mit der Frage nach der Erbschaft europäischer Kolonialpolitik in der ethnologischen Wissenschaftsgeschichte wie nach den politischen und kulturellen Hinterlassenschaften in den ehemaligen Kolonialländern beschäftigen. Der Strukturalismus befördert hier also auch eine Politisierung der Ethnologie, die verstärkt nach „Strukturen" von Herrschaft und Macht im Kulturvergleich fragt.

„Kritische Theorie"

Zugleich ist nicht zu übersehen, daß die deutsche Völkerkunde wie die Volkskunde in dieser Zeit wesentliche neue Impulse vor allem aus der Soziologie erhalten. In den sechziger Jahren hat sich die sogenannte Frankfurter Schule, also das Frankfurter Institut für Sozialforschung, das von Theodor W. Adorno und Max Horkheimer geleitet wird, als eine Instanz der kulturkritischen Beobachtung der Gegenwartsgesellschaft etabliert. Dort werden die Entwicklungen der Nachkriegskultur, vor allem ihre wachsende technische und kommerzielle Durchdringung, ihr fortschreitender Umbau in eine Kitsch- und Konsumkultur mit dem warnenden Stichwort von der „Kulturindustrie" überschrieben: Der Faschismus habe die Verführbarkeit der Menschen hinlänglich gezeigt, und diese Verführbarkeit werde durch die wachsende, kapitalistisch motivierte Manipulation menschlicher Bedürfnisse in der gegenwärtigen Freizeit- und Konsumkultur erneut bestätigt.

Adorno etwa greift als Beispiel dafür ein in den fünfziger Jahren sehr gängiges Freizeitmuster heraus: „Camping – in der älteren Jugendbewegung liebte man zu kampieren – war Protest gegen bürgerliche Langeweile und Konvention. Man wollte heraus, im doppelten Sinn. (...) Dies Bedürfnis ist nach dem Tod der Jugendbewegung von der Campingindustrie aufgegriffen und institutionalisiert worden. Sie könnte die Menschen nicht dazu nötigen, Zelte und Wohnwagen samt ungezählten Hilfsutensilien ihr abzukaufen, verlangte nicht etwas in den Menschen danach; aber deren eigenes Bedürfnis nach Freiheit wird funktionalisiert, vom Geschäft erweitert reproduziert; was sie wollen, nochmals ihnen aufgenötigt. Deshalb gelingt die Integration der Freizeit so reibungslos; die Menschen merken nicht, wie sehr sie dort, wo sie am freisten sich fühlen, Unfreie sind." Hier wird also marxistische Kulturkritik geübt, die freilich nicht nur pessimistisch bleibt, wenn nämlich Adorno andererseits darauf hinweist, daß dieses Angebot der „Kulturindustrie" von den Menschen doch meist nur mit „einer Art von Vorbehalt" akzeptiert werde, daß deren Bewußtsein „nicht total integriert" sei (Adorno 1969: 60, 66f.).

Damit sind zugleich Stichworte gegeben für jene Protestbewegung in den Jahren um 1968, die nicht nur in Deutschland, sondern in ganz Westeuropa und den USA zu einer umfassenden und politisch-praktisch werdenden Gesellschafts- und Kulturkritik ansetzt. In Deutschland verbinden sich in ihr jedoch Erfahrungen einer nicht mehr im Nationalsozialismus aufgewachsenen Generation, deren Eltern diese „deutsche Geschichte" mehr oder weniger kommentarlos abgestreift und sich im Nachkriegswohlstand eingerichtet haben, mit antikapitalistischen Positionen, die sich aus der Beobachtung der sozialen Verkrustungen in der eigenen Gesellschaft wie der gesellschaftlichen Aufbrüche in der „Dritten Welt" ergeben. Vor allem an den Universitäten vollzieht sich damit eine Politisierung der Lebensauffassungen und Studieninhalte, die einen neuen „moralischen Diskurs" über Geschichte, über Gegenwartsgesellschaft und über Prinzipien gesellschaftlichen Handelns eröffnet.

1968 und die Volkskunde

In der Volkskunde wirken Ende der sechziger Jahre diese Impulse von innen wie von außen zusammen. Das Fach stellt sich in Frage und sich selbst zur Debatte – angetrieben vor allem von den Diskussionen der Studierenden und der Lehrenden aus der jüngeren Generation und zusätzlich bewegt von den politischen Zielen der Studentenrevolte. So wird auf dem Deutschen Volkskundekongreß 1969 in Detmold intensiv und kontrovers darüber diskutiert, auf welchen gesellschaftspolitischen wie theoretischen Vorstellungen das Fach künftig aufbauen soll und ob der belastete Name „Volkskunde" – wie überhaupt der Begriff „Volk" – noch verwendungsfähig sei. Einer Mehrheit der Anwesenden gehen diese Vorschläge zu einer grundlegenden Fachrevision freilich (noch) zu weit.

Auch in Reaktion darauf veröffentlicht das Tübinger Volkskundeinstitut 1970 einen Diskussionsband mit dem programmatisch unmißverständlichen Titel ‹Abschied vom Volksleben›. In einer Bestandsaufnahme wird darin zunächst die „desolate Situation" im Fach beschrieben: „die Theorielosigkeit und -feindlichkeit und im Zusammenhang damit das unverbundene Nebeneinander verschiedener Detailuntersuchungen und ‚sparteninterner' Fragestellungen, welche nur durch ebenso vage wie mit Ideologien befrachtete Vokabeln einen scheinbaren Zusammenhang finden: Volk, grundständig, grundschichtig, volkstümlich etc." Dieses Fachgebäude sei nicht mehr zu renovieren, vielmehr müsse ein „Neubau" geschaffen werden: „,Abschied vom Volksleben' bedeutet also konkret für den Inhalt der hier vorgelegten Aufsätze: Aufarbeitung der volkskundlichen Vergangenheit, Rezeption der Leistungen anderer Sozialwissenschaften, Entwicklung eines Problembewußtseins, das sich nicht durch Fächertraditionen eingrenzen läßt, sondern nur durch die pragmatische Frage, ob Probleme mit den uns zur Verfügung stehenden ... Methoden adäquat erkannt, analysiert und einer Lösung näher gebracht werden können." (Geiger u.a. 1970: 8f.)

Im selben Jahr noch findet schließlich in Falkenstein im Taunus eine volkskundliche Tagung statt, auf der von den „rebellischen" Teilen des Faches die sogenannte „Falkensteiner Formel" formuliert wird: „Volkskunde analysiert die Vermittlung (die sie bedingenden Ursachen und die sie begleitenden Prozesse) von kulturalen Werten in Objektivationen (Güter und Normen) und Subjektivationen (Attitüden und Meinungen). Ziel ist es, an der Lösung sozio-kultureller Probleme mitzuwirken." (Brückner 1971: 303) Neben der eindeutigen Soziologisierung des Sprachgestus, den man heute belächeln mag, vermitteln die Formel und die sie begleitenden Diskussionen dennoch eine ähnlich klare Botschaft wie der Tübinger „Abschied": Absage an jenen Kanon der „Tümlichkeiten", Aufarbeitung der Fachgeschichte, Hinwendung zu aktuellen Themen der populären Kultur, Anwendung empirischer Methoden der Sozialforschung, kurz: Volkskunde als eine Kultur- und Sozialwissenschaft, die Wissenschaft auch als gesellschaftlich-politische Praxis reflektiert. Das bedeutet einen radikalen Kurswechsel, der allerdings keineswegs in allen Teilen des Faches vollzogen wird; die Volkskundelandschaft erhält in diesen Jahren vielmehr auch unterschiedliche politische Grundeinfärbungen, die wie eine Art *mental map* bis heute nachwirken als Vorstellung von eher „linken" oder „rechten" Fachflügeln bzw. Instituten – was immer das heute noch besagen mag.

Rückblickend wird häufig von einer „Soziologisierung" der Volkskunde in diesen Jahren gesprochen. Doch scheint mir diese Etikettierung nur zum Teil zuzutreffen. Sieht man einmal vom soziologischen Jargon ab, der im akademischen Diskurs damals generell durchschlägt, und von einer ersten Begeisterung für die Anwendung „exakter" Methoden der empirischen Sozialforschung, so zeichnet sich in diesem Kurswechsel auch bereits deutlich ab, daß ein durchaus eigener Blick auf die „kulturelle Seite" der Gesellschaft gesucht wird, weniger auf der Ebene der soziologisch ausgeleuchteten Institutionen und Normen als vielmehr auf jener der kulturellen Praxen der Individuen und ihrer sozialen Lebenswelten. Man nimmt Kurs auf einen „erweiterten Kulturbegriff", auf eine „Volkskunde als Ethnologie der eigenen Kultur" (Hermann Bausinger), die nicht nur das Schöne und Wahre und auch nicht nur das Poetische und Idyllische ins Auge fassen will, sondern vor allem das Normale, Alltägliche, Erfahrene, Wahrgenommene. Kultur als das „wirkliche Leben", als Modus der materiellen wie ideellen Daseinsbewältigung: Darin spiegeln sich einerseits die Anregungen aus der „anglomarxistischen Kulturdebatte" wider, in der Kultur als *„the whole way of life"* beschrieben wird, als eine alle Lebensäußerungen umfassende Perspektive. Andererseits trifft man hier auf jene Formel von der „Kultur und Lebensweise", die mittlerweile von der DDR-Ethnographie entwickelt ist. Es ist der Beginn einer weiten Öffnungsbewegung: nicht nur im interdisziplinären Blick auf andere sozial- und kulturwissenschaftliche Fächer, sondern auch im Hinblick auf jene andere Wissenschaftskultur der Ethnographie in der DDR wie auf internationale Kultur- und Wissenschaftsdiskurse.

Abschied von der Idylle

Damit beginnt auch eine entscheidende äußere Wandlung der volkskundlichen Wissenschaftskultur. Nicht nur, daß Jeans und Parka nun endgültig als „Berufskleidung" dominieren. Nicht nur, daß intensiv versucht wird, sozialwissenschaftliche Theorien, Methoden und Begrifflichkeiten zu rezipieren, um eigene theoretische Fundamente zu legen wie um die Außenrepräsentation des Faches zu „modernisieren". Vielmehr wird das Fach Volkskunde von einem „Orchideenfach" allmählich auch zu einem kleinen Massenfach: Die Zahl der Institute erhöht sich relativ rasch von 6 auf 15, und die Zahl der Studierenden wächst von vorher 200 bis 300 bald auf 2000 bis 3000 an. Das sind Anzeichen einer erhöhten Attraktivität, die mit den neuen Leitbegriffen *Kultur, Identität, Alltag* auch in die Zeit paßt. Auch die Namen von alten und neuen Instituten erhalten einen neuen Klang: Die Tübinger Volkskunde benennt sich im Jahr 1971 wie erwähnt in Empirische Kulturwissenschaft um, Marburg präferiert den Namen Europäische Ethnologie, Frankfurt wählt 1974 die Bezeichnung Kulturanthropologie und Europäische Ethnologie. Andere Institute akzentuieren zumindest um von „deutscher" auf „vergleichende" Volkskunde. Diese Umbenennungen sind jenseits aller Auffassungsunterschiede im einzelnen doch als symbolische Schlußstriche unter die Fachgeschichte einer ehemals so nationalen und deutschen Wissenschaft zu verstehen und zugleich als Ankündigung eines neuen Beginnens (Korff 1996).

Mit der Neuorientierung und der zunehmenden Größe wird das Fach zugleich wissenschafts- wie gesellschaftspolitisch heterogener.

Einzelne Institute suchen deutlich neue, schärfere Profile in Forschung und Lehre wie in der Öffentlichkeit zu gewinnen. So werden in Tübingen „Gemeindestudien" im klassischen Feld des Dorfes unternommen, die nun allerdings die dörfliche Lebenswelt als „Gesellschaft", als Wirkungsraum des Modernisierungsprozesses betrachten. Daneben beginnen Studien zur Alltags- und Arbeiterkultur, in denen die Widerspiegelung von Alltagsleben und Politik in den individuellen Lebensgeschichten wie in den institutionellen Formen der Arbeiterbewegung rekonstruiert wird. Oder Studien zur Gegenwartskultur, in denen vor allem moderne Kommunikationsformen und -medien der populären Kultur untersucht wie auch Embleme des Lebensstils – etwa „Jeans" – zum Thema gemacht werden. In Göttingen, dem klassischen Standort der ‹Enzyklopädie des Märchens›, wird weiter Erzählforschung betrieben, nunmehr jedoch auch als Suche nach Erzählkulturen in der Gegenwart, die Menschen benutzen, um die Welt der Moderne besser zu verstehen oder sie ironisch zu verarbeiten. In Münster beginnt ein großes Forschungsprogramm zur Geschichte der „materiellen Volkskultur", das die Veränderung von Nahrungs-, Kleidungs- und Wohnstandards über die letzten drei, vier Jahrhunderte hinweg untersucht, um Kontinuitäten wie Wandlungen in der kulturellen Lebensführung endlich einmal an „harten" Fakten ablesen zu können. In Frankfurt beschäftigt man sich mit räumlichen Bezugssystemen menschlicher Identität, mit Fragen nach Territorialität und Heimat, mit Entwicklungen im Tourismus wie in der innereuropäischen Migration. In München wird ländliches wie städtisches Brauchtum und Festwesen untersucht und historisiert, und in Würzburg beschäftigt man sich intensiv mit Fragen religiöser Volkskultur, aber auch regionaler Geschichte und Identität.

Insgesamt zeigt sich darin eine deutliche Tendenz, sich von den Nischen und Rändern einer Kulturgeschichte mehr auf die Brennpunkte geschichtlicher und gegenwärtiger Entwicklungen hinzubewegen, hin zu problematisierenden und kulturanalytischen Perspektiven, die zum Ende der siebziger Jahre dann verstärkt nach „den Menschen" fragen, nach sozialen Erfahrungsprozessen wie individuellen Lebensgeschichten, nach klassen- und geschlechtsspezifischen Wahrnehmungsmodi, nach medialen wie symbolischen Verständigungsformen und die insbesondere auch das Verhältnis von Gesellschaft und Wissenschaft kritisch beleuchten (Lindner 1987: 15).

5. Erweiterungen: Zum Programm einer Europäischen Ethnologie

Diese Weichenstellungen der siebziger und frühen achtziger Jahre führen schon unmittelbar in die Gegenwart. Nun deren Bild im Sinne eines Überblicks über die Fachlandschaft zu skizzieren ist ein besonders schwieriges Unterfangen, das nur unvollständig und subjektiv ausfallen kann. Es fehlt der klärende zeitliche Abstand, der vielleicht ein abgewogeneres Urteil zuließe. Und es fehlt auch noch manche Klarheit im Fach selbst, dessen Suchbewegungen aus den siebziger Jahren noch keineswegs in einen ruhigen, geraden Kurs gemündet sind. Was einmal Volkskunde war, ist heute in seinen verschiedenen Strömungen und Richtungen so vieldeutig und vielstimmig geworden, daß es sich nur schwer auf einige wenige gemeinsame Nenner bringen läßt. Das deutet sich bereits in der Schwierigkeit an, überhaupt noch eine gemeinsame Fachbezeichnung zu finden, die nicht aus einer mehrgliedrigen Namensaufzählung besteht. Andererseits wurde diese Vielstimmigkeit in den letzten Jahrzehnten auch zu einem produktiven Faktor, so daß man sich viel mehr Einmütigkeit und Ruhe vielleicht gar nicht wünschen sollte. Denn Bewegung verhindert Erstarrung, und Unruhe schützt vor allzu großer Selbstsicherheit.

Bemerkenswert ist auf jeden Fall, daß diese Bewegung der Volkskunde in den siebziger Jahren in mancher Hinsicht offenbar einen deutschen „Sonderweg" beschreibt. Während sich etwa in den skandinavischen und in manchen osteuropäischen Ländern oder auch in den Niederlanden eine Europäische Ethnologie neu konstituiert, die sich vor allem aus Anstößen der amerikanischen Anthropologie speist und sich vielfach als regionale „Ethnologie Europas" versteht, spielt in Deutschland zunächst die Nähe zu einer Erfahrungs- und Alltagsgeschichte eine entscheidende Rolle. Nicht Anthropologisierung, sondern Historisierung der Phänomene steht hier auf der Tagesordnung, um den Raum von Geschichte und Kultur von falschen Mythen und Ideologemen zu befreien – gewiß auch in Reaktion auf die gleichzeitige Auseinandersetzung mit dem Nationalsozialismus. Dafür steht in den achtziger Jahren die Diskussion um die historische Volkskultur, also um einen wesentlichen Selbstverständigungsbegriff der alten Volkskunde, der nun intensiv diskutiert und aus der Sphäre der Ideologie in die Geschichte und Gesellschaft zurückgeholt werden soll: „Volk" erscheint nicht mehr als bürgerliche Idee gemeinsamen Ursprungs und zugleich als kulturelles, „fremdes" Gegenüber in der eigenen Gesellschaft, sondern als eine „heuristische Kategorie", die auf historisierbare und „klassenspezifische" Erfahrungshorizonte der Vormoderne aufmerksam machen kann (Schindler 1984: 54). Auf den weiteren Verlauf dieser aufschlußreichen Debatte brauche ich hier nicht näher einzugehen, er ist vielfach dokumentiert.[14]

So wäre hier eher eine Fachrichtung zu beschreiben, die volkskundliche Blickwinkel verändert und diese in die Perspektiven einer Europäischen Ethnologie erweitert hat, um dadurch ihren Gegenstand, die *Kultur*, nunmehr jenseits nationaler Grenzen wie wissenschaftlicher Fachgrenzen zu betrachten. Allerdings darf diese Erweiterung keine beliebige Grenzüberschreitung in alle Richtungen und auf jedes Themengebiet bedeuten, sondern sie muß an ein Zentrum aus Erkenntnisinteressen, theoretischen Reflexionen, methodischen Bestimmungen und thematischen Spektren gebunden bleiben, die dem Fach seine „kognitive Identität" unter sich rasant verändernden gesellschaftlichen und kulturellen Umständen bewahrt. „Global denken, lokal handeln" gilt in gewisser Weise auch in der heutigen Wissenschaftslandschaft als Maxime.

Dafür scheinen mir *vier* Positionsbestimmungen wichtig, die ich im folgenden skizzieren will: zum einen die Einbettung der Europäischen Ethnologie in den Kontext der Sozial- und Kulturwissenschaften, zum zweiten die inzwischen neu gewonnenen Sichtweisen und thematischen Kompetenzen, zum dritten die Aufnahme interdisziplinärer wie internationaler Anstöße und zum vierten die Frage, was „Kultur" im Konzept einer Europäischen Ethnologie bedeuten kann. Zu alldem sollen die späteren Kapitel dieser Einführung noch ausführlichere Auskünfte geben.

Kontexte

Was sozial- und kulturwissenschaftliche Erkenntnisinteressen wohl insgesamt verbindet, ist die Grundannahme, daß *Gesellschaft* stets auf einer bestimmten Vorstellung von sozialer Ordnung beruht. Gefragt wird daher, wie diese Ordnung in unterschiedlichsten Bereichen institutionell und normativ abgesichert ist, welche sozialen und politischen Verhaltensweisen sie hervorbringt, wie sie also „vergesellschaftend" wirkt und welche Spielräume sich aus der Differenz zwischen Modell und Praxis für den einzelnen wie für Gruppen in unterschiedlichen Gesellschaften und Epochen ergeben. Dem fügt die kulturwissenschaftliche Beobachtung ihre spezifischen, mehr auf die Praxisseite abzielenden Fragen hinzu: die nach den kulturellen Traditionen und religiösen oder ethnischen Begründungen solcher Ordnungsvorstellungen; nach ihrer alltäglichen Wirkung und Erfahrung in Lebensläufen und Lebenswelten; nach den Bildern, die sich Menschen von dieser Gesellschaft, von deren Teilen, von sich selbst, aber auch von anderen Gesellschaften machen, wie also kulturelle „Identitäten“ wahrgenommen und ausgehandelt werden; nach der Rolle, die Geschichte und Vergangenheit dabei spielen, danach, wie Menschen und Gesellschaften erinnern, also ein kollektives Gedächtnis und Traditionen aufbauen; oder nach den Symbolen und Ritualen, die zur gesellschaftlichen Verständigung wie zum Konfliktaustragen benutzt werden und die uns letztlich erst eine intersubjektive Wahrnehmung des Anderen ermöglichen.

Begriffsgeschichtlich gesehen, ist die Kultur damit in ihrem Verhältnis zur Gesellschaft in den letzten Jahrzehnten neu bestimmt worden. Kultur meint nicht mehr nur das Traditionale im Sinne von Überlieferung und Brauch oder das Elitäre im Sinne von Bildung und Privileg. Sie versteht sich in ihrer weiten Bedeutung nun vielmehr als die Praxis menschlichen Denkens, Deutens und Handelns, die bestimmten Regeln folgt, diese Regeln ebenso bewahrt wie immer wieder überprüft und verändert und die dadurch Gesellschaft überhaupt erst funktionsfähig macht. Kultur ist somit Medium historischer Prägung wie gegenwärtiger Anwendung, Mittlerin zwischen dem Menschen und seiner Umwelt, zwischen dem Individuum und der Gesellschaft. Sie verkörpert „Führung des Lebens“ und „Deutung des Lebens“ zugleich, besteht also in jenem Sinn, den wir den Dingen um uns und unserem Tun geben. Weil sich all diese Bedeutungen eher umschreiben als in einer kurzen Handbuchdefinition fassen lassen, zitiert man heute gern die Metapher von der Kultur als einem „selbstgesponnenen Bedeutungsgewebe“, die der Kulturanthropologe Clifford Geertz in Anlehnung an Max Weber formuliert hat. Diese Metapher spielt auf das Gemachte und zugleich auf das Komplexe kultureller Praxis an. Und sie ist jedenfalls auch poetisch genug, um das letztlich Ominöse der Kultur, die wir zu sehr selber „sind“, um sie präzise erklären zu können, assoziativ angemessen zu umschreiben.

In den achtziger Jahren wird in den Fachdiskussionen als Hauptaufgabe der Forschung daher immer wieder die „Kulturanalyse“ benannt. Kultur müsse in ihren Praxissystemen und Funktionsweisen untersucht werden; es seien ihre jeweiligen gesellschaftlichen Akteure und Träger zu bestimmen; und sie sei nur in ihrer Wirkung in gesellschaftlichen Prozessen zu erfassen, nicht in statischen Momentaufnahmen. Damit wird – nach der historischen – eine zweite wissenschaftliche Ortsbestimmung vorgenommen, welche die Volkskunde/Europäische Ethnologie nun auch im Feld sozialwissenschaftlicher Erkenntnisinteressen, Theorien und Methoden positioniert – allerdings mit einem durch die Jahre immer schwerer wiegenden kulturwissenschaftlichen Eigengewicht. Dem strikt sozialwissenschaftlichen Vorgehen, das auf Repräsentativität orientiert ist, auf gesellschaftliche

Funktionsmodelle, auf deduktive Empirie und Faktorenbestimmung, steht man nach kurzem Liebäugeln dann doch eher skeptisch gegenüber. Vor allem zur engeren Soziologie als der „Wissenschaft von der Gesellschaft" entsteht ein ambivalentes Verhältnis von Annäherung und Distanz. Einerseits beeindrucken der scheinbar scharfe analytische Blick und die hohe Theoretisierung soziologischer Analysemodelle. Andererseits bleibt Reserve gegenüber den Verlaufs- und Wirkungsmodellen sozialen Handelns oder institutioneller Regelung, die offenbar doch vieles von der Eigengesetzlichkeit sozialer Wahrnehmung und sozialer Praxis durch ihr Interpretationsraster fallen lassen. Auch methodisch nimmt man zwar Elemente soziologischer Datenbeschaffung und -auswertung auf, man arbeitet sie freilich sehr oft um für den eigenen Gebrauch, in dem die Methoden dann eher „gemixt" angewandt werden – für die einen ein „Sakrileg", für die anderen ein Indiz für „Kreativität".

Als grundlegend für das methodische Selbstverständnis erweist sich aber doch der „hermeneutische", also der deutende und interpretierende Zugang zu den Quellen und Phänomenen. Hermann Bausinger hat diese „Spezifik volkskundlicher Arbeit" einmal so beschrieben: „Insgesamt also scheint die Anwendung ‚weicher' Instrumente charakteristisch zu sein, wobei *weich* nicht schwach bedeutet, sondern eher behutsam, anschmiegsam." Er weist freilich darauf hin, daß diese „weichere Methodik ihre vollen Möglichkeiten oft erst entfaltet in Verbindung mit den durch ‚harte' Methoden gewonnenen Vorgaben", daß aber doch plausible Argumente letztlich den weichen Methoden Vorrang einräumen. „Diese sind, zumindest auf den ersten Blick, weniger ‚exakt'; sie sind nicht imstande, präzise abgegrenzte Kategorien und Datenmengen bereitzustellen. Aber sie erweisen sich manchmal auf den zweiten Blick als ‚genauer', als wirklichkeitsadäquater." Denn: „Die an harten Daten oft gerühmte klare kategoriale Zuordnung und damit Vergleichbarkeit hat ihre negative Seite: sie operiert oft mit Eindeutigkeiten, die so nicht vorliegen, und sie läuft immer Gefahr, die Zwischenbereiche und Zwischentöne zu ignorieren. (...) Die implizite Zielsetzung der ‚exakten' Methodik, zu möglichst präzisen Bestimmungen des jeweiligen Durchschnitts zu gelangen, droht dazu zu führen, daß die breiten Ränder zugunsten einer manchmal eher imaginären Mitte vernachlässigt werden; an die Stelle der – nicht ungefährlichen – Anekdotik der Einzelbeobachtung kann, zugespitzt gesagt, eine Anekdotik der Mittelwerte treten." Und schließlich: „Die Verwendung weicherer Methoden erlaubt es dem Forscher wahrscheinlich doch eher, das Forschungsinteresse und das Interesse der Erforschten wenn nicht zur Deckung zu bringen, so doch einander anzunähern. (...) Eben dies aber scheint mir eher möglich zu sein, wenn auch die Erhebungsmethoden ‚dialogische' sind, wenn sie eine gewisse Symmetrie erlauben, wenn also das Forschungsdesign auf die besonderen Zusammenhänge und Lebensumstände Rücksicht nimmt." (Bausinger 1980: 18ff.) Was damit im Extremfall gemeint ist, mag ein – vereinfachendes – Beispiel aus der historischen Demographie verdeutlichen: Dort läßt sich mit Durchschnittszahlen etwa zur Lebenserwartung von Menschen im 17. oder 18. Jahrhundert zwar trefflich statistisch operieren, allerdings keine Vorstellung davon gewinnen, wie alt die Menschen damals wirklich wurden. Angesichts von hoher Kindersterblichkeit einerseits und doch erstaunlich langen Lebensläufen andererseits beschreibt eine Zahl von 43 Jahren als durchschnittlicher Lebenserwartung eigentlich das Gegenteil der historischen Erfahrung. Man starb ausgesprochen selten im 43. Lebensjahr, vielmehr entweder sehr jung oder doch auch für unsere Begriffe relativ alt.

Ein anderer, wesentlicher Unterschied zur Soziologie besteht in diesen achtziger Jahren darin, daß viele ethnologische Methoden vor allem „im Feld" entwickelt und angewendet werden müssen. Durch die stärkere Orientierung auf gegenwartsbezogene Themen wird die „Teilnehmende Beobachtung" am Ort gerade von der jüngeren Forschergeneration aus der (ehemaligen) Volkskunde immer häufiger praktiziert. Damit wird Forschung auch als eigene kulturelle Praxis sichtbar, freilich auch zum Problem, weil dadurch neue methodologische Fragen entstehen. So stellen sich hier neue Nähen vor allem zur Völkerkunde her, die sich in einem strikten Verständnis mit gutem Recht „im Feld" sehr viel heimischer fühlen kann. Aber auch die Bezüge zur Ethnopsychoanalyse wie zur Psychologie verstärken sich, die teilweise ebenfalls über lange Erfahrungen und eigene methodische Instrumentarien der wissenschaftlich kontrollierten „Begegnung mit dem Anderen", also etwa der Feldforschung und des Interviews, verfügen.

Zu einem entscheidenden Punkt der wissenschaftlichen Ortsbestimmung wird schließlich die seit den siebziger Jahren so intensiv diskutierte Frage nach der Wissenschaft als sozialer und politischer *Praxis*. Manche Euphorie dieser Jahre ist verflogen. Das Feld hat sich oft als eigensinniger herausgestellt denn erwartet. Und die Aufklärungs- und Eingriffsmöglichkeiten der Wissenschaft erscheinen nach mancher Enttäuschung doch eher begrenzt. Dennoch bleibt die knappe Frage: „Wem nützt Volkskunde?" (D. Kramer 1970) ein steter Stachel, der neben ethischen und moralischen Forschungsproblemen immer wieder auch auf grundsätzliche erkenntnistheoretische wie gesellschaftspolitische Dimensionen ethnologischer Forschung verweist. Auf offene Fragen, die in den neunziger Jahren wieder aufgenommen, nun jedoch nicht mehr von den Sozialwissenschaften insgesamt, sondern vor allem von der Linguistik, aber auch der Kulturanthropologie und Ethnologie selbst aufgeworfen und als „Krise der Repräsentationen“ diskutiert werden: Wer forscht, wer schreibt – über wen, für wen? Mit dieser Neubestimmung der Kulturforschung als einer sozialen Praxis der kulturellen Begegnung – im Feld wie in der Öffentlichkeit – wird nunmehr eine erkenntnistheoretische Position bezogen, die sich „kulturwissenschaftlich“ verselbständigt und plötzlich eine ungeahnte Anziehungskraft auf andere Disziplinen ausübt. Nicht nur zur Freude der Ethnowissenschaften, die sich unversehens im Kreise lauter neu entdeckter „Kulturwissenschaften“ wiederfinden.

Neue Sichtweisen

Angestoßen vor allem durch die Frage nach dem gesellschaftspolitischen Standort des Faches, wurde seit den siebziger Jahren immer wieder nach neuen Modellen und Ordnungsvorstellungen gesucht, die uns den geschichtlichen Horizont, den gesellschaftlichen Raum und seine kulturelle Landschaft anders, besser, verständlicher im Blick auf die darin lebenden Menschen zu erklären vermögen. Dafür sind in der Tat neue Perspektiven gefunden worden, die jedoch unverkennbar nicht allein im Wissenschaftsraum geprägt, sondern die in hohem Maße auch durch gesellschaftliche Bewegungen und politische Veränderungen geschaffen werden. Wissenschaft ist weniger denn je ein von der Gesellschaft abgetrennter, durch Weihe und Tabu geschützter Raum. Es gibt heute kein ergriffenes Publikum mehr, das ehrfürchtig wissenschaftliche Zeremonien beobachtet und neuen Erkenntnissen lauscht. Wissenschaftliche und gesellschaftliche Debatten verschränken sich statt dessen ineinander und in einer Weise, die der Wissenschaft keine privilegierte Position mehr außer- oder oberhalb des gesellschaftlichen „Diskursuniversums“ einräumt, sondern sie in dessen Wissens- und Alltagsordnungen einbezieht.

Dies gilt in besonderem Maße für eine Wissenschaft, die sich für die Dinge des Alltags zuständig erklärt, also für jene Gesellschafts- und Lebensbereiche, in denen jeder als „Alltagsmensch“ über eigene Wahrnehmungen, eigenes Wissen und eigenes Expertentum zu verfügen scheint. Gerade hier gibt die Forschung nicht einfach mehr die Begrifflichkeiten der Welt als Wirklichkeit vor, sondern sie reagiert in mancher Hinsicht nur noch auf gesellschaftliche Modi der Wahrnehmung und des Begreifens, die als „Weltbilder“ im vorwissenschaftlichen Bereich der Lebenswelten, der Medien und der politischen Diskussionen entstehen.

Um dafür einige Bespiele aus unseren Feldern zu nennen: Die Wendung hin zu einer Alltags- und Erfahrungsgeschichte war eben nicht allein Resultat geschichtswissenschaftlicher und volkskundlicher Wissenschaftsdebatten, vielmehr in hohem Maße auch einer internationalen Laienbewegung, die seit den siebziger Jahren unter Alltagsgeschichte nicht nur das Wissen um die Lebensumstände und Lebenswege der „einfachen Leute“ in der Vergangenheit verstand, sondern ebenso die Beschäftigung mit Geschichte im Sinne der Erhellung der eigenen Vorgeschichte: Geschichte der eigenen Stadt, der eigenen Berufsgruppe, auch der eigenen Familie. Ebensowenig läßt sich die Entwicklung einer ökologischen Perspektive allein aus den Bemühungen von natur- und geisteswissenschaftlichen Kritikern des Zivilisations- und Fortschrittskonzepts erklären. Auch hier waren und sind die ökologischen und „grünen“ Bewegungen mitverantwortlich dafür, daß neue Fragen und Sensibilitäten im Blick auf das Verhältnis Mensch–Natur entstehen. Und auch die Wahrnehmung der grundsätzlichen Bedeutung der Geschlechterfrage ist weniger die Folge wissenschaftlicher Erklärungsmodelle als vielmehr das Ergebnis der politischen Frauenbewegung, die einer männerzentrierten gesellschaftlichen Kultur den Kampf ansagte und damit zugleich unsere Geschichtsbilder umschrieb. Ungleichheit im doppelten Sinne von Verschiedenartigkeit wie von Privilegierung bzw. Unterprivilegierung hat dadurch völlig neue Bedeutungen erhalten. Das gilt schließlich sogar für den Bereich der ethnischen Fremdbilder, die weniger durch philosophische Gedanken als vielmehr durch gesellschaftspolitische Diskussionen um die multikulturelle Gesellschaft und durch „Wortmeldungen“ von Migrantengruppen oder postkolonialer Länder der „Dritten Welt“ als Machtmittel entlarvt, freilich auch oft selbst benutzt werden. Daß die Ethnowissenschaften in vielen dieser Felder frühzeitig Partei ergriffen haben, schafft noch kein besonderes Verdienst, aber es eröffnet die Chance auf die „reflexive“ Auffassung unserer Wissenschaften.

Das sind nur einige wichtige Beispiele für generelle Perspektivenänderungen, die gesellschaftlich angestoßen sind und in der Wissenschaft bewirken, daß deren Fragen an Gesellschaft und Kultur anders gestellt werden und die Antworten darauf wesentlich komplizierter ausfallen. Denn die Erklärungskoordinaten des Alltags, der Umwelt, der Geschlechter, der ethnischen Identitätskonstruktionen in jedes Untersuchungskonzept einer Lebenswelt einzubeziehen bedeutet zugleich, immer wieder unterschiedliche Antworten auf dieselbe Frage zu erhalten. Die Wahrnehmungen der Gegenwart und die Erklärungen der Geschichte sind in dem Maße vielstimmig geworden, in dem wir erkennen, daß die Aufgabe von Wissenschaft wie von Alltagskultur nicht darin besteht, homogene Gesellschaften und homogene Bilder zu organisieren, sondern im Gegenteil dazu fähig zu machen, mit Unterschieden und Verschiedenheit umzugehen (Hannerz 1992: 14). Der französische Ethnologe Marc Augé konstatiert: „Vielmehr verlangt die heutige Welt aufgrund ihres beschleunigten Wandels selbst nach dem anthropologischen Blick, das heißt: nach einem neuartigen und methodischen Nachdenken über die Kategorie der Andersheit.“ (Augé 1994: 32)

Diese Entwicklung schlägt sich deutlich in den Forschungsrichtungen nieder, die sich in den achtziger Jahren entwickeln und zum Teil das Fach bis heute mit prägen. Dabei geht es etwa um Alltagsgeschichte und historische Mentalitäten, um Vorstellungen also vom Denken, Fühlen und Handeln von Menschen in anderen Epochen und mit anderer „Weltanschauung“; um soziale und geschlechtliche Ausprägungen lebensgeschichtlicher Erfahrung, wie sie die Oral History in Frauen- und Männerlebensgeschichten untersucht; um urbane Lebensstile und deren historische wie postmoderne Signaturen im Rahmen stadtethnologischer Forschungen; um Fragen der kulturellen Repräsentation von Einwanderergruppen und der multikulturellen Politik von Einwanderungsländern im Zusammenhang von Migrationsprozessen; um geschichtliche Entwicklungen der Reisekultur wie um Erfahrungen und Wirkungen des modernen Tourismus bei den Reisenden wie den Bereisten; um Musik-, Kleidungsstile und andere ästhetische Praxen in Jugendkulturen sowie in Freizeitkulturen; um die Bedeutung von Bildern und Medien für die Entwicklung unserer alltäglichen Wahrnehmungsgewohnheiten im Sinne einer visuellen Anthroplogie. Und es geht in besonderer Weise um Fragen der eigenen Wissenschaftsgeschichte und der Forschungsmethodik, die kritisch beleuchtet werden im Blick auf ihre inhaltlichen Ergebnisse wie auf ihre gesellschaftlichen Auswirkungen.

Blicke von draußen und nach draußen

All diese Felder liegen auch im Schnittpunkt internationaler Forschungen. Die Vorstellung einer volkskundlichen Erforschung der eigenen Kultur, die zuvor immer vertraut und nah erschien, hat sich mit der Erkenntnis, daß Wahrnehmungen des „Andersseins“ und der „Fremdheit“ wenig mit nationalen Grenzen zu tun haben, zu einer ethnographischen Forschung auch in anderen europäischen Regionen erweitert. So wird das Leben an der Grenze auch in Frankreich untersucht, Tourismus in Sizilien, magisches Denken in Norditalien, Bauernleben in Irland, Aussteigerbiographien in Griechenland.

Zugleich sind es umgekehrt auch Anstöße von „draußen“ in Gestalt internationaler Leitbegriffe und Forschungstheorien, welche die Interessen und die Blicke in neue Richtungen lenken. Diese Anstöße kommen im Fall der deutschen Volkskunde zunächst nicht – wie man heute vielleicht erwarten könnte und wie in anderen europäischen Ländern bzw. Schwesterfächern geschehen – aus der amerikanischen Anthropologie. Vielmehr steht die Zuwendung etwa zu plebejischen und volkskulturellen Traditionen der vorindustriellen Zeit deutlich unter dem Einfluß geschichtswissenschaftlicher Diskussionen insbesondere in England um einen weiten Kultur- und einen neuen marxistischen Klassenbegriff, verbunden mit den Namen des Historikers Edward P. Thompson (1987) und des Soziologen Raymond Williams (1977). Über schichtspezifische Jugendkulturen und deren besondere ästhetische Stile wird im Gefolge der Cultural Studies des Birminghamer Center for Contemporary Cultural Studies geforscht, das „Kultur" in diesem Feld als einen besonders wirksamen sozialen Integrations- wie als Abgrenzungsmechanismus jugendlicher *peer-groups* beschreibt (Clarke u.a. 1979). Der Beginn einer Mentalitätengeschichte in Deutschland ist ohne das französische Vorbild der Histoire des Mentalités nicht denkbar, in der den Kontinuitäten, der *longue durée* von Denkweisen, Werten und Ritualen im Sinne langer kultureller Traditionen von der Neuzeit bis in die Moderne nachgegangen wird; sie ist verbunden mit Namen wie Fernand Braudel (1971), Emmanuel LeRoy Ladurie (1983) oder auch dem des italienischen Historikers Carlo Ginzburg (1993a/b), der Alltags- und Mentalitätengeschichte auf neue Weise zu einer „Mikrogeschichte" der einzelnen Individuen und Orte verknüpft. Erst dann, etwa durch die intensivere Beschäftigung mit Migrantenkulturen in Europa oder mit Fragen der „Kultur der großen Stadt", wie sie eine Stadtethnologie und -anthropologie stellt, wirken auch stärker die Vorbilder der US-amerikanischen Cultural Anthropology und Stadtsoziologie, die neue Wege zur Erforschung des „nahen Anderen" einschlagen (Lindner 1990). In diesen international diskutierten und begangenen Feldern treffen sich im übrigen nun wieder manche der lange Zeit getrennt verlaufenen Wege der ehemaligen Volkskunde und der Völkerkunde.

Damit ist deutlich geworden, welch großen Einfluß auch interdisziplinäre Perspektiven auf die Neuverortung des Faches haben. Man kann dies wieder an den eben genannten Beispielen festmachen: Die Beschäftigung etwa mit der historischen Volkskultur und einer Mentalitätengeschichte erfolgt gleichsam als Reaktion auf deren „Entdeckung" durch die Historiker, ironischerweise kurz nachdem die Volkskunde das „Volksleben" gerade verlassen hatte. In der neuen gemeinsamen Beschäftigung mit dem Leben vorindustrieller Unterschichten und deren Praktiken wird nun freilich genau historisiert, in Mikrostudien detailliert geforscht, quellenkritisch betrachtet, so daß „Nahaufnahmen" geschichtlicher Lebenswelten entstehen jenseits der Mythen und Idyllen. Daß dabei wie im Rahmen der Alltagsgeschichtsschreibung zeitweise wohl auch eine „Geschichte der Entrechteten" mit moralischem Anspruch und im Einzelfall auch mit sozialromantischer Einfärbung geschrieben wird, schmälert insgesamt nicht den Wert der dabei gewonnenen Erkenntnisse. Ähnliche interdisziplinäre Kooperationen ergeben sich auch im Bereich der Geschlechtergeschichte oder der Religiositätsforschung. Von der Soziologie wiederum kommen Anregungen, die früher rein historisch betriebene volkskundliche Tradition der Kleidungs- und Nahrungsforschung zu erweitern auf eine Lebensstilforschung, die nach der Entwicklung von Konsum- und Geschmacksmustern, von Gesellungs- und Freizeitformen, von Schicht- und Gruppenkulturen bis in die Gegenwart fragt. Wesentliche Impulse dazu gibt der französische Kulturforscher Pierre Bourdieu, der bezeichnenderweise Ethnologe und Kultursoziologe zugleich ist und in seinen Arbeiten zur „sozialen Distinktion“ jene Mechanismen deutlich macht, die als kulturelle Praktiken zur sozialen Abgrenzung zwischen verschiedenen Gesellschaftsgruppen dienen und sich in Bildungsstrategien und Geschmackspräferenzen ausdrücken. Er entziffert damit die symbolische Grammatik eines „Raumes der Lebensstile“, in dem Gruppenzugehörigkeit und sozialer Status über die kleinen symbolischen Gesten und kulturellen Muster des Alltags bestimmt werden.[15]

Man kann auch die Literaturwissenschaft und die Germanistik anführen, die etwa durch ihre Forschungen zur Reiseliteratur wertvolle Hinweise gegeben haben zur Lesart „fremder“ Texte oder die sich im Bereich autobiographischer Dokumente auch mit populären Erinnerungsformen auseinandersetzen (Warneken 1985). Man wird die Sprachwissenschaft nennen müssen, die mit ihren linguistischen und semiotischen Modellen wesentlich dazu beigetragen hat, Kultur in ihrer „grammatikalischen“ Struktur und in ihrer Zeichenhaftigkeit besser zu verstehen. Gleiches gilt für die Psychologie, deren methodologische Warnungen vor einer allzu naiven ethnologischen Feldforschung geholfen haben, daß ethnopsychoanalytische Formen einer begleitenden „Beobachtung der Beobachtung“ uns allmählich verständlich machen, wie kompliziert sich der kulturelle Kontakt zwischen Beforschten und Forschenden gestaltet und wie groß die Gefahr ist, eigene Vorstellungen und Verstehensweisen auf „den Anderen“ zu projizieren (Erdheim 1982; Nadig 1982). Und schließlich ist selbstverständlich die in außereuropäischen Feldern arbeitende Ethnologie zu nennen, zu der die Verbindungen in den achtziger Jahren wieder wesentlich enger geworden sind und mit der sowohl theoretische Fragen zum Kulturverständnis als auch methodische Vorgehensweisen in der Feldforschung ausgetauscht werden (Wolf 1986). Der Gedanke der Feldforschung in einem strengeren Sinne ist ja in vieler Hinsicht erst von den außereuropäischen in die europäischen Beobachtungsräume übernommen worden.

Dies sind nur einige wenige Beispiele für jene interdisziplinären wie internationalen Erweiterungen der Perspektive, die maßgeblich dazu beigetragen haben, daß sich im Fach Volkskunde ein anderes, neues Verständnis, eben das einer Europäischen Ethnologie, entwikkelt hat. Umgekehrt strahlte diese Fachentwicklung auch auf die anderen Disziplinen aus, gab ihnen wiederum neue Impulse. Vieles davon scheint so naheliegend und sich so organisch zu vollziehen, daß es im Fluß der Entwicklung heute als etwas Selbstverständliches wahrgenommen wird. Doch wer eine volkskundliche Studie etwa der sechziger Jahre neben eine europäisch-ethnologische Studie von heute legt, wird vielfältige Unterschiede in der Gegenstandsauffassung, in der theoretischen und methodischen Anlage wie auch in der Erklärung des Erkenntnisinteresses nicht übersehen können: Es handelt sich bei der Europäischen Ethnologie nicht nur um ein „geliftetes" Modell der Volkskunde.

Was eine so veränderte Fachkonzeption bedeuten kann, ist damit von ihren Rändern und von ihren Schnittpunkten mit anderen Disziplinen her angedeutet worden. Ich will nun versuchen, auch ihr eigenes Selbstverständnis in Stichworten zu skizzieren, die aber nicht mehr sein sollen als eine Hinführung auf die nachfolgenden ausführlicheren Versuche einer Programm- und Standortbestimmung.

Selbstverständigungen

Die klassische Unterscheidung zwischen der Volkskunde und der Völkerkunde wurde lange Zeit in Form einer einfachen Gegenüberstellung bestimmt, wonach sich die Volkskunde mit der „eigenen Kultur" beschäftige, die Völkerkunde hingegen mit „fremden Kulturen". Als Metapher wird diese Formulierung auch heute noch gerne benutzt, weil sie griffig und plastisch erscheint. Freilich beinhaltet schon diese kurze Formel eine Reihe von Vorannahmen, denen wir heute nicht mehr ohne weiteres folgen können. Die „eigene Kultur", die meist innerhalb sprachlicher und politisch-nationaler Grenzen gedacht war, hat sich nämlich in ihrer sozialen Gliederung, in ihrer Einbindung in globale Kulturprozesse und eben auch in der Begegnung der forschenden Wissenschaftskultur mit den beforschten Gruppenkulturen als nichts weniger denn homogen, vertraut, also „eigen" erwiesen. Zwar finden sich stets übergreifende, scheinbar gemeinsame Züge, aber bei genauerem Hinsehen erweist sich dieses Verstehen der anderen „im Eigenen" als sehr viel komplizierter: Auch vieles Nahe bleibt uns fremd. Umgekehrt gilt für „das Fremde", daß uns dort vieles vertraut scheinen mag, wenn wir einmal die Vorurteile überwunden haben, daß große geographische Entfernung, andere Hautfarbe, andere Sprache, andere Religion automatisch „Fremdheit" bedeuten müssen.

Daher muß das Anliegen einer Europäischen Ethnologie heute doch anders formuliert werden. In eine – ungeliebte – Kurzformel gebracht, könnte es als die Beobachtung und Erforschung des Anderen in der Kultur beschrieben werden, wobei dieses Andere stets durch unseren forschenden Blick fixiert und konstruiert wird in dem Moment, in dem wir es zum Beobachtungsgegenstand machen: Menschen, Gruppen, Verhaltensweisen, Wertehorizonte, Symbole, Dinge. Nichts *ist* zunächst „anders", sondern es *wird* dazu, indem wir es ins Auge fassen, uns ihm annähern, es zu verstehen versuchen. „Verstehen" bedeutet ja lediglich, daß wir es in unser Deutungssystem, in unsere kulturelle Sprache übersetzen wollen, um zu begreifen, was und wie es für uns ist – und gleichzeitig, um zu begreifen, wer und wie wir sind, indem wir eben wiederum „anders" sind. Die jüngeren Diskussionen in der amerikanischen Kulturanthropologie um das „Eigene" und das „Fremde" bzw. um theoretische wie methodologische Probleme des „Verstehens" haben bei dieser Erkenntnis gewiß eine wichtige Rolle gespielt (Clifford/Marcus 1986). Und unumkehrbar ist die Erkenntnis, daß diese Verstehens- und Repräsentationsprobleme alltägliches und wissenschaftliches Denken gleichermaßen betreffen, daß auch „wissenschaftliches Wissen" durch „soziales Handeln produziert" wird (Welz 1996: 28).

Daraus ergeben sich einige wesentliche Bestimmungslinien für unser Kulturverständnis. Kultur kann danach weder als ein festes System von Traditionen, Werten, Handlungsmustern und Symbolen verstanden werden, das sich in beständiger Wiederholung fortsetzt, noch kann sie gewissermaßen in Landkartenform gebracht werden, die politisch-geographisch-sprachliche Einheiten einfach als „nationale Kulturen" deklariert. Kultur meint vielmehr den ständigen Prozeß des praktischen Aushandelns jener Regeln, nach denen Menschen, Gruppen und Gesellschaften miteinander verkehren, nach denen sie sich untereinander verständigen wie gegenseitig abgrenzen. Damit sind immer Regeln und Verhaltensmuster ganz unterschiedlicher Reichweite und Geltungsdauer gemeint: universell wie situativ gültige, historisch überlieferte wie aktuell erworbene, bewußte wie unbewußte, kollektive wie individuelle. Solche Kultur meint Gesellschaft im Vollzug ihres praktischen Lebens.

Für eine Europäische Ethnologie scheint mir dies zu bedeuten, daß sie Kultur zuallererst als alltägliche Praxis verstehen muß, als ein Ineinander von Verhaltensregeln, Repräsentationsformen und Handlungsweisen in konkreten sozialen Kontexten, eng an die Menschen als Akteure gebunden und nicht in einem über ihnen schwebenden Wertehimmel vermutet. Wie Menschen ihr Zusammenleben organisieren, welches Verhältnis zu sozialer Umwelt und Natur eingegangen wird und welches Bild sich die Menschen von diesen Beziehungen selbst machen – diese scheinbar so einfachen Fragen nach der Alltagskultur müssen im Vordergrund stehen. Dabei spielt auch die räumliche und ethnische Strukturierung der Kultur gewiß eine Rolle, aber eben nicht im Sinne einer kulturellen Volks- und Länderkunde. Der Hinweis auf das Ethnische, der in der Fachbezeichnung zentral enthalten ist, fordert vielmehr dazu auf, sich kritisch mit der Frage auseinanderzusetzen, weshalb und in welchen Situationen die Vorstellung einer ethnischen oder nationalen Kulturgemeinschaft benutzt wird, um Selbstbilder und Fremdbilder zu entwerfen. Und stets muß im Hinterkopf bewußt bleiben, daß die Ethnowissenschaften in der Vergangenheit nicht unwesentlich daran beteiligt waren, dieses „ethnische Paradigma" als ein vermeintlich festes Grundschema kultureller Herkunft und Zugehörigkeit in den Köpfen der Menschen zu verankern.

Es geht also um *Kultur als Praxis* nicht nur im Sinne vordergründigen Handelns, sondern auch in dem von Vorstellungen und Deutungen, von Urteilen und Vorurteilen. Und diese Tendenz, möglichst alle Phänomene, mit denen Menschen konfrontiert werden, in ein System von Wahrnehmungen und Bildern zu bringen, durch die sich die Welt „ordnen" läßt, begegnet uns in allen Forschungsfeldern: im Zusammenhang der Migration wie des Reisens, der Folklore wie der Mode, der Freizeit wie der Eßkultur. Die Bildung kultureller Stereotype ist gleichsam ein universelles „interkulturelles" Muster, das Orientierung durch Vereinfachung, durch Komplexitätsreduktion, durch Klischeebildung ermöglicht. Ethnologie hat vor allem diese Funktion des kulturellen Deutens und Verstehens in Lebenswelten und Alltagshorizonten zu untersuchen.

Nun begründet dies noch nicht, weshalb eine solche Ethnologie im europäischen Rahmen betrieben werden soll. Eher scheint dies dem Ziel grenzüberschreitenden Denkens und Forschens zu widersprechen. Wenn man sich nicht mehr wie die Volkskunde an die deutsch(sprachig)en Grenzen des Forschungsfeldes halten mag, weshalb dann diese erneute, lediglich räumlich erweiterte Begrenzung?

Europäisches Denken?

In der Tat bedeutet dieser Rahmen sicherlich mehr eine Setzung, mehr eine pragmatisch als grundsätzlich zu begründende Perspektive. Und natürlich soll damit keineswegs jene eurozentrische Perspektive neu festgeschrieben werden, die wir gegenwärtig in so vielen wissenschaftlichen wie politischen Zusammenhängen kritisieren. Der Blick darf also nicht an den Grenzen Europas enden, er muß im Gegenteil europäische Entwicklungen in globalen Zusammenhängen sehen, er muß vergleichen, und er muß vor allem die Blicke „von draußen" auf Europa sensibel registrieren. Aber es gibt auch eine Reihe von kultur- und wissenschaftsgeschichtlichen Sachverhalten, die sinnvolle Argumente dafür liefern, weshalb die Möglichkeiten und Fähigkeiten ethnologischen Forschens sich in einem europäischen Horizontausschnitt besonders entfalten können. Dazu ein kurzer Rekurs in die Geschichte.

Spätestens seit der Renaissance folgt geschichtliches und gesellschaftliches Denken in Begriffen von Kultur, Politik, Religion einem Bild und Modell „europäischer Zivilisation". Damit sind Abgrenzungen gezogen gegen jene „fremde" und „exotische" Welt draußen, die man entdeckt hat und nun kennenlernen will. Dazu gehört aber auch bereits die Entwicklung der Vorstellung von nationalen Staaten und Kulturen, wie sie etwa in Spanien, England oder Frankreich bald erste Gestalt erhalten. Mit dieser Trias von Gesellschaft, Staat und Nation beschäftigen sich die Philosophie, die Geschichtswissenschaft, die Nationalökonomie, die Archäologie, und es stoßen im späten 18. Jahrhundert die Vorläufer der Volks- und Völkerkunde hinzu. In diesem europäischen Weltbild ist schon früh ein Leitmotiv enthalten, welches das „Nachdenken" über die eigene wie über andere Gesellschaften auf die Tagesordnung setzt. Es konstituiert sich die Gesellschaft, die sich selbst genau beobachtet, die ein Bild von sich und anderen entwirft, die vergleicht, die damit Antworten sucht auf die Fragen: Wer sind wir? Wo stehen wir? Worin sind wir anders als andere?

Diese Form der ständigen gesellschaftlichen Selbstbeobachtung und Selbstthematisierung verkörpert ein europäisches Spezifikum, das sich in anderen Kontinenten und Kulturen offenbar nicht wiederfindet – jedenfalls in solcher Ausprägung und Kontinuität. In der europäischen Moderne wird dieser Gedanke noch verstärkt, wenn nach rationalen Kriterien und Modellen gesucht wird, in denen sich „Fortschritt" und „Zivilisation" messen lassen. *Selbstreflexivität* als ein beständiges öffentliches Nachdenken über die eigenen Grundlagen und Entwicklungen, als ein beständiger konkurrierender Vergleich mit den Entwicklungswegen der anderen wird so zu einem Signum der europäischen Wissens- und Wissenschaftskulturen (Wolf 1986). Und dieses Signum scheint noch heute eingewachsen in unsere Denksysteme, in die uns medial vermittelte Welt, in unsere Bilder von gesellschaftlicher Identität.

Dieses europäische Denken hat einerseits den „kolonialen" und „fremden" Blick mit entwickelt, der das Verstehen des Anderen in Geschichte wie Gegenwart so schwierig macht. Andererseits hat sich daraus ein Repertoire kultureller Repräsentationsformen und Wahrnehmungstechniken entwickelt, eine auch wissenschaftlich begründete Kultur der Beobachtung und Begegnung, die interkulturellen Regeln folgt und interkulturelle Verständigungsprozesse ermöglicht. Selbst- und Fremdcharakterisierungen etwa im Bereich der Geographie, der Wirtschaft, der Politik, der Kulturgeschichte, auch der Alltagskultur und der Mentalitäten folgen im europäischen Rahmen relativ festen Indikatoren und Mustern, die in gewisser Weise eine Übersetzung jener wechselseitigen Bilder ermöglichen, die sich europäische Gesellschaften voneinander machen. Die Reiseliteratur und Reisekultur der vergangenen drei Jahrhunderte bietet dafür eine einzigartige Kette von Dokumenten und Belegen.

Es ist also ein komplizierter Prozeß der wechselseitigen Konstruktion und Projektion von Bildern entstanden, in dem alle Beobachtende und Beobachtete zugleich sind und in dem die Möglichkeiten des „Verstehens" und die Gefahren des „Mißverstehens" vielleicht sogar zu einer gewissen Balance finden. Europa als diesen historischen Raum eines eingeübten Umgangs mit kulturellen „Weltbildern" ernst zu nehmen, es also weniger als eine „Kulturen-Landschaft" denn als großen Diskursraum „des Kulturellen" zu begreifen, es zugleich als zivilisationsgeschichtliche „Werkstatt des ethnologischen Blicks" und damit eines spezifischen kulturellen wie wissenschaftlichen Praxismusters zu verstehen, dies alles scheinen mir kultur- wie wissenschaftsgeschichtlich plausible Argumente für ein Wissenschaftskonzept „Europäische Ethnologie" zu sein.

Nicht zuletzt folgen diese Überlegungen der in den letzten Jahren gewonnenen Erkenntnis, wonach das „Beobachten unseres Beobachtens" eine Hauptaufgabe ethnologischer Wissenschaft sein muß. Diese Erkenntnis hat sich parallel zur Volkskunde auch längst in der Völkerkunde durchgesetzt, in der „Fremdheit als methodisches Prinzip" bereits sehr viel früher erkannt wurde. Inzwischen wird es auch dort als eine zentrale Herausforderung betrachtet, sich mit Methoden, die in der „kulturellen Fremde" entwickelt wurden, der europäischen Kultur anzunehmen. Nachdem die Verbindung zwischen beiden Fächern lange Zeit nur auf der Ebene verwandter Forschungsmethoden gesehen wurde, deuten sich hier überdies stärkere theoretische und perspektivische Annäherungen an. Bereits 1982 skizziert ein Sammelband mit dem Titel ‹Europäische Ethnologie› (Hauschild/Nixdorf 1982) einen solchen Weg in eine europäische „Inlandsethnologie". Zugleich wird in diesen Skizzen aber wie in neueren völkerkundlichen Forschungen innerhalb Europas deutlich, daß sich bei aller Annäherung die „Handschriften" noch längst nicht gleichen, daß die theoretischen und methodischen Zugänge wie die kognitive Identität beider Fächer nach wie vor deutliche Unterschiede aufweisen (Kokot/Dracklé 1996). Diese Differenz ist ein wichtiger und keineswegs negativer Befund, denn wie für die gesellschaftlichen gilt auch für die Wissenschaftskulturen, daß gerade aus der bewußten Begegnung „des Eigenen" mit „dem Anderen" erst eine Erkenntnis entsteht.

Schließlich trägt diese europäische Dimension einer Entwicklung Rechnung, die sich in den letzten Jahrzehnten in den traditionellen Berufsfeldern von VolkskundlerInnen vollzogen hat. In den vielfältigen Berufsbereichen vom Museum bis zur Universität, vom Kulturjournalismus bis zu Weiterbildungsinstitutionen, von der Kulturpolitik bis zum Kulturmanagement ist ein Zuschnitt fachlicher Expertise gefragt, der über enge regionale und nationale Zäune hinausweist. Denn die Berufsfelder erstrecken sich in gesellschaftliche Bereiche, in denen europäisches und globales Denken längst keine wohlfeile Floskel mehr ist, sondern konkrete Begegnungsformen und alltägliche Wissensordnungen beschreibt. In Stadtverwaltungen, Kultureinrichtungen, Medien, Forschungsinstituten ist die Kultur längst vielsprachig geworden. Und selbst im Museum, das für das Vergangene zuständig ist, kann eine „Deutsche Volkskunde" in ihrem buchstäblichen Wortsinn heute nurmehr Ausstellungsobjekt sein. Europäische Ethnologie will und soll insofern auch einen praxisbezogenen europäischen Horizont ethnologischen Arbeitens beschreiben. Sie kann dies mit dem Anspruch und in dem Selbstbewußtsein tun, die kulturellen wie politischen Entwicklungen in unseren Gegenwartsgesellschaften mit kritischer Sympathie zu begleiten, zu beobachten und zu kommentieren. Ethnologie und Anthropologie haben uns offensichtlich etwas „zu sagen".[16]

II. Begriffe und Theorien

Die vorangegangenen Skizzen zur Fachgeschichte versuchten zu zeigen, wie sich bereits in den vorwissenschaftlichen Anfängen der Volkskunde bestimmte Leitbilder und Leitbegriffe herauskristallisieren, in denen sich ein sehr konkretes Erkenntnisinteresse widerspiegelt. Dieses Erkenntnisinteresse – und das ist entscheidend – wird zunächst *in* und *von* der Gesellschaft formuliert: Weltbilder, historische Zeitstimmungen, bestimmte politische, soziale und ethische Vorstellungen bilden den Rahmen einer Wissensordnung, die dann der Wissenschaft bestimmte Aufgaben und Fragestellungen nahelegt und die umgekehrt von deren Antworten und neuen Fragen mit geprägt wird. An jenem „Denken um das Volk" zwischen französischer Aufklärung und deutscher Romantik wird dieser Mechanismus sehr deutlich. Im Umgang mit Begriffen wie „Volksseele", „Volkslieder" oder „Volkstum" zeichnen sich dabei verschiedenartige Deutungsmöglichkeiten ab – etwa literarisch-ästhetische, zivilisatorisch-kulturelle oder politisch-nationale –, die ihren gemeinsamen Kern lediglich darin besitzen, daß sie „Volk" als Substrat von Kultur und Menschheit betrachten. Wie dann aus dieser allgemeinen Idee „Volk" ein national praktiziertes „Volkstum" werden kann, zeigt die Entwicklung zur „Deutschen Volkskunde" in exemplarischer Weise. Daran läßt sich auch nachvollziehen, wie sehr die folgenden, sich wandelnden geschichtlichen und politischen Zeitstimmungen dann wieder Volksbilder und Volksbegriffe umprägen.

Für die Volkskunde ergibt sich aus diesen Leitbegriffen über lange Zeit kein eigenes Denk- und Erklärungsmodell. Ihre Vorstellungen von „Volk" und Volkstum" beschreiben kein wissenschaftliches Erkenntnisziel, sondern spiegeln lediglich eine vermeintliche Tatsache wider, die durch volkskundliches Sammeln und Dokumentieren allerdings wieder stärkere Realitätsmächtigkeit erhalten soll: Um sich zu erfüllen, muß „Deutsches Volkstum" sich seiner selbst nur erneut bewußt werden. So verbleibt der Leitbegriff auf der Ebene einer Ideologie, die durch einen Kanon von Untersuchungsfeldern scheinbare Bodenhaftung erhält: in Vorstellungen von Tradition und Kontinuität, von Sitte und Brauch, von Märchen und Sage, von Lied und Dialekt, von Tracht und Speise, von Haus und Hof. Riehls Versuche, entlang der „großen vier S" von Stamm, Sprache, Sitte und Siedlung das System einer „Naturgeschichte des Volkes" zu entwickeln, gliedern diesen Kanon neu und verstärken damit noch dessen ideologische Ausrichtung – auf lange Zeit.

Erst mit dem selbstkritischen Rückblick der Volkskunde seit den 1960er Jahren und mit den darauf folgenden Versuchen, eigene Erkenntnishorizonte im Rahmen sozial- und kulturwissenschaftlicher Theorien zu entwickeln, ergeben sich um den neuen Leitbegriff der *Kultur* Umrisse eines Konzeptes, das Geschichte und Gegenwart, Gesellschaft und Individuum in systematischen Zusammenhängen zu betrachten und zu erklären versucht. Dabei spielt nun die spät gewonnene Erkenntnis eine wesentliche Rolle, daß „Bedeutung" und „Deutung" stets Hand in Hand gehen, daß also die deutende Perspektive der Forschung an die beobachteten Phänomene herangetragen wird und daß sich nicht etwa aus deren empirischem Beobachten und Sammeln von selbst ein „Sinn" erschließt. Die Fachgeschichte selbst bietet ja das beste Beispiel dafür, wie das Interesse am Volk dessen „Bedeutung" sinngebend konstituierte.

Wenn Kultur wesentlich als gesellschaftliche Praxis verstanden wird, in der die Dinge letztlich erst ihren Sinn erhalten, dann sind Wissenschaft und Forschung ebenso als Praxis zu verstehen und zunächst nach ihren Standpunkten und Zielen zu befragen, bevor Schlüsse aus dem Beobachteten gezogen werden können. Dann beginnt Kulturwissenschaft dort, wo das Verhältnis zweier sich begegnender Bedeutungssysteme geklärt werden muß, um „Verstehen zu verstehen". Das Erkennen der Problematik dieses Verstehensprinzips ist also einerseits eng an die Entwicklung jenes anderen, weiteren, praxisbezogenen Kulturbegriffs gebunden, von dem deshalb so oft die Rede war. Und es begründet andererseits und zugleich das ethnologische Anliegen, Theorien und Methoden möglichst eng am Forschungsgegenstand und aus ihm heraus zu entwickeln.

Andere Leitbegriffe sind mittlerweile zu diesem Kulturbegriff hinzugetreten, teils in Umarbeitung oder Umdeutung älterer Fachbegriffe, teils in Übernahme aus interdisziplinären Diskussionen. Gemeinsam sollen sie dazu beitragen, Kultur als soziales Ordnungs- und Handlungssystem erschließen und erklären zu können. In diesem zweiten Teil des Buches werden einige der Begriffe vorgestellt, mit denen sich eine Europäische Ethnologie im Denk- und Argumentationssystem der Sozial- und Kulturwissenschaften zu verorten versucht. So beziehen sich *Kultur* und *Alltag* auf jene interpretierenden Sehweisen, die uns den Aufbau lebensweltlicher Horizonte verständlich machen sollen, *Identität* und *Ethnizität* auf gesellschaftliche Konstruktionen kultureller Eigen- und Fremdbilder, *Schicht* und *Geschlecht* auf soziale Zuordnungs- und Differenzsysteme, *Kontinuität* und *Wandel* auf Versuche der Beschreibung kultureller Dynamik,

Symbol und *Ritual* auf kulturelle Kodes, in denen sich Formen und Regeln kultureller Praxis verkörpern.

Es ist eine Auswahl von Begriffen, die gewiß nicht vollständig ist und über deren Zusammenstellung sich diskutieren läßt. Sieht man freilich Forschungsarbeiten der letzten Jahre aus dem Fach nach Schlüsselbegriffen durch, um die herum sich theoretische Überlegungen und Konzepte entfalten, so scheint das gewählte Spektrum doch weithin stimmig. Daß auch dieser begriffliche Bezugsrahmen zeitgebunden ist, geprägt von unseren gegenwärtigen Erkenntnisinteressen, die sich in zehn oder zwanzig Jahren wiederum verändert haben werden, ist allerdings eine Gewißheit, mit der nun einmal jede fachliche Einführung leben muß. Wir mögen darin die Relativität von Wissen und Erkenntnis als gesellschaftliches Prinzip anerkennen, dem auch Wissenschaft unterworfen ist.

1. Perspektiven: Kultur und Alltag

Mit dem Stichwort „Perspektiven" ist angedeutet, daß der Blickwinkel, aus dem gesellschaftliches Verhalten betrachtet wird, bereits eine erste Festlegung unserer Möglichkeiten des Sehens und Verstehens bedeutet. Wie wir betrachten, mit welcher Fragestellung und mit welchen Methoden, und was wir betrachten, welche Phänomene in welchem gesellschaftlichen Ausschnitt, beeinflußt die möglichen Ergebnisse. Der Forschungsprozeß beginnt also schon mit dieser Festlegung von Thema und Perspektive, noch bevor der erste Fuß ins Feld oder Archiv gesetzt ist.

Wenn wir nun Kultur und Alltag als solche Leitperspektiven betrachten, in denen sich die Beziehungen zwischen Individuum und Gesellschaft sinnvoll erfassen lassen, dann setzen wir damit voraus, daß wir im Bereich des „Kulturellen" die Regeln und Praktiken gesellschaftlichen Zusammenlebens auffinden, während wir im Raum des „Alltäglichen" die Orte und Situationen sozialen Erlebens beobachten können. Welchen konkreten Bereich und welchen konkreten Ort in der Geschichte oder Gegenwart wir dafür auswählen, hängt ab von den spezifischen Fragestellungen und Zugangsmöglichkeiten zu Feld und Quellen. Eine ethnologische Untersuchung wird jedoch in der Regel einen überschaubaren Beobachtungsbereich wählen, um die Frage, „wie Gesellschaft funktioniert", möglichst minutiös beobachten, beschreiben und analysieren zu können. Sie geht dabei von der Vorstellung aus, daß auch in einem kleinen gesellschaftlichen Ausschnitt die Funktionsweisen und Wirkungsprinzipien „des Ganzen" der Kultur aufzufinden sind. Doch verlangt gerade dieses Kunststück, aus „kleinen" Beobachtungen „große" Rückschlüsse zu ziehen, besondere hermeneutische wie methodologische Kompetenz und Sorgfalt. Namentlich beim Stichwort *Feldforschung* wird darauf zurückzukommen sein.

Kultur(be)deutungen

In den ‹Grundzügen der Volkskunde›, die das Tübinger Institut für Empirische Kulturwissenschaft 1978 als Entwurf einer neuen Fachausrichtung veröffentlichte, beginnt Gottfried Korff den Abschnitt „Kultur" mit den Sätzen: „Es besteht kein Zweifel daran, daß die Volkskunde eine Kulturwissenschaft ist. Die Definitionen der letzten Jahre zeigen es; da wird von der ‚Kultur der Vielen', der ‚Alltagskultur', der ‚Kultur des kleinen Mannes', der ‚Kultur im Erdgeschoß' geredet. Und auch wenn der Kulturbegriff nicht im Zentrum der Fachdefinition stand, handelte es sich doch stets um eine wichtige Leitvokabel der theoretischen Eigendeutung. Das ist der Fall bei Wilhelm Heinrich Riehl (Kulturgeschichte), bei Eugen Mogk (Kulturentwicklung), bei Hans Naumann (Kulturgut)." Korff fährt dann fort: „Keineswegs unumstritten ist jedoch, was unter Kultur zu verstehen ist." (Korff 1978: 17)

Beide Feststellungen treffen gewiß auch noch aus heutiger Sicht und aus der Perspektive einer Europäischen Ethnologie zu. Denn sie beschreiben die aus fachgeschichtlichen wie paradigmatischen Begründungen logische und schließlich auch explizite Zuwendung des Faches zum Kulturbegriff, verweisen aber auch auf damit verbundene Ambivalenzen: Wenn *die* zentrale Leitfrage die nach kulturellen Bedeutungen und Deutungen gesellschaftlicher Praxis ist, dann erscheinen die Vieldeutigkeit des Begriffs und die immer wieder sichtbare Tendenz, kurzerhand alles zur „Kultur" zu erklären, auch als *die* zentrale Gefahr für das Profil des Faches. Allerdings als eine Gefahr, deren Ursachen zu einem Gutteil außerhalb der Fachdiskussionen zu suchen sind. Nach einer Bindestrich-Karriere des Kulturbegriffs in den achtziger Jahren, der von A wie Alterskultur bis Z wie Zivilkultur mit allen möglichen Begriffen zusammengespannt wurde, um diesen eine anspruchsvollere Deutungsdimension abzuringen, scheint sich in den Neunzigern das Interesse von den Kulturgegenständen auf die Kulturforschung selbst zu verlagern: Die Tatsache, daß die Selbstbezeichnung Kulturwissenschaft gegenwärtig von vielen Disziplinen für sich reklamiert wird, die diesen Titel zuvor gerne einigen kleinen Orchideenfächern überlassen hatten, verweist jedenfalls auf einen neuen gesellschaftlichen Marktwert dieses Labels – und vielleicht auch darauf, daß vieles in diesem Bereich auf der Ebene eines bloßen Labelling bleibt, einer Umdekorierung alter Inhalte unter neuem Namen.

Die Karriere dieses Leitbegriffs Kultur läßt sich hier nicht in all ihren gesellschafts- und wissenschaftsgeschichtlichen Differenzierungen nachzeichnen, einige Stichpunkte und Stationen müssen genügen. Einen begriffsgeschichtlichen Ausgangspunkt dafür bildet das lateinische *cultura*, dessen Bedeutung zunächst in den Bereich der Naturwissenschaften weist. Denn damit wird die menschliche Auseinandersetzung mit der Natur beschrieben, die Bebauung des Bodens, die Pflege der Landwirtschaft, und erst in einem erweiterten Sinn schließen sich daran Vorstellungen der Pflege, der Veredelung, der Ausbildung des Menschen an. Vor allem Cicero beginnt den Begriff auch in den Zusammenhang von Literatur und Philosophie zu übertragen, die naturwissenschaftliche Bedeutung bleibt allerdings dominant. Erst als im ausgehenden Mittelalter Cicero neu entdeckt wird, tritt diese Semantik der Pflege der „geistigen Kultur" stärker in den Vordergrund. Noch im ausgehenden 18. Jahrhundert jedoch wird unter dem Begriff „Landeskultur" zunächst der Stand der Landwirtschaft beschrieben, bevor eine „Bildungskultur" dann Hinweise auf den Stand der „Veredelung" des Menschen gibt. Gegen Ende des 18. Jahrhunderts emanzipiert sich diese Bedeutung schließlich in der Weise, daß Kultur der Natur gegenübergestellt wird: Natur ist das Ursprüngliche, Kultur das menschlich Geschaffene, Natur umfaßt menschliche Leiblichkeit, Kultur humane Geistigkeit. Diese gegensätzlichen Bedeutungen werden auch nachhaltig in das gesellschaftliche Denken eingraviert: zivilisationsgeschichtlich mit der Unterscheidung zwischen den Natur- und den Kulturvölkern, anthropologisch mit der Kodierung der Geschlechter, wonach die Frau die Natur verkörpere, der Mann hingegen die Kultur.

Erst in diesem Zusammenhang avanciert Kultur zu einem wissenschaftlichen Diskursbegriff, etwa in der Geschichtswissenschaft, der Germanistik oder der Pädagogik, dann auch in der Landeskunde und in der Volks- und Völkerkunde, jedoch noch ohne eine systematische Begründung. Zu divergent sind dazu die Bedeutungen, die ein Herder etwa einer „Kultur des Volkes" oder ein Goethe der „Bildungskultur" zuschreiben. Der eine versteht darunter noch Ursprüngliches, Unverbildetes, der andere im Gegenteil menschliche Herzens- und intellektuelle Geistesbildung; darin spiegeln sich in gewisser Weise nochmals Positionen jenes aufklärerischen Gegensatzes von Natur und Kultur wider. Diese unterschiedlichen Semantiken fließen auch in die Volkskunde des 19. Jahrhunderts ein, bleiben vielfach ungeordnet nebeneinander bestehen, werden kaum begriffs- und ideologiegeschichtlich hinterfragt. Herders „Kultur des Volkes" sucht nach ästhetischen Zeugnissen, nach einer natürlichen Poetik, die in Märchen und Liedtexten vermutet wird. Eine „Kulturkunde" der frühen Landes- und Reisebeschreibungen wiederum sammelt ländliche Bräuche, populäre Sitten, Kenntnisse über den Stand der Landespflege. Die ‹Culturgeschichte von Land und Leuten› eines Wilhelm Heinrich Riehl beobachtet in regionalen Arbeits- und Lebensformen die Mentalitäten bäuerlichen Lebens. Daneben behält immer das Bild einer „Bildungskultur" seine Gültigkeit, die als Kulturgut der höheren Schichten eben auch nicht Gegenstand der Volkskunde sei. Seit der Mitte des 19. Jahrhunderts beginnt schließlich auch die politische Karriere der Kultur: „Deutsche Kultur" wird zum Synonym für einen Nationalismus, der darin vorerst Ersatz für seine fehlende staatlich-politische Gestalt findet.

So beschreibt Kultur im volkskundlichen Verständnis gleichsam die Figur eines Parallelogramms, in dem sich die beiden traversalen Achsen ständig verschieben, ohne daß eine endgültige geometrische Fixierung gefunden wird: Auf der einen Achse stehen sich die Auffassungen von materieller und geistiger Kultur gegenüber, auf der anderen solche von niederer und hoher Kultur. Vor allem das zweite Gegensatzpaar bleibt ein Jahrhundert lang gültig. Goethe stellt 1827 fest: „Aus dem eigentlichen Volke kommt uns sehr wenig Cultur entgegen, und unsere sämtlichen Talente und guten Köpfe sind über ganz Deutschland ausgesäet." Die Gebildeten seiner Zeit sind eben rare Exemplare. Ähnlich sehen es nach 1850 auch noch Wilhelm Heinrich Riehl mit seiner Unterscheidung von „primitivem Gemeinschaftsgut und Bildungsgut" und dann in den 1920er Jahren Friedrich Naumann mit seiner Theorie vom „sinkenden Kulturgut", die alle schöpferische Kompetenz in den oberen Schichten verortet. Dieses Verständnis herrscht noch bis in die 1950er Jahre in den Arbeiten zur historischen Volkskultur vor, die ihrem bäuerlichen Volk lediglich die mentalen wie ästhetischen Formen der Traditionsbewahrung als „kulturelle Leistung" zuschreiben. Die Völkerkunde wiederum hat sich in der zweiten Hälfte des 19. Jahrhunderts allmählich um einen Kulturbegriff versammelt, der zwar bereits alles menschliche Handeln in kulturellen Bedeutungskontexten eingebunden sieht, unter „Kultur" jedoch eine jeweils in sich homogene und unverwechselbare soziale Einheit versteht. Die Welt erscheint so als eine in sich gegliederte Landkarte von Stammes- und Nationalkulturen. Noch Malinowski wehrt sich in den 1940er Jahren vehement gegen Vorstellungen, die seine Formulierung von der „einzelne(n) Kultur als zusammenhängendes Ganzes" hinterfragen (Malinowski 1988: 77).

Zum expliziten und systematisch reflektierten Leitbegriff der Volkskunde wird „Kultur" letztlich erst in den Reformdiskussionen seit den 1960er Jahren, die damit den Standort des Faches in den sozialwissenschaftlichen Debatten neu zu bestimmen versuchen. Dabei spielt zum einen die Rezeption soziologischer Klassiker wie Tönnies, Weber und Simmel, aber auch von Marx und Engels eine wesentliche Rolle, da in deren Arbeiten ja immer wieder – wenngleich mit sehr unterschiedlicher Akzentuierung – die spezifischen kulturellen Formen industriekapitalistischer Vergesellschaftung und Herrschaft thematisiert werden: Prozesse der Klassen- und Gemeinschaftsbildung oder solche der Mobilität und der Urbanisierung. Zum andern üben nun Überlegungen einen nachhaltigen Einfluß aus, bei denen eher Fragen nach der kulturellen Konstituierung sozialer Erfahrungshorizonte in der Moderne im Vordergrund stehen. Es sind insbesondere Fragen nach den sich langfristig wandelnden Vorstellungen von individueller und kollektiver Identität, nach der Veränderung von sozialen Mentalitäten und Formationen, nach der Legitimation politischer Wertehorizonte und Herrschaftsformen. Ich will aus diesem weiten Feld zwei theoretische Konzepte herausgreifen, die dabei wesentlichen Einfluß ausüben: die Diskussionen um den „Zivilisationsprozeß" und um einen „weiten Kulturbegriff".

„Zivilisation" und „Lebensweise"

Die Diskussion um den „Prozeß der Zivilisation" ist vor allem mit dem Namen von Norbert Elias verbunden, einem historisch arbeitenden Soziologen, der seine systematischen Überlegungen dazu in den 1930er Jahren begann, dessen Werk jedoch erst fast 40 Jahre später in seiner Bedeutung wahrgenommen wird. Elias betrachtet die abendländische Geschichte seit dem Mittelalter unter der Fragestellung, wie sich die gesellschaftlichen Verkehrsformen zwischen den Menschen entwickeln und welche Vorstellungen von der „Natur des Menschen" dabei im Blick auf seine psychische Konstitution wie auf sein kulturelles Verhalten entstehen. Diese historische Veränderung und Differenzierung des Menschenbildes sieht er eingebunden in einen langgezogenen Prozeß der Zivilisierung, der zugleich gesellschaftliche Entwicklungspotentiale wie neue Herrschaftsformen produziert: Möglichkeiten der Ausbildung individueller Fähigkeiten wie Anpassungszwänge an soziale Verhaltensstandards. Elias charakterisiert diese Geschichte der Zivilisation daher als einen „sozio- und psychogenetischen" Vorgang, als einen Prozeß der gesellschaftlichen Verhaltenskonditionierung, der sich in moralischen Strategien der Bedürfnis- und Triebkontrolle niederschlägt, in sich verfeinernden Eßsitten und Höflichkeitsformen, in einem veränderten Umgang mit Körper und Hygiene, in der Ausbildung von Scham- und Peinlichkeitsschwellen. Ein fester Kanon „zivilisierter" Verhaltensnormen im Sinne ästhetischer wie sittlicher Muster geht den Menschen in Fleisch und Blut über, dessen Einhaltung darüber entscheidet, welche „Zivilisationsstufe" man für sich selbst beanspruchen kann bzw. von anderen zugeschrieben erhält. Denn Zivilisation meint stets auch eine Welt der Unterschiede und Abgrenzungen – dem geographischen Draußen wie dem sozialen Unten gegenüber: Wer anders ist, ist „unzivilisiert".

Elias führt dabei in einer Art von historischer Kultursoziologie vor, wie es dieses Distinktionsprinzip zunächst dem Adel ermöglicht, sich durch Lebensstil und Weltläufigkeit vom Rest der Gesellschaft kulturell abzugrenzen; wie sich dann das Bürgertum über seine Bildungs- und Geschäftsstrategien emanzipiert und wie dieses Zivilisationskonzept schließlich umgesetzt wird in die modernen Bilder von nationalen Mentalitäten und Charakteren. So empfindet die deutsche Romantik die französische wie die englische „Zivilisation" als „kalt", als „herzlos", und sie bekämpft mit diesem kulturellen Negativbild ebenso die politische Vormachtstellung der beiden Großmächte in Europa wie auch die soziale Vormachtstellung des Adels in Deutschland. Dagegen stellt sie eine andere, nämlich die eigene, deutsche „Kultur" der Charakter- und der Herzensbildung, die als „deutsche Art" eben nicht zivilisatorisch anerzogen, sondern ererbt sei.

In seinen Darstellungen macht Elias (1976) einerseits also auf das dichte ideologische Unterfutter aufmerksam, das den Begriffen Zivilisation und Kultur im Rahmen semantischer Umdeutungen unterlegt wird. Damit verkörpern sie bis heute auch ideologische Kampfbegriffe in öffentlichen Diskursen über Geschichte und Gesellschaft. Andererseits unterstreicht er die zentrale Bedeutung, die diesem Prozeß der Zivilisation als einem Akt der „kulturellen Vergesellschaftung" des Individuums zukommt. Gesellschaftliche Werte- und Deutungshorizonte werden dadurch verinnerlicht und für allgemeingültig erklärt, daß sie nicht normativ durch Politik oktroyiert, sondern durch die eigene kulturelle Praxis der Menschen, von ihnen selbst zu ihrer „zweiten Natur" gemacht werden. Kultur erhält damit eine doppelte Bedeutung: Sie verkörpert den empirischen Stoff der geschichtlichen Entwicklung, und sie bildet zugleich dessen analytische Erklärungsfolie; sie ist historische Handlungsdimension und gesellschaftliche Deutungsdimension in einem.

Zur selben Zeit wie die Rezeption von Elias erfolgt die Beschäftigung mit jener „anglomarxistischen Kulturdebatte", von der schon die Rede war und die neue Antworten auf die Frage verspricht, was unter Kultur nun eigentlich zu verstehen sei. Neben dem Historiker Edward P. Thompson, der mit seinen Arbeiten zur vor- und frühindustriellen Volks- und Arbeiterkultur neue Einblicke in eine Geschichte sozialer Erfahrungsweisen und Lernprozesse eröffnet, muß hier vor allem der Name des Literatur- und Sozialwissenschaftlers Raymond Williams genannt werden. Williams geht von einer „gesellschaftliche(n) Bestimmung" der Kultur aus, „in der diese als Beschreibung einer bestimmten Lebensweise erscheint, deren Werte sich nicht nur in Kunst und Erziehung ausdrücken, sondern auch in gesellschaftlichen Institutionen und im ganzen gewöhnlichen Alltagsverhalten. Demnach hätte eine Analyse von Kultur eine Klärung jener Bedeutungen und Werte anzustreben, die von einer bestimmten Lebensweise, einer bestimmten Kultur implizit oder explizit verkörpert werden." Williams fragt also nach spezifischen Profilen der Kultur, die innerhalb eines bestimmten geschichtlichen und gesellschaftlichen Rahmens einzelnen Trägergruppen wie Schichten oder Klassen zuzuordnen sind. Wichtige Beobachtungsfelder sind für ihn dabei die „Organisierung der Produktion", „die Struktur der Familie" oder „die charakteristischen Kommunikationsformen" des alltäglichen Lebens. „Eine sinnvolle Kulturanalyse beginnt mit der Entdeckung charakteristischer Muster, und eine allgemeine Kulturanalyse beschäftigt sich mit den Beziehungen zwischen diesen Mustern". Sie versuche, „das Wesen der Organisation" kultureller Praxen und Werte zu ergründen, die „das ganze Leben" umfaßten, *„the whole way of life"*. Williams spricht ausdrücklich von „Praktiken, Bedeutungen und Werten", die „nicht irgendwie abstrakt sind, sondern organisiert und gelebt werden." (Williams 1977: 45f., 190) Kultur weitet sich für ihn zum praktischen Lebensvollzug, den der einzelne in sozialen Gruppierungen und unter historisch sich verändernden gesellschaftlichen Rahmenbedingungen erfährt – Kultur *ist* das Leben.

Diese beiden Auffassungen – Elias' prozeßorientierter Zivilisationsbegriff und Williams' weiter Kulturbegriff – üben, so unterschiedlich sie in ihren Ausgangsperspektiven auch sind, nachhaltige Wirkung auf die Diskussionen um das Verständnis von Kultur in der Volkskunde der siebziger Jahre aus. Nicht zuletzt deshalb, weil Elias' Überlegungen neue Verbindungen zur Soziologie und Psychologie eröffnen, während die Arbeiten von Thompson und Williams neue geschichts- und literaturwissenschaftliche Denkweisen näherbringen. Damit erscheint die Kultur nun als „die andere Seite" der Gesellschaft, wie gerne formuliert wird, als jenes weite Spektrum von sozialen Ausdrucksformen „gelebter Wirklichkeit", in dem sich gemeinsame historische Prägungen einer Gesellschaft abbilden, in dem sich aber auch deren interne soziale Unterschiede und Spannungen äußern.

Gefragt wird in den sich daran anschließenden Forschungen daher insbesondere nach alternativen und oppositionellen Kulturpraxen, nach sozialen Gruppen und Lebensweisen, die gegen den Strom zivilisatorischer Prozesse und bürgerlicher Lebensstile eigene, „andere" Sinngebungen und Formen sozialer wie politischer Praxis zu behaupten versuchen. Im geschichtlichen Raum sucht man solche „Gegenkulturen" in Bereichen der vorindustriellen Volkskultur, der

„plebejischen Kultur" der Besitzlosen und dann der industriellen Arbeiterkultur (Dülmen/Schindler 1984; Lehmann 1984). In der Gegenwart sind es insbesondere die „Subkulturen" der Jugendlichen, der Migranten und der Alternativbewegungen, die zum Gegenstand einer neuen Forschungsrichtung werden: jener Cultural Studies, die sich – angestoßen vom Centre for Contemporary Cultural Studies in Birmingham – in der europäischen und amerikanischen Kulturforschung ausbreiten und die deren Augenmerk stärker auf Strategien der kulturellen Selbstdarstellung und Abgrenzung von Sozial- und Altersgruppen lenken (Schwendter 1973). Wesentlich erscheint, wie sich soziale Gruppen in Geschichte und Gegenwart *selbst*, also in ihren eigenen kulturellen Repräsentionen und Definitionen, wahrnehmen und darstellen.

Ein „semiotischer" Kulturbegriff?

Mit dieser Erweiterung und Öffnung wird freilich auch die gesamte Last der theoretischen Definitionsproblematik des Kulturbegriffs mit übernommen. Ebenso wie Gesellschaft ist Kultur nun nicht mehr nur als ein Kanon von Phänomenen und Beobachtungen zu umschreiben, der sich thematisch sammeln, empirisch füllen und dann einfach als Gegenstandsbereich beschreiben ließe. Als ein System gesellschaftlicher Verständigungsweisen wie als Leitbegriff wissenschaftlicher Analyse muß Kultur vielmehr in ihrer systematischen und theoretischen „Erklärungsfähigkeit erweitert" werden (Korff 1978: 38). Der Münchner Volkskundler Helge Gerndt sieht diese schwierige Klippe und versucht sie gleichzeitig listig zu umschiffen, wenn er argumentiert: „Kultur als ein Forschungsfeld zu begreifen verlangt nicht, Kultur zu definieren. Im Gegenteil: Es verlangt die Einsicht, daß es unergiebig ist, immer neue Definitionsversuche von Kultur in rein theoretischer Diskussion gegeneinander abzuwägen. ‚Kultur' kann den Kulturwissenschaften kein scharf ausgegrenzter, analytischer Begriff sein, so wenig wie die Psychologen ‚Psyche' oder die Biologen ‚Leben' präzis bestimmen können. Immer handelt es sich hier um lockere Umschreibungen für Arbeitsfelder, um allgemeine Verständigungsbegriffe. Von Forschungsfall zu Forschungsfall müssen diese freilich *unter bestimmten Aspekten* genau gefaßt, das heißt modellhaft formuliert werden." (Gerndt 1986: 11f.)

Auch wer mit der Charakterisierung der Kultur als ein „Forschungsfeld" nicht ganz einverstanden sein mag, wird sich der Logik dieser Argumentation wohl grundsätzlich anschließen. Zumindest dahingehend, daß generelle Definitionsversuche des Kulturbegriffs für die ethnologische Forschung nur insofern hilfreich sind, als sie die perspektivischen Vorverständnisse eines Forschungskonzeptes transparent machen können. Mit anderen Worten: Kultur läßt sich auf der theoretischen Ebene nicht allgemeingültig und „erschöpfend" vordefinieren, sondern nur „hinreichend" erläutern im Sinne einer speziellen Blickrichtung, deren definitorische Qualitäten und Erkenntnismöglichkeiten sich letztlich erst in ihrer Anwendung am jeweiligen Untersuchungsgegenstand erweisen.

Der Kulturanthropologe Clifford Geertz hat vor einiger Zeit ein solches Verständigungskonzept formuliert, das nicht nur in den ethnologischen Diskussionen der letzten Jahre vielfach zitiert wird, weil es offen und flexibel genug erscheint, um in vielfältigen Forschungszusammenhängen sinnvolle Anwendung finden zu können. Auch ich habe Geertz in diesem Band bereits mehrfach in Kurzform bemüht, daher soll er hier endlich in seiner längeren und differenzierteren Formulierung zu Wort kommen. Geertz bezieht sich auf einen „semiotischen", also auf zeichenhafte Bedeutungen angelegten Kulturbegriff, wenn er schreibt: „Der Kulturbegriff, den ich vertrete ..., ist wesentlich ein semiotischer. Ich meine mit Max Weber, daß der Mensch ein Wesen ist, das in selbstgesponnene Bedeutungsgewebe verstrickt ist, wobei ich Kultur als dieses Gewebe ansehe. Ihre Untersuchung ist daher keine experimentelle Wissenschaft, die nach Gesetzen sucht, sondern eine interpretierende, die nach Bedeutungen sucht." (Geertz 1987: 9)

Anders als bei Elias oder Williams ist in dieser Definition die materielle Seite der Kultur, die Beziehungen des Menschen zu seiner sozialen Umwelt wie auch zu deren politisch-ökonomischen Rahmenbedingungen, nicht explizit angesprochen, eher nur implizit mitgedacht. Und es schwingt darin wohl auch noch die klassische ethnologische Vorstellung von homogenen kulturellen Einheiten untergründig mit. Daraus mögen sich Probleme ergeben, wenn der „semiotische" Kode der Kultur als ein vermeintlich rein ästhetischer und gemeinschaftlicher, also herrschaftsfreier mißverstanden wird. Andererseits ermöglichen das Bild vom „Bedeutungsgewebe" und die Betonung des „Selbstgesponnenen" eine Vorstellung, die dieses Gewebe „Kultur" als etwas ständig in Herstellung Begriffenes, als etwas unbegrenzt Umdeutbares und damit als etwas jeweils neu zu Interpretierendes zu betrachten vermag. Im Mittelpunkt stehen die Akteure – jene, die sich als Handelnde, wie jene, die sich als Beobachtende verstehen – und deren unterschiedliche Sinngebungen, die sich nur im jeweiligen Tun verwirklichen. Dabei sind die Akteure ständig in beiden Rollen engagiert: Sie handeln und beobachten zugleich, lediglich mit situativ wechselnden Gewichtungen. So ist Kultur einerseits überall, könnte man pointiert formulieren. Aber sie *ist* andererseits doch wiederum nur dort, wo zur „Kultur des Tuns" eine „Kultur des Deutens" hinzutritt, wo Menschen sich selbst wie andere

Menschen zum Gegenstand einer solchen Suche nach Verstehen machen – im Extremfall als professionell beobachtende und deutende Ethnologen.[17]

Damit widerspricht Geertz' Auffassung allen Versuchen, den Zusammenhang von Kultur und Gesellschaft in ein einfaches Abbildungsverhältnis zu bringen. Vor allem das gewohnte Denken in nationalen Begriffen, das uns Nation und Kultur als Einheit vorstellt bzw. Kulturen stets im nationalen Plural begreifen läßt, zieht räumliche, soziale oder ethnische Grenzlinien, die uns ein allzu simples Maßstabsverhältnis von 1:1 vorspiegeln. Gewiß weist das „Bedeutungsgewebe" der Kultur stets auch national oder ethnisch eingefärbte Fäden auf, formiert es sich immer wieder in sozial verknoteten und verdichteten Mustern. Doch stellen sich diese Webstrukturen stets als etwas „Bedeutungsvolles" dar, verlangen vom Beobachter also „Deutung". Sie erlauben ihm keineswegs den einfachen Rückschluß, die sich so präsentierenden kulturellen Phänomene – Nation, Gemeinschaft, Volk – seien identisch mit der Tiefenstruktur des dahinter liegenden sozialen Geländes. Vielmehr müssen sie zunächst als ein gesellschaftlicher Repräsentationsakt betrachtet werden, als der Versuch einer absichtsvollen nationalen, ethnischen oder sozialen „Erzählung" der Akteure, die dem Beobachter ihre „Sicht der Welt" als die alleingültige nahelegen wollen. Deren strategischer Sinn und symbolischer Gehalt sind erst einmal zu lesen und zu entziffern, bevor ein kulturelles Phänomen als Form und Zeichen gesellschaftlicher Praxis verstanden werden kann.

Kritische Köpfe nehmen gerade diesen kulturellen Repräsentationseffekt inzwischen zum Anlaß, die Nützlichkeit des Kulturbegriffs generell in Zweifel zu ziehen und zu überlegen, ob nicht andere, weniger abgenutzte und doppeldeutige Leitbegriffe zu finden sind. Bislang freilich nicht mit überzeugendem Erfolg. Der Vorschlag etwa, die Dimension des Kulturellen durch einen Diskursbegriff zu ersetzen, in dem sich dann – in Anlehnung an Michel Foucault – die konkurrierenden sozialen und historischen Ordnungssysteme menschlichen Wahrnehmens, Erfahrens und Handelns widerspiegeln, tituliert das Problem bestenfalls um. Ähnlich verhält es sich auch mit anderen Ersatzbegriffen wie „Identität" oder „Repräsentation", die allesamt nicht die semantische „Weite" des Kulturbegriffs erreichen.

Mir scheinen dieser Kulturbegriff und seine Deutung als eine Praxis sozialer Verständigung und symbolischer Darstellung gerade für eine Europäische Ethnologie nach wie vor sinnvoll zu sein. Ich würde da mit dem schwedischen Ethnologen Ulf Hannerz argumentieren, wenn er fordert, daß „diejenigen unter uns, die von sich selbst behaupten, über eine gewisse Sachkenntnis im Bereiche des Kulturellen zu verfügen, und die auch von Laien als Experten angesehen werden, lieber als Kritiker und Schiedsrichter gegen unakzeptable Verwendungen von ‚Kultur' und ähnlichen Konzepten Stellung beziehen (sollten), statt einfach das Feld zu räumen" (Hannerz 1995: 76). Denn es sind letztlich weniger die kulturphilosophischen als vielmehr die kulturpraktischen Fragen, an denen das Fach sein erworbenes theoretisches wie methodisches Rüstzeug erfolgversprechend anwenden kann: bei der Analyse der Prozesse sozialen Wahrnehmens und Deutens, der Beziehungen zwischen dem Individuum und der Gesellschaft, des Aushandelns von sozialen Sinnzusammenhängen, der Praktiken symbolischer Ein- und Ausgrenzung.[18] Da erweist sich Kultur als ein komplexer, nie statischer und homogener, sondern bei jedem näheren Hinsehen in seiner Vielsinnigkeit auch noch geheimnisvoller „modus vivendi".

Eben dieses Geheimnisvolle will eine Kulturwissenschaft ergründen, wenn sie vom kulturellen „Anderen" spricht. Der Sozialwissenschaftler Heinz Bude hat dies sehr stimmig und nicht ohne Selbstironie so formuliert: „Die Kategorie der Kultur, so wie sie in den Sozialwissenschaften heute meistens verwendet wird, verdankt sich einem ethnologischen Effekt. Man nimmt eine Haltung künstlicher Dummheit an und wundert sich darüber, was die Leute tun, denken, fühlen und wollen. Um zu verstehen, so das bekannte Wittgenstein-Argument, was in einer bestimmten Zeit und in einem bestimmten Raum ‚schön', ‚gerecht' oder ‚effizient' bedeutet, muß man eine ganze Kultur beschreiben. Die Passanten auf der Straße werden zu Mitgliedern eines fremden Stammes, deren Verhalten man ganz genau beobachten muß: ihr Lächeln und ihre Gesten, die Art und Weise, wie sie sich als einzelne, als Paar oder als Gruppe bewegen, wie sie ihre Tasche tragen oder wie sie einen Imbiß zu sich nehmen – und man muß Überlegungen darüber anstellen, wie sie ihre Notdurft verrichten, wie sie mit ihren Kindern sprechen oder welche Liebesspiele sie bevorzugen. Und man hofft, diese vielen Beobachtungen in Gedanken so arrangieren zu können, daß die Wechselbedingtheit der Teile innerhalb einer übergreifenden Gefügegesetzlichkeit zu erkennen ist. Und am Ende hat alles seinen tiefen und stillen Sinn." (Bude 1995: 775f.)

Alltägliche Lebenswelt

Diese Auffassung läßt die Alltagswelt als den jeweils konkreten Ort und die konkrete Zeit erscheinen, in denen Kultur „gelebt" und zugleich beobachtet wird. In den Mikrostrukturen dieses Alltags und in den Handlungslogiken seiner sozialen Akteure müssen sich die Wirkungen jenes kulturellen „Bedeutungsgewebes" zeigen, jener „unbewußten Bedingungen des sozialen Lebens", von denen Lévi-Strauss als den eigentlichen und originären Forschungsgegenständen einer Ethnologie gesprochen hatte.

Dabei weist dieser Alltagsbegriff, sobald er definitorisch festgemacht werden soll, ähnliche Unschärfen auf wie der Kulturbegriff. Und wie dieser war er in manchen klassischen Forschungsfeldern der Volks- und Völkerkunde in gewisser Weise schon empirisch angelegt, bevor er in den 1970er Jahren explizit eingeführt wird. Dort lenkt vor allem die Soziologie ihren Blick von der Gesellschaft zunehmend auf die Ebene der Lebenswelt, auf jenen engeren Erfahrungsraum, in dem sich die materiellen Bedingungen und die institutionellen Ordnungen des Lebens mit dessen individuellen Wahrnehmungen und kollektiven Deutungsweisen verbinden. Auf dieses Zusammenspiel verweisen besonders nachdrücklich die Überlegungen des Philosophen Edmund Husserl und des Soziologen Alfred Schütz, die diese Lebenswelt als eine „subjektive Welt" deuten und sie einer systematischen Beobachtung unterziehen. Für Schütz verkörpert sich darin jener „Wirklichkeitsbereich, an dem der Mensch in unausweichlicher, regelmäßiger Wiederkehr teilnimmt. Die alltägliche Lebenswelt ist die Wirklichkeitsregion, in die der Mensch eingreifen und die er verändern kann, indem er in ihr durch Vermittlung seines Lebens wirkt. (...) Nur in der alltäglichen Lebenswelt kann sich eine gemeinsame kommunikative Umwelt konstituieren." (Schütz/Luckmann 1975: 25) Dort ist „jener Wirklichkeitsbereich, den der wache und normale Erwachsene in der Einstellung des gesunden Menschenverstandes als schlicht gegeben vorfindet." (Husserl 1954: 136) Es ist aber zugleich ein Bereich, in den auch die „großen Strukturen" von Politik, Wirtschaft und Gesellschaft hineinwirken. Lebenswelt meint kein exterritoriales Spielfeld der Subjekte, sondern einen gesellschaftlichen Raum, dessen Horizont im übrigen auch längst durch die Wirkung der Medien erweitert und entgrenzt ist (Sprondel/Gratthoff 1979).

Diese alltagsweltlich orientierte Perspektive erscheint nicht zuletzt deshalb attraktiv, weil sie sich entschieden den sozialen Akteuren zuwendet. Sie stößt daher vielfältige mikrosoziologische Forschungen an, fordert zugleich aber auch Kritik heraus. So argumentiert der französische Soziologe Henry Lefèbvre, daß dieser Alltag in der spätkapitalistischen Gesellschaft keine lebensweltliche Einheit mehr bilde, sondern in zwei Teile zerbrochen sei: in die Sphäre des Arbeitslebens und in jene eines „wirklichen Lebens", wobei die eine die „öffentliche Kultur", die andere die „Alltagskultur" verkörpere. Dabei spiegle jene alltägliche Lebenswelt mehr das Private wider, mit dem die öffentlichen Belange von Politik und Kultur nurmehr scheinhaft verbunden, da in der subjektiven Erfahrung der Menschen kaum mehr auffindbar seien. Lefèbvre fordert deshalb dazu auf, den Alltag nicht nur in dieser lebensweltlich vorfindbaren Form zu untersuchen, sondern auch jene Wirkungszusammenhänge schärfer ins Auge zu fassen, die aus ökonomischen wie politischen Gründen aus ihm abgezogen bzw. in ihm unsichtbar gemacht worden seien: Strategien der Herrschaft vor allem, Formen sozialer Ungleichheit, Techniken der Bedürfnismanipulation (Lefèbvre 1972).

Mit diesem soziologischen Vorstoß in die Alltagswelten und seinen kritischen Kommentierungen fällt fast gleichzeitig eine Bewegung zusammen, die nun auch die Erforschung der historischen Dimension dieses Alltags fordert: eine „Alltagsgeschichte" gesellschaftlicher wie individueller Erfahrungen. In Abwendung von der abstrakten Institutionen- und Strukturgeschichte soll ein Weg gesucht werden zu den historischen Subjekten, insbesondere zur Geschichte „der vielen", die bislang anonym geblieben sind (Lüdtke 1989). Diese Bewegung folgt den Vorbildern der englischen History Workshops und der afro-amerikanischen Roots-Bewegung und rekrutiert sich nicht nur aus akademischem Personal, sondern greift über auf interessierte Laienforscher sowie auf ein Publikum, das sich für Probleme lokaler und regionaler Geschichte, Kultur und Ökologie zunehmend interessiert. So entsteht ein Programm, das wissenschaftliche mit politischen Ansprüchen verbindet und das wiederum auf akademische Forschungsperspektiven zurückwirkt.[19]

Alltagsforschung wird in diesem Zusammenhang zwar sehr oft auch nur als eine erweiterte Art lokaler Historiographie betrieben, aber ihr Konzept baut durchaus auf theoretischen Reflexionen auf: Alltag soll einerseits verstanden sein als ein Modell historisch geprägter Erfahrungsräume und Erfahrungsweisen, in dem sich jene geschichtlichen wie lebensgeschichtlichen Formen sozialer Wahrnehmung und sozialen Wissens erfassen lassen (Berger/Luckmann 1969), über die in der Geschichtsschreibung noch sehr wenige Kenntnisse vorliegen. Unter dieser Fragestellung müssen die vorhandenen historischen Quellen neu gelesen und interpretiert werden. Andererseits bezeichnet dieser Alltag ein Wirkungsfeld gesamtgesellschaftlicher Wandlungsprozesse, die in ihn münden, durch ihn übersetzt, verarbeitet und somit leb-bar gemacht werden. Er vermag also Auskunft darüber zu geben, wie sich der historische Wandel in den Poren der Gesellschaft vollzieht, nicht als Haupt- und Staatsaktion, sondern als sozialer Lernprozeß „vor Ort". Und zum dritten – fast schon ethnologisch gedacht – will diese Alltagsgeschichte ihre Bilder und Porträts der Geschichtslandschaft in den Begriffen der historischen Akteure selbst entwerfen, also in den zeitgenössischen Selbstbeschreibungen und Aussagen, die sich durch eine hermeneutische Analyse schriftlicher Quellen oder in zeitgeschichtlichen Interviews rekonstruieren lassen (Frykman/Löfgren 1996).

Gemeindestudien

Die Volkskunde beteiligt sich sehr intensiv an dieser Alltagserforschung, wobei sie ihren nunmehr erweiterten Kulturbegriff mit dem lebensweltlichen Zugang zu einem Konzept der Alltagskulturforschung verbindet. Dies liegt nahe, da die ältere Volkskunde mit vielen ihrer Forschungsgegenstände und -methoden bereits in diese Richtung wies. Reisebeschreibungen, regionale Ethnographien oder Dokumentationen zu bäuerlicher Arbeit, Kleidung und Nahrung befragten implizit einen historischen Alltag nach seinen ideellen wie materiellen Gestaltungsformen. Vor allem die Vorstellungen von „Sitte und Brauch" als den kulturellen Regulativen dörflichen Lebens, als eine Art „kulturelle Grammatik" (Hermann Bausinger) historischer Lebenswelt, nahmen gleichsam eine alltagskulturelle Perspektive vorweg. Freilich eine Perspektive, die sich vor allem auf die statischen Elemente, auf die kulturellen Traditionen dörflich-bäuerlichen Lebens bezog und diese damit dem geschichtlichen Wandel entzogen sah.

In der seit den siebziger Jahren begonnenen Dorf- und Gemeindeforschung wird nun versucht, diesen ahistorischen Blick vor einem alltagsgeschichtlichen Horizont zu überwinden. Die Vorstellung einer derartigen Alltagsethnographie geht davon aus, daß sich im begrenzten Ausschnitt einer dörflichen Gesellschaft deren historische Erfahrungen und soziale Ordnungen, kulturelle Verkehrsformen und soziale Gruppierungen sehr präzise beobachten und in ihrem Zusammenwirken als ein überschaubares „soziales Universum" analysieren lassen. Dabei stehen zunächst zwei Fragenkomplexe im Vordergrund: Zum einen wird untersucht, wie sich die Wirkungen der Industrialisierung und der Modernisierung des 19. und 20. Jahrhunderts in dörflichen Lebenswelten niederschlagen, in welchen Erfahrungs- und Handlungsmustern der soziale und kulturelle Wandel also verarbeitet wird bzw. wie sich solche Lebenswelten umgekehrt gegen gesellschaftliche Wandlungsprozesse abzuschotten versuchen. Der Tübinger Kulturwissenschaftler Utz Jeggle verweist auf solche Bornierungen im lebensweltlichen Horizont, wenn er formuliert: „Alltag bedeutet beides: eine spezifische Welt und eine Anschauungsweise, die zu ihr paßt und die nur zumutbare Erfahrungen durchläßt." (Jeggle 1978: 125) Zum andern richten sich die Fragen darauf, wie die sich selbst oft genug als „Gemeinschaft" gebärdende dörfliche Gesellschaft in ihrem Inneren differenziert ist, welche Lage- und Statusunterschiede und welche geschlechts- wie altersspezifischen Rollenvorstellungen sie prägen.

Mit dieser Betonung des sozialen Wandels wie der inneren Hierarchien und Herrschaftsformen wird dem alten volkskundlichen Bild von der bäuerlichen Dorfidylle eine Absage erteilt. Das Dorf wird endlich in die Geschichte und Gesellschaft „eingemeindet". Nicht mehr Tradition und Überlieferung stehen nun als Untersuchungsgegenstände allein im Vordergrund, sondern – in Fortsetzung insbesondere der Arbeiten der „Münchner Schule" aus den sechziger Jahren – genaue statistische wie biographische Forschungen zur Entwicklung von Arbeits- und Berufverhältnissen, zum Umgang mit privaten und öffentlichen Räumen, zum Wandel von Wohn- und Freizeitformen, zur Bedeutung von lokalen Politik- und Vereinslandschaften, von Verwandtschafts- und Nachbarschaftsnetzwerken, von Religion und Kirche. Dabei wirken auch die Vorbilder der Community Studies der amerikanischen Stadtsoziologie wie -anthropologie nach.

Ein „neuer Realismus" zieht mit dieser Alltagsforschung in das Fach ein, der sich nicht zufällig am klassischen volkskundlichen Lieblingsobjekt festmacht. Jenes Bild vom dörflichen „Volksleben" erhält jetzt ein ganz anderes, schärferes, aber auch menschlicheres Profil. In seiner historischen Studie mit dem beziehungsvollen Untertitel ‹Zum Prozeß der Zivilisation in einem schwäbischen Dorf› schreibt Jeggle: „Die Kiebinger halten die Geschichte ihres Dorfes wie die ihrer selbst weitgehend für Naturgeschichte. Auch damit stehen sie nicht allein, und es ist sicher mit eine Folge des Hungers, daß man mit leerem Bauch nicht lernt, über die Gründe des Mangels nachzudenken, sondern daß der Alltag darin aufgeht, ihn zu stillen. Das ist weitgehend so geblieben, Geschichte interessiert nur als habhaftes Erben von Dingen, nicht aber von Wissen und Können: das erscheint als Teil der biologischen Grundausstattung der Kiebinger. Hier ist das Kiebinger Leben vielleicht am stärksten der Geschichte verhaftet, ohne sich dessen auch nur für einen Moment bewußt zu sein: die Wahrnehmung der heutigen Welt ist zutiefst der gestrigen verpflichtet. Die Art der Arbeit, die vorwiegend bäuerlich geprägt war, und ihre Erträge, die überwiegend Armut bedeuteten, haben die Erfahrungsmodalitäten bis heute geprägt und damit auch die Handlungsweisen festgelegt. Ein Kiebinger sieht sich, seine Frau, seine Kinder, seine Äcker, seine Tiere, sein Auto anders als ein Städter oder ein Volkskundler. Wie er sie sieht, ist wiederum nur aus den Handlungen abzulesen, die uns vielfach fremd und unverständlich erscheinen, wenn wir sie nicht als Folge eines anderen Wahrnehmungssystems ernst nehmen. Ein Familienvater bringt es fertig, seine Kinder vor uns zu tätscheln und stolz auf Grund von irgendwelchen Schulleistungen zu loben und im nächsten Moment, wenn sich das begabte Kind auf seine Zigarre setzt, dasselbe wie ein Stück Holz mit den Füßen zu treten." (Jeggle 1977: 283ff.)

Das ist kein romantisches, anheimelndes Bild dörflicher Gemeinschaft mehr, sondern ein mitunter sehr hart gezeichnetes. Dabei muß man sich stets fragen, inwieweit es auch ein faires bleibt, inwieweit die unterschiedlichen Wahrnehmungsweisen und Urteile der Forschenden und Beforschten in ihren Blickwinkeln und Motiven transparent bleiben. Denn hier wird offenkundig, wie sehr Forschung zugleich Interaktion und Interpretation bedeutet: die Interaktion mit Menschen, Situationen und Quellen, in der Deutungen und Bedeutungen erst auszuhandeln sind, in der auch die Gelegenheit zur „Gegenrede" gegeben sein muß; die Interpretation von vermeintlichen Fakten und Informationen, die doch durch die eigene „kulturelle Brille" des Forschers ausgewählt und gewichtet werden. Es ist nun vielfach wirkliche „Feldforschung", die in der neuen volkskundlichen Gemeindeforschung stattfindet und deren große methodologische wie ethisch-moralische Probleme jetzt deutlicher zu greifen sind.[20] Diese Form der Alltagserforschung wird in vielen Feldern angewandt, um den sozial, geschlechtlich und generativ unterschiedlichen „Arrangements alltäglicher Lebensführung" in unserer Gegenwartsgesellschaft näherzukommen (Jurczyk/Rerrich 1993). Dahinter steht die Vorstellung, daß die Gestaltung und der Rhythmus von Lebensverläufen in seiner jeweiligen individuellen Komplexität jenes „eigentliche Leben" ausmache, dessen Erforschung sich Volkskunde/Europäische Ethnologie als „Alltagswissenschaft" verschrieben hat. Dabei wird der historisch vertiefenden Perspektive auf den Gegenstand Priorität eingeräumt gegenüber dem synchronen Gesellschafts- und Kulturvergleich, wie er in der Völkerkunde doch recht selbstverständlich betrieben wurde und wird. Auch dies mag nochmals mit erklären, weshalb sich die deutsche Volkskunde selbst in ihren Reformflügeln der amerikanischen Anthropologie erst vergleichsweise spät öffnete.

Kulturalisierung: Zuviel Kultur?

Dieser alltags- und lebensweltlichen Orientierung ist vorgehalten worden, mit dem Blick in die „kleine Welt" flüchte sie auch in eine „kleine Geschichte" der Harmonien und der Idyllen. Diese Kritik mag in manchen Punkten ihre Berechtigung gehabt haben (Lipp 1993), aber sie taugt gewiß nicht als Tenor einer Bilanz. Denn als zentrale Felder der Alltagsgeschichts- und Alltagskulturforschung haben sich nicht etwa die Nischen von Geschichte und Gesellschaft erwiesen, sondern vielmehr wesentliche soziale Problemzonen. Forschungen zur Arbeitergeschichte, zur Geschichte sozialer Protestbewegungen, zur Dorfgesellschaft oder zu Lebensläufen in der Migration suchen bewußt jene Konfliktfelder auf, in denen immer wieder um die politischen Bedingungen wie die sozialen Deutungen von „Menschlichkeit" gekämpft wird. Insbesondere hat sich die Alltagsforschung zweier Themenbereiche angenommen, die vorher in vieler Hinsicht systematisch unausgeleuchtet waren: einer Erfahrungsgeschichte des Nationalsozialismus und der Frauen- und Geschlechtergeschichte. Für die Zeit der NS-Diktatur hat gerade der alltagsgeschichtliche Blick deutlich gemacht, wie schwer Trennungslinien zwischen den Opfern und den Tätern zu ziehen sind, wie kompliziert sich NS-Geschichte und Lebensgeschichten ineinander verwoben haben und wie sehr die individuelle wie die kollektive Erinnerung in Deutschland dazu neigen, für diese Zeit ein privates Leben außerhalb und unterhalb des Nazismus zu behaupten.[21] Und in den Forschungen zur Frauen- und Geschlechtergeschichte sind vielfach zum ersten Mal „subjektive" historische Erfahrungswelten ausgeleuchtet worden, die vorher als unwichtig oder quellenmäßig nicht erschließbar galten. Diese „Entdeckungen" wie deren systematische Fortsetzung in historisch-anthropologischen Arbeiten oder in Gender Studies haben wesentlich zur heutigen Erkenntnis beigetragen, wie nachhaltig geschlechtsspezifische Erfahrungsdimensionen unsere gesamte Geschichte und Gegenwart prägen (Hausen/Wunder 1992; Honegger 1991).

Ein zweites und, wie mir scheint, gewichtigeres Problem hängt mit dem Doppelcharakter des Alltagsbegriffs zusammen. Zum einen bezieht er sich auf Formen eines Alltagsbewußtseins, das als gesellschaftlich vorhandene Routine, als empirisch verfügbares, aber nicht reflektiertes Wissen vorausgesetzt wird. Zum anderen meint er ein wissenschaftliches Erklärungsmodell, das eben diese Dimension des weithin unbewußten Alltagsbewußtseins erschließen soll. Diese beiden Geltungsbereiche des Alltagsbegriffs sind jedoch nicht identisch, sondern verhalten sich in mancher Hinsicht sogar gegenläufig zueinander. Wo die empirische Alltagswelt Wahrnehmungen ausblenden muß, um sich ihren geschlossenen und damit „logischen" Erfahrungshorizont zu erhalten, muß die wissenschaftliche Alltagsanalyse umgekehrt gerade diese Ausblendungen mit reflektieren, sie in ihren Ursachen und Begründungen rekonstruieren. Und wo die praktizierte Kultur die Gestalt symbolischer Formen, Handlungen und Beziehungen annimmt, deren Ursachen und Inhalte sie über die Symbolgestalt jedoch vielfach zu verschleiern versucht, muß die wissenschaftliche Kulturanalyse diese Schleier zu lüften versuchen, um die Logik kulturellen Verhaltens zu erklären (Honer 1993).

Der wissenschaftliche Begriff „Alltagskultur" reflektiert also mehr als ihr empirischer Gegenstand, da er nicht wie dieser in Selbstverstandenem aufgeht, sondern Kultur in ihren gesellschaftlichen Bedingungen und Kontexten jeweils erklären muß. Er steht damit aber in der Gefahr, auch solche Phänomene und Prozesse kurzerhand zu „kulturellen" zu erklären, die zunächst in gesellschaftlichen und politischen Ursachen begründet sind. Es ist eine Gefahr der „Kulturalisierung" unseres Blickes auf die Gesellschaft, einer möglicherweise zu starken Fixierung auf die Zeichen und die Formen menschlichen Handelns zu Lasten der politischen Motive und der sozialen Ursachen. So verkörpern sich im Geschlechterverhältnis eben nicht nur kulturelle Praxen, sondern auch gesellschaftspolitische Macht- und Herrschaftsmittel. Ausländerfeindlichkeit läßt sich nicht nur als kulturelle Abgrenzungsstrategie erklären, sondern muß in ihren sozialen Ursachen und politischen Zielsetzungen zurückverfolgt werden, um nicht bei der simplen Formel zu enden, sie sei lediglich eine mentale Reaktion auf ein kulturelles „Anderssein". Die Selbstdarstellung als „ethnische" Gruppe bedeutet auch ein Stück kultureller Inszenierung, durch die Anerkennung, Rechte und Mittel eingefordert werden; und kulturelles „Anderssein" fußt sehr oft auf sozialen Lagerunterschieden, in denen sich ungleiche *materielle* Lebenschancen ausdrücken – nicht einfach unterschiedliche Lebensstile, wie gern suggeriert wird. Mit anderen Worten: Die gewünschte Nähe des Kultur- und Alltagsbegriffs zur Praxis der Menschen bedeutet auch eine hohe theoretische und methodologische Herausforderung, weil sie deutlich macht, wie eng Kultur und Gesellschaft, wie eng aber auch Gesellschaftspraxis und Wissenschaftspraxis ineinander verwoben sind (Kaschuba 1995b). Als Alltagsmenschen teilen wir vielfach jene zeitgeisthaft praktizierten Kultur- und Politikauffassungen, die wir als WissenschaftlerInnen kritisch und distanziert beleuchten wollen.

2. Konstruktionen: Identität und Ethnizität

Man kann diese Feststellungen gleich auf die beiden Begriffe ausdehnen, die nun unter dem Stichwort „Konstruktionen" vorgestellt werden. Denn diese Charakterisierung soll darauf hinweisen, daß Vorstellungen von sozialer oder ethnischer Identität sich stets an Bilder knüpfen, in denen unbewußte wie bewußte Anteile enthalten sind: Einerseits wird damit ein umstandsloses So-Sein praktiziert und gelebt, andererseits ein absichtsvolles So-Sein/So-Erscheinen-Wollen beschrieben. Es sind stets zugleich fast reflexhafte, alltägliche Selbstverständlichkeiten und Standorte, die unser Identisch-Sein mit uns ausmachen, aber eben auch strategische Setzungen und Selbstverständnisse, die bewußte Effekte unserer Selbstdarstellung und unserer Wahrnehmung durch andere erzeugen sollen. Ethnische Identitätsvorstellungen spiegeln diese zweite Seite der „Konstruktion" vielleicht am auffälligsten wider. Sie werden deshalb hier als ein eigenes

Modell von Identitätsentwürfen genannt, obwohl sie eigentlich nur eine von vielen Varianten des allgemeinen Identitätsbegriffs bilden.

Kollektive Identitäten

Ähnlich wie Kultur und Alltag verkörpert Identität einen Begriff, der seit mindestens zwei, drei Jahrzehnten als Schlagwort in sozialwissenschaftlichen wie politischen Diskussionen vielfältig präsent ist und deswegen nicht nur geschätzt wird. Schon im Jahr 1978 kommentierte Hermann Bausinger diese Ambivalenz mit den Sätzen: „Zweifellos ist Identität ein modischer Begriff; aber sprachliche Moden – auch solche der Wissenschaftssprachen – kommen nicht von ungefähr. Von Identität ist deshalb so viel die Rede, weil Identität zum Problem geworden ist. Der Begriff verkörpert, so weit die Konnotationen im einzelnen auseinanderlaufen mögen, ein Moment von Ordnung und Sicherheit inmitten des Wechsels; und sein besonderer Reiz liegt dabei darin, daß er nicht eigentlich die Bedeutung von Starrheit oder Erstarrung vermittelt, sondern daß er verhältnismäßig elastisch etwas Bleibendes in wechselnden Konstellationen anvisiert." (Bausinger 1978: 204) Dieses Schillernde des Begriffs und seiner Anwendungen produziert Anziehung wie Skepsis, jedenfalls bleibt bislang die Einsicht, daß offenbar kein anderer Begriff in ähnlich eindringlicher Weise die beständige gesellschaftliche Suche nach kulturellen Mustern innerer wie äußerer Übereinstimmung zu bezeichnen vermag.

Begriffsgeschichtlich gehört die lateinische *identitas* in den Bereich der Logik und beschreibt dort die Übereinstimmung eines Gegenstandes mit sich selbst, seine Einzigartigkeit, sein „In-Sich-Gefestigt-Sein". Damit deutet sich bereits auf der etymologischen Ebene an, daß der Begriff in sich schon eine theoretische Vorannahme enthält, nämlich die Vorstellung, daß sich zwischen der Beschreibung eines Soll- und eines Ist-Zustandes jeweils Unterschiede, Defizite auftun, die nach Verringerung, nach wachsender „Identität" drängen. Die moderne Psychologie hat diesen Begriff deshalb übernommen, um damit als ein wesentliches Ziel menschlichen und gesellschaftlichen Lebens das Streben nach Übereinstimmung mit sich selbst zu beschreiben: den Wunsch zu werden, was man „ist". Namentlich der schwedische Psychologe Erik Erikson (1957) hat den Aufbau eines Selbstbildes bei Kindern und Jugendlichen, das über Nachahmung *der* und zugleich Abgrenzung *von den* Erwachsenen stattfindet, in diesem Sinne charakterisiert. Er beschreibt diesen kindlichen Identitätsaufbau als einen langwierigen Prozeß sozialer Selbstfindung, der sich räumlich, körperlich, psychisch, emotional und sozial vollzieht und zunächst in der Lösung des Kindes aus der emotionalen Symbiose mit Eltern und Familie und in der Integration in die Gruppen Gleichaltriger besteht, der aber auch im späteren Lebenszyklus immer wieder neu zu justieren ist. Bereits in diesem Anwendungszusammenhang verweist der Begriff über eine psychologische Dimension hinaus auf kulturelle Prozesse, die in der Sozialisations- und Enkulturationsphase von Kindern und Jugendlichen sowohl die Übernahme anderer als auch die Entwicklung eigener Verhaltensmuster bezeichnen, also das Einleben in soziale Situationen und Zusammenhänge, das Einüben von deren kulturellen Regeln und Praktiken, die Übernahme von ethisch-moralischen Grundsätzen etwa religiösen Denkens bis in den Bereich der Höflichkeit oder der Eßkultur.

Insofern läßt sich der Begriff Identität als ein anthropogenes, also menschheitsgeschichtliches Grundmuster verstehen, das in den Wunsch mündet, sich als soziales Wesen in den Zusammenhang seiner Umwelt einzupassen und dabei durch Übereinstimmung wie durch Abgrenzung seinen spezifischen „sozialen Ort" zu finden. In diesem erweiterten Bedeutungssinn meint Identität in den Gesellschafts- und Kulturwissenschaften die Kennzeichnung eines Bildes und eines Prozesses zugleich: die Vorstellung eines sozialen So-Seins wie den Vorgang der gesellschaftlichen Aushandlung dieser Vorstellung. Diese Vorstellung wie die Aushandlung enthalten dabei immer sowohl eher feste, indisponible als auch mehr flüssige, verhandelbare Komponenten. So werden im gesellschaftlichen Alltag einerseits Feststellungen etwa geschlechtlicher, sozialer oder religiöser Identität nur selten verändert werden können, wenn es denn überhaupt gewollt ist. Andererseits sind bestimmte Wertvorstellungen, ästhetische Stile oder altersbezogene Rollen zwar immer unabdingbare Festlegungen für den Moment, um sich ein geschlossenes Selbstbild zu erhalten, ihre Inhalte jedoch sind zeitlich wandelbar, ja mitunter sogar relativ kurzwelligen Veränderungsprozessen unterworfen, wenn beispielsweise eine Alters- oder Ausbildungsschwelle überschritten wird, sich also der soziale Lebenskontext und dessen Logik verändern.

Zugleich meint Identität immer sowohl eine Ich- als auch eine Wir-Identität, zwei sich ineinander verschränkende Bedeutungsdimensionen von Selbstsein und Dazugehören. Individuelle und kollektive Identitätsvorstellungen sind zwar nicht „identisch", aber sie gehen immer wieder Hand in Hand. Sie beschreiben unterschiedliche Wege der Suche nach Übereinstimmungen wie Grenzziehungen und spielen sich damit wesentlich auch in einer kulturellen Dimension der Symbole und Gesten ab, die als Kodeformeln sozialer Wechselbeziehungen und Verständigungsprozesse fungieren: Blicke wie Grußformeln, Lifestyle-T-Shirts wie nationale Embleme am Auto. Was Identität jedoch als Umschreibung eines „Bei-Sich-Seins" letztlich bedeutet, ist zwar durch die „groben" Verhaltensregeln und Identitätsmerkmale generell vorbestimmt, als ein konkretes Sich-Verhalten zu sich selbst und zu anderen indessen unterliegt es stets ausgesprochen „feinen" situativen Prägungen. Wir werden in einer beliebigen Gesprächssituation zwar kaum unsere geschlechtliche oder Altersidentität grundsätzlich in Frage stellen. Wie wir darin die Züge unseres Selbstbildes jedoch nuancieren, hängt vom sozialen Kontext der Verhaltenssituation ab, also davon, welche konkreten Integrations- oder Exklusionsimpulse uns die anderen Teilnehmer dieser Situation vermitteln und über welchen Darstellungsspielraum wir dabei verfügen. Identität bezieht sich so immer auch auf den Vorgang eines konkreten Aushandelns in konkreten Situationen, in denen jeweils andere Zuordnungen und Bezüge gegeben sind: Jeder soziale Ort weist seine eigene Struktur von festliegenden Verhaltensregeln wie offenen Verhaltensspielräumen auf, die respektiert und gestaltet werden müssen. So kann Identität nur als soziale Praxis verstanden werden: als ein Umsetzen allgemeiner Regeln und Vorstellungen des eigenen So-Seins in konkretes kommunikatives und interaktives Verhalten, das sich mit jeder Veränderung der Situation wiederum selbst verändert.

Ein einprägsames Beispiel für dieses situative Spiel von Identitäten und dessen Regeln gibt der Ethnologe Werner Schiffauer im Rahmen einer Migrationsstudie, in der er aus einem Bericht über eine Feldforschung in einem türkischen Dorf zitiert: „Ein junges Ehepaar sitzt mit der Ethnologin in einem Raum. Beide necken sich und ziehen sich gegenseitig auf. Die Stimmung ist freundlich und entspannt. Sie schlägt jedoch in dem Augenblick um, in dem der Vater des Ehegatten, der Haushaltsvorstand, den Raum betritt. Plötzlich ist die Atmosphäre gespannt. Der junge Mann gibt seiner Frau knappe Befehle, die sie ohne Widerspruch ausführt." Daran schließt sich folgende Interpretation an: „Die Interaktion zwischen zwei Personen ist abhängig von Dritten. Es wird in dieser Gesellschaft nicht erwartet, daß man dem anderen immer in der gleichen Haltung gegenübertritt – im Gegenteil: In der hier beschriebenen Szene wäre es als massive Respektlosigkeit … gegenüber dem Vater erschienen, wenn der Ehemann weiterhin Zärtlichkeit gegenüber seiner Frau gezeigt hätte. Die abrupte Verhaltensänderung des Ehemanns wirft indessen keine Probleme der Kontinuität auf, weil in diesem sozialen Universum des Dorfes jedem bewußt ist, wie die Status sich einander zuordnen, d.h. wie jeder zu jedem steht. Dies läßt sich verallgemeinern: Identität muß in der türkischen dörflichen Gesellschaft nicht vom Individuum selbst hergestellt werden, sondern sie wird gleichsam außerhalb des einzelnen durch die Transparenz des sozialen Rahmens gestiftet." (Schiffauer 1991: 47)

Dieses Beispiel stammt aus einer in ihren sozialen Raum- und Rollenordnungen besonders fest und konservativ strukturierten Gesellschaft, die wenig individuelle Gestaltungsmöglichkeiten läßt. Dafür zeigt es um so klarer, wie eine wesentliche Grenze dieses Spielraumes dadurch festgelegt wird, daß unsere individuelle immer auch kollektive Identität ist, daß sie stets auch die Sicht Zweiter und Dritter einschließt, also aus Interaktionen wie aus „Fremdzuschreibungen" besteht. Andere sehen uns, machen sich ihr Bild von uns, „identifizieren" uns – als Deutsche, als religiöse Menschen oder als Individualisten. Mit diesen Zuschreibungen verbinden sie Bilder, auf deren Inhalt wir zunächst wenig Einfluß haben, die wir – wenn wir sie als negativ für uns empfinden – höchstens in der Interaktion selbst zu beeinflussen versuchen können. Wie erfolgreich, hängt davon ab, wie sehr uns dieses Bild von uns beeindruckt, wie sehr wir davon abhängig sind oder uns davon unabhängig machen.

Dieser Aushandlungsprozeß zwischen den Selbstbildern und den Fremdbildern in sozialen Begegnungs- und Beziehungssituationen gehört sicherlich zu den kompliziertesten Balanceakten, die wir im Alltag vollführen. Zugleich sind es die vielleicht wichtigsten Akte unserer Identitätsbehauptung, weil dieses „Echo" auf uns in Gesprächen und Begegnungen für unsere psychische wie soziale Verfassung existentiell ist. Wer ohne solches Echo, ohne soziale Berührungen durch die anderen lebt, hat gleichsam seine Haut verloren, die ihn mit der Umwelt verbindet und ihn zugleich gegen diese abgrenzt.

„Wieviel Heimat braucht der Mensch?"

Wie sensibel und lebensnotwendig diese „kulturelle Haut" der Identität ist, zeigt sich sowohl in der Situation des sozialen *Identitätsverlusts* in existentiellen oder psychischen Krisen als auch in der Gefahr der sozialen *Überidentifikation*, wenn wir uns von einem zentralen Identitätsbezug völlig abhängig machen – etwa von einem bestimmten Körperlichkeitsbild, von der Akzeptanz einer bestimmten Bezugsgruppe, wie das in Bereichen der Jugendkultur häufig geschieht, oder von einer nationalistischen Einstellung, die sich aggressiv gegen das „Fremde" wendet. Erfahrungen des Identitätsverlusts wie der Überidentifikation beschreiben also pathogene Situationen, die im sozialen wie im psychosomatischen Sinne krank machen können.

Im Blick auf das Individuum meint der Begriff der Identitätskrise also die intensiv erlebte Erfahrung grundlegender sozialer und kultureller Dissonanzen mit der gesellschaftlichen Umwelt. Er wird in den gegenwärtigen Diskussionen einer „reflexiven" Moderne aber auch als Kennzeichnung gesellschaftlicher Befunde benutzt: gesellschaftliche Identitätskrisen als Ausdruck überwältigender Erfahrungen eines beschleunigten sozialen und kulturellen Wandels, einer globalen Veränderung ökonomischer und technologischer Rationalität, einer wachsenden sozialen Entwurzelung durch Mobilität und Migration. Es sind Bilder eines aufbrechenden und fragmentierten Gegenwartshorizonts, die heute als Beschreibung der Krise der Moderne entworfen werden – Bilder, in denen Motive der permanenten Veränderung, der politischen Unruhe, der sozialen Unsicherheit, des Verlustes kultureller Bindung dominieren – skeptische, ja bedrohliche Bilder, in denen die künftige Integrationskraft der bisherigen gesellschaftlichen Identitätsentwürfe zu Recht angezweifelt wird: Nation, Schicht, Region, Generation scheinen als soziale Bezugssysteme in globalen Horizonten zu verschwinden.

Freilich sind es keine ganz neuen Bilder. Denn viele dieser Motive gehören zu einem festen Themenkreis, der in der Wissenschaft wie in der Kunst und der Literatur der letzten hundert Jahre immer wieder aufscheint, beschrieben als ein „Unbehagen an der Moderne“, als ein grundlegendes Unsicherwerden der Gesellschaft an sich selbst. Auch damals waren die Krisenbefunde stets verbunden mit der Frage nach Konzepten der Krisenbewältigung, nach Instanzen einer neuen Identitäts- und Sinnstiftung, die man sich nicht zuletzt im Bereich der Wissenschaften erhoffte.[22] Solche versichernden Gegenrezepte versuchte in der Vergangenheit gerade auch die Volkskunde zu liefern, wenn sie mit Begriffen wie Volk, Tradition, Region oder Heimat ihre rückwärtsgewandten Visionen von Ursprung und Gemeinschaft entwarf, die der Gegenwart als Haltegriffe vor einem Abgleiten in den Abgrund der Moderne dienen, ihr also wieder „Identität“ bieten sollten – häufig genug in nationalistischen und ethnozentrischen Bildern.[23]

Wie wenig allerdings solche ideologischen Haltegriffe von „Volk“ und „Heimat“ meist taugten, zeigen die Fachgeschichte wie die deutsche Geschichte insgesamt. Der Schriftsteller Jean Améry hat die Bodenlosigkeit solchen vermeintlichen Haltes in der deutschen Vergangenheit und Gegenwart immer wieder zum Thema seines literarischen Nachdenkens gemacht und diese Erfahrung auch in einem Essay mit dem Titel ‹Wieviel Heimat braucht der Mensch?› autobiographisch festgehalten. Darin schildert er, wie er als österreichischer Jude und deutscher Linker im Jahr 1938 vor dem Nazismus nach Belgien flieht, in Antwerpen als Exilant und Antifaschist jenes Deutschland bekämpft, sich zugleich aber auch vor Heimweh nach ihm verzehrt. Nach der Besetzung Belgiens durch die Wehrmacht beteiligt sich Améry am aktiven Widerstand, wird dann 1943 verhaftet und in ein Konzentrationslager gebracht. Kurz zuvor jedoch erlebt er, wie seine Wohnung, die auch als Stützpunkt der illegalen Arbeit dient, von einem im Hause wohnenden SS-Mann betreten wird, der sich nichtsahnend lediglich wegen des Lärms aus dieser Nachbarwohnung beschweren und seine Nachtruhe einfordern will. Die Situation wird für Améry grotesk: „Er stellte seine Forderung – und dies war für mich das eigentlich Erschreckende an der Szene – im Dialekt meiner engeren Heimat. Ich hatte lange diesen Tonfall nicht mehr vernommen, und darum regte sich in mir der aberwitzige Wunsch, ihm in seiner Mundart zu antworten. Ich befand mich in einem paradoxen, beinahe perversen Gefühlszustand von schlotternder Angst und gleichzeitig aufwallender familiärer Herzlichkeit, denn der Kerl ... erschien mir plötzlich als ein potentieller Kamerad." (Améry 1980: 85f.)

Einerseits fühlt Améry sich überwältigt durch die Rührung, diesen seit Jahren nicht mehr vernommenen Dialekt als „Heimatklang" wieder zu hören – die Sprache als den symbolischen Ort der Heimat. Andererseits überwältigt ihn die Todesangst dieser Situation, in der sein Landsmann zu seinem Mörder werden könnte. Es ist ein fast absurder Zwiespalt, der gefühlsmäßige Momente eines völligen Identisch-Seins mit dem klaren Wissen eines absoluten Nicht-Identisch-Seins verbindet. Was heißt da Heimat, was nationale Identität, wenn er bei Fremden in Belgien Sicherheit finden, während er vom Nachbarn den Tod erwarten kann? Améry antwortet darauf: „Die Feindheimat wurde von uns vernichtet, und zugleich tilgten wir das Stück eigenen Lebens aus, das mit ihr verbunden war. Der mit Selbsthaß gekoppelte Heimathaß tat wehe, und der Schmerz steigerte sich aufs unerträglichste, wenn mitten in der angestrengten Arbeit der Selbstvernichtung dann und wann auch das traditionelle Heimweh aufwallte und Platz verlangte." (Améry 1980: 88)

Diese tückische Erfahrung des existentiellen Sicherheitsverlusts in einst versichernd beschriebenen und geglaubten Identitätsbildern beschränkt sich nicht auf die deutsche Geschichte wie auf Geschichte überhaupt. Sie begegnet uns gegenwärtig in zahllosen Erfahrungsberichten aus dem Krieg und den „ethnischen Säuberungen" der letzten Jahre im ehemaligen Jugoslawien ebenso wieder wie in Erlebnissen deutscher Ausländerfeindlichkeit durch Migranten. Und sie stellt in der Tat immer wieder die Frage neu, „wieviel Heimat" und welche Identität wir brauchen, wenn wir nicht bloß über versichernde Bilder von uns verfügen, sondern in sicheren menschlichen Beziehungen leben wollen.

Aus all dem wird deutlich, daß Identität also nichts „für sich" Existentes ist, sondern stets auf soziale Relationen und kulturelle Interpretationen verweist; sie konstituiert sich überhaupt erst durch die Bezugnahme auf ein Anderes. Die klassische Konstruktion jener Bilder vom „Eigenen" und „Fremden" versuchte aus dieser Abgrenzung von einem Anderen als fremdem Gegenüber eine versichernde

Wirkung zu erzielen: Das Andere konnte als „Fremdes" getrennt vom „Eigenen" gedacht werden, als eine „Welt da draußen". Heute sind diese Trennungen als stimmige soziale Weltbilder, als kollektive Vorstellungen sicherlich ins Wanken geraten, weil Eigenes auch fremd und Fremdes uns vertraut geworden ist. Unsere spätmodernen Arbeits- und Lebenswelten, unser Medienkonsum und unser Reisen öffnen und verschränken unsere Wahrnehmungshorizonte. Sie lassen uns in sich überschneidenden und überlagernden Identitäten zu Hause sein, die vielfältiger, aber auch instabiler werden, deren versichernde Wirkungen sich räumlich wie zeitlich einschränken. Wir selbst scheinen vielfach Fremde in einem Eigenen zu werden, das sich durch soziale Differenzierung und Mobilität, durch Individualisierung und Ästhetisierung zunehmend auflöst, jedenfalls keine Erwartungen „totaler" Übereinstimmung mehr zuläßt (Kristeva 1990; Giesen 1991). „Moderne Gesellschaft kann nur deshalb Fremdheit generalisieren, weil sie gleichzeitig Fremdheit als Sonderstatus dadurch aufhebt, daß alle Fremde sind. Paradox formuliert: Nur dort können alle Fremde sein, wo es keine Fremden mehr gibt." (Hahn 1994: 162)

Dies macht einsichtig, weshalb es wenig hilfreich ist, von *der* Identität zu sprechen, weshalb dieser Begriff auch kaum zur systematischen Kennzeichnung eines Forschungskonzeptes taugt. Seine Nützlichkeit kann sich nur in konkreten Untersuchungsfeldern erweisen, um vor allem dort, wo Eigen- und Fremdbilder entworfen und benutzt werden, zu klären, wie diese kulturell aufgebaut und legitimiert sind und welche politisch-strategische Bedeutung ihnen „als Diskursformationen" (Assman 1993: 240) zukommt. Denn die vielgeführte Rede von der „kulturellen Identität" erweist sich heute auf den zweiten Blick zumeist als eine überaus politische Rede.

Das „ethnische Paradigma" als Identitätskonzept

Ein derartiger politischer – man könnte auch sagen: „kulturalistischer", also den kulturellen Aspekt absolut setzender – Verwendungszusammenhang kennzeichnet heute sicherlich den Begriff der Ethnizität. Zugleich beschreibt dieser ein besonders traditions- und folgenreiches kollektives Identitätskonzept, das aufs engste mit der Fachgeschichte der Volks- und Völkerkunde verbunden ist. Da von ihm bereits vielfach die Rede war, kann ich mich hier auf wesentliche Gesichtpunkte beschränken.

Begriffsgeschichtlich greift die Vorstellung ethnischer Identität zurück auf das griechische Wort *ethnos*, das im Sprachgebrauch der Antike die Gesamtheit aller nichtgriechischen Bevölkerungsgruppen bezeichnete. Es setzt semantisch also bereits ein Bewußtsein kultureller Zusammengehörigkeit voraus, das sich aus der Wahrnehmung der „Andersartigkeit" aller anderen speist. Dies ist in doppelter Hinsicht bemerkenswert: Zum einen ist darin bereits jenes Relationale des späteren ethnischen Verständnisses in der Völker- und Volkskunde angelegt, die solche Wir-Identitäten ja als Resultat einer quasi naturwüchsigen Vergleichs- und Differenzbestimmung „zum Anderen" betrachten. Zum andern ist in diesem *ethnos* bereits eine „Feststellung von Fremdartigkeit" enthalten, die auf der Ebene des Kulturellen argumentiert: in Vorstellungen einer als „kulturelle Daseinsform" gedachten kollektiven Identität (Rudolph 1992: 59f.).

Daraus wird freilich auch ersichtlich, daß *ethnos* mit der Übertragung in den deutschen Begriff des „Volkes" später eine deutlich abweichende semantische Bedeutungsrichtung erhalten hat. Eine eigene Richtung, die nicht mehr primär auf das kulturelle Prinzip von Zusammengehörigkeitsgefühlen verweist, sondern auf das biologische Abstammungsprinzip. Volkszugehörigkeit wird in diesem Sinne als Resultat des Hineingeboren-Werdens in eine „Abstammungsgemeinschaft" verstanden. Sie meint eine blutsmäßige Bindung, die entsprechende Zuschreibungen physischer, mentaler und kultureller Verwandtschaft nach sich zieht, auch auf „angestammte" räumliche Grenzen und Territorien verweist und die nun als ein scheinbar „natürliches" Grundprinzip kollektiver Identität betrachtet wird: das Volk als Abstammungs- und Territorialgemeinschaft.

Diese Bedeutungsverschiebung vollzieht sich zu Beginn des 19. Jahrhunderts, und sie beschreibt die „Erfindung des ethnischen Paradigmas". Es ist die Zeit des Umbruchs in die Moderne, jene Epoche also, in der sich verstärkt regionale und nationale Bewegungen in Europa gegen Feudal- wie Fremdherrschaften erheben, in der zugleich das Konzept der modernen Nationalstaaten die europäische Landkarte grundlegend zu verändern beginnt und in der schließlich im Gefolge der Aufklärung neues wissenschaftliches wie pädagogisches Denken in die lokalen Wissensordnungen des Alltags eindringt.[24] Damit brechen die tradierten Erfahrungshorizonte auf, alte Auffassungen von lokaler Tradition und Geschichte, von Landschaft und Raum müssen in neue, unvertraute Begriffe sozialer und staatlicher Existenz übertragen werden. So entsteht in den sozialen Lebenswelten ein mentales wie emotionales Vakuum, das durch neue Bindungsangebote gefüllt werden soll: durch die „wärmenden", Nähe und Gemeinschaft versprechenden Formeln von Heimat und Volk, also von einer „Volks-Kunde", die als literarisch-ästhetisches Modell wie als ethnisches Denkprinzip wirkt und die verspricht, Natur und Kultur wieder im Ursprungsgedanken zu versöhnen. „Die behauptete Abstammungsgemeinschaft imitiert eine Familienbeziehung und einen exklusiven Gemeinsamkeitsglauben. Diese moderne

Verwandtschaft der Ethnie wird zur geglaubten Wirklichkeit, indem der Ideologie eine emotionale Struktur eingezogen wird, die eine neue, nationale Erfahrung ermöglicht. Krieg, aber auch Geschichte, Literatur und Volksdichtung werden zu Verständigungsmustern der Ethnien, weil in ihnen Gemeinsamkeit erfahrbar wird. Das Ethnische ist eine Antwort auf die Auflösung der traditionalen Strukturen. Die Ethnien sind aber nicht naturgewachsen, sondern sie sind im intellektuellen Diskurs im Verlauf der Modernisierung hergestellt worden." (Köstlin 1994: 10f.) An dieser „Erfindung" sind Volkskunde und Völkerkunde in jener Zeit maßgeblich beteiligt.

Dies bedeutet nicht, daß die frühen Volks- und Völkerkundler das ethnische Denken selbst „erfunden" haben. Wie die Etymologie des Wortes *ethnos* bestätigt, finden sich kulturelle Zuordnungen nach Stämmen, die zugleich oft auch Territorial- und Abstammungsverbände beschreiben sollten, bereits in der antiken Geschichtsschreibung. Auch in mittelalterlichen und frühneuzeitlichen Quellen taucht der Stammesbegriff immer wieder auf, wo er der Charakterisierung fremder Gruppen, ihrer räumlichen Herkunft, ihrer „anderen" Kultur, ihres „fremden" Wesens dient. Und Vorstellungen kultureller Zusammengehörigkeit durch Sprache und Werte, aber auch durch Geschichte und regionale Herkunft, die als ethnische „Zuschreibungskriterien" immer bis zu einem gewissen Grad „wandelbar" sind (Elwert 1989: 447), prägen auch noch moderne Gesellschaften. Doch betrifft dies bislang nur die *kulturelle* Produktion von Bildern und Stereotypen. Es ist noch nicht jene nunmehr angeblich *wissenschaftlich* erhärtete Feststellung, wonach sich Ethnizität an einem „objektiven" Merkmalskatalog festmachen läßt, der die Zugehörigkeit zu Sprach- und Kulturgemeinschaften an eine genetisch, biologisch und physisch attestierte „Blutsverwandtschaft" bindet. Damit erst sind strikte Grenzen zwischen einem „eigenen" Innen und einem „fremden" Außen gezogen (Barth 1969). Und erst auf dieser scheinbar objektiven Grundlage läßt sich eine ethnische „Weltanschauung" im wörtlichen Sinne durchsetzen, die über die wissenschaftlichen wie populären Medien vermittelt und zu einem selbstverständlichen Bestandteil, ja zu einem Grundgefühl sozialen Alltagswissens wird: zur ethnischen Identität.

Ethnische Gemeinschaft: Inklusion durch Exklusion

Dieses ethnische Paradigma baut wesentlich auf zwei gedanklichen Grundlagen auf: zum einen auf jenem romantisch angehauchten Volksbegriff Herders, der zunächst zivilisationskritisch nach kultureller Ursprünglichkeit und Authentizität sucht und diese Eigenschaften im „einfachen Volk" und in seinen Überlieferungen zu finden glaubt. Schon mit Friedrich Ludwig Jahn aber entwickeln sich daraus verengende Deutungen, die zu einem nationalen „Volkstum“, zum „Deutschtum“ hinführen. Die Vorstellungen von einer „Volksseele“, einer „Volkspersönlichkeit“ schreiben dem eigenen Volk nun eine Individualität zu, die sich im kollektiven „Nationalcharakter“ zu erfüllen scheint. Volk wird immer mehr „nationales Volk“. Es wird ideologisch aufladbar zu jenem Volks- und Gemeinschaftsbild, das Abstammungs- und Territorialgemeinschaft, Kultur- und Nationsgemeinschaft in eins setzt. Denn auch die Volkskultur erscheint darin einerseits als historisch überlieferte Kultur, die an den mythologischen Ursprüngen anknüpft und deren Ideen lebendig erhält, andererseits als eine ethnische Linie der Überlieferung, als Stammraum und Erbe einer Schicksalsgemeinschaft.

Schon Max Weber charakterisiert diese „‚künstliche‘ Art der Entstehung eines ethnischen Gemeinsamkeitsglaubens“ als ein obligates und politisch nützliches „Schema der Umdeutung von rationalen Vergesellschaftungen in persönliche Gemeinschaftsbeziehungen“: der Mitbürger als Stammesverwandter. Weber sieht darin vor allem eine Strategie der „sozialen Abschließung“ angelegt: das (nationale) „Eigene“ in Blut und Kultur gegen das „Fremde“ (Weber 1972: 237f.). Dies bedeutet auch, daß die Überführung ethnischer Motive in nationales Denken dabei hilft, ethnische Fragmentierungen zu überwinden, soziale Gruppen zu integrieren, Gesellschaften oft überhaupt erst mit einem „nationalen“ Horizont zu versehen. Aber es ist Integration nach innen um den Preis der Abgrenzung nach außen, der Stigmatisierung von sozialen Außenseitern wie anderen Gesellschaften als wesensmäßige und daher bedrohliche „Fremde“, gegen die nur ein waches Gemeinschaftsgefühl schützt: das Prinzip der Inklusion durch Exklusion (Gellner 1991).

Die zweite Grundlage für diese Definition des ethnischen Prinzips legt das naturwissenschaftliche Denken des 19. Jahrhunderts. Dessen biologisches Modell der wissenschaftlichen Einteilung der tierischen und pflanzlichen Welt in Arten, Rassen und Ordnungen scheint geeignet, auch für neue, präzise Vorstellungen menschheitsgeschichtlicher Ordnungssysteme Pate zu stehen. Insbesondere Charles Darwin mit seiner – vielfach verkürzt rezipierten – Lehre vom evolutionären Aufstiegsprinzip von der niederen zur höheren Ordnung und vom biologischen Grundgesetz des *survival of the fittest* legt den Analogieschluß nahe, daß sich die Vielfalt der physischen und kulturellen Erscheinungsformen menschlichen Lebens ebenfalls in ein Stufenmodell fassen lassen muß. In diesem Modell verkörpert der weiße und zivilisierte Mensch bzw. Mann die „Krone der Schöpfung“, gleichsam als die Verkörperung der wertvollsten genetischen Anlagen und intellektuellen Eigenschaften. Damit lassen sich die Ethnien letztlich als Ausdrucksform rassischer Ordnung betrachten und auf der Entwicklungsskala eines universell gedachten Zivilisationsmodells einstufen (Kardorff 1991).

Diese naturwissenschaftliche Anleihe einer Stammes- und Rassenlehre wird zwar nicht von allen in der Volks- und Völkerkunde und selten in aller Konsequenz übernommen. Aber die Perspektive scheint dem zeitgenössischen Denken in „Nationalkulturen" und „Stämmen" verwandt und zumindest als generelles Argument einleuchtend genug, um das ethnische Identitätskonzept nachhaltig zu beeinflussen – in der Völkerkunde im Kontext ihrer kolonialen Verwicklungen vielleicht etwas früher, in der Volkskunde etwas später, dann jedoch um so intensiver auf dem Weg zur „Volksgemeinschaft". Insofern sind beide Fächer an dieser wissenschaftlichen Begründung einer universellen Menschen- und Kulturordnung aktiv beteiligt. Sie tragen wesentlich zur „Ethnisierung" populärer Vorstellungswelten bei, bestärken die Bilder von kulturell angeblich homogenen Abstammungs- und Volksgemeinschaften und geraten dabei teilweise auch in das Fahrwasser einer physischen Anthropologie. Deren extremste Formen führen dann bis zu einer Rassenanthropologie, die ihren biologischen Rassebegriff durch menschliche Körper- und Skelettvermessungen zu verifizieren sucht, um dadurch ein anthropometrisches Rassemodell zu erhalten. Auch solche Extreme in Begriffe und Bilder zu fassen, wissenschaftliche Begründungsinstanz und zugleich populäre Vermittlungsinstanz für ethnische Vorstellungen zu sein, die dadurch den Rang eines universellen „Naturgesetzes" zu erhalten scheinen: dies ist die Last – man möchte auch sagen: Schuld – der „Volkstumswissenschaften".

Bilder und Praktiken

Dabei können wir uns heute nicht mehr auf das lange Zeit bequeme Argument zurückziehen, diese Hypothek sei lediglich von den harten „Rassekundlern" aufgehäuft worden. Spätestens mit dem Beginn der Aufarbeitung der nationalsozialistischen Fachgeschichte ist vielmehr deutlich geworden, wie sehr daran selbst der scheinbar so harmlose Folklorismus beteiligt war, dessen Bilder von regionalen Trachten und Territorien, von kulturellen Eigenheiten und Eigenarten stets auch ethnisch eingefärbte Mosaiksteine lieferten. Dies bestätigt nicht nur der Blick auf die deutsche Geschichte. Wer die Situation in Jugoslawien zu Anfang der neunziger Jahre beobachtet hat, in der ethnisch-regionale Folklore – gleichsam: Sprach- und Sängerkriege um „Blut und Boden" – die „ethnischen Säuberungen" des militärischen Krieges vorbereiten half, kann sich von der Aktualität und der politischen Wirkung solcher „Volks-Kunde" überzeugen.

Denn allzu häufig werden dabei regionale Kulturphänomene aus ihrem Zusammenhang herausgelöst, pathetisch überhöht, zum Signum eines „kollektiven Gedächtnisses" erklärt und zugleich in neue patriotische Erzählungen von „Territorium", „Ethnie" und „Nation" gefaßt. Damit sind sie mit einer neuen sozialen Semantik versehen, die sich strategisch nutzen und fundamentalistisch interpretieren läßt: als ein sendungsbewußter kultureller Alleinvertretungsanspruch gegenüber anderen Meinungen wie Gruppenkulturen, als Zwang zu unbedingter Loyalität gegenüber der beschworenen Gemeinschaft.[25]

Das jugoslawische Beispiel ist sicherlich ein extremes, aber es steht keineswegs allein. Nachdem man noch in den 1970er Jahren den Eindruck haben mochte, daß ethnozentrische und nationalistische Konzepte fast schon archaisch anmutende „Auslaufmodelle" einer Weltanschauung seien, ist nunmehr unübersehbar, daß das Gegenteil eingetreten ist: Eine Welle von neuen regionalistischen und ethnischen Bewegungen hat sich auf eine Sinn- und Identitätssuche begeben, die sich insbesondere nach dem Zusammenbruch des Sozialismus in Osteuropa noch weiter aufgetürmt[26] und längst globale Wirkung erreicht hat. Wieder wird nach Ursprüngen und Kontinuitäten gesucht, um kulturelle und territoriale Ansprüche zu legitimieren und sie notfalls gewaltsam gegen andere durchzusetzen. Und wieder werden Mythen und Legenden, Kulte und Feste wiederbelebt, um Gefühle zu mobilisieren, Volksstämme zu beschwören, Gemeinschaft zu stiften. Den Charme des Naiven haben solche folkloristischen Beschäftigungen allerdings endgültig verloren. Vor diesem aktuellen Hintergrund bezeichnete der Kulturanthropologe Eric Wolf vor kurzem die Begriffe Rasse, Ethnie und andere fundamentalistische Kulturvorstellungen zu Recht als „gefährliche Ideen", die längst (wieder) zu einem „ideologischen Kampfmittel in der politischen Auseinandersetzung" geworden sind (Wolf 1993: 346).

Nun speisen sich ethnische Zusammengehörigkeitsgefühle keineswegs nur aus Ideologie und Imagination, sie beruhen auch auf konkreten sozialen Praktiken. Neben den traditionellen Formen sozialen Gruppenhandelns hat eben auch dieses „ethnische Paradigma" durch seine lange Wirkungszeit und dank vielfältiger wissenschaftlicher, politischer wie medialer Vermittlungsstrategien eine hohe Wirkmächtigkeit erzeugt, die uns vielfach fast automatisch *ethnisch* denken läßt. So sind Bilder ethnischer Identität fester Bestandteil unserer alltagskulturellen Vorstellungswelt geworden, ein selbstverständliches Zuordnungsschema etwa in der Arbeitswelt, in den Medien, in Literatur und Kunst.[27] Wir haben mit diesem Zuschreibungsprinzip gelernt, unsere Wahrnehmung von Musik oder Mentalität, von Kriminalität oder Migration stets auch auf einer ethnischen Folie zu interpretieren: Die Zeitungsmeldung etwa, die einen „türkischen" Jugendlichen als den Täter einer Körperverletzung benennt, setzt bei uns eine reflexhafte Assoziationskette um Begriffe von „Ehre" oder „Blutrache" in Gang, die wohl kaum entstehen würde, wäre der Jugendliche „ethnisch" als Bayer identifiziert.

Sozial anderes Verhalten erscheint in der ethnischen Betrachtungsweise als eine gleichsam systematische Folge kultureller Andersartigkeit. Diese Schematisierung kommt sicherlich auch jener Neigung entgegen (die freilich anthropologisch erst noch genauer zu klären wäre), die Komplexität und Kompliziertheit unserer Welt zu vereinfachen, indem wir deren Erscheinungen zusammenzufassen und zu vereinheitlichen versuchen, indem wir eingrenzen und abgrenzen. Diesem Bedürfnis bietet das ethnische Paradigma Bilder und Stereotype mit scheinbar hoher Plausibilität und Erklärungskraft an, weil soziale Situationen dadurch in der simplen Dichotomie von „innen – außen", „eigen – fremd" interpretiert werden können, nach dem simplen Schwarz-Weiß-Modell verfahrend.

Es ist also unnötig, nach mystischen Erklärungen zu suchen, wenn die neue Attraktivität des ethnischen Paradigmas erklärt werden soll. Meist geht es um recht handfeste Interessen: Das ethnische Argument zielt in aller Regel auf Ressourcen- und Gebietsansprüche, auf soziale und kulturelle Machtpositionen, zumal in Regionen, in denen die politischen wie ideologischen Ordnungsgefüge fragil geworden sind. Und die Zahl dieser Regionen scheint weltweit nicht ab-, sondern zuzunehmen. Es ist eine Politik der Differenz und der Macht. Dabei wird im ethnischen Jargon überwiegend *kulturell* argumentiert, also mit Begriffen von Sprache und Religion, von Mentalität und Authentizität „kulturalisiert", weil dadurch starke Bindungskraft nach innen und hohe Legitimationskraft nach außen erzeugt werden können. Vor allem dann, wenn das Gefühl der Bedrohung solcher kulturellen „Grundrechte" vermittelt wird (Bielefeld 1991).

Nirgendwo bildet sich das gegenwärtig schärfer ab als im Bereich der Migration, wo juristische Barrieren der Einwanderung gegen „Überfremdung" errichtet werden, selbst in traditionellen Emigrationsländern wie in Italien und Griechenland, die mittlerweile selbst zu Einwanderungsländern geworden sind. Diese ethnisch begründeten Barrieren führen wiederum bei denen, die dennoch „durchkommen", zwangsläufig zur Antwort der kulturellen Selbstrepräsentation als „ethnische Minderheiten", zur Rückbesinnung auf eigene – vermeintliche? – Traditionen. Solche Auseinandersetzungen um Asyl- und Staatsbürgerrechte stehen für existentielle gesellschaftliche Erfahrungen: Sie sind nicht nur den Pässen, sondern auch den Menschen tief eingeschrieben. Denen, die juristisch die geforderte Identität besitzen, wie denen, die sie – allerdings nicht um den Preis der Selbstaufgabe – erwerben wollen. Beiden ist damit die Beachtung jenes schon überholt geglaubten Abstammungsprinzips wieder zu einer Überlebensfrage gemacht worden. Dies gilt auch für „klassische" Einwanderungsländer wie Frankreich, in denen heute gerne vergessen wird, daß die Anwerbung ausländischer Arbeitskräfte schon seit dem Ende des 19. Jahrhunderts eine bewußte politische Entscheidung war (Augé 1995). Der Historiker Gérard Noiriel hat rekonstruiert, wie damals explizit um „Einwanderer" geworben wurde, da große einheimische Bevölkerungsgruppen die Industriearbeit ablehnten (Noiriel 1988). In diesen Jahren schien sich die Grande Nation noch nicht in ihrer Identität bedroht zu fühlen – allerdings kam diese Einwanderung auch noch nicht wie heute zu über fünfzig Prozent aus den „dunklen" nordafrikanischen Ländern …

Für eine Ethnologie, die sich ihrer fachgeschichtlichen wie ihrer gesellschaftswissenschaftlichen Verpflichtung bewußt sein will, hat der Begriff der Ethnizität jedenfalls seine Unschuld verloren. Wenn jetzt Kulturwissenschaftler davon sprechen, daß nach dem Ende der „großen" sozialen und nationalen Erzählungen nun „ethnische Differenz zur Quelle von Identität" werde, und wenn sie dies nicht kritisch beobachten, sondern ihrerseits die „ethnische Revolution als eine globale Alternative zur Krise der alten Ordnung und zur Herausforderung durch die neue ‚postmoderne' Welt" propagieren, gar als die „äußerste Form" der Abwehr all jener Uniformierungs- und Standardisierungstendenzen unserer kulturellen Identität (Durando 1993), dann werden kritisches Denken wie geschichtliche Erfahrung auf den Kopf gestellt. Es wird – noch zurückhaltend formuliert – wissenschaftliche Naivität zu einer gesellschaftlichen Gefahr. Denn dieses ethnische Argument erwies sich fast immer als ein extrem aggressives Identitätskonzept, das sich beinahe beliebig in rassistische, nationalistische und hegemoniale Strategien einpassen ließ. Das wissen wir inzwischen, aber offenbar haben wir dies nicht laut genug gesagt, um solche wissenschaftlichen „Wiederentdeckungen" zu verhindern.

In diesem Versäumnis scheinen sich eigene Unsicherheiten darüber auszudrücken, ob die Rede von der ethnischen Identität als „Konstruktion" nicht eine lediglich intellektuelle Denkfigur sei, der im Alltag ein populäres Denkprinzip gegenüberstehe, das sich unbekümmert auf ethnische „Wirklichkeiten" beruft. Es ist sicherlich kein Zufall, daß wir bei solchen Gegenargumenten meist sofort die generelle Notwendigkeit von Gruppenidentitäten einräumen, die in einer *„world in transition"* als Halt und Orientierung unverzichtbar seien. Wie solche Identitätsvorstellungen dann freilich ohne ethnische Komponenten und Differenz aussehen sollen, wird von uns meist nicht näher beschrieben. Denn mit „Gemeinschaftsvorstellungen" tun wir uns – aus guten wissenschafts- wie gesellschaftsgeschichtlichen Gründen – ohnehin schwer. Die Frage, wie sich soziale Bindungen innerhalb der Gesellschaft auch symbolisch und emotional gestalten, ob dies nicht immer zunächst über die Konstruktion eines „Anderen" geschieht, bevor man wahrnehmen kann, „daß das Eigene auch Aspekte des Fremden birgt" (Schiffauer 1996: 30) – diese Frage steht in gewisser Weise offenbar unter Ideologieverdacht bzw. gegen die Regeln der Political Correctness. Nun kommt der einst geworfene ethnische Bumerang jedoch zurück, und er trifft ins Zentrum der Fachidentität: Der Frage nach dem Umgang mit einem *ethnos*, das nicht mehr in grauer Geschichte, sondern mitten in der Gegenwart zu verorten ist, kann eine Europäische Ethnologie nicht länger ausweichen. Die – nicht immer glücklich geführte – Diskussion um „multikulturelle" Konzepte gesellschaftlichen Lebens zwingt dazu, wissenschaftlich wie politisch Farbe zu bekennen.[28]

Wenn Ethnizität also von den „Leidenschaften der kollektiven Identität" handelt, wie Clifford Geertz einmal formulierte, dann sollte unser Fach zu zeigen versuchen, wie diese Leidenschaft zunächst in Europa erlernt wurde und welche unauslöschliche Spur sie in unserer Geschichte hinterlassen hat.[29] Und umgekehrt wäre zu verdeutlichen, wie sich andere, weniger schmerzhafte Formen der Erfahrung von Zusammengehörigkeit entwickelt haben – Modelle sozialer Loyalität, die im Schatten solcher dominanten Konzepte wie Nation und Ethnie geblieben sind. Das Fach hat in seiner Geschichte dazu beigetragen, derlei Alternativen unsicher und unsichtbar zu machen. Eigene Blindheiten zu korrigieren und dabei das ethnische Paradigma im Sinne des Verursacherprinzips gleich selbst mit zu entsorgen, es in konkreten ethnographischen Studien als kulturelle Denkfigur zu entideologisieren und zu entdramatisieren scheint mir heute eine lohnende Herausforderung zu sein.

3. Verortungen: Schicht und Geschlecht

Mit der Frage nach der sozialen und geschlechtlichen Ortsbestimmung innerhalb des gesellschaftlichen Gefüges sind zwei Grundvorstellungen benannt, die das Thema Identität in vieler Hinsicht weiterführen bzw. es genauer fassen. Jenes generelle „Wer bin ich?" erhält dabei die Zusatzfrage: „Wo stehe ich, wozu gehöre ich?". Diese Fragen und die Antworten darauf geben zugleich Aufschlüsse darüber, wie wir, indem wir unsere eigene Position zu beschreiben versuchen, eine allgemeine „Ordnung der Gesellschaft" wahrnehmen.

Die Kategorien Schicht und Geschlecht verbinden zunächst einige gemeinsame Eigenschaften: Beides sind Beschreibungsdimensionen individueller Identität, die sich allerdings nur aus der Beziehung zu kollektiven Identitäten ergeben; beide bezeichnen meist lebenslange Ortsbestimmungen, die selten verändert oder gewechselt werden; und beide verkörpern in der Regel hierarchische Ordnungen, da das soziale *Oben* und das geschlechtliche *Männlich* in fast allen Gesellschaften auch für soziale Macht stehen, also Ungleichheit nicht nur im Sinne von „Anderssein" bedeuten, sondern auch in bezug auf soziale Privilegierung und Unterprivilegierung. Worin sich beide Kategorien andererseits schon ganz oberflächlich unterscheiden, das ist die Form ihrer kulturellen Repräsentation: Während soziale Unterschiede alltagskulturell heute eher verdeckt und überspielt zu werden scheinen, werden die Unterschiede geschlechtlicher Identität kulturell betont, ja überhöht – von den Äußerlichkeiten des Körper- und Kleidungsverhaltens bis zu den Zuschreibungen innerer Werte und Geschlechterrollen. Man könnte auch sagen: Das eine wird gerne in die Sphäre soziologischer – wenn nicht: ideologischer – Modelle und Spekulationen verwiesen, das andere hingegen soziobiologischen Realitäten zugeordnet. An dieser Zuschreibung und Gegenüberstellung freilich lassen sich inzwischen (wieder) Zweifel anmelden.

Theorien sozialer Ungleichheit

In der wissenschaftlichen Epistemologie gehört die Frage nach der sozialen Schichtung zunächst einer soziologischen Betrachtungsweise der Gesellschaft an. Sie sucht nach dem inneren Gefüge und den strukturierenden Prinzipien, die eine Gesellschaft ordnen und die deren Beschreibung in Modellen eines Nebeneinander wie Übereinander sozialer Gruppen ermöglichen. Diese Vorstellung einer horizontalen wie vertikalen Ordnung geht von der historisch wie empirisch plausiblen Annahme aus, daß die Lebenschancen in jeder Gesellschaft immer, und zwar systematisch ungleich verteilt sind. Das Modell *horizontaler* Ungleichheit würde dabei zunächst nur ein Anderssein voraussetzen, das auf Unterschiede in der materiellen Lebensführung und den kulturellen Lebensstilen verweist, wie sie sich aus der Verschiedenartigkeit von Berufen und Einkommen, von Wohnorten und Bildungshorizonten ergeben. Die Annahme einer *vertikalen* Ungleichheit hingegen geht davon aus, daß sich durch die unterschiedliche Ausstattung mit Besitz, Bildung und Status auch eine klar abgestufte Hierarchie sozialer Macht und individueller Lebenschancen ergibt, die dauerhaft und systematisch wirkt: Hoher oder niedriger Sozialstatus bestimmt über fundamentale gesellschaftliche Handlungsoptionen und wird über Generationen vererbt, weil sozialer Aufstieg oder Abstieg nur ausnahmsweise auftritt.

Entscheidend dabei ist die doppelte Frage, ob und wie die Menschen selbst diese soziale Ungleichheit wahrnehmen und wie es dann der Wissenschaft gelingt, solche klassifizierenden Wahrnehmungsweisen mit empirisch überprüfbaren Kriterien und Schichtungsmodellen zu verbinden. Denn deren Aufgabe kann es nur sein, das, was die Menschen als „soziale Wirklichkeit" wahrnehmen, in Begriffen sozialer und kultureller Praxis zu fassen und in seinen systematischen materiellen wie ideellen Bedingungen zu erklären. Die Betonung muß dabei auf dem Wort Modell liegen, denn es bleibt stets der Versuch einer theoretischen Konstruktion, die das zusammenfaßt, vereinfacht und zuspitzt, was sich in den Alltagswelten in ebenso komplexen wie komplizierten Wirkungszusammenhängen vollzieht. Zugleich aber darf dieses Schichtungsmodell nicht nur deren Abbildung sein, sondern muß auch das, was sich gleichsam „hinter dem Rükken" der Menschen vollzieht, in seine Analyse einbeziehen: „Subjektive" Wirklichkeitsvorstellung und „objektive" Wirklichkeitsbeschreibungen, „weiche" Interpretationen und „harte Daten" müssen in der Kriterienbildung also ausbalanciert werden. Diese Problemstellung ist selbstverständlich auch für die ethnologische Betrachtung von Kultur und Gesellschaft von hohem Interesse.

In der Geschichte der Sozialwissenschaften sind die einflußreichsten theoretischen Modelle, die Strukturen sozialer Ungleichheit systematisch zu analysieren versuchen, mit den beiden Namen Karl Marx und Max Weber verbunden. Ihre Überlegungen aus dem späten 19. und frühen 20. Jahrhundert spielen in unseren heutigen Diskussionen immer noch eine zentrale Rolle – teils, indem man ihre Überlegungen weiterverfolgt, teils, indem man sich kritisch mit ihren analytischen Begriffen und Konzepten auseinandersetzt oder gar generell den Sinn von Klassen- und Schichtungsmodellen hinterfragt. Ich will versuchen, ihre Grundüberlegungen dazu, was als *Gesellschaft* zu verstehen und wie deren Ordnung zu erklären sei, in einigen wenigen Punkten und damit natürlich entscheidend verkürzt zusammenzufassen.

Karl Marx' (1818–1883) Erklärungsmodell einer „Politischen Ökonomie" geht davon aus, daß die Epoche des Industriekapitalismus in den postfeudalen Gesellschaften eine neue „systemische" Ungleichheit schafft. Denn er sieht die Gesellschaft generell und insbesondere die Industriegesellschaft wesentlich strukturiert durch die „Produktionsverhältnisse", in denen die Mittel zur Erhaltung und Gestaltung menschlichen Lebens ungleich verteilt sind: auf der einen Seite die „Bourgeoisie", das große Bürgertum, das allein das „Kapital" besitzt, also die Produktionsmittel wie Boden, Rohstoffe, Maschinen, Immobilien und Geldkapital; auf der anderen Seite das „Proletariat", die Lohnarbeiterschaft, die lediglich über ihre körperliche und geistige Arbeitskraft verfügt. Daraus entsteht für ihn ein unüberbrückbarer Interessengegensatz von Kapital und Arbeit, denn der kapitalistische Markt macht die Arbeitskraft zur „Ware“, die sich selbst verkaufen muß und deren Erträge privat angeeignet werden können.

In seinem Modell stehen sich damit zwei „Klassen“ gegenüber, die einerseits das Resultat ökonomischer Strukturen und der daraus resultierenden politischen Macht sind (daher sein Begriff der „Politischen Ökonomie“) und die andererseits diesen Interessengegensatz, die unterschiedliche „Klassenlage“ auch in ihrer subjektiven Lebenswirklichkeit erfahren. In diesem Erfahrungs- und Lernprozeß wird notwendig aus der lediglich ökonomisch strukturierten „Klasse an sich“ die sich über gemeinsame Erfahrungen zusammenschließende „Klasse für sich“: „Klassenlage“ führt also zu „Klassenbewußtsein“. Marx geht davon aus, daß sein Klassenmodell wesentlich den sozialen Erfahrungen entspricht, die sich in den Lebenswelten der beginnenden Industriegesellschaft herausbilden. Dabei gibt die Theorie gewissermaßen nur das Stichwort, in dem die Menschen ihre Erfahrungen erkennen und in dessen Namen sie sich dann in politischer Absicht versammeln: Die „unterdrückten Klassen“, die eigentlich den gesellschaftlichen Reichtum schaffen, versuchen mit den „Produktionsverhältnissen“ auch das politische Gesellschaftssystem in Richtung auf eine herrschaftsfreie Ordnung zu verändern.

Dieser Gesellschaftstheorie von Karl Marx, die im mittleren 19. Jahrhundert entworfen ist und nicht nur wissenschaftliche Theorie, sondern auch Anleitung zum politischen Handeln sein soll, setzt Anfang des 20. Jahrhunderts der Soziologe Max Weber (1864–1920) eine andere Auffassung von Gesellschaft und „Klassen“ gegenüber. In seinem Werk ‹Wirtschaft und Gesellschaft› sieht er es als keineswegs selbstverständlich an, daß ökonomische Lage und soziales Bewußtsein identisch sind, daß also ein wissenschaftliches Klassenmodell seine unmittelbare Entsprechung in Ausdrucksformen von Klassenbewußtsein findet. Er argumentiert vielmehr so: „‚Klassen‘ sind keine Gemeinschaften in dem hier festgehaltenen Sinn, sondern stellen nur mögliche (und häufige) Grundlagen eines Gemeinschaftshandelns dar. Wir wollen da von einer ‚Klasse‘ reden, wo 1. einer Mehrzahl von Menschen eine spezifische ursächliche Komponente ihrer Lebenschancen gemeinsam ist, soweit 2. diese Komponente lediglich durch ökonomische Güterbesitz- und Erwerbsinteressen und zwar 3. unter den Bedingungen des (Güter- oder Arbeits-)Markts dargestellt wird (‚Klassenlage‘).“ (Weber 1972: 531) Für ihn bleibt „Klasse“ also eine ökonomische Kategorie und Struktur, die zunächst nur Auskunft gibt über die „Klassenlage“ im Blick auf materielle Lebensumstände, auf Besitzverhältnisse und Marktzugänge.

Um die Seite des Bewußtseins zu beschreiben, benutzt Weber stattdessen den Begriff des „Standes“. In diesen „Ständen“ sieht er Gemeinschaftsbewußtsein und Gemeinschaftshandeln verkörpert. „Im Gegensatz zur rein ökonomisch bestimmten ‚Klassenlage' wollen wir als ‚ständische Lage' bezeichnen jede typische Komponente des Lebensschicksals von Menschen, welche durch eine spezifische, positive oder negative, soziale Einschätzung der ‚Ehre' bedingt ist, die sich an irgendeine gemeinsame Eigenschaft vieler knüpft." (Weber 1972: 534) Der aus der vorindustriellen Gesellschaft übernommene Begriff „Stand" scheint ihm besser geeignet, eine sich auch in ihrem Selbstbild als Gemeinschaft verstehende soziale Gruppe zu beschreiben. Diese Gruppe lebt in ähnlichen materiellen Lebensumständen und folgt ähnlichen sozialen Regeln, wobei Weber diesen Regelkreis mit dem Begriff der „Ehre" umschreibt. Ein etwaiges „Gemeinschaftsbewußtsein" knüpft sich bei ihm also wesentlich an gemeinsame ethische Kriterien, an einen Wertehorizont aus Normen, Regeln, Arbeitswerten und Moralvorstellungen, der das Bewußtsein der Zusammengehörigkeit erzeugt. Dieser ist verbindlich für jeden, der diesem Kreis angehören will, und stiftet daher gemeinsame Erfahrung und gemeinsames Handeln.

Marx versus Weber?

Wo Marx von „Klassenbewußtsein" spricht, operiert Weber mit einem „ständischen Bewußtsein", das einen „Idealtypus sozialen Gemeinschaftsdenkens und Gemeinschaftshandelns" umschreiben soll. Die Interessengegensätze, die sich in diesem „ständischen Denken" manifestieren, lösen sich für ihn zukünftig nicht im politischen Klassenkampf, sondern in der wachsenden „Vergesellschaftung" ehemals lokaler Lebensformen und Lebensstile, die in der modernen Gesellschaft in Gestalt von Institutionalisierungs- und Uniformierungsprozessen notwendig fortschreitet. Was Weber wiederum mit Marx verbindet, ist der doppelte Versuch, einerseits ein analytisches Modell zu entwerfen, das die Bedingungen gesellschaftlicher Ordnung und politischer Herrschaft systematisch zu erfassen vermag, und dieses Modell andererseits an Formen sozialer Erfahrung und Wahrnehmung rückzubinden, also an ein vorwissenschaftliches Verständnis von „Wirklichkeit". Andere Klassiker der modernen Soziologie, wie Theodor Geiger in Deutschland oder Emile Durkheim in Frankreich, haben diese Überlegungen von Marx und Weber zum Teil aufgenommen, zum Teil andere Wege eingeschlagen.

Nun wird über die Aktualität der Gedanken von Marx und Weber gegenwärtig viel diskutiert, wobei Marx seine Renaissance in den 1970er Jahren erlebte, während Weber sie gegenwärtig erfährt. Diese ungleiche bzw. zeitlich verschobene Aufmerksamkeit liegt in unserer „postsozialistischen Epoche" nach 1989 nahe, die das Ende der Marxismen erklärt hat. Ob sich Ideen- und Gesellschaftsgeschichte so einfach „begradigen“ lassen, sei einmal dahingestellt. Jedenfalls wird aus diesen Diskussionen deutlich, daß sich zentrale Leitfragen dieser beiden Denker auch für uns noch keineswegs erledigt haben, sondern ein vordringliches Erkenntnisinteresse sozial- und kulturwissenschaftlicher Forschung bleiben: Wie ordnet und gliedert sich die soziale Landschaft in modernen Industriegesellschaften? In welchen Modellen lassen sich systematische Züge dieser Ordnung beschreiben? Inwieweit stimmen solche wissenschaftlichen Erklärungsmodelle mit den sozialen Ordnungsvorstellungen überein, die den Alltag der Menschen bestimmen, ihre Selbstbilder und Erfahrungen prägen und in soziales wie politisches Handeln übergehen? (Grathoff 1989) Gesellschaftsanalyse fragt nach markanten sozialen Strukturen und Klassifikationssystemen, die anhand von spezifischen wirtschaftlichen, sozialen und kulturellen Indikatoren soziale Unterschiede und Ungleichheiten über längere Zeiträume hinweg markieren.

Dieses Verfahren scheint auf den ersten Blick dazu geeignet, gesellschaftliche Ordnungen unvoreingenommen, „objektiv“, an empirischen Belegen und Daten abzulesen. Auf den zweiten Blick freilich wird deutlich, daß sich das Dilemma „Marx oder Weber“, antagonistische oder integrationistische Gesellschaftsperspektive, damit nicht umschiffen läßt. Denn das analytische Gesellschaftsmodell „liest“ sich nicht einfach aus Fakten und Daten heraus, es steht bereits beim Zugang zum Forschungsfeld zur Entscheidung an: Die Deutung der Gesellschaft konstituiert die Auswahl und Bedeutung der Fakten und nicht umgekehrt. Diesen Sachverhalt als erkenntnistheoretisches Problem transparenter zu machen, würde – zumal in deutschen Debatten – dazu beitragen, daß die Benutzung von Begriffen wie Klasse, Stand oder Schicht wieder pragmatischer erfolgen könnte und vom marxistischen oder bürgerlichen „Gesinnungsverdacht“ befreit wäre.

Kulturordnungen und -praxen

Die Begriffe und Diskussionen um Modelle der Gesellschafts- oder Klassenanalyse habe ich zunächst im soziologischen Raum verortet, wo soziale „Stratifikationsmodelle“ traditionell intensiv diskutiert werden. Doch führt diese Diskussion bereits auch tief in volkskundliche und ethnologische Belange hinein, da die Fragen nach sozialer Ordnung, nach Schichtzugehörigkeit und nach sozialer Ungleichheit unmittelbar verknüpft sind mit den Problemen der unterschiedlichen Partizipationsmöglichkeiten an gesellschaftlicher Kultur wie mit der Beobachtung schicht- und gruppenspezifischer Kulturstile. Kulturelle Handlungen sind nicht zufällig ähnlich oder unterschiedlich ausgestaltet, sondern sie weisen durch ihre Gestaltform und Zeichnung auf systematische soziale Unterschiede hin. Daher beschäftigte die Frage nach dem sozialen Profil der Kultur schon die ältere volkskundliche Fachgeschichte, die darauf freilich eher „unsoziologische" Antworten fand. Man ging – wie erwähnt – zunächst von dichotomischen Kulturmodellen aus, die in der Regel auf ein statisches kulturelles Oben und Unten verwiesen. Unten dominierten Tradition, Erfahrungswissen und mündliche Überlieferung, oben Weltläufigkeit, Bildung und Schriftlichkeit. So folgten volkskundliche Erklärungen der kulturellen Geschichtslandschaft bis in die 1950er Jahre überwiegend einem Modell, das einer „Volkskultur" der bäuerlichen Gruppen und der einfachen Leute eine „Elitenkultur" der gebildeten und höheren Stände gegenüberstellte. Beides fand mentale Verbindungen noch in den „uralten" Wurzeln von „Volkstum" und „Abstammungsgemeinschaft", die alle sozialen Unterschiede durch gemeinsame Geschichte, Sprache, Empfindung und Ethik „national" überbrückten.

Erst in den 1960er Jahren, als unter dem Einfluß der Sozialwissenschaften die Wende von der „Gemeinschaft" hin zur „Gesellschaft" genommen war, wurde dieses Modell renoviert. Beeinflußt auch durch neuere eigene Forschungen zur Gegenwartsgesellschaft, fragte man nun nach den Erscheinungsformen und Entwicklungen der Kultur im gesellschaftlichen Modernisierungsprozeß und stellte dabei zwei idealtypische Kulturräume einander gegenüber: den ländlichen und den städtischen Raum. Während die Dorfgesellschaft für kulturelle Homogenität stand, für eine gleichsam noch vormoderne, weil noch weniger technisch und medial durchwirkte Welt, verkörperte die Stadt soziale Heterogenität, modernes Leben und technische Zivilisation. Dabei spielten auch erste kultursoziologische Überlegungen zunehmend eine Rolle, wenn etwa über den Faktor Bildung als eine wesentliche Ursache solcher kulturellen Standortunterschiede nachgedacht wurde. Man suchte die Erklärung dafür allerdings eher in der Geschichte als in der Gesellschaft. In den 1970er Jahren erst brachen Kontroversen darüber aus, wie der gesellschaftliche Hintergrund von Kultur auch im Sinne politischer Machtverhältnisse und Ressourcenverteilung zu beschreiben sei. Diese Politisierung des Faches über einen herrschaftsorientierten Gesellschafts- und Kulturbegriff war und blieb umstritten, zumal im Blick auf die Analyse der Gegenwartskultur.[30]

Im historischen Forschungsbereich indessen wurde vielfach mit einem Erklärungsmodell operiert, das mit dem Beginn der industriellen Moderne einen Gegensatz gesellschaftlicher Lebensweisen in einer „Arbeiterkultur" einerseits und der „bürgerlichen Kultur" andererseits verkörpert sah. Hier standen sich in der Tat zwei kulturell fremde Welten der Moderne gegenüber: körperliche und geistige Arbeit, Vorstellungen von Kollektivität und von Individualität, unterschiedliche Familienformen und unterschiedliche Lebensentwürfe. So traten die Arbeiter als Verkörperung des sozialen Unten in gewisser Weise neben oder gar vor das Dorf, zugleich wandte sich die Blickrichtung zum ersten Mal auch städtischen Lebenswelten und bürgerlichen Kulturstilen zu. Der Frage, ob dieser Befund eines bürgerlich-proletarischen Kulturantagonismus in die Gegenwart zu verlängern sei, konnte dann allerdings ausgewichen werden, weil in den 1980er Jahren – ähnlich wie in der Soziologie – eine Debatte darüber begann, ob man in der Nachkriegszeit nicht an einem „Ende der Klassengesellschaft" angelangt sei und damit auch am Ende einer „Arbeiterkultur".[31] Diese Debatte griff aus öffentlichen Diskussionen in die Forschung über, wobei vor allem auf die fundamentale Verbesserung des Lebenshaltungsstandards der Arbeiterschaft nach 1950 hingewiesen wurde, auf das immer dichter gewordene Netz staatlicher Sozialleistungen sowie auf die „Verbesserung der *Lebensqualität* infolge eines breiteren Zugangs zu Wissens- und Kulturgütern, wie sie durch die Bildungsexpansion möglich gemacht wird." (H.-P. Müller 1992: 30)

An die Stelle der Frage nach einer „Klassengesellschaft" trat nun die Vermutung einer sich verändernden gesellschaftlichen Ordnung, die weniger durch hierarchische Strukturen als vielmehr durch neue und schichtübergreifende Risiko- und Gefährdungspotentiale gekennzeichnet sei. Es begann die Diskussion um die Lebensbedingungen in einer „Risikogesellschaft", deren soziale Risiken wie Arbeitslosigkeit oder Altersarmut, deren ökologische Risiken wie die Auswirkungen industrieller Katastrophen oder die Verschlechterung der Umweltbedingungen und deren emotionale Risiken in privaten Beziehungen und Krisen zunehmend für alle Mitglieder der Gesellschaft gelten, so daß daraus kaum mehr differente Erfahrungen entstünden, dafür immer deutlicher ein gemeinsames „Gefährdungsschicksal": „Kernkraftwerke – Gipfelpunkte menschlicher Produktiv- und Schöpferkräfte – sind seit Tschernobyl auch zu Vorzeichen eines *modernen Mittelalters der Gefahr* geworden. Sie weisen Bedrohungen zu, die den gleichzeitig auf die Spitze getriebenen Individualismus der Moderne in sein extremstes Gegenteil verkehren." (U. Beck 1986: 8)

Zugleich würden die Menschen nun „*freigesetzt* aus den Lebensformen und Selbstverständlichkeiten der industriegesellschaftlichen Epoche der Moderne – ähnlich wie sie im Zeitalter der Reformation aus den weltlichen Armen der Kirche in die Gesellschaft ‚entlassen' wurden. Die dadurch ausgelösten Erschütterungen bilden die andere Seite der Risikogesellschaft. Das Koordinatensystem, in dem das Leben und Denken in der industriellen Moderne befestigt ist – die Achsen von Familie und Beruf, der Glaube an Wissenschaft und

Fortschritt –, gerät ins Wanken, und es entsteht ein neues Zwielicht von Chancen und Risiken." (U. Beck 1986: 20) In diesem Zwielicht wiederum sah man eine neue Pluralisierung und Individualisierung der Lebenslagen entstehen, die sich in einer neuen Freiheit wie auch Unübersichtlichkeit der Lebensstile ausdrückte. Damit wurde gegen Ende der achtziger Jahre jene Debatte um spätmoderne Lebens- und Kulturstile begonnen, in der wir uns heute noch befinden. Ihr folgend, drücken sich soziale Unterschiede in kulturellen Unterschieden und symbolischen Unterscheidungsakten aus; soziale Ungleichheit kann also – so die heute gängige Hypothese – aus der Differenzbestimmung kultureller Praxen abgelesen werden.

„Die feinen Unterschiede"

Die Durchsetzung dieses neuen Modells der Gesellschaftsanalyse als einer Kulturanalyse ist wesentlich verbunden mit dem Namen Pierre Bourdieu. Bourdieu, französischer Kultursoziologe und Ethnologe, hatte in den sechziger Jahren damit begonnen, in westlichen Industriegesellschaften die Bedeutung der Faktoren Bildung und Erziehung für die Herausbildung von Lebensstilmilieus zu untersuchen. In den siebziger Jahren veröffentlichte er dann eine Studie mit dem Titel ‹Entwurf einer Theorie der Praxis auf der ethnologischen Grundlage der kabylischen Gesellschaft›, in der er nach intensiven Feldstudien in Algerien vor allem die symbolische Strukturierung sozialer Beziehungssysteme herausarbeitete. In alltäglichen Interaktionen, in räumlichen Ordnungssystemen, in verwandtschaftlichen und freundschaftlichen Beziehungen fand er in der kabylischen Gesellschaft einen hoch differenzierten kulturellen Kode der Verständigung, der in jeder Alltagssituation relativ rasch Klarheit schuf über die Absichten, Beziehungen, Rollen und Handlungsweisen der Beteiligten. Dieser Kode war im Sinne eines festen Formen- und Regelwerkes über Generationen überliefert, er mußte jedoch auf jede neue Situation neu angewendet, auf seine Gültigkeit erprobt und gegebenenfalls umgearbeitet werden.

Bourdieu nennt diese Praxis der kulturellen Regelkenntnis und Deutung, der Neuinterpretation und Umdeutung den „kulturellen Habitus" einer sozialen Gruppe. In seiner mitunter etwas komplizierten Sprache klingt das so: „Indem der Habitus als ein zwar subjektives, aber nicht individuelles System verinnerlichter Strukturen, als Schemata der Wahrnehmung, des Denkens und Handelns angesehen wird, die allen Mitgliedern derselben Gruppe oder Klasse gemein sind und die die Voraussetzung jeder Objektivierung und Apperzeption bilden, wird derart die objektive Übereinstimmung der Praxisformen und die Einmaligkeit der Weltsicht auf der vollkommenen Unpersönlichkeit und Austauschbarkeit der singulären Praxisformen und Weltsichten gegründet." (Bourdieu 1979: 187f.) Diese „Theorie der Praxis" besagt also, daß die Menschen *sind*, was sie tun und wie sie es tun, und daß sie dabei – auch wenn sie sich selber für höchst individuell und originell halten – stets kollektiven Regeln dieses Tuns unterworfen bleiben. Ihr praktisches Handeln beinhaltet immer klare symbolische Botschaften, durch die sie oft unbewußt zu erkennen geben, wer sie sind, d.h., welche Rolle sie gerade spielen, zu welcher Gruppe sie gehören und von welchen anderen Identitäten, Rollen und Gruppen sie sich abgrenzen.

Dieses Konzept des kulturellen Habitus als einer weithin unbewußten, „inkorporierten", also buchstäblich in den Körper eingeschriebenen sozialen Identität, die sich über Gesten und Blicke, über Redeweisen und Geschmack verrät, wendet Bourdieu dann analytisch auf westliche Industriegesellschaften an. In seinem Werk ‹Die feinen Unterschiede› zeigt er anhand empirischer Untersuchungen in der französischen Gegenwartsgesellschaft, wie sich aus kulturellen Praxisformen im Bereich von Konsummustern, Wohnstilen, Bildungsformen, ästhetischen Geschmackspräferenzen Grundlinien unterschiedlichen „Klassengeschmacks" und Lebensstils herauslesen lassen. Mehr noch: Die „feinen Unterschiede" in diesen Praxisfeldern markieren zugleich eine Strategie der „Distinktion", der Erkennung und Identifizierung des eigenen sozialen Milieus und der bewußten, symbolischen Abgrenzung von anderen. Denn einzelne Verhaltensmuster wie ein bestimmter Musikgeschmack, ein bestimmter Kleidungsstil oder eine bestimmte literarische Vorliebe werden sofort als Hinweis auf ein komplexes Lebensstilmuster identifiziert, das man entweder teilt oder als ein „fremdes" erkennt. Geschmack als ästhetische Gestaltung der Lebensführung ist nämlich nicht einfach erlernbar oder käuflich im Sinne eines kurzen Kurses in „höherer Bildung". Vielmehr basiert er auf „habitualisierten" und „inkorporierten" Erfahrungen, die wir in der Familie und anderen Sozialisationskontexten erlernt haben, die uns daher als die einzig „passenden" erscheinen und in Fleisch und Blut übergegangen sind. Bourdieu entwickelt damit eine Theorie der Kulturpraxis, die in den „oberen Gesellschaftsklassen" als empirische Übung in der Tat vorhanden war: Schon hundert und zweihundert Jahre vor dieser theoretischen Entdeckung luden etwa die vornehmen Hamburger Kaufleute neu hinzugezogene Berufskollegen zu einem gemeinsamen Fischessen ein, nach welchem sie dann sofort wußten, ob der Neue zu ihnen paßte, ob er „einer von ihnen" war. Je nachdem, wie geschickt er mit dem Fisch, dem Tischgespräch, der Etikette und den beiläufigen geschäftlichen Anmerkungen zu hantieren wußte, hatte er den Habitus-Test bestanden oder nicht.

Die „feinen Unterschiede“ markieren also eine Geschmacksskala, die zwischen „gut“ und „schlecht“, zwischen „eigen“ und „fremd“ genau abstuft und die über dieses ästhetische Prädikat eine komplexe soziale Situation analysiert und markiert. Dieses Klassifizieren „tun“ die Menschen alltäglich, und die Wissenschaft kann es ihnen nur reflektiert nachtun. Um diese soziale Situation systematisch beschreiben zu können, greift Bourdieu daher auf die Begriffe Klasse und Kapital von Karl Marx zurück, definiert diese aber um. Klassen sind für ihn nicht vorgegebene Kategorien, denen soziale Gruppen nach Besitz- und Bildungskriterien zugeschrieben werden, sondern sie konstituieren sich in jenen „klassifizierenden“ Akten, in denen die sozialen Akteure sich selbst positionieren, sich selbst einem sozialen Praxissystem zuordnen. Die Menschen machen sich also ihre soziale Ordnung selbst, freilich aus unterschiedlichen Positionen und mit unterschiedlichen Möglichkeiten: „Darum geht es in den Auseinandersetzungen um die Definition des Sinns der Sozialwelt: um Macht über die Klassifikations- und Ordnungssysteme, die den Vorstellungen und damit der Mobilisierung wie Demobilisierung der Gruppen zugrunde liegen. (...) Eine Klasse definiert sich durch ihr *Wahrgenommen-Sein* ebenso wie durch ihr *Sein*, durch ihren Konsum ... ebenso wie durch ihre Stellung innerhalb der Produktionsverhältnisse.“ (Bourdieu 1984: 748, 754) Marx' Kapitalbegriff fächert Bourdieu in verschiedene Kapitalsorten auf: in *ökonomisches* Kapital, das sich wesentlich auf Besitz und Einkommen bezieht, in *soziales* Kapital, das auf soziale Beziehungen und Netzwerke abhebt, und in *kulturelles* Kapital, das aus Bildung, Geschmack und Lebensart besteht. Diese drei Kapitalsorten bestimmen in ihrer je individuell unterschiedlichen Mischung über die individuelle „Position im Raum der Lebensstile“, also über die Klassenposition. So können der Unternehmer mit großem ökonomischem, jedoch geringerem kulturellem Kapital und der Intellektuelle mit umgekehrter Kapitalkonstellation in diesem Raum der Lebensstile ähnlich hoch positioniert sein: Jeder weiß dennoch genau, was er vom andern zu halten hat.

Bei Bourdieu wird also die Kultur zur zentralen Folie, auf der sich soziale Ungleichheit und Klassenstrukturen abbilden, genauer: Kultur *ist* die Herrschaftsstruktur der Gesellschaft, da sie die Praxis verkörpert, jenen Bereich, in dem wir „uns“ erkennen und uns von den „anderen“ abgrenzen. „Der Geschmack ist die Grundlage all dessen, was man hat – Personen und Sachen –, wie dessen, was man für die anderen ist.“(Bourdieu 1984: 104) Geschmack und Distinktion markieren jene feinen Unterschiede in der kulturellen Landkarte der Gesellschaft, auf der man genau verortet wird und andere verorten kann. Wer IKEA-Möbel bevorzugt, ab und zu klassische Musik von Mozart oder Mahler, aber auch Zarah Leander hört, gerne nicht zu teuere Antiquitäten sammelt und gelegentlich ein indisches Restaurant besucht – der gibt sich leider nur als ein typischer Angehöriger des mittleren Öffentlichen Dienstes zu erkennen, der gerne ein wenig unkonventionell erscheinen möchte.

Bourdieu formuliert somit eine soziokulturelle Klassentheorie, in der sich die einzelnen sozialen Klassen über ihre *homologe*, also in Form und Sinngebung übereinstimmende kulturelle Praxis identifizieren und sich damit zugleich *distinktiv* von anderen abgrenzen. Für die ethnologische Kulturanalyse sind viele Einzelüberlegungen Bourdieus keineswegs völlig neu, da manches schon in älteren Debatten um hermeneutisches Verstehen oder linguistisches Begreifen vorgedacht war. Beeindruckend für sie aber war und ist der Versuch einer geschlossenen Theorie kultureller Lebensstile im sozialen Raum. Was diese Theorie für den ethnologischen Blick nämlich besonders interessant macht, ist zum einen das praxeologische Verständnis der Begriffe *Klasse* und *Kultur*, das nicht auf abstrakte ökonomische Handlungsbedingungen oder soziale Wertehorizonte abzielt, sondern auf die sozialen Selbstverständnisse kultureller Handlungsmuster – gleichsam auf den *native point of view* – und auf ihre sozial integrative Wirkung: auf das Prinzip der „Zugehörigkeit". Zum zweiten leuchtet ein, daß die dabei erhobenen Daten im Unterschied zu üblichen Sozialstrukturanalysen entlang von Berufs- und Einkommensindizes hier von den „Subjekten" selbst produziert werden. Dies geschieht etwa über Konsummuster, Geschmacksformen oder Freizeitstile, die wiederum nicht nur auf das Festgeschrieben-Sein der Akteure in sozialen Positionen verweisen, sondern auch auf deren Gestaltbarkeit: Die symbolischen Ordnungen kultureller Praxis sind etwas Vorgefundenes, zugleich aber auch etwas neu zu Erfindendes. Zum dritten scheint wesentlich, daß die sozialen Zuordnungen wie die sozialen Abgrenzungen von den Akteuren selbst vorgenommen, daß Eigen- und Fremdbilder also im Prozeß ihres Aushandelns beobachtet werden. Und zum vierten kommt dieses theoretische Modell den ethnologischen Methoden der hermeneutischen Quellenerschließung wie der Feldforschung deshalb besonders entgegen, weil dabei auch der Beobachtungsstandpunkt des *Forschenden* in jenem Raum der Lebensstile verortet werden muß: Die eigene „kulturelle Brille" ist zu reflektieren, Forschung muß über weite Strecken auch als kulturelle Interaktion verstanden werden. Diese und andere Gründe haben viel dazu beigetragen, daß Bourdieus Modell in der ethnologischen Forschung mittlerweile hohe Akzeptanz gefunden hat, wenngleich vielfach mit methodischen wie theoretischen Modifikationen.

„Geschlechtscharaktere“

Von einer solchen Modifikation ist gleich zu sprechen, wenn es um die Kategorie der Geschlechtszugehörigkeit geht. Denn diese Dimension sozialer Identität ist im Bourdieuschen Konzept nicht systematisch ausgearbeitet, die Geschlechterproblematik taucht in seinem Habitusbegriff eher am Rande auf. Dies gilt im übrigen für fast alle Klassen- und Schichtungstheorien, die bis in die 1970er Jahre entworfen waren. Bis dahin war man davon ausgegangen, daß die Geschlechterkategorie als etwas sozial eher Indifferentes zu behandeln sei, und hatte in den Gesellschaftsanalysen daher die weibliche „Hälfte der Welt“ kurzerhand der sozialen Positionierung der/ihrer Männer zugeordnet.

Nun kann es weder darum gehen, die Schichtungstheorien um einen weiblichen Annex zu „ergänzen“, noch darum, die Geschlechterfrage an die Stelle sozialer Ungleichheits- und Schichtungstheorien zu setzen. Beide Identitätsdimensionen verschränken sich vielmehr auf der lebensweltlichen wie der gesellschaftstheoretischen Ebene ineinander, ohne dabei an Eigengewicht und Eigenbedeutung zu verlieren (McRobbie 1995). Seitdem die Frauenforschung in den 1970er Jahren die „Geschlechterfrage“ systematisch formulierte, ist uns dennoch bewußt geworden, wie sehr Geschlecht auch stets als eine zentrale Kategorie sozialer Ungleichheitserfahrung betrachtet werden muß.

Zunächst wurde diese Erfahrung gesellschaftlich erzeugter Ungleichheit vor allem im historischen Raum rekonstruiert. Insbesondere die bürgerliche Gesellschaftslehre formulierte zum Ende des 18. Jahrhunderts von der Philosophie bis in die Pädagogik ein klares ideologisches Konzept weiblicher und männlicher Geschlechterrollen, das sich aus einer – angeblich biologisch begründeten – „Polarität der Geschlechtscharaktere“ ableitete. Dabei stand der Mann für die Außenwelt und die Kultur, während die Frau die Innenwelt und die Natur verkörperte. Dementsprechend wurden der öffentliche und der private Raum, die Arbeit und die Familie, den beiden Geschlechtern als ihr jeweiliger Wirkungsbereich zugewiesen (Hausen 1976; Frevert 1986). Aus dieser, im Unterschied zu älteren religiösen Morallehren jetzt „naturwissenschaftlich“ begründeten Geschlechterideologie entwickelten sich Bildungs-, Berufs- und Politikkonzepte, die diese biologische Leitdifferenz der Geschlechterrollen noch vertieften und ausweiteten: Der „kleine Unterschied“ diente der Begründung systematischer Ungleichheit. Ungeachtet aller Proteste der feministischen Bewegung durch das 19. und 20. Jahrhundert hindurch blieb es im wesentlichen bei diesem Stand der „Geschlechterfrage“, bis die internationale Frauenbewegung der 1960er Jahre dem durch politische wie auch wissenschaftliche Initiativen endlich Einhalt gebot.

Dies gelang vor allem durch die Sichtbarmachung der „verdrängten" weiblichen Erfahrung und Handschrift in unserer Gesellschafts- und Politik-, Kultur- und Kunstgeschichte, die das herkömmliche Geschichtsbild in vielen seiner historischen Konturen umschrieb.[32] Inzwischen hat sich diese historische Forschung auch unter dem Einfluß gesellschaftspolitischer Diskussionen längst ausgeweitet zum breiten und interdisziplinären Programm einer Geschlechterforschung, deren männliche Hemisphäre allerdings noch immer unterbelichtet scheint. Der amerikanische Kulturanthropologe David Gilmore kommentiert diese Situation wie folgt: „Sind sich Männer in ihrem Bemühen, ‚männlich' zu sein, überall gleich? Wenn ja – warum? Warum wird an so vielen Orten die an das männliche Geschlecht gerichtete Forderung erhoben, ‚ein Mann zu sein' oder zu ‚handeln wie ein Mann'? (...) Das alles sind Fragen, die in der wachsenden Literatur über Geschlechterrollen nicht häufig gestellt werden. Jedoch sind sie es, die angesichts des neuen Interesses an Geschlechterstereotypen in Betracht gezogen werden müssen, wenn wir beide Geschlechter und ihre Beziehungen zueinander verstehen wollen. Alle Gesellschaften unterscheiden zwischen männlich und weiblich, unabhängig von anderen normativen Unterschieden, und alle Gesellschaften sehen auch institutionalisierte geschlechtsspezifische Rollen für erwachsene Männer und Frauen vor. In einigen wenigen Gesellschaften wird eine dritte Geschlechtskategorie anerkannt. (...) Aber auch in diesen seltenen Fällen androgyner Geschlechterrollen muß das Individuum seine Wahl der Identität fürs Leben treffen und sich an die vorgeschriebenen geschlechtsbestimmten Regeln halten." (Gilmore 1991: 9)

Gilmore formuliert hier als zentrale Aufgabe der Geschlechterforschung die Frage nach dem Stellenwert, den die Bestimmung männlich – weiblich für die generelle Ausbildung sozialer Identität und sozialer Handlungsfähigkeit in einzelnen Gesellschaften wie in übergreifenden kulturellen Zusammenhängen hat. Diese Bestimmung läßt sich nur im wechselnden Bezug des jeweiligen Weiblichen und Männlichen rekonstruieren. Allerdings scheinen diese Kategorien nur auf den ersten Blick klar und eindeutig. Beim zweiten Blick geht diese Sicherheit eventuell verloren, sobald klarwird, daß wir eigentlich umstandslos davon ausgehen, daß männlich und weiblich zugleich einen biologischen wie einen kulturellen Sachverhalt beschreiben sollen, der nicht unbedingt identisch sein muß. Aus wieviel „Biologie" und aus wieviel „Kultur" unsere Geschlechterauffassungen bestehen, ist damit nämlich noch nicht geklärt. Resultiert aus dem unbestreitbaren biologischen Unterschied ein ebenso scharfer und unbestreitbarer anthropologischer Unterschied? Bedeuten Frau-Sein und Mann-Sein gleichsam genetisch unterschiedliche Formen des Mensch-Seins? Oder bezeichnet das Geschlecht auf der kulturellen Ebene eine gesellschaftliche Differenzkonstruktion unserer Identität, also etwas „Gemachtes" im Sinne der historischen Formulierung der „Geschlechtscharaktere"? Und wäre es somit als etwas historisch Entstandenes auch etwas Veränderbares?

„Weiblich" und „männlich" jenseits der Körper?

Die Antworten auf solche Fragen sind heute in vieler Hinsicht strittig, auch deshalb, weil sie in dieser Radikalität relativ neu sind. Jenseits der biologischen Bestimmungen des Sexus wird Gender als soziale Geschlechtsidentität in hohem Maße auch als ein Produkt kultureller Zuschreibungen betrachtet, als Folge kultureller Konzepte von „Weiblichkeit" und „Männlichkeit", die tradiert, erlernt und damit in vieler Hinsicht wandelbar sind. Als provokanter Denkanstoß ist in den amerikanischen Gender Studies sogar die Formulierung des *negotiating gender* geprägt worden, also die Hypothese, daß Geschlechtsidentität in jeder Gesellschaft neu „verhandelbar" sei. Die amerikanische Psychologin und Anthropologin Judith Butler argumentiert dabei folgendermaßen: „Wenn der Begriff ‚Geschlechtsidentität' die kulturellen Bedeutungen bezeichnet, die der sexuell bestimmte Körper (*sexed body*) annimmt, dann kann man von keiner Geschlechtsidentität behaupten, daß sie aus dem biologischen Geschlecht folgt. Treiben wir die Unterscheidung anatomisches Geschlecht/Geschlechtsidentität bis an ihre logische Grenze, so deutet sie vielmehr auf eine grundlegende Diskontinuität zwischen den sexuell bestimmten Körpern und den kulturell bedingten Geschlechtsidentitäten hin. (...) Wenn wir jedoch den kulturell bedingten Status der Geschlechtsidentität als radikal unabhängig vom anatomischen Geschlecht denken, wird die Geschlechtsidentität selbst zu einem freischwebenden Artefakt. Die Begriffe *Mann* und *männlich* können dann ebenso einfach einen männlichen und einen weiblichen Körper bezeichnen wie umgekehrt die Kategorien *Frau* und *weiblich*." (Butler 1991: 22f.)

Bei Butler meint dieses „Aushandeln" der Geschlechtsidentität also noch mehr: ein spielerisches oder ernstes Aufbrechen von kulturell vorgegebenen Geschlechterrollen, um dadurch vielleicht ein verborgenes Selbst zum Vorschein zu bringen, ein Zulassen neuer, auch irritierender Empfindungen, die bis in den Bereich der körperlichen Eigenbilder und Erfahrungen gehen, ein Nachdenken über die Wahlmöglichkeit der Geschlechtsidentität, unabhängig vom anatomischen Geschlecht. Diese Hypothese dient zunächst offenbar einer radikalen Dekonstruktion der Vorstellungen von geschlechtlicher Identität, um den Blick vom Ballast überkommener Bilder zu befreien und ein wirklich grundsätzliches Suchen in einem ideologisch dicht verminten Gebiet zu ermöglichen. Mittlerweile als *gender trouble* apostrophiert (Butler 1990), ruft diese Vorstellung freilich immer noch heftige Reaktionen hervor, selbst bei feministischen Forscherinnen, denen diese „Entleibung" der Geschlechter zu weit geht oder als eine postmoderne Denkfigur, als ein Spiel der Beliebigkeiten erscheint (Dölling/Krais 1997).

Für die ethnologische Analyse von Geschlechterrollen ist der Vorschlag von Butler gewiß ebenso faszinierend, wie er in seinen praktizierten Konsequenzen wohl verhängnisvoll wäre. Denn die Wahlmöglichkeit der Geschlechtsidentität bedeutete einerseits in der Tat jenes „Verhandeln" von Identität, von dem als konstitutives wie kreatives Element der Kultur ständig die Rede ist. Andererseits würde eine völlige Neukonstruktion von kulturellen Mustern, die sich nicht einmal mehr tendenziell geschlechtlich bipolar sortieren lassen, den „ethnologischen Blick" doch grundsätzlich verwirren. Unser ganzes Merkmalsarsenal von symbolischen Weiblichkeits- und Männlichkeitsmustern käme durcheinander, wenn es im Sinne einer kulturellen Differenzbestimmung wegfiele. Denn natürlich sind in den „klassischen" Geschlechterrollen nicht nur ideologisch vorgeprägte Regeln enthalten, die die jeweilige kulturelle Praxis normieren, sondern sie enthalten auch ein anthropologisch entwickeltes Kulturrepertoire, das gesellschaftliches und individuelles Verhalten organisiert und damit integriert (K. E. Müller 1984). In ihm spiegeln sich Kontinuitäten der Erfahrung und Wahrnehmung von Männlichkeit und Weiblichkeit wider, die in hohem Maße zu jenen von Bourdieu als „inkorporiert" bezeichneten Strukturen gehören, also auch im psychischen und kulturellen Raum des gesellschaftlich Unbewußten und Vorbewußten angesiedelt sind. Dort bilden sie einen wesentlichen Bestandteil unserer Identität, den wir – sobald wir ihn im Prozeß kindlichen und jugendlichen Aufwachsens aufgebaut haben – schwerlich erneut zur Disposition stellen können. Aus solchen Kontinuitätsvermutungen speist sich nicht zuletzt auch das kulturwissenschaftliche Geschlechterparadigma.

In Butlers Überlegungen ist aber ausdrücklich mitbedacht, wie nachhaltig die Geschlechtsidentitäten und Geschlechterrollen heute über öffentliche Diskurse immer wieder umakzentuiert und wie rasch uns solche Veränderungen zur Selbstverständlichkeit werden. Wohl stärker noch als in früheren Epochen ist uns die Möglichkeit bewußt, in diesem Feld der Kultur mit den „klassischen" Mustern zu spielen, sie zu stilisieren, zu ironisieren und sie damit in ihren Bedeutungen zu brechen. Nicht zuletzt läßt sich dies in universitären Alltagen beobachten, wo oft sehr bewußt mit zwischengeschlechtlichen Ritualen und Konventionen gespielt wird. In einer Seminarsitzung fragte ich einmal nach, wie es die Studierenden heute mit der alten Kavaliersgeste hielten, wonach der Dame an der Tür der Vortritt zu lassen sei. Die Meinungen dazu waren sehr unterschiedlich, bei beiden Geschlechtern gespalten. Doch war es am Ende der Veranstaltung vergnüglich zu beobachten, wie an der Tür des Seminarraums plötzlich kleinere „Verkehrsstauungen" entstanden, weil einige Studenten offenbar versuchten, dieses Problem ethnologisch, also: praxeologisch vor Ort zu überdenken und zu klären.

Forschung und/als Gender

Vor allem jedoch rühren Butlers Überlegungen an eine zentrale Problemdiskussion der Forschung: Müssen oder können wir von systematischen geschlechtlichen Unterschieden des „ethnologischen Blicks" ausgehen? Betrachten und behandeln Forscherinnen ihr Feld anders als Forscher? Die Fragezeichen sind hier natürlich eher rhetorisch gesetzt, denn das Konzept der Geschlechterkulturen muß zwangsläufig zur Annahme führen, daß solche Unterschiede existieren. Wenn die Wissenschaftskultur nicht exterritoriales Gebiet, sondern Teil der gesellschaftlichen Kultur ist, gibt es auch hier den „eigenen" und den „fremden Blick" der Geschlechter. Diese Differenz der Betrachtungsweisen ist dann auch im Forschungskonzept methodologisch zu reflektieren, und es muß gefragt werden, welche spezifische Einfärbung der jeweilige geschlechtliche Wahrnehmungshorizont dem Feld verleiht, wer sich dort „begegnet".[33]

Generell hat die Geschlechterforschung viel dazu beigetragen, daß Theorien und Methoden der sozialwissenschaftlichen Forschung insgesamt neu überdacht und in vielen klassischen Grundannahmen in Frage gestellt werden. Die Historikerinnen Karin Hausen und Heide Wunder stellen etwa für den historischen Forschungsraum fest: „Geschlechtergeschichte ernsthaft zu betreiben zwingt langfristig dazu, bislang gültige Grundannahmen und Basiskonzepte der historischen Gesellschaftsanalyse aufzubrechen und neu zu formulieren." (Hausen/Wunder 1992: 17) Damit plädieren sie zugleich dafür, Geschlechtergeschichte – oder gar noch verengt: Frauengeschichte – nicht als einen partikularen Sonderbereich des geschichtlichen Prozesses zu behandeln, sondern sie umgekehrt zu einer systematischen Dimension unserer Gesellschaftsgeschichte zu machen. Diese Forderung gilt erst recht auch im Raum der kulturellen Gegenwartsanalyse, die ohne das Bedenken der Geschlechterdimension weder menschliche Erfahrungshorizonte noch gesellschaftliche Machtstrukturen hinreichend erklären kann.

Daß die Frage nach Geschlechtsidentitäten und Geschlechterkulturen in den letzten Jahren so stark in den Vordergrund getreten ist, spiegelt einerseits die Wirkung der gesellschaftlichen Diskurse zu diesem Thema in Politik und Medien wider. Andererseits hängt es zweifellos mit der großen Resonanz zusammen, die einschlägige Forschungen erzielen. Basierend zunächst auf einer Frauenforschung im engeren Sinne, ist inzwischen ein kaum mehr überschaubares Spektrum von Publikationen zum weiteren Bereich der Geschlechterkulturen entstanden, in deren Autorenschaft gleichwohl nach wie vor die Wissenschaftler*innen* die Mehrheit bilden. Diese Feststellung gilt auch für den engeren Bereich Volkskunde/Europäische Ethnologie, in dem die herausragenden Forschungen in den entsprechenden Themenfeldern weibliche Handschrift tragen (Nadig 1993). Daneben ist auch bemerkenswert, daß die Geschlechterthematik immer wieder in studentischen Studienprojekten an den verschiedenen Instituten des Faches aufgegriffen wird, mit durchweg beachtlichen eigenen Forschungsergebnissen.[34]

Schließlich scheint mir hier noch ein weiterer Punkt bedeutsam: Unter dem Leitbegriff Geschlechterkulturen oder Geschlechtergeschichte hat sich mit am deutlichsten ein Feld wirklich interdisziplinärer Forschungsstrategien konstituiert, in dem die disziplinäre Herkunft der Forschenden wie der angewandten Methoden und Theorien keine ausschlaggebende – das bedeutet sonst zumeist: hinderliche – Rolle mehr spielt. Das hängt zum einen mit der wissenschaftspolitischen Außenseiterposition zusammen, in der sich die Frauen- und Geschlechterforschung zunächst befand und die dazu beitrug, bewußt eine Art gemeinsame, stützende Identität über Kooperationen, Diskussionen und Publikationen zu suchen. Zum andern ist dies wohl ein Ergebnis der neuen Fragen wie der neuen Quellen, die in diesem Bereich mittlerweile erschlossen worden sind. Vieles, was vorher als „unerforschbar" galt, weil man dafür keine hinreichende empirische Basis in historischen Akten oder kein Interesse zur Mitarbeit bei Zeitgenossen vermutete, wurde erforschbar gemacht gerade durch die Bereitschaft, unterschiedliche disziplinäre, methodische und theoretische Erkenntnisse zu „mischen" und sie dadurch auch interdisziplinär weiterzuentwickeln. Wenn Interdisziplinarität im wissenschaftlichen Alltag in aller Regel noch bedeutet, daß sich Forschende unterschiedlicher Fächer freundlich auf Tagungen begegnen, um sich die unterschiedlichen Zugänge und Ergebnisse gegenseitig vorzustellen, angesichts der Unterschiede dann jedoch befriedigt festzustellen, daß der eigene Weg doch der richtige ist, so ist in der Geschlechterforschung ein Stück neuer Forschungskultur entstanden, in der Fachdialekte, disziplinäre Eitelkeiten und Gräben eine wesentlich geringere Rolle spielen.[35] Nicht wenige meinen, dies sei auch deshalb der Fall, weil dabei Forscherinnen meist die Mehrheit bilden.

4. Prozesse: Kontinuität und Wandel

Mit den Begriffen Kontinuität und Wandel ist auf die spezifischen, gleichsam physikalischen Eigenschaften der Kultur verwiesen, auf jenes Wechselspiel von dauerhaften und veränderlichen, von festen und flüssigen Elementen. So verkörpert die Religion für uns zivilisations- wie lebensgeschichtlich etwas Dauerhaftes, ein Phänomen der *longue durée*, während die Mode etwa den Inbegriff von Veränderung, von schnellem Wechsel bildet. Dabei wissen wir sehr wohl, daß in jeder Religion ständige Veränderungen ihrer Inhalte wie ihrer Ausübungsformen stattfinden, während die Mode zwar permanent wechselt, als Phänomen, als textiles Medium individueller Selbstdarstellung jedoch dauerhaft vorhanden ist. Kontinuität und Wandel treten bei jedem Phänomen also gleichzeitig auf, freilich in sehr unterschiedlicher Gewichtung. Und sie sind auch nur als relationales Begriffspaar zu verwenden, weil es dabei immer nur um ein Langsamer oder Schneller im Vergleich gehen kann; absoluter Stillstand oder permanente Bewegung findet sich in der Kultur selten. Insofern reflektieren die Begriffe Kontinuität und Wandel eher kulturelle Konventionen der Betrachtung und Wahrnehmung als soziale Zustände, wobei uns langsame Entwicklungsrhythmen als Verkörperung traditionaler Struktur erscheinen, schnelle Veränderungstempi hingegen als innovatives Moment. Beider Wechselspiel prägt den Prozeßcharakter des Kulturellen.

Magische Daten

Die Erkenntnis, daß es kein absolutes Maß für Kontinuität und Wandel gibt, sondern nur ein relatives Empfinden, in dem bereits Interpretationen enthalten sind und wesentlich auch gesellschaftliche Zeitstimmungen mitschwingen, macht die Begriffe keineswegs unbrauchbar, sondern verleiht ihnen im Gegenteil eher eine besondere Bedeutung. Jedenfalls gilt das für eine Kulturanalyse, die gerade an solchen Formen der gesellschaftlichen Selbstbeobachtung interessiert sein muß, da diese ja nichts anderes sind als kognitive Strategien der Wirklichkeitsdeutung. Und diese Strategien verraten uns vieles über soziale Zwecke und Ziele solcher Interpretationen: Was heute etwa als traditional empfunden wird, wechselt nach Zeit und Ort, je nachdem ob das Attribut positiv oder negativ gemeint ist und abhängig vom sozialen Blickfeld wie politischen Blickwinkel. Es sagt letztlich mehr über den Beobachter aus als über das Beobachtete. Dies scheint ein generelles Kennzeichen unserer Zeit: „Die Geschichte der Moderne besteht zum größten Teil aus der Rekonstruktion der Traditionen, die sie auflöst." (Giddens 1993: 445)

Solche gesellschaftliche Selbstbeobachtung findet ständig statt. Doch hat die Kulturgeschichtsschreibung längst registriert, daß dieser Beobachtungsmodus stets dann besonders intensive, ja hektische Züge annimmt, wenn die Menschen sich mit historischen Zäsuren konfrontiert sehen. Immer wieder sind es vor allem die „magischen Daten", an denen uns die mathematische Ordnungsmacht des Kalenders ein bilanzierendes Nachdenken über die Gegenwart fast zur moralischen Pflicht werden läßt. So erscheint die Wende eines Jahrzehnts oder gar Jahrhunderts nicht nur als ein chronologisches Datum, sondern stets auch als das Signum einer gesellschaftlichen Zeitenwende, die verunsichernd wirkt, weil wir erwarten, mit dem Datum auf das Ende einer Epoche und den Neubeginn einer anderen, noch unbekannten zuzusteuern – auf ein *fin de siècle*. Diese Denkfigur finden wir in der Zeit um 1800 ebenso wie in jener um 1900. Bei beiden Anlässen kommt in den zeitgenössischen Diskussionen eine offensichtliche Furcht zum Ausdruck, daß der erwartete Wechsel, das fremde Neue, die Moderne zu schnell und übermächtig eintrete, daß es daher notwendig sei, sich wieder stärker auf die Gegenwart der Vergangenheit zu besinnen, um dort Halt für die Zukunft zu finden.

In manchen Diskussionen unserer späten neunziger Jahre kann man angesichts des bevorstehenden Datums der Jahrtausendwende ähnliche Tendenzen feststellen. Globale Veränderungsprozesse der Ökonomie wie der Ökologie, epochale Wechsel wie der Zusammenbruch des Sozialismus, der Einbruch neuer Medienhorizonte in die Lebenswelten oder der Eingriff von Aids und Tschernobyl in die Lebensläufe vermitteln den Menschen zwar auch ohne magisches Datum existentielle Gefühle der Unsicherheit und der Überforderung. Aber nicht all diese Erfahrungen und Gefühle sind wirklich neu. Neu ist die Komplexität der Selbstbeobachtung, die Verdichtung der Wahrnehmungen, die Dramatisierung der Szenarien. Und dieses diskursive Arrangement scheint auch dem Datum geschuldet. Allerdings löst auch dieser Befund nicht unser Problembewußtsein auf. Er löscht nicht den Eindruck, daß uns an diesen End-Szenarien nur weniges wirklich übertrieben oder hysterisiert erscheint: Die „magische" Wirkung des Datums meint zunächst die besondere rituelle Form kollektiver Besinnung, nicht unbedingt deren kognitiven Gehalt, der im übrigen ja alles andere als „zauberhaft" erscheint.

Die Rede von „Identitätsverlust" und „Identitätssuche" präsentiert daher zwei Schlagworte, die durchaus auf fundamentale Orientierungsprobleme gesellschaftlichen Daseins verweisen. Daß daraus das Bedürfnis nach erneuten Sicherheiten, Gewißheiten, Kontinuitäten entsteht, die in der Vergangenheit noch existent schienen, daß sich daraus vermehrt Wünsche nach festen Werten und Ritualen ergeben, die diesen unsicher gewordenen Alltag neu ordnen und bewältigen helfen sollen, dies sind charakteristische Topoi gegenwärtigen gesellschaftlichen Nachdenkens. Tradition und Geschichtlichkeit werden wieder geschätzt, Möbel wie Feste mit der Patina der Vergangenheit versehen, Authentizität und Herkunft gesucht. In den Niederungen der spätmodernen Alltagskultur wachsen die Schatten der Geschichte wieder in privaten wie in öffentlichen Bereichen, wenn für private Geburtstage und Hochzeiten wie für öffentliche Feiern und Gedenktage immer häufiger mehr oder weniger angemessene historische Kulissen errichtet werden.[36]

Für unser Fach sind solche Tendenzen bekanntlich nicht neu: „Die wesentlichen Entwicklungsphasen der Volkskunde im 19. Jahrhundert sind zu sehen als Antwort auf die Desorganisation, die Mobilisierung und Umwandlung der Gesellschaft.“ (Bausinger 1969: 232) In einer räsonnierenden und nostalgisch eingestimmten Öffentlichkeit waren volkskundliche Themen sehr gefragt, weil sich in ihnen der erwünschte Kontinuitätsgedanke in besonderer Weise verkörperte: In Oster- und Weihnachtsbräuchen, in Volksliedern und Sagen, in Tracht und Handwerkskunst sah man das Ursprüngliche der Kultur noch als eine zu bewahrende Tradition aufgehoben. Tradition erschien wertvoll, weil sie die Wurzeln ins Gestern lebendig hielt und weil sie über „Sitte und Brauch“ der Gemeinschaft überlieferte kulturelle Regeln und Formen des Zusammenlebens vorgab. Und dies sehr konkret und praktisch: „Sitte und Brauch“ bedeutete etwa bei der wichtigen Lebensstation des Heiratens, daß die Sitte die Wahl eines sozial adäquaten Partners regelte, daß der Frau der Jungfrauenstatus auferlegt war, daß der männliche Heiratspartner die Schwiegereltern um ihre Einwilligung zu fragen hatte. Sitte, das war moralische Ordnung. Der Brauch wiederum regelte den Ablauf der Zeremonien und die Rituale der Hochzeit als ein kirchliches und öffentliches Fest, bei dem die regionale und soziale Form einzuhalten war. Wurde die Sitte verletzt, bot der Brauch Sanktions- und Kompensationsmöglichkeiten. So mußte die Braut, wenn sie nicht mehr Jungfrau war, in vielen Regionen in schwarzem statt in weißem Kleid heiraten. Damit war allen Beteiligten klar, daß die Regel zwar verletzt, daß diese Regelverletzung aber auch anerkannt und gebüßt wurde.

Leitwert „Kontinuität“

Dieses kleine Beispiel mag nochmals verdeutlichen, wie sehr im fachgeschichtlichen Horizont der Volkskunde Kultur ausschließlich als stabiles, statisches Element, als ein System räumlicher und zeitlicher Kontinuität verstanden wurde. Damit positionierte sich die Volkskunde selbst als eine Wissenschaft der vormodernen Gesellschaft, in der Kontinuität, Tradition und Prinzipientreue zentrale Tugenden verkörperten. Dem standen damals bereits die Prinzipien der Moderne gegenüber, die umgekehrt auf Bewegung, Wandel und Fortschritt hin orientierten, die seit der Aufklärung die Aufforderung zur gesellschaftlichen wie persönlichen Veränderung als ethischen Imperativ vertraten: Wissenserweiterung, Charakterbildung, Veränderungsfähigkeit sollten das eigentliche „Humanum“ bilden. Mit einiger Unschärfe könnte man formulieren, daß die Volkskunde, die sich schon damals lediglich nostalgisch zur Moderne verhielt und keineswegs außerhalb ihres Wirkungsraumes stand, Elemente einer postmodernen Nostalgie um mehr als ein Jahrhundert vorweggenommen hatte.

So blieb die Beobachtung des sozialen und kulturellen Wandels als Leitprinzip der Moderne zunächst das Thema vor allem der Soziologie: Wie verändert sich die Gesellschaft auf dem Weg in die Moderne? Wie werden Individuen und Gruppen in diesem Prozeß immer stärker aus lokalen und regionalen Horizonten herausgelöst und in allgemeine gesellschaftliche Regeln des Wirtschaftens, der Politik, des Sozialverhaltens, der Bildung integriert? Und wie erfahren und bewältigen die Menschen diese Wandlungsprozesse? Für die Seite des Individuums ist damit jener „Prozeß der Zivilisation“ angesprochen, den Norbert Elias als ein Programm der Wandlung des Menschenbildes analysiert hat, der Erziehung und Selbsterziehung des Menschen zum rational denkenden, seine Triebe kontrollierenden, sich an konsensuellen Verhaltensnormen orientierenden Individuum. Für die Seite der Gesellschaft ist es jener „Prozeß der Vergesellschaftung“, den Max Weber als Entwicklungsprinzip der Moderne beschrieben hat: Vergesellschaftung als ein Prozeß der Durchsetzung von Handlungs- und Rationalitätsnormen, die durch Staat und Verwaltung, durch Technik und Wissenschaft begründet und vorgegeben werden und die religiöse Normen der Lebensführung durch ethische Universalien ablösen: Arbeitsethos und Pflichtbewußtsein, ständische Ehre und soziale Verantwortung. Für beide also, Individuum wie Gesellschaft, gilt: Wer sich nicht bewegt, verändert, fortschreitet, der bleibt zurück, verschwindet aus der Geschichte.

All diese Begleiterscheinungen der Moderne blieben für die Volkskunde von den Zeiten eines Riehl bis in die Nachkriegszeit und im Gegensatz zur Soziologie negativ konnotiert. Die Moderne war immer als eine unterschwellige Bedrohung der gesellschaftlichen und historischen Fundamente zu deuten, an deren kultureller Substanz sie zehrte. Das wird auch im volkskundlichen Begriffsinstrumentarium sehr deutlich, das die eigentlich ineinander verschränkten und sich gegenseitig bedingenden Begriffe von Kontinuität und Wandel stets in wertende Gegensatzpaare auflöste: Land gegen Stadt als Ordnung gegen Chaos, Alt gegen Jung als Beharrung gegen Aufbruch, Bauer gegen Arbeiter als „Volk" gegen „Pöbel", Bürger gegen Vagant als Heimat gegen Fremde. Nicht „Lob des Wandels", sondern „Lob der Kontinuität" lautet das volkskundliche Evangelium.

Daß dieses Kontinuitätsdenken dennoch stets auch ein selektives und wertendes war, daß Tradition nicht nur bedingungslos geschätzt wurde, zeigt das Beispiel der alten Völkerkunde. Ihre „Stammeskulturen" außerhalb Europas waren Gesellschaften scheinbar außerhalb der Moderne, Gesellschaften ohne Staat, geordnet nur durch Tradition und Ritus, also durch hohe Kontinuität der kulturellen Ordnungen. Sosehr man jedoch dieses „Museum der Menschheit" schützen und behüten wollte, so gering schätzte man diese Form der Kontinuität. Die Völkerkunde nahm dazu im Grunde genommen eine ähnliche Perspektive ein wie die Volkskunde, nur argumentierte sie etwas komplizierter: Diese „Naturvölker" könnten eben nur als „Urbild" auf einen historisch überholten gesellschaftlichen Zustand verweisen. Sie verkörperten nicht bewußte Kontinuität, sondern bewußtlose Statik, da sie nicht vom Standpunkt der Zivilisation aus agierten, also nicht Traditionsbewußtsein, sondern Archaik verkörperten. Völker „ohne Geschichte" und ohne Geschichtsbegriff bewahrten sich somit nicht Kontinuität im Wandel, sondern – so schien es – „Primitivität" aus Unfähigkeit zum Wandel. Damit erhielten sie sich zugleich aber eine noch einheitliche und geschlossene, noch nicht zivilisatorisch gebrochene Weltsicht.[37]

Wissens- wie wissenschaftsgeschichtlich markieren die Begriffe Kontinuität und Wandel also einen ausgesprochen zeitgeistabhängigen Deutungsrahmen, der zugleich bezeichnende Schlaglichter auf volkskundlich-ethnologische Vorstellungen kultureller Tradierung zu werfen vermag. Vier solcher Deutungskonzepte möchte ich im folgenden skizzieren.

Traditionen: „Fund und Erfindung"

Ein erster Zugang wurde im volkskundlichen Vokabular lange Zeit mit der Metapher von „Fund und Erfindung" umschrieben. Man fragte damit – zunehmend skeptisch – nach den Quellen und der

„Überlieferungstreue einer volkstümlichen Weltanschauung“, wie der Münchner Volkskundler Hans Moser einmal formulierte. Inzwischen ist diese Skepsis weiter gewachsen, und es hat sich dafür immer mehr die Formel von der *invention of tradition* eingebürgert, die von den englischen Historikern Eric Hobsbawm und Terence Ranger (1986) stammt. Dieses Konzept geht davon aus, daß die bürgerliche Kultur- und Geschichtsarbeit spätestens seit der Aufklärung von der Vorstellung bestimmt gewesen sei, das Wissen um historische Wurzeln und die Formen ihrer kulturellen Überlieferung seien in den Gesellschaften der europäischen Moderne im Begriff verlorenzugehen. So gelte es, diese Traditionen wieder zu kräftigen, sie notfalls neu zu beleben, um die entstandenen kulturellen Brüche und Risse in der Geschichtslandschaft durch wissenschaftliche Aufklärung wie praktische Traditionspflege zu überbrücken. Dieser Brückenbau setzte an der Befestigung der kleinen Überlieferungspfade von Sage, Tracht und Brauch ein, um auf diesem Fundament auch wieder die großen Wege zurück in die Geschichte begehbar zu machen: Brükken zur völkischen und nationalen Herkunft, deren Pfeiler in germanischen Mythen, in brauchtümlichen Riten und in volkstümlicher Poesie vermutet wurden. Zwar waren deren Bilder inzwischen verblaßt, aber die Romantiker und nach ihnen die Volkskundler, Altertumswissenschaftler und Germanisten glaubten nachweisen zu können, daß Spuren solcher archaischen Vorstellungswelten noch „im Volk“ vorhanden seien. Noch 1937 schrieb der Volkskundler Josef Dünninger: „Das 19. Jahrhundert hat die Volkswelt zersetzt, so daß sie nur noch aus Trümmern ergänzt werden muß.“ (Dünninger 1937: 9)

Dieses Unternehmen „Traditionsbildung“ konzentrierte sich zunächst in den Mythen- und Sagensammlungen einer germanistischen Volkstumskunde, die damit zugleich einen wichtigen Baustoff nationaler Identitätskonstruktion bereitstellte. „Im Volk“ gerettet, mußte dieser Stoff dem Volk wiedergegeben werden, um zu überleben. So wurde die germanische und nationale Mythologie zum Lehr- und Bildungsstoff der Schulen und Universitäten, der Gesangs- und Geschichtsvereine, der Kinder- und Historienliteratur. Es war „Arbeit am kollektiven Gedächtnis“, die hier geleistet wurde. Und diese Arbeit vollzog sich – das darf man heute nicht unterschätzen – bereits unter Einsatz ausgesprochen wirksamer ideologischer und massenmedialer Techniken. Die Gesamtauflage all jener einschlägigen Bücher, Lieder, Sammlungen, Farbdrucke, bald auch Fotografien ist statistisch nie erfaßt worden, belief sich aber auf viele Millionen Informations- bzw. Ideologieträger.

So stellt sich dieses 19. Jahrhundert als ein Jahrhundert intensivster Konstruktionsarbeit an historischen Kontinuitätslinien dar, einer *in-*

vention of tradition im Sinne von nationalen Reichs- und Staatsideen wie in England, von ethnisch-kulturellen Gemeinschaftsgedanken wie in Deutschland, vor allem aber von der Idee einer „Volkskultur" als eines historisch überlieferten Erbes „nationaler" Geschichte von Skandinavien bis Italien, von Frankreich bis Rußland. Der Zweck solcher Traditionsbildung scheint aus heutiger Sicht klar: die Legitimation nationalen und ethnischen Denkens durch historische Patinierung, der Einbau entsprechender Bilder und Denkmuster in alltagskulturelle Horizonte und schließlich die Verstärkung sozialer Integrationseffekte durch ethnische und nationale Semantiken (Hugger 1992).

Nun bedeutet diese *invention* freilich nicht einfach ein beliebiges „Erfinden" historischer Phantasiestoffe. Das Erfundene muß vielmehr die Plausibilität eines „Gefundenen" erzeugen, indem es an Bruchstücken, Daten und schemenhaften Überlieferungen der Geschichte anknüpft, indem es diese in einen Zusammenhang stellt, der logisch erscheint und eine historische Entwicklungslinie ergibt. Claude Lévi-Strauss hat zur Kennzeichnung solcher Identitätsarbeit den Begriff der *bricolage* geprägt, der auf ein mosaikartiges Zusammensetzen unterschiedlicher Materialien und Muster verweist, aus denen sich schließlich ein Gesamtbild gestalten läßt. Im Blick auf diesen zielgerichteten Effekt sprechen wir heute von „Konstruktion", also von der systematischen Anordnung dieser Mosaiksteinchen zu einem Muster, das in sich ästhetisch geschlossen, logisch plausibel und ideologisch unangreifbar wirkt und dessen Verfertigung selbst Bestandteil einer „Kultur", hier: einer „Nationalkultur" ist. *Invention of tradition* meint also vor allem diese Technik der künstlichen Patinierung und Historisierung, die es ermöglicht, eine Gegenwart in das entsprechende Licht der Geschichte zu tauchen und sie dadurch als historisch vorgezeichneten Erfüllungsort eines geschichtlichen Auftrages zu begreifen.

Wesentliche Voraussetzung dafür ist, daß diese Konstruktion ihren festen Platz in einem gemeinsamen „kollektiven Gedächtnis" (Maurice Halbwachs) findet, sozusagen in einem gesellschaftlichen Gedächtnisarchiv, das nicht nur ideell in den Köpfen der Menschen, sondern auch in der materiellen Gestalt etwa von Museen, Denkmälern und Erinnerungsstätten vorhanden ist. Auch solche sichtbaren Gedächtnisarchive schuf das 19. Jahrhundert in großer Fülle – gerade in Deutschland und vor allem zu nationalen Zwecken. Um ein herausragendes Beispiel zu nennen: Was in Frankreich das Pantheon, sollte in Deutschland bzw. in Bayern damals die Walhalla werden: ein nationaler Gedächtnisraum, dessen Name mythologisch an die Halle des germanischen Odin anknüpfen sollte, des nordischen Gottes, der dort angeblich die im Kampf gefallenen Helden versammelte. Der besonders mythengeneigte König Ludwig I. von Bayern wollte damit einen Tempel nationaler Geschichte und Kultur schaffen, in dem die Marmorbüsten von 161 „deutschen" Menschen, Helden, Dichtern, Komponisten, Politikern die ganze deutsche Geschichte und ihre Kontinuität verkörpern sollten. Bei der Grundsteinlegung im Jahr 1830 führte die Rede des Ministers Eduard von Schenk diesen Gedanken in all seinem Pathos aus: „Die Stätte, auf der wir stehen, ist ein Berg, umkränzt von Eichen, dem Sinnbild deutschen Sinnes; zu unseren Füßen rauscht der mächtige Donaustrom und bringt uns die Grüße eines verbrüderten Nachbarlandes, in dem er entsprungen; nordwärts wölben sich beschattete Hügel, die bis an den gewaltigen Böhmerwald reichen; südwärts glaubt unser Blick, über die mit Getraide gesegnete Ebene Bayerns weggleitend, die schneeigten Gipfel seines fernen Hochgebirges zu entdecken; neben uns ragen die Trümmer der Veste Stauf, wo ehedem ein starkes Rittergeschlecht gehaust und aus dem nahen Regensburg, dem ersten Sitze des Bayernfürsten, wo Otto von Wittelsbach belehnt wurde, erhebt sich wie ein Fels der herrliche Dom. So umgeben uns rings Bilder deutschen Fürstenthums, deutscher Kraft, Gottesfurcht und Kunst." (Glaser 1986: 28)

Daten und Orte, Bilder und Symbole werden hier um ein nationales Bedeutungszentrum gruppiert und inszeniert, um als Wegweiser deutscher Herkunft und Tradition ins Bewußtsein eingeschrieben zu werden. Auch die Architektur und die Baumaterialien dieser Walhalla, die dann 1842 eröffnet wurde, sprechen diese pathetische nationale Sprache: Dolomitquader als Unterbau, breite Marmortreppen als Aufgänge, Tempelsäulen und Friese mit Motiven aus den Schlachten deutscher und germanischer Geschichte, Tempeltore aus Erz und Ahornholz. All dies soll auch ästhetisch, körperhaft, sinnlich wirken, soll „nationales Erbe" in seiner Stärke und Wucht spürbar machen. Der französische Historiker Michel de Certeau hat mit seinem Begriff von den *lieux de mémoire* namentlich solche nationalen Gedächtnisorte bezeichnet, die in ihrer Architektur und Sinngebung „nationale Geschichte und Gemeinschaft" symbolisieren: Denkmäler, Kirchen, Gedenkstätten und Museen, aber auch Parks und Naturdenkmäler als Modelle einer „nationalisierten Natur", wie sie der Ethnologe Orvar Löfgren (1993) an schwedischen und amerikanischen Beispielen beschrieb. Es ist der Versuch, auratische Orte zu schaffen, die als moderne Kultstätten kollektiver Erinnerung historisches Kontinuitätsdenken bewirken sollen. „Tradition ist deshalb ein Medium, in dem sich Identität bildet. Identität, sowohl persönliche als auch kollektive, setzt Sinn voraus; doch sie basiert auch auf dem kontinuierlichen Prozeß von Erinnern und Neu-Interpretation." (Giddens 1996: 150)

So entfernt uns der Sprachgestus jener Walhalla-Rede heute sein mag, so vertraut muß doch diese Strategie der Schaffung eines kollektiven Gedächtnisses anmuten. Die gegenwärtige „Musealisierung der Welt" wird schließlich ebenfalls gespeist aus einem Bedürfnis nach geschichtlicher Bestandssicherheit, in dem die Motive einer lokalen, regionalen, nationalen oder ethnischen Identitätspolitik kaum mehr verhüllt hindurchschimmern als im 19. Jahrhundert. Unsere Anliegen mögen wir wohl differenzierter begründen, und Sprache wie Ästhetik haben an Pathos verloren. Die Strategie des Erinnerns jedoch bleibt dieselbe. Unser Geschichtsbewußtsein ist zwar – hoffentlich – kritischer, reflektierter, unideologischer geworden. Wir nehmen heute Brüche und Diskontinuitäten sicherlich eher wahr. Aber wir scheinen doch anfällig geblieben gegenüber manchen jener Beschwörungen „nationaler Gemeinschaft". Der Blick auf gegenwärtige deutsche Geschichtspolitik wie auf die Renaissancen nationalen Bewußtseins in Ost- wie Westeuropa macht jedenfalls deutlich, daß die *invention of tradition* keineswegs nur ein vergangenes, historisches Problem umschreibt.

Folklorismus oder: „God save the king"

Eine zweite Erörterungsmöglichkeit des Verhältnisses von Kontinuität und Wandel in der Kultur bietet der Begriff des Folklorismus. „Folklore", bereits im 19. Jahrhundert als Leitbegriff geprägt, verweist auf das, was „im Volk" durch Zeiten und Räume weitergegeben und in narrativer oder ritueller Form überliefert wird. Dort erscheint Kontinuität vorwiegend als ein Prozeß des aktiven Tradierens von Wissensformen und Kulturmustern, die so dem Wandel und dem Vergessen widerstehen. Die Volkskunde hatte sich lange Zeit diese Auffassung zu eigen gemacht, da ihre Sammlungen von bäuerlichen und handwerklichen Bräuchen, von Sagen und Liedern versprachen, das „Echte und Ursprüngliche" der Volkskultur zum Vorschein zu bringen. Was das Volk selbst überlieferte, mußte den historischen Kern volkstümlichen Lebens enthalten. Daß diese Sammlungspraxis selbst wiederum in die Überlieferungszusammenhänge eingriff, daß den Beobachteten damit Kriterien des „Wahren und Wichtigen" vorgegeben wurden, daß ihnen in einer Rollenumkehrung ein Katalog von Traditionen zur Nachahmung angeboten wurde, daß volkskundliches Dokumentieren also im buchstäblichen Sinne *invention of tradition* bedeuten konnte und mußte, das wurde außer acht gelassen. Gewiß nicht nur aus methodologischer Naivität, sondern auf Grund der tiefen Überzeugung, daß, selbst wenn das Volk solche Überlieferungen vorübergehend „vergessen" haben sollte, es durch diese Nachhilfe völlig legitim wieder in deren Besitz zu bringen sei. Da man als Volkskundler wußte, daß das Volk so *war*, wie es in diesen Überlieferungen aufschien, bestand geradezu die missionarische Pflicht, ihm wieder zu seiner eigentlichen Ausdrucksform zu verhelfen.

Erst in der von dem Münchner Volkskundler Hans Moser angestoßenen Folklorismus-Kritik der späten fünfziger Jahre wurde dieser Zirkelschluß zurückgewiesen. Moser sprach von der „Kultur aus zweiter Hand", die von den volkskundlichen Sammlern dem Volk zugeschrieben und übergeben werde. Er verwies damit auf die ambivalente Rolle der Kulturpflege, die auch dort nur zu erhalten vorgibt, wo sie schafft, konstruiert, erfindet. Daß dabei in der Geschichte zunehmend nicht nur ideologische Motive, sondern auch handfeste ökonomische Momente eine Rolle spielten, daß die Beforschten manche Tradition gerne annahmen, sich also nach jenem Bilde formten, welches die Volkskunde öffentlich von ihnen zeichnete, das war eine zweite wesentliche Erkenntnis dieser Folklorismus-Kritik. Hermann Bausinger vor allem wies darauf hin, wie dieses Bild einer gesellschaftlich erwünschten und wirtschaftlich vermarktbaren „Volkskultur" allmählich dominiert und das Wenige verdrängt, was tatsächlich eigenständig überlebt. „Der Folklorismus markiert dieses Drehmoment; die farbige Show einer anderen, ‚natürlicheren' und ‚ursprünglicheren' Gegenwelt fügt sich bruchlos in Kulturindustrie und Konsumgesellschaft." (Bausinger 1969: 233)

Folklorismus als Ideologie der Kontinuität wie als Geschäft mit der Tradition erweist sich damit als fast ebenso alt wie die Volkskunde selbst. So hat Wolf-Dieter Könenkamp (1978) in einer Studie über Bauern in den Vierlanden, einer ländlichen Region östlich von Hamburg, sehr anschaulich gezeigt, wie dort bereits um die Mitte des 18. Jahrhunderts eine systematische Pflege regionaler Tracht einsetzte, als die Vierländer Bauern nämlich entdeckten, daß sie ihr Gemüse auf dem Hamburger Markt einem bürgerlichen Publikum sehr viel erfolgreicher in einheitlicher altmodischer Kleidung verkaufen konnten. Ohne moderne Marketingkonzepte zu kennen, verbanden sie Gemüse und Tracht, also Natur und Kultur, bereits zu einem marktgängigen „Warenlogo". Dabei war es unerheblich, daß diese pittoreske „Vierländer Tracht" fast ebensoviel mit kreativer Phantasie zu tun hatte wie mit nachweisbaren lokalen Kleidungstraditionen.

Solche Beispiele weisen uns darauf hin, daß es bei der Folklore nicht nur um Forscherideen, sondern auch um Alltagspraktiken geht und daß die scheinbar naive Geste des praktizierten Folklorismus auch eine durchaus pfiffige und kalkulierende Logik auf der Seite der Träger besitzen kann. Vor allem die Tourismusgeschichte ist ja begleitet von beständig fortschreitenden Folklorisierungseffekten in den bereisten Regionen, beginnend einst in den mitteleuropäischen Alpin- und Seeregionen, inzwischen aber längst global ausgeweitet. Tourismusregionen lebten immer schon von und mit ihrem folkloristischen Profil, weil sich Kultur dabei auch in klingende Münze umsetzen ließ: Trachtenfeste, Volksmusik und Heimatabende bildeten schon im 19. Jahrhundert ein attraktives Unterhaltungsprogramm für bürgerliche Touristen, die so noch „echtes Volk" vorzufinden glaubten (Jeggle/Korff 1974).

Das Verhältnis von Forschern und Beforschten stellt sich somit keineswegs nur als ein Täter-Opfer-Verhältnis dar. Vierländer und Zillertaler Bauern oder Bodensee- und Caprifischer werden im Verlaufe einer langen Forschungs- und Tourismusgeschichte eben nicht nur in ein ideologisches Traditionskonzept hineingezwungen, das ihnen Tracht und Tanz vorschreibt. Vielmehr spielen sie selbst auf dieser Klaviatur, lernen früh, mit ihrem symbolischen Kapital von Landschaft und Geschichte zu wirtschaften, schaffen sich durch „Kultur" neue ökonomische Existenzgrundlagen. In dieser interkulturellen Praxis verkehren sich mitunter sogar die eigentlich zugedachten Rollen, wenn Einheimische und Fremde sich im Rahmen forschungsbedingter oder touristischer Begegnung wechselseitig „folklorisieren". Der Publizist Kasimir Edschmid beschreibt im Jahr 1926 sichtlich amüsiert solch eine Szene: „Es gibt tatsächlich in Nizza noch Leute, welche von den Engländern auf dieselbe Weise leben, wie es ihre Großväter taten. Sie sind stets auf dem Sprung mit ihren Geigen, wo es auch sei, ‚God save the king' zu spielen, was jeden Engländer hilflos macht. Diese Gauner schleichen sich an die Hotels am Mittelmeer, wenn die Engländer mittags hinter geschlossenen Läden ihre Dunhills rauchen, und fangen an zu spielen. Die Engländer, die keine Neigung haben, sich zu zeigen, aber dieses Lied zu ehren verpflichtet sind, werfen ihnen durch die Fensterritzen Geld auf die Straße, worauf die Geiger einen Jazz spielen" – und die englischen Touristen sich wieder unbedrängt von patriotischen Repräsentationsaufgaben ihrer Siesta hingeben können.[38]

Dieses Beispiel, ob nun beobachtet oder journalistisch nachempfunden, verweist auf zweierlei: zum einen darauf, daß die Stereotypisierung regionaler wie nationaler Kulturen ein allseitiger Prozeß ist. Denn es verfügten nicht nur die gebildeten Engländer über ihre Bilder mediterraner Mentalität, auch die französischen Straßenmusiker wußten offenbar ethnographisch genau über die kulturellen Eigenarten ihrer Gäste Bescheid. Zum andern zeigt sich daran, daß es lange schon auch eine Folklore der Folklore gibt: Geschichten wie diese Szene einer Überkreuz-Ethnographie werden seit dem 19. Jahrhundert kolportiert und goutiert, Geschichten, in denen oft die „Bereisten" sich als die schlaueren Kulturkenner erweisen. Namentlich der amerikanische Schriftsteller Mark Twain liefert damals von seinen Europareisen solche ironischen Schilderungen der Kulturbegegnung, wenn er etwa beschreibt, wie amerikanische Touristen, unterwegs in den Schweizer Alpen, nach den ersten, noch begeistert aufgenommenen und eifrig belohnten jodelnden Sennbuben bald entnervt einen Obulus dafür entrichteten, daß an der nächsten Serpentine die dünne Bergluft *nicht* mehr in jodelnde Schwingungen versetzt wurde. Das ist bereits ein Stück vorweggenommene Folklorismuskritik.

Folklore bezieht sich aber auch auf jene Strategien kollektiver Erinnerung, die sich nicht in diesem Umfeld von Tourismus und Markt entwickeln. Formen populären Erzählens etwa sind ja nicht nur eine „Erfindung" sammelnder Traditionssucher, sondern sie verkörpern eine narrative Strategie der Überlieferung und Wissensvermittlung, die in den überwiegend mündlich kommunizierenden Gesellschaften der Geschichte wie der Gegenwart zur Alltagskultur gehört. So wurde die bäuerliche Erzählkultur des 19. Jahrhunderts von Volkskunde und Germanistik auch deshalb untersucht, weil in Sagen und Märchen, in lokalen und biographischen Erinnerungsstoffen vor allem die Erfahrung von Kontinuität und Wandel immer wieder ein zentrales Motiv bildet. Jenes „Es war einmal" entwirft Bilder, die eine zwar undatierte Vergangenheit beschreiben, aber auch an einen noch ungemessenen, unbegriffenen Abstand der Gegenwart zum Geschichtlichen erinnern. Sie vermögen ihn in den fiktiven Erfahrungen und Gefühlen von Märchenfiguren vielleicht sogar eindrucksvoller zu vermitteln als manches faktenreiche Geschichtsbuch. Dieser Vermittlungseffekt wirkt noch stärker im Bereich biographischen Erzählens, wenn Geschichte sich in der individuellen Erinnerung widerspiegelt, wenn „objektives" Wissen sich in „subjektiver" Wahrnehmung bricht (Warneken 1985; Lipp 1995). Die Alltags- und Erfahrungsgeschichte der letzten Jahrzehnte hat uns diese wichtige mediale Funktion erst wieder bewußt gemacht. Darauf war schon die alte volkskundliche Erzählforschung gestoßen, und ihre moderne Nachfolgerin beweist heute, in welch hohem Maße auch unsere Gegenwartsgesellschaft ihre lebensweltlichen Horizonte noch narrativ strukturiert: In Manta- und Trabi-Witzen, in Berichten von technischen Pannen oder kulturellen Mißverständnissen, in Stadtlegenden und „sagenhaften Geschichten von heute"[39] werden soziale Erfahrungen thematisiert und zugleich über Erzählgenres typisiert, deren Hauptmotiv immer wieder die irritierte Wahrnehmung gesellschaftlichen Wandels ist. Auch das meint „Folklore".[40]

Ungleichzeitiges

Einen anders akzentuierten Zugang zum Verhältnis von Kontinuität und Wandel als der Folklorismus eröffnet der Begriff des Ungleichzeitigen in der Kultur. Er spielte eine wesentliche Rolle bereits in der Gesellschaftstheorie von Karl Marx und wurde von Ernst Bloch später in dessen kulturphilosophische Gedanken aufgenommen. Marx bezog die Vorstellung des Ungleichzeitigen vor allem auf den Veränderungsrhythmus wirtschaftlicher Produktionsweisen und sozialer Denkverfassungen, die sich für ihn im Übergang vom Feudalismus in den Kapitalismus noch vielfach als zeitlich „verspätet" und „verschoben" darstellten: feudale Denk- und Arbeitsweisen noch im schon neuen Markt- und Kapitalverhältnis, das empirische Nebeneinander eines theoretischen Nacheinander. Bei Bloch erscheint der Begriff demgegenüber eher „anthropologisiert", auf die dünne Tünche der Zivilisation verweisend, durch die das Archaische, das nur versteckte Barbarische noch hindurchschimmert, zumal im Angesicht des heraufdämmernden Faschismus: „Dies geheime Deutschland ist ein riesiger, ein kochender Behälter von Vergangenheit." (Bloch 1977: 56) Bloch sieht daher bei den Nationalsozialisten eine bewußte Strategie der Mobilisierung dieses „Unzeitigen" in der Gesellschaft: Sie „widersprechen dem Jetzt ... von rückwärts her", indem sie „für jeden gute alte Dinge" malen, sich zunutze machen, daß nicht alle „im selben Jetzt da" sind. Damit deutet er an, wie im Gefühl des Ungleichzeitigen zwar die Defizite der Gegenwart spürbar werden, aber auch, welche Ressourcen an noch gleichsam trieb- und bedürfnishafter sozialer Energie daraus mobilisiert werden können: im Kampf für ein „Altes" als vorgeblich „neues Leben" (Bloch 1977: 104).

Mit wesentlich geringerem philosophischem Tiefgang operierte auch die alte Volkskunde mit einer „rückwärtigen" Idee des Ungleichzeitigen, wenn sie mitten in der industriellen Moderne immer wieder nach dem Ursprünglichen und Archaischen in der Kultur suchte und dies in „ewigem", der Zeit entzogenem „Volkstum" zu finden glaubte. Wir sehen dies heute kritisch, ablehnend. Aber auch uns ist die Vorstellung des Ungleichzeitigen keineswegs fremd, wenn wir in einer durchaus Blochschen, anthropologisierenden Weise etwa nach neuer Sinn- und Körperlichkeit fragen, die wir als einst existent, weil in der Gegenwart „verloren", voraussetzen. Und sehr viel vordergründiger noch finden sich in unserem Alltagsbewußtsein relativ klare Begriffe von Zeitgemäßem und Unzeitgemäßem, zwischen denen wir eine „zivilisatorische" Grenze liegen sehen. Es sind feste kulturelle Standards, an denen sich entscheidet, was in unserer Alltagswelt als normal, üblich oder modern gilt und was nicht mehr dazu gehört, was uns als veraltet, rückständig, eigentlich dem Raum der Geschichte zugehörig erscheint. Kulturelle Muster, die von der Mehrheit der Gesellschaft längst aufgegeben sind, und Wertehorizonte, die wir nicht mehr nachvollziehen können, ordnen wir so gewissermaßen einer zweiten, aus der Vergangenheit noch in die Gegenwart hereinragenden „Zeitschicht" zu. Damit befinden wir uns übrigens – gewiß unbewußt – in Übereinstimmung mit Albert Einsteins Theorie von der Relativität der Zeit, wonach jeder Bezugskörper seine eigene Zeit besitzt.

Als exemplarische Illustration dieser Gleichzeitigkeit des Ungleichzeitigen diente in der volkskundlichen wie in der öffentlichen Diskussion lange Zeit die Gegenüberstellung von Stadt und Land. Stadt verkörperte die Moderne, die gesellschaftlich gültigen Umgangsformen mit Arbeit und Technik, mit Freizeit und Konsum, während das Land, die dörfliche Lebenswelt, als ein Raum des Gestrigen erschien, zurückgeblieben und unmodern in seiner wirtschaftlichen und technischen Infrastruktur, in seinem Sozialsystem und seiner lokalen Weltsicht. Das Dorf stand für eine Nische der Geschichte, in der man noch „wie früher" anstatt wie heute lebte. Dort blieben Tradition und Kontinuität vielfach erhalten, nicht nur, weil man bewußt an ihnen festhalten wollte, sondern mehr noch, weil man offenbar den Anschluß verpaßt hatte.

Daran wird deutlich, daß diese Verwendung des Begriffs Ungleichzeitigkeit von sehr konkreten Vorstellungen gesellschaftlicher Entwicklung bzw. Rückständigkeit ausging. Allerdings wurden dabei Vergleiche angestellt und Bewertungen herangezogen, deren Maßstab einseitig vorausgesetzt war: von denen, die sich „auf der Höhe der Zeit" wußten. Denn natürlich nahm sich das Dorf, vom Dorfe aus betrachtet, ganz anders aus als in der Perspektive der Stadt. Das Problem war nur, daß sich diese andere, innere Logik dörflichen Lebens in einer auf Modernität ausgerichteten Gesellschaft kaum erklären und vermitteln ließ (Kaschuba/Lipp 1982). Die Dörfler waren sich dessen sehr bewußt, wenn man einschlägigen Studien noch aus den 1950er und 60er Jahre trauen darf, die auf tiefverwurzelte ländliche Minderwertigkeitskomplexe verweisen: Als Randständige der Nachkriegsmoderne, deren beeindruckte Zuschauer sie immerhin waren, erlebten sie jenes Gefühl eigener „Ungleichzeitigkeit".

Rückblickend betrachtet, kann gerade dieses Beispiel des Stadt-Land-Vergleichs illustrieren, wie sehr sich in den letzten Jahrzehnten kulturelle Bewertungen verändert haben. Was einst als ungleichzeitig an den Rand der Moderne abgedrängt schien, steht heute vielfach im Mittelpunkt von fortschrittsskeptischen Vorstellungen eines ökologischeren, sozialeren, menschlich „näheren" Lebens. Auch die volkskundliche Gemeindeforschung der siebziger Jahre, die an dörflichen „Zivilisationsgeschichten“ neue Fragen sozialer Identität und kultureller Beheimatung aufwarf, hat dazu ihren kleinen Teil beigetragen. Und so könnte man heute behaupten, daß das Dorf in gewisser Weise sogar etwas doppelt Ungleichzeitiges verkörpert, nämlich eine durch seine Verspätung nun plötzlich vorweggenommene „Nachmoderne“, die sich auf ihren eigen-sinnigen Entwicklungspfaden viele schmerzhafte Kosten der Moderne erspart hat.

Sicher ist diese Formulierung eher ironisch gemeint, denn der Begriff des Ungleichzeitigen taugt nicht für solche Urteile. Sinnvoll benutzt, vermag er lediglich Fragen nach gesellschaftlichen Beobachtungsmaßstäben aufzuwerfen. Fragen, die sich immer wieder an jenes schwierige Verhältnis von Kontinuität und Wandel richten, in dem sich soziale Sicherheiten und Unsicherheiten jeweils neu ausbalancieren. Und da Kultur nun einmal meist zur gesellschaftlichen Mehrheits- und Mainstream-Veranstaltung tendiert, ist es offen, ob die „Wiederentdeckung des Ungleichzeitigen“ (Bausinger 1987: 13) in den letzten Jahrzehnten und die neugewonnene Wertschätzung kultureller Kontinuität von langem Bestand sind. Immerhin hat diese Wiederentdeckung wesentlich dazu beigetragen, daß uns gesellschaftliche Randseiter oder kulturelle Minderheiten oft sogar als etwas zeitgemäß „Unzeitiges“ erscheinen.

Form und Funktion: Weihnachten

Ein vierter Zugang schließlich versucht, nochmals die Blickachse zu verändern. Wenn bislang von Kontinuität und Wandel die Rede war, wurde mehr oder weniger selbstverständlich eine Analogie von Form und Funktion vorausgesetzt: Kulturelle Traditionen signalisieren gedankliche Beständigkeit, innovatives Verhalten verrät neue Ideen. Schon im Dorfbeispiel deutete sich freilich an, daß dieser Analogieschluß häufig fehlgeht: Kulturelle Formen können äußerlich beibehalten werden, während sich ihre Bedeutungen verändern. Diese Verbindung von Formenkonstanz und Funktionswandel gehört immer wieder zu den besonders interessanten, weil auch besonders interpretationsbedürftigen kulturellen Phänomenen. Ich will das an einem Beispiel illustrieren, das der alten Volkskunde stets als Beleg für Kontinuität diente, während es uns heute als Beweis für kulturellen Wandel erscheint. Die Rede ist von Weihnachten.

Bekanntlich sah die Volkskunde seit dem 19. Jahrhundert in diesem Fest alle jene Elemente vereinigt, die im Rahmen ihrer Volkstumsideologie die Kontinuitätsthese wie auch die Gemeinschaftsidee zu bestätigen schienen. Denn für sie ging dieses christliche Fest in seiner Symbolik auf „uralte“ Bedeutungen zurück, die bis in die graue Vorzeit germanischer Bräuche um die Wintersonnwende reichten. Zugleich betrachtete sie Weihnachten als ein Gemeinschaftsfest, orientiert an der bäuerlichen Tradition der Stall- und Hofweihnacht, das ursprünglich überfamiliären Charakter besaß, also die nachbarschaftliche und lokale Gemeinschaft in ihrem Beziehungssystem symbolisierte und bestätigte. Schließlich verkörperte es für sie ein „deutsches" Fest als symbolische Ausdrucksform spezifischer Überlieferungen und Mentalitäten, die sich nur im germanischen Kulturraum so dicht und ungebrochen erhalten hatten. Der ‹Atlas der Deutschen Volkskunde› führte noch in den 1930er Jahren in umfangreichen Kartierungen den Nachweis der Verbreitung von Weihnachtsbaum und Adventskranz, so daß jenseits aller regionalen Unterschiede ein Grundmodell „deutsche Weihnacht" belegt schien. Diese Vorstellungen wurden in unzähligen Artikeln zur Festgeschichte popularisiert und auch ästhetisiert, indem etwa in den Familienzeitschriften wie ‹Daheim› oder ‹Die Gartenlaube› festliche Gestaltungsvorschläge in Form von Weihnachtsliedern, Christbaumschmuck, Geschenkideen oder Kochrezepten unterbreitet wurden.

Dieses festliche Szenario ist uns in vielen jener Formen noch heute vertraut. Auch die besinnlichen Artikel zum Fest, die Beschwörung typisch deutscher Weihnachtsstimmung wie die praktischen Hinweise zur Festgestaltung stehen uns weiterhin hilfreich zur Seite. Aber wir sind beim Feiern wie beim Forschen doch wohl etwas weniger weihnachtsselig geworden, weil sich manches Glücksgefühl und manche uralte Tradition als trügerisch erwiesen haben. Der Blick zurück in die Kulturgeschichte zeigt nämlich, daß sich die besondere kirchliche Tradition dieses Festes in Deutschland eigentlich erst auszubilden begann, als die Religion mehr und mehr aus dem Alltag verdrängt wurde. Während im 19. Jahrhundert der Kirchgang seltener und das Alltagsleben kirchenferner wurden, erfuhr das Weihnachtsfest gegenläufig eine wachsende Aufwertung. Das gilt für seine feierliche Ausgestaltung wie für seine symbolische Deutung. Während es vorher viele unterschiedliche Formen des Feierns gab, je nach Region, Konfession und Stand, während die lokalen Weihnachtsbräuche einen recht bunten Charakter trugen, entwickelten sich nun immer üppigere, dabei zugleich festere und einheitliche Formen. Vor allem zog sich das Fest allmählich auf eine Form der bürgerlichen Weihnacht zurück, in der das „Gemeinschaftliche" bei Weihnachtsbaum und Kerzenlicht, bei Weihnachtsliedern und Geschenken nur noch im engen Familienkreis stattfand. So geriet Weihnachten zur Inszenierungsbühne der bürgerlichen Familie, in dessen Lichterglanz man sich seine Zuneigung beweisen konnte. Und es wurde zugleich zum pädagogischen Fest, indem die Kinder lernten, daß das Aufsagen von Gedichten und das Vorsingen von Weihnachtsliedern mit Geschenken belohnt wurde. Aber auch die technische und industrielle Revolution ist bei diesem Wandel nicht unwichtig: Weihnachtsbäume verbreiteten sich in den Großstädten wie Berlin in breiteren Bevölkerungskreisen erst dann, als ab 1851 die neue Eisenbahnlinie aus Thüringen und dem Harz in großer Menge Tannen herbeischaffen konnte. Der Adventskranz wurde gar erst in der zweiten Hälfte des 19. Jahrhunderts „erfunden", eine zusätzliche Verdienstchance für Floristen und Gärtner. Das gilt ebenso für den käuflichen Christbaumschmuck, der in strukturschwachen Agrarregionen meist von Frauen in Heimarbeit gefertigt wurde.

Mit dieser nachhaltigen Säkularisierung, Pädagogisierung, Technisierung und Kommerzialisierung geht jedoch der Ernst des Festes nicht verloren. Im Gegenteil: Jetzt erst wird Weihnachten zum nationalen Fest, zum Ausdruck „deutschen Gemüts" und zum Symbol „deutscher Kultur". Man stellt nun öffentlich Christbäume auf, betet zum Fest für Kaiser und Vaterland, feiert im Ersten Weltkrieg Soldaten- und Kriegsweihnacht und besingt auch im Dritten Reich weiterhin den seligen Weihnachtsfrieden. In diesem Sinne meint das Modell in der Tat eine spezifisch „deutsche" Weihnacht – die freilich nicht allen behagt. In Karikaturen und Witzen werden weihnachtlicher Kommerz und deutsche Spießerseligkeit kulturkritisch beleuchtet. Theodor Fontane beschreibt in seinen Kindheitserinnerungen mit feinem Sarkasmus, wie ihm dieses „Friedensfest" in seiner Kindheit stets getrübt erschien. Denn vor den Weihnachtstagen wurde in seinem elterlichen Hause von Frauen aus dem Ort stets das Gänseschlachten vorgenommen, das zur familiären Festversorgung notwendig war. „Nächst der Tür, in einem Halbkreise, standen die fünf Schlachtpriesterinnen, jede mit einer Gans zwischen den Knien, und sangen, während sie mit einem spitzen Küchenmesser die Schädeldecke des armen Tieres durchbohrten, allerlei Volkslieder, deren Text in einem merkwürdigen Gegensatz zu dem mörderischen Akt stand." (Fontane 1979: 85)

Heute wird mindestens ebensoviel Weihnachten gefeiert, aber anders. Wir kennen zwar noch all diese Rituale und Zutaten des Festes, doch *können* wir sie nur, wir *müssen* sie nicht mehr gebrauchen. Weihnachten ist inzwischen so vieldeutig und vielgestaltig geworden, daß jeder damit nach seinen Bedürfnissen und auf seine Art umgehen kann: in der Kirche oder zu Hause, auf einem Single-Treffen in der Diskothek oder bei Badeferien unter Palmen. Natürlich besitzt auch dieses moderne Weihnachten noch seine alten Rituale. Nur bedeuten sie nicht mehr allein Christliches und Festliches, sondern sie bilden zugleich Rituale unseres Freizeitlebens, des Feierns im Sinne von entspannen, erholen, konsumieren, verreisen. Weihnachten bedeutet Freizeit, es ist ein Höhepunkt unserer Freizeitkultur.

Trotzdem bleibt es ein magisches Datum im Jahreslauf, dessen Wirkung sich nur wenige entziehen können. Weihnachten meint in der Tat *Kultur:* etwas Überliefertes, Gewohntes, das uns gerade durch seine Formtreue selbstverständlich geblieben ist. Aus einer einst religiösen Tradition mit ideologischen Übungen ist ein allgemeines Kulturgut geworden, das nicht mehr gebunden ist an Glaubensfragen. Es gehört zu unseren Lebenslaufriten, erinnert an Kindheiten und Geschenksehnsüchte, an Bilder und Emotionen, die wir an diesen Tag zu knüpfen gelernt haben und die darum an diesem Tag auch immer wieder präsent werden. Es ist Kontinuität im Wandel, bietet eine Vielzahl von Deutungen und Bedeutungen – obgleich und weil sich die Weihnachtsbäume von Konstanz bis Flensburg so sehr ähneln.

Transformationen

Ich habe dieses klassisch volkskundliche Beispiel des Weihnachtsfestes auch deshalb gewählt,[41] um nochmals zu unterstreichen, wie sehr eine Europäische Ethnologie – im Unterschied zu rein traditionsbezogenen Auffassungen in der alten Volkskunde – auch eine Wissenschaft des kulturellen Wandels sein muß. Zwar beschreibt Kontinuität die Sicherheit des Gewohnten, die Macht des Vertrauten, das die Menschen zusammenhält und zugleich bindet. Und davon handelt Kultur in hohem Maße, von Kontinuitäten und Traditionen als gesellschaftlicher Ressource. Doch verweist Kultur auf dieses Dauerhafte nicht deshalb, weil sich in ihr ein vorwiegend statisches Prinzip verkörpert, sondern weil sie im Gegenteil den Wandel steuert, der allerdings mit symbolischen Sicherheitsmarkierungen versehen sein muß. Mit Zeichen der Tradition, die freilich nur in der Bewegung wirksam werden können.

Wie Menschen soziale Veränderungen kulturell bewältigen, wie sie den Verlust an Kontinuität und Tradition kompensieren, indem sie sich neue Traditionen aufbauen, wie sie gewohnte Formen beibehalten, um ihnen andere Bedeutungen zu geben – dies müssen unsere Leitfragen sein. Die Blickrichtung, die sich daraus ergibt, wird sich immer stärker auf kulturelle Transformationsprozesse orientieren müssen, in denen komplexe Funktions- und Formenveränderungen gesellschaftlicher Praxis stattfinden. Welche Komplexität in diesen Prozessen enthalten sein kann, verdeutlicht seit dem Beginn der 1990er Jahre der Blick in die osteuropäischen Gesellschaften, in denen der Begriff Transformation nicht allein grundlegende Veränderungen allgemeiner wirtschaftlicher und gesellschaftlicher Ordnungen umschreibt, sondern – vielleicht folgenreicher noch – „totale" Umwälzungen in den kulturellen Orientierungssystemen von Lebenswelt und Alltag, von Lebensgeschichten und Lebensentwürfen.

Hier müssen ethische und moralische Grundsätze, soziale und symbolische Formen gesellschaftlichen Lebens völlig neu als Praxissysteme begründet werden, Gesellschaftsgeschichten wie Lebensgeschichten sind umzuschreiben und neu zu deuten, versichernde Selbstbilder und Fremdbilder neu zu entwerfen (Niedermüller 1994). Nur ein wenig undramatischer und unauffälliger gilt dieses Prinzip der Transformation in gleicher Weise für die westeuropäischen Gesellschaften. Die Krise aller nationalen Ordnungsvorstellungen unter den Bedingungen wachsender Globalisierung der Markt- wie der Wissenshorizonte führt auch hier dazu, daß „wir unser Leben und Handeln, unsere Organisationen und Institutionen entlang der Achse ‚lokal-global' reorientieren und reorganisieren müssen." (U. Beck 1997: 30) Das Lokale und Alltägliche unseres Lebens scheint nicht mehr unbefragt gesichert, selbstverständlich, sondern wird in neuen, irritierenden Fragwürdigkeiten und Abhängigkeiten wahrgenommen, bei denen Prozesse „der Sinnentleerung, des Exhumierens und Problematisierens von Tradition" eine wesentliche Rolle spielen (Giddens 1996: 115). Denn die Voraussetzungen wie die Konsequenzen unseres Tuns sind nicht mehr durch Gewohnheit und Tradition geschützt.

Für diese Situation einer kulturellen Neubegründung sozialer Wissensordnungen und Identitäten klingt das Begriffspaar Kontinuität und Wandel tatsächlich zu schwach, um die damit verbundene Dynamik sozialer und kultureller Spannungszustände angemessen wiederzugeben. Hier geht es in der Tat um Transformationen, wenn man darunter einen radikalen Um- und Aufbau sozialer Bedeutungs- und Deutungssysteme verstehen will, die vor allem ihre nationale Rahmung und ihren nationalen Halt verlieren. In dieser Richtung fundamentaler Bedeutungsveränderungen in der Kultur argumentiert etwa der englische Kulturwissenschaftler Stuart Hall, wenn er die neue Situation des Individuums in der Spätmoderne so beschreibt: „Das Argument der Theoretiker, die glauben, daß moderne Identitäten sich im Umbruch befinden, lautet, daß moderne Gesellschaften im späten zwanzigsten Jahrhundert durch einen besonderen Typ strukturellen Wandels transformiert würden, der die kulturelle Landschaft von Klasse, Geschlecht, Sexualität, Ethnizität, ‚Rasse' und Nationalität, in der wir als gesellschaftliche Individuen fest verortet sind, fragmentiere. Diese Transformationen würden auch unsere persönlichen Identitäten spalten und unsere Selbstwahrnehmung als vereinheitlichtes Subjekt untergraben. Dieser Verlust einer stabilen Selbstwahrnehmung wird seit einiger Zeit die Zerstreuung (*dislocation*) oder De-Zentrierung des Subjekts genannt. Diese doppelte Verschiebung, welche die Individuen sowohl in bezug auf ihren Ort in der sozialen und kulturellen Welt als auch in bezug auf sich selbst de-zentriert, bildet für das Individuum die ‚Krise der Identität'." (Hall 1994: 180f.) In dieser Krise mag der Wandel selbst mitunter als das neue Kontinuierliche erscheinen, als eine beständige Trans-Formation des Gewohnten.

5. Zeichen: Symbol und Ritual

Daß der Mensch ein *animal symbolicum* sei, lehrt uns heute vielleicht nicht mehr das humanistische Bildungsgut der Lateinstunde, dafür tun dies um so intensiver die Reklamebilder der Alltagswelt. Mit der ästhetischen und semantischen Reduktion ihrer Botschaften auf wenige signifikante Zeichen und Gesten bestätigen sie uns, daß menschliche Welten stets Zeichen- und Symbolwelten waren und sind. Symbole und Rituale fungieren – um die Computersprache zu benutzen – als die „Steuerzeichen" unserer Kultur. Sie bilden die großen Verständigungskodes sozialer Beziehungen, wobei die Symbole gewissermaßen den Bedeutungskode repräsentieren, die Rituale dagegen den Handlungskode. Und es gibt eine weitverbreitete Auffassung, die man in dieser Radikalität allerdings nicht teilen muß, wonach die Kulturwissenschaften sich ausschließlich der Beschreibung und Interpretation dieser menschlichen Zeichensysteme zu widmen haben.

Etymologisch betrachtet, stammt unser moderner Symbolbegriff vom griechischen Wort *symballein* ab, das „zusammenfügen", „zusammenwerfen" bedeutet. In der griechischen Mythologie steht dies als Sinnbild für ein Zusammenfügen von zwei Teilen, die einst eins waren, jedoch getrennt worden sind. Es ist das Motiv der Münze oder Schale, die in zwei Teile zerbrochen wird, um nach einer möglicherweise langen Trennung als untrügliches Erkennungszeichen der Identität des Träger oder Überbringers zu dienen. Der Begriff Ritual wiederum ist vom lateinischen *ritus* abgeleitet, meint also einen „Brauch" im Sinne eines präzise geformten und tradierten Verhaltensmusters, enthält aber auch die Bedeutung von „In-Gebrauch-Sein". Beide Begriffe beziehen sich wohl ursprünglich auf eine religiöse Grundtextur der Kultur, in deren Webmustern bestimmte kultische Zeichen und Bereiche markiert waren, die eine zentrale Rolle spielten für das soziale Selbstverständnis und die Weltbilder von Menschengruppen. Religiös meint in diesem Sinne weniger Glaubensformen als vielmehr ein weltzugewandtes Werte- und Ordnungssystem, das Respekt vor den Regeln sozialen Zusammenlebens vermittelte und diese zum Kern des gesellschaftlichen Konsensus erklärte: zu etwas Heiligem, zum höchsten sozialen Wert. Um diesen Respekt und damit letztlich Gesellschaft zu sichern, dienten solche religiösen Kulte der feierlichen Bestätigung solcher Übereinkünfte, wobei Symbole als verkörpernde Zeichen wirkten und Rituale als verbindende Handlungen. Symbol und Ritual als kultische Elemente beschworen insofern *communitas*, Gemeinschaft.

Wie jede andere Religionsgeschichte bietet dafür auch die christliche zahllose einschlägige Beispiele: das Kreuz etwa als „Zeichen Gottes“ und damit als Symbol der christlichen „Weltanschauungsgemeinschaft“ oder der Gottesdienst als rituelle, kollektive Bestätigung der Gültigkeit dieses Symbols und darüber hinausweisend der christlichen Ethik und Moral. So wurde das Kreuzzeichen zum gegenseitigen Identifikationssymbol der „Christenmenschen“; Orte unter dem Kreuz wie Kirchen und Friedhöfe bildeten tabuisierte Schutzräume für Arme und Verfolgte; politische und wirtschaftliche Geschäfte wurden durch rituelle Handlungen unter dem Kreuz bezeugt, also durch das Symbol bekräftigt und geschützt. Ähnliche Funktionen von Symbol und Ritual galten wohl für alle religiösen Kulturen. Daher lag es zum Beispiel für die Völkerkunde stets nahe, sich schwerpunktmäßig mit religiösen und magischen Praktiken in unterschiedlichen Gesellschaften zu beschäftigen, da sich hier erhellende Aufschlüsse über soziale Weltbilder, symbolische Tabus und kulturelle Ordnungen finden lassen mußten.[42] Aber auch die symbolische Bedeutung und rituelle Funktion von Geschenk und Gabe etwa – als eine „Pflicht des Gebens und Nehmens“ – wurde in „archaischen“ Gesellschaften immer als ein zentrales Religions- und Loyalitätsprinzip betrachtet.[43]

Zeichentheorien

Die Verwendung von Symbolen und Ritualen hat sich allerdings früh schon aus diesem engeren religiösen Ursprungsbereich gelöst. Auch die Grenzen ihres zweiten klassischen Anwendungsbereichs, jenem von Macht und Herrschaft, hat sie längst überschritten, in dem Symbole und Rituale wesentliche Insignien politischer Herrschaftsbestätigung bildeten. Symbole und Rituale sind in der modernen Welt inzwischen ständige Begleiter, ja Gestalter des Alltagslebens geworden. Dabei wird man nicht sagen können, daß sie sich *in den* Alltag ausgebreitet haben. Vielmehr hat sich offenbar unser Symbol- und Ritualverständnis so erweitert, daß wir es inzwischen auf vielfältige kodifizierte Interaktionsregelungen anwenden, wenn sie nur eine gewisse Zeichenhaftigkeit und Formenfestigkeit aufweisen (Bukow 1984; Goffman 1991). Daß damit eine Tendenz besteht, fast alles von der Arbeit bis zur Freizeit, vom Essen bis zur Liebe in symbolischen und rituellen Handlungen gefaßt zu sehen, birgt natürlich die Gefahr einer Entwertung der analytischen Aussagekraft dieser Begriffe in sich. Gleichwohl ist damit der Erkenntnis Rechnung getragen, daß Kultur in ihrer Mikroorganisation tatsächlich symbolisch und rituell durchformt ist, daß es stets um jenen hochdifferenzierten Kode von Zeichen, Mustern und Bedeutungen geht, der im Alltagsleben umständliche Handlungen und Erklärungen auf ihr Wesentliches reduzieren hilft.[44]

So läßt sich Kultur als ein *expressives* Zeichen- und Bedeutungssystem charakterisieren, in dem die Symbole und Rituale wie Computerchips wirken, die jeweils eine komplette Informationsdatei in sich speichern. Umgekehrt weist jede soziale Handlung bei genauerer Betrachtung ihrer kulturellen Formgestaltung eine Vielzahl kleinster Zeichen und Muster auf, deren komplexe Bedeutungshaftigkeit wir meist erst dann erkennen, wenn wir sie nicht verstehen, wenn sie uns nicht „selbstverständlich", sondern „fremd" ist. Das kulturell Andere wird uns gerade in solchen Situationen und an solchen Orten deutlich, wo wir den kulturellen Kode von Symbolen und Ritualen nicht entschlüsseln, also auch nicht selbst befolgen können: bei Begrüßungen, bei Mahlzeiten, bei feierlichen Anlässen, bei religiösen Zeremonien in unvertrauten kulturellen Zusammenhängen. Und diese Erfahrung eines Andersseins tritt keineswegs nur beim Kontakt mit Menschen aus fernen Ländern auf, sondern kann uns bereits beim Betreten des „falschen" Lokals, Geschäfts oder Hörsaals gleich um die Ecke betreffen oder in der Beziehung zwischen den Geschlechtern.

Das Spektrum dieser vielfältigen Kulturzeichen ist daher längst in eine generelle Zeichentheorie eingebunden, in die Semiotik, die sich vor allem mit sprachlichen, bildlichen und gestischen Zeichen beschäftigt und die – zurückgreifend auf Arbeiten etwa des englischen Philosophen John Locke (1632–1704) oder des Schweizer Sprachwissenschaftlers Ferdinand de Saussure (1857–1913) – bereits nach der Jahrhundertwende entwickelt wurde. Ausgehend von linguistischen, d.h. sprachwissenschaftlichen Überlegungen, entwarf man eine logische Systematik der Zeichen, die sich in drei Dimensionen gliedern ließ: in die Syntax als die Beziehung sprachlicher Zeichen zueinander, in die Semantik als Beziehung zwischen den sprachlichen Zeichen und dem gemeinten Objekt sowie in die Pragmatik als Beziehung zwischen Sprecher und Hörer bzw. Leser oder Betrachter.[45]

Schon aus dieser Systematik wird deutlich, daß es in der Semiotik stets um Bezeichnungen und Beziehungen geht, um Benennungen und Bedeutungen, um die Regeln einer Interpretation des Geschriebenen, Gesagten und Gemeinten – damit also immer auch um Beschreibungsdimensionen und Deutungsprobleme von *Kultur.* Die ursprünglich linguistischen Überlegungen sind daher verallgemeinert worden zu Theorien einer Kultursemiotik, einer Lehre von den Kulturzeichen. Sie geht – sehr verkürzt gesagt – davon aus, daß jedes Wort, jeder Satz nicht nur den Gehalt des Gesagten, sondern darüber hinaus einen „Überschuß" an Bedeutetem enthält, daß sich seine Semantik also annähernd vollständig nur über die Erschließung seines Bedeutungskontextes verstehen läßt. So ist leicht nachvollziehbar, daß die simple Bemerkung „Heiß heute!" in einem Universitätsseminar eine etwas andere Bedeutung besitzt als auf einer Baustelle. Selbst wenn die Bemerkung an beiden Orten ohne jeden weiteren Zusatz gewechselt worden sein sollte, verweist allein schon die unterschiedliche physische und soziale Arbeitssituation auf unterschiedliche Semantiken.

Der Kontext also verleiht spezifische Bedeutungen, denn die sozialen Räume und die Zuhörenden sind es, die dem Gesagten ihre Deutungen hinzugeben: Sie hören den Satz bereits selbst „interpretierend". Diese Interpretationskontexte gestalten sich noch sehr viel komplizierter, wenn es nicht um einen simplen Satz, sondern um ein bereits bedeutungskomplexes Symbol und Ritual geht. Aufgabe der Kultursemiotik ist es daher, diese Komplexität zu entschlüsseln, d.h. die einzelnen Elemente eines Symbol- und Zeichensystems in ihrem jeweiligen Bedeutungszusammenhang zu rekonstruieren und damit gleichsam die Regeln der „kulturellen Grammatik" offenzulegen.

Rites de passage

Man hat in der Völkerkunde wie in der Volkskunde immer wieder versucht, Symbole und Rituale systematisch in Bedeutungsgruppen oder Praxisfeldern zusammenzufassen, um einen besseren Überblick über dieses komplizierte Formen- und Regelwerk der Kultur zu erhalten.[46] Konsequent sind diese Überlegungen nicht zu Ende geführt worden, weil die Welt der Symbole sich als zu vielfältig und vice versa deren Zuordnung zu einem einzigen Zweck sich als zu einfältig erwiesen hat. Immerhin konnten einige dieser Gruppenbildungen doch eine gewisse Plausibilität erreichen, weil sie sehr nahe an kulturellen Praxisformen konzipiert waren.[47]

Ein solches Feld, auf das im Zusammenhang ethnologischer Symbol- und Ritualforschung näher eingegangen werden muß, ist mit der Überschrift „Rituale des Übergangs", *rites de passage,* versehen. Dieser Begriff ist wesentlich geprägt von dem französischen Ethnographen Arnold van Gennep (1873–1957), der nicht als universitärer Forscher, sondern als Übersetzer und Journalist freiberuflich tätig war, dennoch als Mitbegründer einer modernen französischen Ethnologie gelten muß (Chiva 1987: 31f.). Van Gennep beschäftigte sich insbesondere mit „Grenzsituationen" im Leben des einzelnen wie der Gesellschaft, und er stieß überall auf solche Grenzen und auf deren entsprechende Markierung in Form von Symbolen und Ritualen. Jahres- und Lebenszeiten, Wechsel zwischen Berufen, Schichten, Religionen und Altersstufen setzen Grenzen, bedeuten Trennungen, an denen sich etwas verändert, etwas anderes oder Neues beginnt. Damit Gesellschaft aber nicht nur aus solchen Grenzen besteht, müssen Übergänge vorhanden sein, die den Wechsel und Wandel ermöglichen.

Van Genneps Hypothese lautet, daß diese Übergänge gleichsam die Schwachstellen aller Gesellschaften seien, weil Grenzen zugleich auch Ordnung bedeuten. Wer Grenzen überschreitet, begibt sich aus einer Ordnung heraus, muß also gleichzeitig in eine andere Ordnung eingebunden werden, um nicht das gesellschaftliche Gesamtsystem zu stören oder es zu zerstören. Alle Gesellschaften versuchten daher, diese Grenzüberschreitungen und Übergänge zu kontrollieren, indem sie rituelle und symbolische Festlegungen trafen, wie das Verlassen der alten und das Erreichen der neuen Position zu bewerkstelligen sei. Es sind die *rites de passage*, die diesen Wechsel regeln – seien es lebensgeschichtliche oder soziale Wechsel. Sie steuern die Modalitäten der Veränderung für den Betroffenen, sie bestimmen zugleich aber auch die Modalitäten des Umgangs damit für seine soziale Umgebung. „In jeder Gesellschaft besteht das Leben eines Individuums darin, nacheinander von einer Altersstufe zur nächsten und von einer Tätigkeit zur anderen überzuwechseln. Wo immer zwischen Alters- und Tätigkeitsgruppen unterschieden wird, ist der Übergang von einer Gruppe zur anderen von speziellen Handlungen begleitet, wie sie etwa der Lehre bei unseren Handwerksberufen entsprechen. (...) Jede Veränderung im Leben eines Individuums erfordert teils profane, teils sakrale Aktionen und Reaktionen, die reglementiert und überwacht werden müssen, damit die Gesellschaft als Ganzes weder in Konflikt gerät, noch Schaden nimmt. Es ist das Leben selbst, das die Übergänge von einer Gruppe zur anderen und von einer sozialen Situation zu anderen notwendig macht. Das Leben eines Menschen besteht somit in einer Folge von Etappen, deren End- und Anfangsphasen einander ähnlich sind: Geburt, soziale Pubertät, Elternschaft, Aufstieg in eine höhere Klasse, Tätigkeit, Spezialisierung. Zu jedem dieser Ereignisse gehören Zeremonien, deren Ziel identisch ist: Das Individuum aus einer genau definierten Situation in eine andere, ebenso genau definierte hinüberzuführen." (Gennep 1986: 15, 21)

So argumentiert van Gennep, in diesen Ritualen auch eine zyklische, regenerative Erneuerungskraft aller Kulturen vermutend. Er schlägt daher vor, die allgemeine Kategorie der Übergangsriten zu untergliedern in Trennungsriten, Umwandlungsriten und Angliederungsriten. Und er versucht neben den Funktionen auch die Formen zu gliedern, nämlich in räumliche, soziale und biographische Übergangsriten. Mit diesen Modellen macht er deutlich, wie sehr diese Rituale in der Tat Scharniere der kulturellen Funktionssysteme jeder Gesellschaft sind, da sie das Individuum in seine soziale Bezugsgruppe integrieren, den Umgang mit Gefühlen und Beziehungen regeln und dadurch letztlich Identität sichern. Den Sinn seiner Einteilungen macht er am Beispiel der Heirat deutlich: „Die Heirat stellt den wichtigsten Übergang von einer sozialen Kategorie zur anderen dar, weil sie – für einen Ehepartner zumindest – einen Familien-, Klan-, Dorf- oder Stammeswechsel zur Folge hat. Manchmal bezieht das frisch verheiratete Paar auch ein neues Haus. Ein solcher Wohnortswechsel wird in den Hochzeitszeremonien durch Trennungsriten zum Ausdruck gebracht, die hauptsächlich auf den räumlichen Übergang Bezug nehmen. Da so viele Gruppen von der sozialen Vereinigung zweier ihrer Mitglieder betroffen sind, ist es andererseits verständlich, daß die Übergangszeit hier eine besondere Bedeutung erlangt. Sie wird gewöhnlich als Verlobungszeit bezeichnet. Bei einer Vielzahl von Völkern bildet die Verlobung einen besonderen und selbständigen Teil der Hochzeitszeremonien. Sie umfaßt Trennungs- und Schwellen- bzw. Umwandlungsriten und endet mit Riten, die entweder eine vorläufige Angliederung an die neue Umwelt oder eine Trennung von der selbständigen Übergangsphase gewährleisten. Dann folgen die Hochzeitszeremonien, die hauptsächlich aus Riten bestehen, die endgültig an die neue Umgebung angliedern." (Gennep 1986: 114f.)

Van Genneps Beschreibung dieser dreistufigen Heiratsriten entspricht wohl nicht mehr in jeder Hinsicht heute gültiger Praxis. Doch lassen sich Restformen dieser rituellen und symbolischen Regeln durchaus noch im Ablauf moderner Hochzeitsfeiern erkennen, vor allem dort, wo in einem entsprechend engen verwandtschaftlichen, freundschaftlichen oder nachbarschaftlichen Umfeld das Zeremonielle gefördert und betont wird. Denn in „starken" Beziehungssystemen werden Rituale meist auch deshalb aktiver überliefert und intensiver praktiziert, weil sie diese Beziehungssysteme ihrerseits wiederum stärken.

Ähnlich verhält es sich mit einem zweiten Typus, den van Gennep in seinen Studien unter dem Begriff der Initiationsriten vorstellt, also der rituellen Einführung in neue Alters- oder Berufsrollen. Er verweist dabei vor allem auf das Beispiel afrikanischer Gesellschaften, in denen – teils bis heute – die rituelle Einführung junger Frauen und Männer in den Erwachsenenstatus verbunden ist mit körperlichen und seelischen Prüfungen wie Fastenzeiten, Gemeinschaftsritualen oder der inzwischen vieldiskutierten Beschneidung der Sexualorgane (Douglas 1986). Auch diese gemeinsame rituelle Bewältigung eines Rollenwechsels in einer Alterskohorte findet bei uns noch in modifizierter Form ihre Entsprechungen etwa in den rituellen Aufnahmeverfahren männlicher Jugendgruppen. Mutproben, rituelles Trinken, das Tragen von Gruppenabzeichen und auch Gewaltriten verkörpern in diesen Peer-group-Strukturen überlieferte, zum Teil selbst entworfene Initiationsriten, die ein „Gemeinschaftsgefühl" symbolisch signalisieren wie emotional herstellen sollen.

Das bereits erwähnte Center for Contemporary Cultural Studies in Birmingham hat seine Cultural Studies in den siebziger Jahren auf diese modernen Jugendriten konzentriert, um daran zu analysieren, wie in einer modernen Gesellschaft Prozesse der sozialen Gruppenbildung, aber auch der Klassenabgrenzung symbolisch und rituell strukturiert sind (Clarke u.a. 1979). In der Tat weist gerade die heutige Jugendkultur eine extreme Vielfalt der Mode- und Musikrichtungen, der Sport- und Freizeitstile auf, in denen sich ästhetische Praxis als sozial hochdifferenziert, symbolisch geformt und rituell organisiert erweist. Frisuren, Piercing, Tätowierungen, Abzeichen, Schuhe, Kleidungsmarken verraten dem Eingeweihten genau, welche Gruppenzuordnung damit beabsichtigt ist. Es ist ein permanenter Prozeß des Sich-Zuordnens und Sich-Abgrenzens, der offenbar in immer schnelleren Rhythmen und Wechseln erfolgt. Und weil sie nicht nur die eigene Gruppensymbolik kennen, sondern auch die der anderen, sind manche der Jugendlichen gewiß bessere ethnographische Kenner dieser Szene, als es die meisten professionellen Jugendkulturforscher je sein können. Gerade in ihrer extremen Ausdifferenzierung erscheint die Praxis der symbolischen Gruppenstilisierung als ein typisches Phänomen der Moderne. Dabei handelt es sich aber – mit van Gennep – um eines der ältesten Muster kultureller Selbststilisierung und Abgrenzung, das quer durch die Kulturen und Zeiten auftritt.

Symbolisches Krisenmanagement

Van Genneps Überlegungen zu den *rites de passage* sind heute nicht unumstritten, weil seine Theorie von einer Art Naturgesetzlichkeit dieser besonderen Ritualform ausgeht und sie als symbolische Struktur kultureller Praxis vielfach aus ihren sozialen Kontexten herauslöst. Auch erfahren wir wenig über soziale Wandlungsprozesse, dafür um so mehr über oft recht unbesehen behauptete Gemeinschafts- und Gruppenidentitäten. Dennoch bleiben van Genneps generelle Beobachtungen der „Schwellensituationen" als Prozesse sozialer Desintegration und einer nachfolgenden Reintegration durch „Übergangsriten" als kulturelle Bewältigungsstrategien von zentraler Bedeutung auch für moderne Lebenswelten.[48]

Diese Überlegungen aufgreifend, hat der englische Sozialanthropologe Victor Turner seit den 1960er Jahren versucht, van Genneps

Theorien insofern weiterzuentwickeln, als er die Problematik der Übergangssituationen und Übergangsriten auf ganze Gesellschaften anwendet. Er fragt danach, wie Gesellschaften in Umbruchs- und Krisensituationen diesen Übergang kulturell organisieren, wie sie vor allem die gefährliche „mittlere Phase" zwischen dem Verlassen des alten Status und dem Erreichen der neuen Ordnung bewältigen. Zur Kennzeichnung dieser Situation benutzt er den Begriff der „Liminalität", also der Schwellenhaftigkeit, in der dann eine „offene Gesellschaft" entsteht, die ihre neue Position erst suchen und finden muß. Es ist ein Suchen nach neuen gemeinsamen Nennern, nach einem Zustand der „Communitas", also der Gemeinschaft, die sich in der Suche nach neuen Horizonten herstellen soll. Initiatoren solcher kommunitären Prozesse sind in der europäischen Geschichte etwa religiöse Ordensbewegungen oder politische Erneuerungsbewegungen. Turner rechnet in der jüngsten Zeit auch soziale Bewegungen wie Flower-Power oder Hippies dazu, die ebenfalls gesellschaftliche Erneuerung wollten und sie auch bewirkten. Zugleich sind diese Bewegungen Indikatoren für soziale Krisen, insofern sie der Gesellschaft deren Erstarrtheit deutlich machen und demgegenüber zur Öffnung und zur Suche auffordern. Suche aber bedeutet Orientierungsprobleme, Unsicherheit, Angst. Deshalb entwickeln Gesellschaften in dieser Situation der „Liminalität" ein besonders großes Bedürfnis nach symbolischen und rituellen Orientierungszeichen, die den neuen Weg bezeichnen, bestätigen und sichern und die dadurch auch manche Markierung des alten Weges überdecken (Turner 1989b).

Turners Konzept ist nur ein Beispiel dafür, wie nützlich ethnologische Theorien zur symbolischen und rituellen Struktur der Kultur sein können, um gesellschaftliche Rahmensituationen und kulturelle Praktiken in einen analytischen Zusammenhang zu bringen. Dazu ließe sich eine ganze Reihe anderer einschlägiger Theorien nennen, die mit Namen wie dem des amerikanischen Kulturanthropologen Clifford Geertz oder des französischen Kultursoziologen und Ethnologen Pierre Bourdieu verbunden sind und die zum Teil in den vorangegangenen Kapiteln angeschnitten wurden. Doch möchte ich hier auf deren Erörterung verzichten und statt dessen abschließend danach fragen, inwieweit sich Turners Überlegungen sinnvoll auch auf Situationen anwenden lassen wie die, in der sich die deutsche Gesellschaft in den 1990er Jahren befindet. Man könnte mit Turner fragen: Stehen wir heute, zu Beginn des als „nachmodern" und „postsozialistisch" apostrophierten Zeitalters, in diesem ersten Jahrzehnt nach dem Zusammenbruch des politischen Systems der DDR und nach der deutschen Vereinigung, in einer derartigen gesellschaftlichen Schwellensituation? Befinden wir uns in einer Phase des

Übergangs, in der die gesellschaftlichen Wertehorizonte und Selbstbilder gleichzeitig durch ein „nicht mehr" wie durch ein „noch nicht" gekennzeichnet sind?

Europäische Übergänge

Für diese Annahme läßt sich eine Anzahl von Indizien ins Feld führen, deren Schlagworte uns allen geläufig sind: der globale Hintergrund ökonomischer wie ökologischer Krisenphänomene, die schwierige Orientierung zwischen europäischen und nationalen Horizonten, die durch die deutsche Vereinigung wie den Zusammenbruch des Sozialismus in Osteuropa neu aufgeworfenen Fragen nach dem langen Schatten von Nationalsozialismus und Holocaust, die komplizierten wechselseitigen Bilder von Ostdeutschen und Westdeutschen, die sozialen und psychischen Folgen der Massenarbeitslosigkeit oder die Probleme einer Einwanderungsgesellschaft, die sich mit dem politischen wie kulturellen Bekenntnis dazu schwertut. All diese Stichworte markieren komplizierte gesellschaftliche Veränderungen und Erfahrungslagen, die nachhaltig in unsere Alltagswelten hineinwirken, deren Horizonte aufbrechen und bis in die Lebensläufe hinein Erfahrungen und Erwartungen, Pläne und Hoffnungen verunsichern.

Gegen dieses Krisenszenario mag man einwenden, daß sich diese Verunsicherung vielfach auch als ein mediales Phänomen erklären ließe, daß nur bestimmte Gruppen unmittelbar davon betroffen seien, die sich etwa im Bereich der Dauerarbeitslosigkeit befinden, oder nur bestimmte Regionen, die in Ostdeutschland vor allem noch in einer strukturellen Übergangssituation stehen. Demnach beträfe diese Schwellensituation nur bestimmte gesellschaftliche Segmente, nicht das Ganze. Und wenn man weite Teile der gesellschaftlichen Landschaft in Westdeutschland betrachtet, kann man in der Tat den Eindruck gewinnen, daß dort versucht wird, Krisengefühle in dieser Weise wegzudrängen. Ob mit oder ohne Erfolg: Die labile Situation „auf der Schwelle" wird jedenfalls kurzerhand den Ostdeutschen zugewiesen.

Nun braucht man sich über den Befund gar nicht einig zu sein, um feststellen zu können, daß ein wesentliches Charakteristikum der „Liminalität" auf die deutsche Befindlichkeit der Gegenwart zutrifft: ein – verglichen noch mit den 1970er und 80er Jahren – deutlich anderer und wesentlich erhöhter Symbol- und Ritualbedarf. Welche Wertehorizonte unseren gesellschaftlichen Raum überwölben können, welche Bilder Deutschlands und Deutsch-Seins nach innen wie nach außen zu vermitteln sind, das wird weniger auf der Ebene gesellschaftspolitischer Entwürfe verhandelt als vielmehr durch die Produktion symbolischer Bilder und Zeichen, ritueller Handlungen und Gesten kommentiert. Diese Symbolproduktion vollzieht sich in einem ungeheuer breiten Themenspektrum, das von den inszenatorischen Höhen nationaler Geschichts-, Feier- und Denkmalskultur hinunterreicht bis in die Niederungen individueller Lebens- und Freizeitstile, die nicht nur einfach „gelebt", sondern ebenfalls inszeniert und stilisiert daherkommen müssen. Denkmalswettbewerbe, Gedenktage, Museen, Repräsentationsarchitektur stehen so neben Love-Parades, Sportevents, Golfausrüstung, gestylten Trabis, Designerkleidung: Wir sind nicht nur von öffentlichen Symbolen und Zeichen umstellt, sondern wir umstellen unseren Alltag selbst mit immer dichteren Symbolkulissen, um uns darin unserer Räume, Wege und Rollen zu versichern.[49]

Dabei nimmt sich die deutsche Situation in vieler Hinsicht symptomatisch aus für ein europäisches Szenario, denn sie spiegelt west- wie osteuropäische Krisengefühle gleichermaßen wider. Besonders die osteuropäischen Gesellschaften bedürfen gegenwärtig offenbar einer intensiven „Politik der Symbole", die jenes Vakuum auszufüllen versucht, das der Zusammenbruch der sozialistischen Deutungs- und Zeichenwelt hinterlassen hat, die aber auch neue, nationalistische und ethnische Vergemeinschaftungen zu erzeugen versucht (Niedermüller 1994), indem sie alte Mythen und Riten des vorsozialistischen Nationalismus revitalisiert. Natürlich liefern ihnen west- und nordeuropäische Gesellschaften, die in *commemorative ceremonies* ihre nationalen Gründungsfeiern und Feste inszenieren, auch dafür längst Vorbilder und Modelle.[50]

Wenn man diese kulturelle Symptomatik ernst nimmt, dann spricht sie doch eine deutliche Sprache der Verunsicherung über „das Eigene" und „das Andere", über individuelle wie kollektive Identitäten. Dann könnte umgekehrt aber auch eine systematische Analyse solcher Symbolproduktion und Symbolpraxis wichtige Einblicke in die Suchbewegungen und die Experimentierfelder europäischer Gesellschaft eröffnen, die – auf einer „Schwelle" ihrer eigenen Geschichte wie der Weltgeschichte stehend – offenbar nicht so recht weiß, ob sie nach vorn oder zurückblicken soll.[51] Denn: „Das ethische Paradox des postmodernen Zustands besteht darin, den gesellschaftlichen Subjekten die Vollständigkeit moralischer Entscheidung und Verantwortung zurückzugeben und ihnen gleichzeitig die Sicherheit der universellen Orientierung zu rauben, die ihnen das moderne Selbstbewußtsein einst versprach." (Bauman 1995: 23) Diesem Paradox vermag sich vielleicht gerade eine nun fast schon klassisch selbstreflexive Wissenschaft wie die Ethnologie mit besonderer Kompetenz und Einfühlung zuzuwenden.

III. Methoden und Felder

In der kulturwissenschaftlichen Forschung gibt es heute wenige methodische Zugänge und thematische Felder, von denen eine Europäische Ethnologie behaupten könnte, sie seien ausschließlich ihr Revier und Handwerkszeug. Sowohl in der historischen als auch in der Gegenwartsforschung haben sich in den letzten Jahrzehnten vielfältige Kooperations- wie Konkurrenzverhältnisse zu anderen Fächern ergeben, die scharfe disziplinäre Grenzziehungen schwierig, wenn nicht unmöglich machen. Selbst die alten Kanongegenstände der Volkskunde im Bereich historischer Volkskultur oder dörflicher Lebenswelt sind längst von anderen Fächern entdeckt.

So ist das Profil unseres Faches, jene kognitive Identität der Eigen- und Fremdbilder, auch eher in bestimmten thematischen wie methodischen Zuschnitten zu suchen als in festen Reviermarkierungen. Es sind die spezifischen Fragestellungen und die spezifischen Wege, auf denen Antworten darauf gesucht werden, aus denen sich letztlich eine Handschrift ergibt, die – so scheint mir – sich in vieler Hinsicht immer noch kenntlich von der einer Kulturhistorikerin oder eines Kultursoziologen unterscheidet, die nominell dasselbe Thema bearbeiten. Denn diese thematische wie methodische Offenheit bedeutet keineswegs völlige Beliebigkeit. Gewiß sind wie in jedem anderen Fach immer wieder bestimmte Themen „im Trend", und es besteht eine Tendenz, sich für alles zuständig zu erklären. Doch legt man die Forschungsergebnisse unseres Faches nebeneinander, jene beeindrukkend lange Liste von Publikationen in Form von Magisterarbeiten und Dissertationen, von studentischen Studienprojekten und drittmittelgeförderten Forschungsprojekten, die in letzten zehn Jahren an Instituten für Volkskunde und für Europäische Ethnologie entstanden sind, dann zeichnen sich deutlich Themenstränge ab, die sich intern immer wieder bündeln und nicht nach außen hin auffasern.

Es sind thematische Linien, die nahe an die Lebenswelten und an die kulturelle Praxis der sozialen Akteure heranführen, die soziale Prozesse und Probleme in ihrer Entwicklung nachzeichnen, die gesellschaftliche Orte und Situationen in ihrer historischen Topographie wie in ihrer kulturellen Architektur darstellen, die nicht das statistisch Repräsentative, sondern das kulturell Signifikante und Charakteristische betonen, die den „harten" Koordinaten „weiche", differenzierte Schraffuren hinzufügen und die nicht zuletzt Hinweise darauf geben wollen, inwiefern das gewählte Thema neben dem wissenschaftlichen auch von gesellschaftlichem Belang ist. Diese Linien verlaufen durch die verschiedensten Themenfelder. Und sie müssen in ihren Bewegungen immer wieder jenen Radius finden, der das Fachkorpus zwar verändert, ohne es jedoch seinen geometrischen Ort verlieren zu lassen. Für diesen Typus volkskundlich-ethnologischer Forschung ist der empirische Stoff selbst gewiß nicht sekundär, aber er wird doch dominiert von der Art der Fragestellungen, der angewandten Methoden und der Darstellung. Dies würde ich „Handschrift" nennen.

Wenn eine Einführung solche Methoden und Felder vorstellen will, kann sie dies nur im Sinne von Einblicken tun, die in exemplarisch ausgewählte Bereiche führen. Ein systematischer Überblick über die ganze Breite des Faches und seines Forschungsspektrums setzte eine andere Anlage und andere Akzentsetzung voraus. Dazu liegt überdies eine ganze Reihe von älteren wie jüngeren Darstellungen vor, die zwar jede für sich auch keinen Vollständigkeitsanspruch erheben können, zusammengenommen aber einen guten Eindruck von der Breite und Entwicklungsdynamik des Faches vermitteln.[52] Mein Auswahlgesichtspunkt für den vorliegenden Zweck ist weniger darin begründet, die gegenwärtig ambitioniertesten Themen und Forschungsrichtungen vorzustellen. Vielmehr will ich versuchen, diejenigen methodischen Zugänge und Untersuchungsfelder herauszugreifen, die uns in den Fachpublikationen der letzten Jahre häufig begegnen und in deren Summe sich also jene „Handschrift" verkörpern müßte, von der ich sprach.

1. Feldforschung: Teilnehmende Beobachtung als Interaktion

Als systematische Form der Kulturerforschung wurde die Feldforschung zunächst – wie erwähnt – in der Völkerkunde entwickelt. Seit den Arbeiten von Bronislaw Malinowski, die in den 1920er Jahren wesentlich zur „methodischen Wende" in der völkerkundlichen Forschung beitrugen, gilt dort als erkenntnistheoretisches wie methodisches Paradigma, daß Einblicke in andere Gegenwartskulturen nicht mehr über „Quellen aus zweiter Hand" zu erhalten sind, sondern daß die Quellen selbst gehoben werden müssen, daß ein annäherungsweises Verstehen des Anderen nur gelingen kann, indem man diese andere Kultur aufsucht, in ihr über eine Zeit lebt und dabei Nähe zum Anderen und Distanz zum Eigenen gewinnt. Es war die Geburt eines neuen ethnologischen Blicks, der nicht mehr nur *lesen*, sondern *sehen* lernen will. Diese Vorstellung von der Feldforschung als dem methodischen wie wissenschaftskulturellen Königsweg dominiert heute sicherlich immer noch in der außereuropäischen Ethnologie: „Durch die stationäre Feldforschung sind der Ethnologie neue wissenschaftliche Standards gesetzt worden, hinter die es heute kein Zurück mehr gibt." (Kohl 1993: 113)

Ein kurzer Rückblick auf die Wissenschaftsgeschichte der Volkskunde zeigt demgegenüber, daß deren Annäherung an das Feld anders und zögerlicher verlief. Wenn man sich an das „Modell" Riehl erinnert, das dann rund ein Jahrhundert galt, an jene „Wanderungen durch Land und Volk", die in einzelne Regionen führten und bei denen Pfarrer, Lehrer und ältere Dorfbewohner nach ihrem Wissen über lokale Traditionen befragt wurden, dann wird klar, daß hier von Feldforschung in einem systematischen Sinn noch keine Rede sein kann. Riehl und seine Nachfolger, die sich mit dem „Volksleben" in bäuerlichen Dörfern beschäftigten, versuchten zwar auch, Formen des intensiven Sehens und Beobachtens zu entwickeln. Aber sie lebten nicht in diesen Dörfern, nahmen nicht über einen längeren Zeitraum an deren Alltag teil, und sie begrenzten ihre Gesprächskontakte und Befragungen zumeist auf einen engen Kreis von „Gewährsleuten", bei denen sie ein gespeichertes Wissen vor allem über „Sitte und Brauch" vermuteten. Es ging dabei weniger um den lebendigen Alltag als vielmehr um das aus ihm Verschwindende, um das, „was gewesen war". Denn daß diese Traditionen bestanden, daß „Volk" in „Sitte und Brauch" gelebt hatte, darüber war man kaum im Zweifel. Von heute aus gesehen, wird man dieses Vorgehen bestenfalls für eine positivistisch beobachtende Empirie halten, die ethnographisch beschrieb, was ideologisch bereits als Bild vorhanden war. Daran ändert auch die durchaus anzuerkennende Tatsache nichts, daß einzelne Forscher – nicht zuletzt Riehl selber – diese „Methode" für durchaus differenzierte Einblicke in kulturelle Traditionszusammenhänge und für brillante kulturgeschichtliche Essays zu nutzen verstanden.[53]

Verstehen oder Verfremden?

Erst seit den späten 1950er Jahren kann man auch in der Volkskunde davon sprechen, daß die Methode der Feldforschung systematisch erprobt und umgesetzt wurde. Dies begann – damit quasi in Analogie zur ethnologischen Tradition – im Rahmen von Forschungen über dörfliche Kultur- und Sozialformen, später auch im Zusammenhang städtischer Gruppenkultur- und Milieustudien, wobei die Methode gleichzeitig industriegesellschaftlichen Rahmenbedingungen anzupassen versucht wurde. Heute ist sie vor allem für jüngere ForscherInnen längst zu einem probaten Mittel des Zugangs zu ihrem Forschungsfeld geworden, wenngleich die Dauer des Feldaufenthaltes meist mit Malinowskischen Zeitbegriffen nicht konkurrieren kann. Dennoch gilt und wirkt auch hier jenes Prinzip der „Fremderfahrung als Selbsterfahrung“ (Kohl 1993: 114), das in vieler Hinsicht erst die nötigen psychischen wie kognitiven Voraussetzungen für interkulturelle Verständigungs- und Verstehensmöglichkeiten schafft.

Andererseits ist die Feldforschung gerade wegen dieser Begründung des Dort-Seins als einer Strategie der kulturellen „Anverwandlung“ methodologisch längst nicht mehr unumstritten. Jenen *native's point of view* zu erreichen, ohne dabei natürlich den eigenen Kultur- und Wahrnehmungshorizont je völlig aufgeben zu können, also die Rolle des Mittlers und Interpreten zwischen zwei kulturellen Welten zu übernehmen, so differenziert und sensibel diese Rolle auch dem Anderen als einem heute nicht mehr „fremd“ Gedachten gegenüber ausgeübt sein mag: diesem Konzept haftet dennoch ein Hauch von paternalistischem Denken an. Denn dieses Andere wird trotz aller Beteuerungen, es selbst zu Wort kommen zu lassen, doch immer wieder in der Sicht der Forscherkultur repräsentiert und objektiviert. Dort kommt es zwar scheinbar zu seinem Begriff und Eigenwert, aber eben nur in dieser fremden Sprache der Forschung, die autoritär ein Verstehen behauptet – ja, fast ein besseres Verstehen als der Andere selbst. „Der Andere sieht nur seine Welt, er zählt nur in seinem Kontext, während der Ethnologe sich den Über-Blick über viele Welten, unterschiedliche Kulturen anmaßt und zutraut.“ (Berg/Fuchs 1993: 37)

Diese Rolle des Dolmetschers und Anwalts scheint bis zu einem gewissen Grad unausweichlich, weil Ethnographie in der Tat nicht nur Beobachtung, sondern immer auch Beschreibung des Anderen im wörtlichen Sinne meint: dessen textliche und bildliche Darstellung, Vermittlung und Verbreitung im Sinne einer stellvertretenden Repräsentation, in der man ihn in einem vorgegebenen Interpretationsrahmen bestenfalls „sprechen läßt“. Und dieser Rahmen – also das Buch, das Foto, der Film – entspricht nun einmal nicht seiner Sprache, seiner eigenen kulturellen Repräsentationstechnik. So steht die ethnographische Beschreibung, obwohl sie subjektiv und intentional meist das Gegenteil bewirken will, immer vor dem Problem des *othering*, der kulturellen Distanzierung und Verfremdung des Anderen: Indem sie ihn als ein Gegenüber beobachtet und beschreibt, schreibt sie ihm zugleich den Status kultureller Differenz zu. Sie konstruiert in ihren Begriffen und Kategorien ein Anders-Sein, das sie dann wiederum zu rekonstruieren vorgibt. Nicht aus böser Absicht, sondern gleichsam aus erkenntnistheoretischer Not: Dem Verstehensversuch muß offenbar ein Versuch des Begreifens vorausgehen, der den Betrachtungsgegenstand „objektiviert“. Erst dann kann dessen Subjektivität in Beziehung zur eigenen gesetzt, in differenzierte

Bilder aufgelöst und in „verstehenden“ Begriffen erklärt werden. Das klingt ein wenig nach der ungeklärten Geschichte von der Henne und dem Ei, doch ist es hier eindeutig die Henne Wissenschaft, die vor dem Ei Forschungsgegenstand gackert.

Konstruktion des Gegenstandes?

Der französische Ethnologe Michel Leiris hat uns bereits vor geraumer Zeit auf diese methodologische Problematik aufmerksam gemacht, als er schrieb: „Wenn die Ethnographie auch fraglos ... ein Höchstmaß an Unparteilichkeit anzustreben hat, so ist es doch nicht weniger unbestreitbar, daß sie als Humanwissenschaft – im Vergleich zu den physikalischen oder biologischen Wissenschaften – noch geringere Distanz für sich in Anspruch nehmen kann. Trotz aller Unterschiede in Hautfarbe und Kultur beobachten wir, bei einer ethnographischen Untersuchung, immer unsere Nächsten, und wir können ihnen gegenüber nicht die gleiche unberührte Haltung einnehmen wie z.B. der Insektenforscher, der voller Neugierde sich bekämpfende oder gegenseitig auffressende Insekten betrachtet. Darüber hinaus ist für die Ethnographie die *Unmöglichkeit*, eine Beobachtung vollständig dem Einfluß des Beobachters zu entziehen, noch weniger zu vernachlässigen als in den anderen Wissenschaften: sie hat hier viel weiter reichende Konsequenzen. Selbst wenn wir annähmen, daß wir uns im Namen der reinen Wissenschaft darauf beschränken sollten, unsere Untersuchungen ohne irgendwelche Eingriffe durchzuführen, so könnten wir doch nichts dagegen ausrichten, daß allein schon die Gegenwart des Untersuchenden innerhalb der Gesellschaft, über die er arbeitet, einen Eingriff darstellt: Seine Fragen, seine Äußerungen, ja der bloße Kontakt schaffen für den Befragten Probleme, die er sich sonst nie gestellt hätte; dies zeigt ihm seine Gewohnheiten in einem anderen Licht, eröffnet ihm neue Horizonte.“ (Leiris 1987: 54)

Noch eine zweite Dimension des forschenden Konstruktionsprozesses ist damit angesprochen. Auch die Feldforschung, die scheinbar gerade die Möglichkeit schafft, in eine bereits vorhandene soziale Situation als Forscher einzutauchen, *konstruiert* sich tatsächlich diese Situation und damit ihren Gegenstand jedesmal neu. Vereinfachend gesagt, bedeutet dies, daß schon die Formulierung einer Fragestellung ein thematisches Profil schafft, das sich so in den anderen Erkenntnisbedingungen der untersuchten Alltagskultur nicht wiederfindet. Denn mit jedem Thema greifen wir bewußt bestimmte Ausschnitte aus einem Feld heraus. Und bereits die Beschränkung auf dieses „Feld“ als gesellschaftlichen Ort formuliert Fragen und Blickrichtungen, die andere Bereiche unbeachtet lassen, verkürzen oder in neue

Zusammenhänge stellen. Wir verleihen dem Gegenstand unserer Fragestellung eine Bedeutung, die außerhalb unserer Forschungswirklichkeit so nicht existiert, die wir aber zur „sozialen Tatsache" erklären müssen, um überhaupt Ziele, Modelle und Hypothesen formulieren zu können.[54] Um ein simples Beispiel zu nehmen: Wenn wir uns mit der Jeansmode als einem charakteristischen modernen oder postmodernen Kleidungsstil beschäftigen, dann „dichten" wir die Jeans natürlich nicht in unsere Alltagswelt hinein; sie haben darin fast überall tatsächlich ihren Platz. Aber wir konzentrieren unsere Aufmerksamkeit auf ein bestimmtes Phänomen, dem wir eine hohe symbolische Bedeutung zuschreiben – etwa in der Rede von der „Jeans-Generation" –, die es so „verdichtet" wohl in keiner Lebenswelt besitzt.

Derartige Verschiebungs- und Beobachtungseffekte, die durch unsere Konstruktion eintreten, müssen wir in der Analyse also systematisch berücksichtigen. Diese Effekte wirken in noch höherem Maße, wenn wir eine Person beispielsweise ihre Lebensgeschichte in einem Interview erzählen lassen. Denn erst dadurch – durch unsere Fragen und das Tonbandgerät – wird von vielen Befragten zum ersten Mal überhaupt diese geschlossene Form der Lebenserzählung praktiziert. Wo sonst in ihrem Alltag würde ihnen jemand ein, zwei Stunden lang konzentriert zuhören – nur von kurzen besorgten Seitenblicken auf den Batterielade- und Bandzählerstand abgelenkt? Die lebensgeschichtliche Erzählung ist nichts Fertiges und Gewohntes, sondern sie wird meist erst durch uns evoziert und als etwas Erzählenswertes und Bedeutsames konstruiert. Sie wird auch vielfältige andere Versionen und Varianten erhalten, falls sie später doch in anderen Alltagszusammenhängen ausschnittweise wieder und neu erzählt wird.

In diesem Sinne meint Feldforschung tatsächlich ein Stück interaktiver und interkultureller Forschung: die praktische Erfahrung nämlich, daß wir ein Bestandteil des Feldes sind und daß wir in diesem Feld etwas bewegen und verändern. Denn sobald wir „da sind", ist nichts mehr ganz so, wie es vorher war – auch wenn wir es gern „authentisch" sehen möchten. Dennoch können wir in dieser durch uns veränderten Situation – indem wir sie methodologisch mitbedenken – wichtige Erkenntnisse über die anderen und uns gewinnen.

Rite de recherche?

Das führt zu einem dritten Problem: zur Frage nach der Bedeutung der Feldforschung als Repräsentationsstrategie des Forschers. In den Begriffen der Forscherkultur ließe sich die stationäre Feldforschung nämlich durchaus auch als ein Ritual beschreiben – in Anlehnung an van Genneps *rites de passage* etwa als *rite de recherche* –, das den Forschungsergebnissen und der Forscherkarriere ihre spezifische Dignität verleihen soll. Jenes Signum, dort gewesen zu sein, der psychisch wie physisch intensiven Erfahrung „vor Ort", trägt den Charakter eines Authentizitätsstempels, der die Forschungsergebnisse zu einem nicht mehr hinterfragbaren, weil erlebten „Gesamtkunstwerk" erklärt. Die physische, psychische und biographische Investition der Feldforschung, die zumeist wesentlich aufwendiger ist als im Forschungsprozeß anderer Wissenschaftskulturen, stellt ein symbolisches Kapital dar, das sich dann auch verzinsen muß. Jenes Dort-gewesen-Sein schreibt der Forscherpersönlichkeit und ihrer Arbeit gleichsam charismatische Züge zu. Es verlangt nach öffentlicher Anerkennung der Strapazen und Erkenntnisse, nach dem Ritterschlag, der nur denen zuteil werden kann, die „dort" waren und die dieses Eintrittsritual dann als Mitglieder „der Zunft" kontrollieren und verwalten.[55] So balanciert die Feldforschung als professionelle Geste oft nahe an der Grenze zwischen Methode und Mythos.

Zu diesem Verdacht der Mythenbildung um die Feldforschung hat bereits Malinowski selbst nicht wenig beigetragen. Vor allem nach der posthumen Veröffentlichung von Teilen seiner Feldforschungstagebücher, die das Bild vom „verstehenden Forscher" trübten, büßten er und seine Methode daher auch manches von ihrem Glanz ein. So nahm sich kürzlich Clifford Geertz den Klassiker selbst vor, um an ihm jene Strategie der Selbst-Authentisierung mit den bissigen Sätzen zu veranschaulichen: „Man muß seinen Bericht glaubhaft machen, indem man seine Person glaubhaft macht. Die Ethnographie nimmt – versteckt in den 20er und 30er Jahren, immer offener heutzutage – eine ziemlich introspektive Wendung. Um ein überzeugender ‚Ich-Zeuge' zu sein, muß man, so scheint es, zuerst ein überzeugendes ‚Ich' werden. In seinen Schriften charakterisiert sich Malinowski in unterschiedlichen Ausdrücken … als ‚der zuständige erfahrene Ethnologe und Anthropologe', ‚der moderne ethnographische Forscher', der völlig fachkundige ‚spezialisierte Feldforscher' und der ‚Chronist und Sprecher … einiger tausend Wilder' … Das wichtigste Verfahren zur Bewältigung der schwierigen Aufgabe, ein überzeugendes ‚Ich' zu werden, bestand für ihn nun darin, zwei radikal antithetische Bilder eines derartigen Forschers zu entwerfen. Auf der einen Seite steht der Absolute Kosmopolit, eine Gestalt von derart erweiterten Fähigkeiten zu Anpassung und mitmenschlichem Empfinden, dazu, sich in praktisch jede beliebige Situation hineinzufühlen, so daß er fähig wird, zu sehen, wie Wilde sehen, zu denken, wie Wilde denken, zu sprechen, wie Wilde sprechen, und gelegentlich sogar so zu fühlen, wie sie fühlen, und zu glauben, was sie glauben. Auf der anderen steht der Vollständige Forscher, eine Gestalt, die so streng objektiv, leidenschaftslos, gründlich, exakt und diszipliniert, so der frostigen Wahrheit hingegeben ist, daß Laplace dagegen zügellos aussieht. Hohe Romantik und Hohe Wissenschaft, die die Unmittelbarkeit mit dem Eifer eines Dichters ergreifen und davon mit dem Eifer eines Anatomen abstrahieren, in prekärer Verklammerung." (Geertz 1993: 81f.)

Dann zitiert Geertz aus jenem ‹Tagebuch› (Malinowski 1986) längere Passagen, mit denen er deutlich macht, wie selten es Malinowski gelingt, diese beiden postulierten „Ichs" des Forschers zur Synthese zu bringen. Statt Verständnis zeigt sich oft Erbitterung über die „Wilden", die ihre Sitten und Riten nicht so praktizieren, wie es das Forscherauge gerne hätte. Statt eines emotionslosen, nüchternen Blickes verraten sich in den Zeilen oft einfach Ärger und Unlust über die „Desorganisation" des Feldes. So liest sich dieses Feldtagebuch doch einigermaßen anders als die analytisch wie literarisch gerundeten und geglätteten Monographien des Begründers der Feldforschung: Weniger die Trobriander als vielmehr jenes Dort-Sein des Forschers erscheint in einem neuen, problematischen Licht. Dieses Zwielicht liegt heute auch über manchen Nachfolgern Malinowskis: über denen, die wenig über ihre alltägliche Feldforschungssituation mitteilen, dafür viele neue und verblüffende Erkenntnisse, wie über jener anderen Gruppe, die sich – gewitzt – eher Malinowskis ‹Tagebuch› zum Vorbild genommen hat und sich fast befindlichkeitsliterarisch nurmehr zum Thema „Ich und das Feld" äußert. – Der Grat des Königsweges ist schmaler geworden.

„Research up": *Der Blick nach oben*

Sicherlich geht es bei den methodologischen Problemen der Feldforschung nicht primär um mögliche individuelle Unzulänglichkeiten und Eigenarten, sondern vielmehr um eine nüchterne Abwägung der methodisch zweifellos großen Möglichkeiten, aber auch der Gefahren ihrer Anwendung. Insbesondere geht es um die Frage, ob sie tatsächlich *die* Methode ethnologischen Forschens sein kann und muß. Darauf werden die Europäische Ethnologie und die Volkskunde sicherlich eher die sibyllinische Antwort geben, daß die Feldforschung als Teilnehmende Beobachtung eine überaus wichtige Forschungsmethode ist, jedoch nicht die einzige und alles entscheidende. Aus der volkskundlichen Tradition heraus ist man – wohl stärker als in der völkerkundlichen – daran gewöhnt, auch anderen hermeneutischen Verfahren wie der Text-, Bild- und Sachobjektanalyse und damit auch anderen Wahrnehmungsweisen einen hohen Stellenwert einzuräumen. Das hängt mit den lange Zeit dominierenden Erfahrungen historischer Forschung zusammen, in deren Rahmen die

Menschen vergangener Generationen oft nur an Hand überlieferter Quellen beobachtet und „gehört“ werden konnten. Zudem schenkt man bei Forschungen in Gegenwartsgesellschaften etwa auch den modernen Medien oder alltäglichen Gebrauchsgegenständen wie Gebrauchstexten als Quellen besondere Beachtung, um lebensweltliche Horizonte gesellschaftlich einordnen zu können. Europäische Industriegesellschaften sind immer noch stärker als manche außereuropäischen Gesellschaften durch schriftliche, bildliche und technologische Kommunikationskulturen geprägt.

Welche Methoden eingesetzt werden, hängt also jeweils von der Fragestellung und vom Gegenstand ab. Meist werden die einzelnen empirischen Zugriffe und analytischen Schritte erst unmittelbar im Forschungsprozeß selbst konzipiert, um spezifische, dem besonderen Gegenstand angemessene Lösungswege zu finden.[56] Dabei finden sich viele Bereiche volkskundlich-ethnologischer Forschung, in denen zunächst ganz „konventionell“ mit historischer Quellen- und philologischer Textarbeit operiert und gar kein Gedanke an Teilnehmende Beobachtung und Feldforschung im strikt ethnologischen Sinn verschwendet wird. Feldforschung verkörpert somit keine methodische „Brille“, die unabdingbar bei jedem Forschungsthema aufgesetzt würde, um dabei als selbstverständliche Lesehilfe zu dienen. Andererseits wäre ohne die „Entdeckung“ der Feldforschung als Methode beispielsweise der inzwischen so vielbeachtete Zweig der Stadtethnologie oder -anthropologie wohl kaum entstanden, der die in diesem Bereich lange Zeit dominierenden Traditionen der Stadtsoziologie mit neuen Perspektiven konfrontiert und sie in vieler Hinsicht entscheidend bereichert hat (Lindner 1990). Die Großstadt als ein Mosaik verschiedenartigster sozialer Räume und kultureller Milieus, unterschiedlichster Wahrnehmungsweisen und Lebensstile, vielfältiger symbolischer Regel- und Bildsysteme, die andererseits und trotz ihrer Unterschiedlichkeit eng ineinander verschränkt sind und darin wiederum übergreifende Züge „urbaner Kultur“ aufscheinen lassen: sie ist für uns längst nur noch am Ort, als ein Feld und im Feld angemessen zu erfassen.

So trägt diese methodische Erweiterung des Repertoires dazu bei, daß der Blick einer Europäischen Ethnologie sich inzwischen nicht mehr nur auf die gesellschaftliche Peripherie der dörflichen Lebenswelten und der unteren Sozialgruppen richtet, dorthin, wo man früher stets „das Volk“ vermutete. Indem man sich vermehrt den Zentren gesellschaftlich-kultureller Entwicklung und politischer Macht zuwendet, beginnt sich gegenwärtig vielmehr eine neue Forschungsrichtung des *studying up* oder *research up* herauszubilden, die nicht zuletzt entsprechenden Impulsen aus der amerikanischen Cultural Anthropology folgt.[57] Dabei wird insbesondere mit den Methoden der

Feldforschung versucht, in innere Bereiche etwa der industriellen Betriebs- und Arbeitskultur, der Medienarbeit und der politischen Kultur oder gar in die exklusiven Etagen von Managern und Bankern vorzustoßen. Soziale Hierarchien und Herrschaftsstrukturen werden nicht mehr nur in ihren kulturellen Auswirkungen und Resultaten beobachtet, sondern sie werden *in the making* untersucht, in ihrem sozialen Entstehungsfeld und als kulturelle Praxis.[58]

Dieses *research up* verändert die Bedingungen der Feldforschung grundsätzlich, weil sich die gewohnte soziale Symmetrie bzw. meist Asymmetrie des Feldes entscheidend verschiebt: Nicht mehr der Forscher allein erscheint als der überlegene Experte und damit als „Herr" der Situation, sondern die Beforschten sind dies oft mindestens ebensosehr. Mitunter fühlen sie sich sogar als die Überlegenen, vor denen sich Forschungsinteresse und -kompetenz erst einmal zu legitimieren haben.[59] Die Karten der „kulturellen Begegnung" im Feld werden hier also neu gemischt. Und mehr noch: In dieser Neuorientierung deutet sich gegenwärtig und fast zwangsläufig auch eine Veränderung der kognitiven Identität des Faches an. Ich kann dies hier nur mit zwei Stichworten andeuten: Einerseits zeichnet sich eine neue theoretische, aber auch gesellschaftspolitische Akzentuierung der wissenschaftlichen Erkenntnisinteressen ab, die stärker als bisher das gesellschaftliche Ganze ins Auge fassen wollen; andererseits wandelt sich das Außenbild des Faches, das dadurch neue Zuständigkeiten und eine öffentliche Expertise für sich reklamiert.

Im Angesicht des Feldes

Feldforschung läßt sich zwar nicht wie eine Gebrauchsanleitung darstellen, nach deren Befolgung entweder das IKEA-Regal auf den Füßen oder der Bastler auf dem Kopf steht. Dennoch möchte ich versuchen, den Kreis der dabei in Betracht zu ziehenden Forschungstechniken gewissermaßen in der Reihenfolge ihres Einsatzes kurz vorzustellen.

Auch wenn der Begriff Feldforschung leicht die Vorstellung assoziieren läßt, man ginge am besten erst einmal unbefangen und unvoreingenommen ins Feld hinein, steht am Beginn solcher Forschung in der Regel doch etwas anderes: zunächst natürlich die Themenwahl sowie die Festlegung eines räumlichen, sozialen oder zeitlichen Untersuchungsausschnitts, dann vor allem eine Vorarbeit, die mehr mit Bibliotheken, Texten und Statistiken zu tun hat als mit anderen Lebenswelten und Menschen. Das erste „Feld" ist das der Forschungsliteratur. Denn ohne das nötige Vorwissen zum Thema, etwa über wirtschaftliche und gesellschaftliche, über historische oder geographische Rahmendaten, die aus anderen Studien, amtlichen Statistiken oder Archivquellen zu erschließen sind, würde sich auch der „ethnologische Blick“ meist im Nebel bewegen. Wir müssen den Ausschnitt, den wir als „Feld“ sozialer Handlungen und Beobachtungen wählen wollen, zuvor in seinen größeren Zusammenhängen bestimmt haben, um unsere „Konstruktion“ begründen zu können. Wo in der Gesellschaft die Gruppe steht, die wir untersuchen, wie sie sich sozial, geschlechtlich und altersmäßig gliedert, was ihre Geschichte, ihre wirtschaftliche und berufliche Situation, ihre Sprache und Religion charakterisiert, das ist notwendiges Vorwissen, gleichgültig, ob es sich um eine Jugendgruppe in Berlin handelt oder um eine Dorfgesellschaft auf Sizilien. Auf dieser Grundlage entstehen erste Arbeitshypothesen, also Annahmen und Fragestellungen, die „vor Ort“ bearbeitet und vor allem in ihren Grundlagen überprüft werden sollen. Denn die vorher statistisch oder sekundärliterarisch gewonnenen Daten und Eindrücke sind keineswegs als feststehendes Faktenfundament zu betrachten, sondern in ihrer Perspektive und Deutung stets kritisch zu hinterfragen.

Der zweite Schritt wird dann die genaue Festlegung der Fragestellungen sein und die Überlegung, mit welchen Untersuchungsmethoden dem Gegenstand und den Bedingungen des Feldes am besten gerecht zu werden ist. Dabei wird der Unterschied zwischen einem methodisch „harten“ und einem „weichen“ Vorgehen hier vielleicht am deutlichsten: Während ein auf Repräsentativität ausgerichtetes sozialwissenschaftliches Untersuchungsdesign die Entscheidung über die anzuwendenden Forschungsmethoden weitgehend vorher festlegt, um feste und vergleichbare Ergebnisse zu erhalten, nimmt das „weiche“ ethnographische Vorgehen diese Festlegungen nur als ein vorläufiges Arbeitsprogramm mit ins Feld, das dort noch wesentlich modifiziert werden kann. Auch in diesem Sinne ist die Feldforschungsmethode als „interaktiv“ zu beschreiben, weil sie den Eigenaussagen des Feldes bewußt weiten Raum und zugleich großen Einfluß auf den Forschungsverlauf einräumt. Dies bedeutet zugleich, daß die theoretische und methodische Klärungsarbeit mit dem Eintritt ins Feld nicht abgeschlossen ist, sondern hier oft erst richtig beginnt (Sperber 1989).

Teilnehmende Beobachtung

Der dritte Schritt wird bei Gegenwartsforschungen dann der Beginn der Teilnehmenden Beobachtung vor Ort sein, der in der Regel und im wörtlichen Sinne die „Teilnahme“ an bestimmten Formen des zu untersuchenden Gruppen- und Alltagslebens über einen bestimmten Zeitraum bedeutet. Wie lange dies dauert und in welcher Rolle dies geschieht, hängt von den Möglichkeiten und Notwendigkeiten ab, die sich etwa aus der sprachlichen oder kulturellen Distanz ergeben, aus der Fragestellung und der Größe des Feldes, wesentlich auch aus den von den Untersuchten selbst angebotenen Möglichkeiten. Dabei kommt der Eintrittssituation ins Feld eine ganz besondere praktische wie symbolische Bedeutung zu. Zum einen, weil sich da bereits eine erste Balance zwischen den verschiedenen Rollen des Forschers, des Gastes und des Alltagsmenschen herstellt, die für den weiteren Fortgang der Forschung entscheidend sein kann; zum anderen, weil wir dabei eine erste, hohe Schwelle in eine Welt überschreiten, in der wir noch unsicher sind und Orientierungen suchen, ja in der sich Beklommenheit und Angstgefühle einstellen.

Jene „Angst des Forschers vor dem Feld" hat der Berliner Stadtethnologe Rolf Lindner sehr plastisch beschrieben: „Diese Angst, dieses Allen-Mut-zusammennehmen-und-an-der-Tür-Klingeln kennt sicherlich jeder Novize der Zeitschriftenwerberbranche, bevor er sich zum ausgefuchsten Drücker häutet. Aber dessen Angst scheint berechtigt, weiß er doch, daß er den Leuten etwas andrehen will, und tendiert daher dazu, sein Selbstbild auf den prospektiven Kunden als das Bild zu projizieren, das dieser von ihm hat. Aber warum soll der Forscher Angst haben? Welches Bild macht sich der Forscher von dem Bild, das sich die zukünftigen Interaktionspartner im Forschungsprozeß von ihm machen könnten? (...) In der Tat befindet sich der Wissenschaftler, der sich als ‚Sonderbeauftragter der Wissenschaftlerkultur' (Weidmann) ins ungesicherte Terrain der ‚Untersuchungskultur' begibt, um von dort Bericht zu erstatten, in einem Dilemma. Er verhält sich, in bezug auf den situationalen Kontext, womöglich völlig unnormal, was die Anwesenden recht schnell bemerken, wenn sie auch womöglich dieses Verhalten nicht so recht einzuordnen wissen. Seine Anstrengungen z. B., natürlich zu wirken, werden als Anstrengungen, *natürlich wirken zu wollen*, sichtbar (und ähneln damit dem Verhalten des ängstlichen Kindes, das im dunklen Keller durch lautes Pfeifen oder Singen sich selbst und dem im Dunklen vermuteten anderen beweisen will, daß es keine Angst hat), und diese sichtbaren Anstrengungen (vom situationsspezifischen Mithaltenwollen bis zur kumpelhaften Anbiederei) rufen bei jenen, für die der situationale Kontext tatsächlich ‚natürlich' ist, erst Unbehagen oder gar Mißtrauen gegenüber der (noch nicht als Forscher identifizierten) Person hervor (je nach situativem Kontext ist auch eine ganz andere Reaktion der ‚Probanden' denkbar; daß sie sich nämlich einen Spaß mit dem ‚komischen Kauz' machen, der mithalten will)." (Lindner 1981: 54f.) Lindners Ratschlag für den Feldzugang lautet daher, offen mit der Forschungsrolle und dem Forschungsinteresse umzugehen – und damit von vornherein eine eigene Rolle im Feld zu bestimmen, welche die beiderseitigen Irritationen begrenzbar und kalkulierbar macht.

Zwei Dinge sind dabei nochmals besonders zu bedenken: zum einen die Betonung des Wortes „teilnehmend", das nicht nur passives Beobachten meint, sondern aktive Teilnahme, um über die Rollen, die dabei eingenommen werden, die anderen wie die eigenen kulturellen Regeln genauer erkennen zu können, die im Feld aufeinandertreffen. Nur so lassen sich kulturelle Schlüsselszenen wie typische Alltagssituationen wahrnehmen, und nur so entfernt sich der Forscher ein Stück weit von den Routinen der eigenen Kultur und gewinnt dadurch mehr Blickfreiheit für die Routinen der anderen wie für deren Reaktionen auf die Forschungspraxis. Zum zweiten bedeutet Feldforschung auch die Übernahme ethischer Verantwortlichkeit für das, was gesehen und was beobachtet wird. Wie weit die Forschungsneugier gehen darf, wo Intimität und Tabu zu respektieren sind, was danach öffentlich mitgeteilt wird, all dies bürdet dem Forschenden eine soziale Verantwortung im Feld auf, die er meist individuell bewältigen muß (Damman 1991).

So muß es neben dem „Recht auf Forschung" stets auch ein „Recht auf Nicht-Erforscht-Werden" geben, dessen Respektierung sich nicht in goldenen Berufsregeln fassen, sondern nur in der sozialen Beziehung mit den Beforschten definieren läßt. Auch dies gehört zur Annäherung an den Anderen „in dessen Sicht der Dinge". Der Tübinger Volkskundler Utz Jeggle fordert: „Es wäre vielleicht zu lernen, daß es Geheimnisse gibt, die auch der Wissenschaftler respektieren soll, will er sich nicht zum Assistenten des Kriminalkommissars degradieren lassen. Diese Art von Datenschutz ist sicher akzeptabel für vielfältige Bereiche der Alltagsforschung, die ja häufig nur eine anspruchsvolle Spielart des Voyeurismus ist. Aber so wie es die Grenze gibt, die der Voyeur nicht ungestraft überschreiten sollte, so gibt es umgekehrt durchaus einen Anspruch der Wissenschaft, Dinge, die als Geheimnis gelten, doch zur Sprache zu bringen. Die Grenzziehung wäre nicht so schwierig, wenn die Grenze zwischen privat und öffentlich wirklich immer die privaten Interessen respektieren und die öffentlichen vertreten würde, aber die ständige Verwischung der Grenze, indem das Sexualleben des Stars öffentlich wird und die Arbeitsbedingungen in der Fabrik privat bleiben, läßt eine einhellige Separation nicht zu und stellt den Wissenschaftler häufig vor die Frage, selbst zu entscheiden, ob es im öffentlichen Interesse ist, private Schicksale nachzuzeichnen, oder ob er nur veröffentlicht, was niemand außer den Betroffenen etwas angeht. Der Kriminalkommissar hat es da leichter als der Wissenschaftler, der keine Täter verfolgt, sondern die Möglichkeiten von Lebensformen untersucht." (Jeggle 1984: 105) Und Michel Leiris fügt hinzu: „Ethnologie ist eine Wissenschaft, in der sich der Forscher vielleicht persönlicher verbürgt als in jeder anderen Wissenschaft." (Leiris 1987: 24)

Damit ist nochmals unterstrichen, daß Feldforschung nicht bedeutet, sich möglichst ungetrübt von theoretischen, methodischen wie ethischen Erwägungen in ein Feld zu begeben, sondern im Gegenteil meint, dort mit der bestmöglichen persönlichen wie wissenschaftlichen Ausrüstung zu beginnen. Feldforschung verkörpert gerade in diesem Sinne Prinzipien einer „Erfahrungswissenschaft", die dazu auffordern, sich die positiven wie negativen Erfahrungen anderer in ähnlichen Feldern zunutze zu machen, bevor man die Probanden den eigenen Bemühungen aussetzt. Diese haben sich vielfach längst ihren eigenen Reim auf ihre ethnologischen „Betreuer" gemacht. Bei den Saamen in Finnland, die als „ethnische Minderheit" oft und gerne untersucht werden, gibt es das Sprichwort, wonach eine typische Saamenfamilie heute aus fünf Mitgliedern besteht: Großmutter, Mutter, Vater, Kind und dem Hausanthropologen.[60]

Quellen, Medien und Techniken

Insofern stellt sich die vierte Frage von selbst: Wie und mit welchen Mitteln sind im Feld Beobachtungen festzuhalten und Forschungsresultate zu erzielen – möglichst vielfältig und umfassend? Denn Teilnehmende Beobachtung versteht sich als ein „ganzheitliches" Verfahren, das versucht, Werte, Regeln, Formen und Praxen einer Gruppe oder Situation möglichst „total" zu erfassen. Deshalb wird als Feld meist ein überschaubarer Gesellschaftsausschnitt gewählt. Auch hier gilt nachdrücklich jenes „erfahrungswissenschaftliche" Prinzip: Der allmählichen Einübung in eigene Beobachtungs- und Einfühlungsfähigkeiten kommt entscheidende Bedeutung zu. Und es ist wichtig, diesen Vorgang auch als subjektiven Erfahrungs-, Verunsicherungs- oder Lernprozeß angemessen zu dokumentieren.

Dafür bietet sich eine Palette von Techniken und Hilfsmitteln an, die in unterschiedlicher Gewichtung wohl in jeder Feldforschung angewandt werden. Zum einen ist dies das Forschungstagebuch, das zugleich ein Protokoll der Selbstbeobachtung wie eine Chronik der Beobachtung der Anderen ist. Man muß nicht erst Malinowskis ‹Tagebuch› lesen, um zu erahnen, daß dies den eigentlichen Werkstattbericht des Forschungsprozesses verkörpern kann, wenn es in der Tat parallel zum Feldaufenthalt täglich oder zumindest in kurzem zeitlichem Abstand zum Erlebten niedergeschrieben wird. Zugleich ist es ein entscheidendes Mittel der Selbstverständigung für den Forschenden, der hier vor allem jene kulturellen Irritationen aussprechen kann, die in der Feldinteraktion meist nur verdeckt oder symbolisch verhandelt werden.

Zum zweiten sind es verstärkt die Bildmedien, die zur Dokumentation des Forschungsprozesses eingesetzt werden, also der Fotoapparat, den auch Malinowski bereits benutzte, oder die Videokamera, die inzwischen an so vielen Forscherhandgelenken baumelt. Ohne hier näher auf die methodologischen Probleme eingehen zu können, die der Einsatz dieser Technik beim Versuch aufwirft, sich ein „Bild vom Anderen" zu machen, gilt jedenfalls die Feststellung, daß die dabei verfertigten Bilder alles andere als ein neutrales, dokumentarisches Medium sind. Auch sie unterliegen vielmehr den Gesetzen des konstruierenden Blicks und der subjektiven Interpretation, denen das Motiv unterworfen wird. Immerhin sind inzwischen wohl die Zeiten vorüber, in denen unsichtbare Forscher hinter ihrer Kameralinse Bilder vom „authentischen" Leben im Feld einfangen wollten, in denen man glauben konnte, „Wirklichkeit" lasse sich einfach dokumentierend abfilmen. Mit dem Objektiv vor dem Auge hat sich im Gegenteil der Forscher gleichsam verdoppelt: Er tritt zugleich als Vertreter der Forscherkultur wie als Regisseur des technischen Mediums auf und inszeniert – indem er sich selbst inszeniert – die Situation. Dieser Umgang mit Bildmedien gehört zu jenem breiten und komplizierten Themengebiet einer Visuellen Anthropologie, die sich mit der Geschichte menschlichen Wahrnehmungsverhaltens beschäftigt und darin auch die Geschichte des Forscherblickes und seiner technischen Hilfsmittel einzubeziehen hat (Chiozzi 1989).

Ein drittes und zentrales Mittel der Teilnehmenden Beobachtung bildet das Interview. Es gibt wohl wenige methodische Instrumente, die in den letzten Jahrzehnten eine so reichhaltige Problem- und Anwendungsliteratur nach sich gezogen haben wie diese Befragungstechnik. Das hängt sicherlich damit zusammen, daß das Interview am stärksten das Gefühl vermittelt, Forschung zu einer wirklichen Interaktion machen zu können, in der die sozialen Akteure selbst zu Wort kommen und auf ihre Bilder und auf ihre Sprache eingegangen werden kann. Daß es dabei inzwischen auch einen disziplinären Erfinderstreit darüber gibt, welches Fach die Methode ursprünglich „entdeckt" hat, ob die Soziologie in ihren frühen Großstadtstudien, die Ethnologie in ihren Feldaufenthalten, die Geschichtswissenschaft in ihren alltagsgeschichtlichen Forschungen oder die Volkskunde mit ihrem „Gewährsleute-Prinzip", scheint mir dabei weniger wichtig als die Tatsache, daß sich in diesem methodischen Bereich seit langem ein wirklich interdisziplinärer Dialog zwischen den verschiedensten Forschungsrichtungen und Partnern entwickelt hat, der das methodische Problembewußtsein entschieden fördert.[61]

Ob es Gespräche mit einzelnen Akteuren sind oder mit Gruppen, ob es sich um ein biographisches, also auf die lebensgeschichtliche Erzählung konzentriertes Interview handelt, um ein themenzentriertes, das sich um Sachkomplexe strukturiert, oder nur um eine kurze Befragung, die sich unmittelbar aus einer Feldsituation ergibt – das methodische Spektrum ist weit und offen, aber es hat auch seine Regeln, die durchaus ihren Sinn besitzen. Je nachdem, ob mehr der Informationsgehalt oder die Erzählstruktur im Vordergrund stehen, ob individuelle Wahrnehmungen erfragt oder Aussagen verglichen werden sollen, ob die Forscherrolle stärker oder schwächer zu thematisieren ist, sind diese Regeln der Gesprächsführung zu reflektieren, um nachher nicht mit zwar vollen Kassetten, aber analytisch leeren Händen dazustehen. Vorüberlegungen dazu ermöglichen insbesondere Frageleitfäden und Probeinterviews, die das Feld des Erfahrenswerten und die Interviewsituation vorzustrukturieren versuchen – gerade auch im Blick auf die eigene Rolle und auf die Bewältigung jener „Angst vor dem Feld".

Zu bedenken ist dabei aber auch schon die Seite der Nachbereitung, der Interviewanalyse – auch in ganz praktischer Hinsicht. Interviews müssen verschriftlicht werden, denn das Mithören in der aktuellen Gesprächssituation, die von einer Vielfalt von Einflüssen bestimmt ist, ergibt oft völlig andere Bedeutungen und Deutungen als das spätere, konzentrierte Verschriften und Lesen des Gesprächstextes. Nun bedeutet jede Stunde Interview-Sprechzeit einen Umfang von wenigstens 10 bis 15 Seiten Schreibtext, von der noch aufwendigeren folgenden Stofferschließung und -auswertung gar nicht zu reden. „Interviewzeit" vervielfältigt sich also in ihren verschiedenen Verarbeitungs- und Bearbeitungsetappen ganz erheblich, und sie stößt damit rasch an inhaltliche wie zeitliche Kapazitätsgrenzen. Auch dieses quantitative Problem ist in der Anlage des Untersuchungskonzepts mit zu bedenken, um nicht später an einen Punkt zu kommen, an dem die nicht mehr zu bewältigende Quantität alle Qualitätsansprüche „erschlägt".

Daß das Interview in den letzten Jahren als der vermeintlich direkteste und unverzichtbare Weg in die „pralle Wirklichkeit" gehandelt wurde, hat manchmal den Blick auf seine realistischen Nutzanwendungen wohl etwas verstellt. Denn wir wissen inzwischen, daß diese „Wirklichkeit" zunächst nur die Situation des Gesprächs und den Moment des Erinnerns selbst meint: Das Gesagte gilt für das und aus dem Hier und Jetzt. Es ist ein bewußtes und deutendes Erzählen über Vergangenes aus der Sicht der Gegenwart bzw. über Gegenwärtiges aus der Sicht des Sprechenden. Dem Wunsch nach kommunikativer Verständlichmachung und sozialer Plausibilität folgend, ist es kein „Wie es war", sondern ein „Wie es sich/mich darstellt".[62] Daher gilt es immer zu überlegen, wo das Interview wirklich das „ideale" Zugangsmittel in ein Forschungsfeld bildet, wo es nur begrenzt geeignet ist, und vor allem, wo es durch andere Methoden ergänzt werden muß. Als Alternativen oder Ergänzungen kommen etwa ethnographische Beobachtungsprotokolle in Frage, in denen systematisch Handlungsräume und Interaktionssituationen dokumentiert werden, entweder um unterschiedliche Praxen vergleichend zu beschreiben oder um über einen längeren Zeitraum hinweg deren Entwicklungen und Veränderungen zu dokumentieren. Ebenso finden nach wie vor Fragebogen ihre sinnvollen Einsatzmöglichkeiten, wenn es etwa um größere Befragungsgruppen geht oder um Themen, bei denen bewußt pointierte Urteile oder klischierte Vorstellungen erhoben werden sollen. Der Vorzug des „harten" Fragebogens besteht auf dieser Ebene gerade in seinen sonstigen Nachteilen: Durch seine Standardisierung der Frage- und Antwortmöglichkeiten zwingt er zur Vereinfachung der Aussagen, und er löst dadurch wie durch die Möglichkeit der anonymen Beantwortung manche Zunge mehr, als dies manchmal beim Interview gelingt.

Andere ergänzende Verfahren sind vor allem im Bereich der Stadtethnologie entwickelt worden, wie die Methoden des Wahrnehmungsspaziergangs oder der *mental map,* mit denen vor allem die symbolischen Raumorientierungen und die sozialen Beziehungsnetze von Menschen dokumentiert werden sollen. Durch die Begleitung auf Spaziergängen im Wohnviertel oder an Hand von zeichnerischen Darstellungen gewohnter Wege oder vertrauter Orte lassen sich Umrisse jener „Karten in den Köpfen" feststellen, die wir alle in uns tragen und die unser alltägliches Territorial- und Sozialverhalten automatisch strukturieren: die Wege zur Arbeit und zum Einkaufen, die Orte der Unterhaltung und der Freizeit, die „sicheren" und die „unsicheren" Territorien. Diese individuell verfaßten mentalen Karten bieten dann die Möglichkeit, kollektive Raumorientierungen und -kodierungen sozialer Gruppen sichtbar zu machen. Aber sie bergen in sich auch die Gefahr, daß solche Räume und Bedeutungen aus ihrem Kontext herausgerissen und symbolisch überhöht werden, weil wir mit diesen Methoden Alltagssituationen nur simulieren, nicht „als Wirklichkeit" rekonstruieren können.

Wie sich die letztgenannten methodischen Schritte und Wege der Feldforschung in der Praxis anwenden und zugleich in dieser Anwendung reflektieren lassen, zeigt exemplarisch die Studie der Frankfurter Kulturanthropologin Gisela Welz mit dem Titel ‹Street Life› (1991). Darin werden die ethnischen Organisationsformen, die sozialen Regeln und die kulturellen Muster des „Straßenlebens" der verschiedenen Bevölkerungsgruppen eines New Yorker Slumgebiets teilnehmend beobachtet und analysiert. Die Straße erscheint dabei als ein öffentlicher Ort, an dem ökonomische wie soziale Überlebensstrategien praktiziert, Hierarchien und Ordnungen des Viertels ausgehandelt werden, Feste wie Konflikte stattfinden, der also als ein in hohem Maße symbolisch strukturierter und kodierter Beziehungsraum erscheint. Über Interviews, Beobachtungsprotokolle und *mental maps* vermag Welz diese Kodierungen zu erschließen und zu verdeutlichen, wie hier, auf der Straße, alltäglich die sozialen Identitäten vor allem der Migrantengruppen, der Geschlechter oder der Generationen als „Praxis" ausgehandelt werden. Zugleich wird sichtbar gemacht, wo diese Methoden an Grenzen der Erkundung oder des Verstehens stoßen, wo Feldforschung „draußen" zu bleiben hat, vor den Türen und Schranken des Innenlebens sozialer Gruppen.

Be-Schreiben

Der letzte Schritt betrifft die Analyse des erhobenen Materials, seine endgültige Strukturierung und die Umsetzung ethnographischer Beobachtung in „ethnologisches Schreiben". Dabei stellt sich immer wieder neu das Problem, wie einerseits die Erlebnis- und Erläuterungskontexte der sozialen Akteure in der Darstellung zu erhalten sind, ohne daß sie zerrissen und lediglich als Informationssteinbrüche behandelt werden, wie andererseits dennoch interpretierende Strukturen in den Text eingezogen werden können, die sich eben nicht einfach aus der Zusammenstellung von Beobachtungen und „Originaltönen" ergeben. Patentrezepte für die Lösung dieses Problems gibt es nicht, aber zumindest einige allgemeine Regeln zur Textualisierung ethnographischer Forschungsergebnisse. Sie verweisen uns *erstens* darauf, daß die Sprache und die Erzählstruktur von Quellen- oder Interviewtexten oft mindestens ebensowichtig sind wie deren Informations- und Faktengehalt, daß man diese eigenen Texte also tatsächlich „zu Wort" kommen lassen muß. *Zweitens* sind aber auch die eigenen Annahmen und Blickwinkel deutlich zu machen, insbesondere das methodische und praktische Vorgehen im Feld, das viel zu oft hinter wohlformulierten Ergebnissen verschwindet. *Drittens* empfiehlt sich gerade für eine Feldstudie eine eher diskutierende Darstellung, die deutlich macht, daß es sich zwar um schlüssige Ergebnisse, aber doch um Interpretationen handelt, denen eine affirmative und hermetische Präsentation schlecht ansteht.

Viertens scheint mir in ethnologischen Texten eine Haltung empfehlenswert, die namentlich der englische Sozialanthropologe Nigel Barley in seinen Büchern immer wieder vorführt, die ihm freilich nicht von allen Fachkollegen positiv angerechnet wird: ein Stück selbstironischer Distanz. Barleys Berichte über seine Feldforschungen sind meist auch Berichte von Pannen, von Mißverständnissen, vom Scheitern im Felde. Sie gehen mit den Forschenden wie den Beforschten nicht immer zart um, verteilen die Komplimente wie die Seitenhiebe aber – wie ich finde – recht gleichmäßig und fair. So schildert Barley in seinem Buch ‹Die Raupenplage› in fast komödiantischer Weise, wie er sich auf den Weg zu einem afrikanischen „Stamm" macht, weil er über ethnologische Buschtrommeln gehört hat, daß dort ganz spezifische Initiationsriten bestünden, bei denen die Brustwarzen von männlichen wie weiblichen Jugendlichen vor dem Eintritt ins Erwachsenenalter beschnitten würden. Das wäre eine ethnologische Sensation, und Barley ist ihr auch auf der Spur, als er nach einigen Verwirrungen endlich auf jenen „Stamm" trifft, bei dem er tatsächlich Männer und Frauen ohne Brustwarzen sieht. Nun geht es nur noch um die endgültige Dokumentation der Beschneidungszeremonien, und ein neues ethnologisches Sensationsbuch wäre geboren. Doch lassen diese Zeremonien lange auf sich warten. Ungeduldig traut Barley sich schließlich, genauer nachzufragen, als er eine solche „initialisierte" Frau sieht. Das Ergebnis ist verblüffend: „Alle lachten. Natürlich war sie so zur Welt gekommen. Wer würde sich schon die Brustwarzen abschneiden? So etwas war doch schmerzhaft. Nun war also klar, daß die Ninga, was immer sonst noch mit ihnen passiert sein mochte, jedenfalls Opfer genetischer Mißbildungen waren. Der Klumpfuß und der Zwergwuchs des Häuptlings, der Buckel seines Bruders, die mißgebildeten Brustwarzen bei allen waren insgesamt Folgen ein und derselben angeborenen Abnormität und nicht, wie ich geglaubt hatte, Ausdruck kultureller Symbolik." (Barley 1986: 104)

2. Mikrohistorie: Quellenerschließung und Quellenkritik

Daß in dieser Übersicht nach der Feldforschung, die sich primär gegenwartsbezogenen Themen zuwendet, gleich die Mikrohistorie folgt, hat mehrere Gründe. Zum einen soll es die Forderung unterstreichen, daß sich Europäische Ethnologie intensiv auch mit der geschichtlichen Dimension der Kultur zu befassen hat. Denn Gegenwart wird nur verständlich in ihrer geschichtlichen Entwicklung, und Geschichte wird uns in Bildern und Begriffen verfügbar nur durch Fragestellungen aus der Gegenwart – so sehr manche Historiker eine unabhängige „Wirklichkeit" der Vergangenheit beschwören mögen. Zum zweiten wird historische Forschung in vielen Bereichen längst unter intensiver Einbeziehung ethnologischer und kulturanthropologischer Perspektiven betrieben. Dabei spielt insbesondere die Erkenntnis eine Rolle, daß auch das historische „Feld" eine andere Kultur verkörpert, mit der wir in Austausch treten und die damit umgekehrt auch unsere Leseweisen problematisiert und reflektiert: „Daß Untersuchungsstrategien längst nicht immer so aufgehen, wie man sich das ursprünglich ausgemalt hat, daß die Erfahrungen im Forschungs-‚Feld' eine fortwährende, die eigene Arbeit kontinuierlich begleitende Irritation darstellen, daß diese Irritationen, aber auch die Irrwege und Sackgassen, auf die man auf schlecht ausgeschilderten Forschungswegen und Sackgassen immer wieder gerät, in der Darstellung nicht ‚glattgebügelt' werden müssen, sondern selbst ein tragendes Element der Erkenntnis darstellen dürfen, macht vielleicht die eigentliche Stärke der ethnohistorischen Betrachtungsweise aus." (Schindler 1992: 18) Noch ein drittes verbindet die Feldforschung mit der Mikrohistorie: Beide sind charakterisiert durch die konzentrierte Beoachtung eines kleinen, überschaubaren Untersuchungsfeldes, in dem räumliche, zeitliche und soziale „Nahaufnahmen" mit hoher Tiefenschärfe erzielt werden sollen. Für die Geschichte liegen die Gründe dafür ebenso auf der Hand wie für die Gegenwart: Kultur wird am allerwenigsten in statistischer Repräsentativität faßbar, sondern nur über Einblicke in exemplarische und charakteristische Situationen, über Einsichten in das Zusammenspiel verschiedenartiger Faktoren und über die Beobachtung konkreter Praxen von identifizierbaren Individuen und Gruppen. Doch ist es ein räumliches und kein semantisches „Klein": Es meint nicht „Kleinigkeiten", sondern den Ausschnitt eines großen Feldes samt den darin wirkenden gesellschaftlichen Prozessen und Problemlinien. Dieser Ausschnitt ist in seinem Verhältnis zum Ganzen systematisch zu bestimmen und methodisch wie eine fotografische Ausschnittvergrößerung zu behandeln, die mehr Details freigeben kann als der gesamte Prospekt, jedoch immer vor dessen Hintergrund betrachtet werden muß.

Mikrohistorie verkörpert insofern meist auch einen erfahrungs- und alltagsgeschichtlichen Zugang, betont nur begrifflich stärker dessen methodische Seite. Dabei beabsichtigt sie nicht primär eine „Geschichte der kleinen Dinge" und der unpolitischen Nischen, sondern einen Einblick in die Mikrophysik historischer Gesellschaft im Sinne von deren lebensweltlichen Funktionsweisen und kulturellen Regelsystemen (Lüdtke 1994). Auch darin ist sie wiederum aufs engste dem Verständnis ethnologischer Feldforschung verbunden, die Bedingungen, Regeln und Formen gegenwärtig *gelebter* Erfahrung untersuchen will. Diese interdisziplinäre Perspektive signalisieren im übrigen auch die inzwischen etablierten Richtungsangaben Historische Anthropologie oder Ethnohistorie.

„Der Käse und die Würmer"

Dennoch ist der Begriff Mikrohistorie keine volkskundliche oder ethnologische Prägung, sondern er stammt aus den Historikerdebatten der 1970er Jahre. Und er ist auch weder ein epistemologisch verbindlicher noch ein theoretischer oder systematischer Begriff, eher der Kennzeichnungsversuch einer bestimmten Geschichtsperspektive und eines bestimmten Umgangs mit den Methoden der Quellenforschung. Mir scheint er als Leitbegriff für solche spezifisch kulturwissenschaftlich orientierte Zugangsweisen zur Geschichte durchaus nützlich zu sein, wenn man sich darüber einig ist, daß darunter auch wesentliche Teile einer Alltagsgeschichte oder einer Geschlechtergeschichte zu subsumieren sind.

Der italienische Kulturhistoriker Carlo Ginzburg, einer der Mitbegründer und wichtigsten Vertreter einer Mikrohistorie, erinnert sich in einem Artikel an seine erste Bekanntschaft mit diesem Begriff: „Ich glaube, es war Giovanni Levi, den ich 1977 oder 1978 zum ersten Male von ‚Mikro-Historie' habe sprechen hören. Vermutlich übernahm ich dieses Wort – dem ich niemals zuvor begegnet war –, ohne nach seiner eigentlichen Bedeutung zu fragen: Ich werde mich ganz einfach mit dem Bezug auf ein reduziertes Beobachtungsfeld zufrieden gegeben haben, wie es das Präfix ‚mikro' nahelegt." Ginzburg weist dann darauf hin, daß der amerikanische Historiker George R. Stewart allerdings schon in den 1950er Jahren diesen Begriff für seine eigene Geschichtsschreibung verwandt hatte (Ginzburg 1993b: 169). Andere wie der bekannte französische Historiker Fernand Braudel hatten diesen Begriff ebenfalls bereits zuvor benutzt, ohne daß sich aus diesen Ansätzen jedoch ein weiterführendes Konzept ergeben hatte.

1976 veröffentlicht Carlo Ginzburg eine bald vielbeachtete mikrohistorische Studie unter dem Titel ‹Der Käse und die Würmer. Die Welt eines Müllers um 1600›. Darin wird der Prozeß eines Müllers aus dem italienischen Friaul dargestellt, der von der römischen Inquisition der Gotteslästerung angeklagt ist, weil er ganz eigene Ansichten über die Entstehung der Welt, über Gott und über viele Glaubensfragen vertritt. Die Verhöre und der Prozeß sind in vielseitigen Gerichtsprotokollen dokumentiert, in denen detailliert festgehalten ist, mit wem der Müller in seinem Dorf und seiner Region sozialen Umgang hatte, wie er an Bücher kam und welche er las, wie er seinen religiösen Pflichten nachging und wie er sich die Entstehung der Welt erklärte, seine „Kosmogonie". Aus den aufgeführten Informations- und Bildungsquellen setzte sich dieser Müller ein eigenes Bild der Schöpfungsgeschichte zusammen, das ihm die Entstehung der Welt wie einen chemischen Gärungsprozeß erscheinen ließ, wie in jenem Bild vom „Käse und den Würmern". Ohne hier weiter auf die Geschichte selbst einzugehen, sei nur der historischen Ordnung halber festgestellt, daß dieser Müller sich als zu intelligent für die Inquisition erwies, weshalb diese ihn als „Ketzer" schließlich zum Tode verurteilte (Ginzburg 1983a).

Nun ist bereits kulturgeschichtlich erstaunlich, daß uns die Quellen das Bild eines Mannes zeichnen, der als Angehöriger des angeblich „illiteraten Volkes“ um 1600 intensiv religiöse Schriften wie philosophische und naturwissenschaftliche Werke liest, über deren Inhalt er mit Pfarrern und Adligen wie mit Dorfbewohnern spricht. Sicherlich ist dieser Müller mit seiner Lesepraxis damals eine Ausnahme, aber diese Ausnahme bestätigt doch, daß auch die „kleinen Leute“ in der Geschichte sich keineswegs nur ihren „kleinen Alltagen“ widmeten, sondern auch in darüber hinausreichenden Horizonten dachten (Chartier 1990). Gerade die Geschichte der sogenannten Ketzerbewegungen der Frühen Neuzeit wird, wenn sie erst intensiver erschlossen ist, sicherlich noch weitere Überraschungen dieser Art eröffnen.

Noch erstaunlicher ist freilich, was Ginzburg bei seinen Archivstudien aus diesen Quellen herausgelesen hat. Denn bei ihm gewinnt diese Figur des Müllers eine Plastizität und Individualität, die man aufgrund der mentalitätsgeschichtlichen Vorstellungen wie der Quellenlage bis dahin nur den Vertretern der gebildeten Schichten zugestanden bzw. zugeschrieben hatte. Lebensgeschichten wie die des Müllers erschienen als ein nicht zugängliches historisches Terrain, als eine terra incognita, die im übrigen auch nicht untersuchenswert sei, weil man die Umrisse dieses „dumpfen Lebens in der unaufgeklärten Masse“ zu kennen glaubte. Nun gewinnt ein Gesicht aus dieser anonymen Masse plötzlich ausgeprägte Züge einer Persönlichkeit. Eine Lebenswelt und Kultur werden sichtbar, die zeigen, wie wenig diese arroganten Bilder, die über eine lange kulturgeschichtliche Tradition verfügen, bei genauerem Hinsehen und bei genauerem Studium der Quellen zutreffen. Hier zeigt sich wiederum, daß ein verändertes Erkenntnisinteresse, welches sich in den 1970er Jahren neu auf die „Geschichte der Vielen“ konzentriert, auch neue Erkenntnisse zutage fördern kann. Es sind nicht nur die Aktenfunde, sondern mehr noch die weiter geöffneten und anders lesenden Augen des Historikers, die hier Neues sichtbar machen.

Bilder vom Anderen in der Geschichte

So wird die Geschichte dieses Müllers zu einer ersten lebensweltlichen Studie in jenem Bereich einer vormodernen und weithin illiteraten Volkskultur, in der die frühere Volkskunde nur kollektive Lebensformen und traditionale Mythen wirken sah. Und sie wird zum Vorbild für ähnliche Studien, die seit Mitte der 1970er Jahre in Italien, Frankreich, England, den USA und in Deutschland dazu beitragen, daß das Bild eines „dunklen“ Mittelalters und einer „verhangenen“ Neuzeit erhellt und neu geschrieben wird.[63] Damit sind Einblicke in die geschichtliche Landschaft eröffnet, die den neuen Fragen einer Erfahrungs- und Alltagsgeschichte, einer Geschlechtergeschichte und einer Geschichte des Individuums, insgesamt also einer Geschichte kultureller Praxen und mentaler Dispositionen, neue Horizonte eröffnet haben. Dies wurde möglich, weil die Mikrohistorie neue „Subjekte" der Geschichte und deren quellenmäßige Spuren in den Mittelpunkt der Betrachtung rückte (W. Schulze 1988).

Ginzburgs Studie macht diese doppelte und in sich verschränkte Wirkung eines veränderten historischen Blickes und eines anderen Lesens historischer Quellen dabei ebenso exemplarisch deutlich, wie sie auch die methodischen und methodologischen Probleme dieser historischen Forschung thematisiert. Im Falle jenes Müllers gelingt die Rekonstruktion seiner Denk- und Vorstellungswelten allein auf der Grundlage der Akten der Inquisition. Keine Zeile des Müllers ist von dessen eigener Hand überliefert, sondern alles von seinen Gegnern notiert: von den Gebildeten, den Richtern, den Herrschenden, denen alle Gedanken des Müllers als „subversiv" erscheinen, die sein ganzes Denken und seine Logik nicht verstehen, weil sie nicht verstehen wollen. Dieses Quellen- und Leseproblem läßt sich verallgemeinern: Je weiter wir in die Geschichte zurückgehen, desto mehr repräsentieren die Quellen Dokumente der Tätigkeit von Verwaltungen, Bildungseliten und Kirchenpersonal. Die Menschen außerhalb dieser Institutionen und ihr Verhalten, also die „Kultur des einfachen Volkes", werden überwiegend durch fremde Hand beschrieben und mit fremden Augen betrachtet. Damit ergibt sich eine typisch ethnologische Problemstellung: Wie wird dieses Bild vom Anderen gezeichnet, wie das Selbstverständnis der so Beschriebenen dargestellt, mit welchem Selbstverständnis notiert der Schreiber? Wie läßt sich umgekehrt dieses Andere möglichst in dessen eigenen Begriffen fassen, aus dessen verbliebenen Bildern herauslesen?

Im Falle des Müllers verweist dieses Problem der fremden Handschrift und ihres Lesens auf ganz unterschiedliche Voraussetzungen: die Fähigkeit, historische Handschriften zu entziffern; die Kenntnis zeitgenössischen Sprachgebrauchs, wenn es um gewisse Begriffe und Bilder geht, deren spezifische historische Semantik sich nur über den Vergleich mit anderen Dokumenten etwa zeitgenössischer Literatur, kirchlicher oder politischer Verwaltungssprache erschließen läßt; das Wissen um ideen- und geistesgeschichtliche Hintergründe der Zeit, die über die jeweilige Definition von Glaubens- wie Aberglaubensformen Aufschluß geben können; die Kenntnis des sozial- und politikgeschichtlichen Hintergrunds, der verständlich macht, weshalb der „richtige Glaube" damals so wichtig war und was er für die Aufrechterhaltung politisch-gesellschaftlicher Herrschaft bedeutete; das Verständnis des kulturgeschichtlichen Hintergrunds, um nachvollziehen zu können, wie sich Bildungselite und Volk gegenseitig sahen und was sie voneinander wußten. Jedes Quellenstück verkörpert insofern einen historisch verfertigten komplexen Text mit dichten Informationen, die mehr enthalten als ihr reiner Wortlaut, deren Bedeutung sich nur über die Kenntnis seiner sozialen Verfertigungskontexte erschließen läßt. Dies stellt hohe Anforderungen an eine Quellenkritik, die uns der Validität, der Zuverlässigkeit der Quellen versichern soll. Und „Quellen" in einem umfassenden Sinn sind das einzige, was uns die Geschichte von sich überlassen hat: Zeugnisse früherer Menschengenerationen, die „unbewußte", d.h. ungeplante Überlieferungen verkörpern wie Möbel, Bräuche oder Arbeitsgeräte oder die „bewußt" erhalten geblieben sind wie etwa Texte, Kunstgegenstände oder Denkmäler, die also absichtsvolle Linien der Tradierung verkörpern.

Geschichte in „dichter Beschreibung"

Ein vorzügliches Beispiel für solch eine systematische mikrogeschichtliche Quellenerschließung, die auf den Spuren Ginzburgs wiederum neue Horizonte einer Körper- und Geschlechtergeschichte eröffnet, bildet die Fallstudie der Tübinger Kulturwissenschaftlerin Sabine Kienitz über Sexualität und Geschlechterbeziehungen zu Anfang des 19. Jahrhunderts. Sie untersucht am Beispiel eines Prozesses in der württembergischen Kleinstadt Schwäbisch Hall, wie der wohl innerste Bezirk menschlicher Sozialbeziehungen, die Welt des Sexuellen und die Ordnung der Geschlechter, beschaffen sind bzw. wie sie sich uns über ihre quellenmäßige Erschließung verständlich machen können. In diesen Kriminalprozeß waren damals rund 150 Personen verwickelt, einerseits Frauen und junge Mädchen aus den unteren sozialen Schichten, die der Prostitution, des Betrugs und der organisierten Erpressung angeklagt wurden, andererseits städtische Honoratioren, die sexuelle Delinquenten und Erpressungsopfer zugleich waren. Wohl aus materieller Not hatten sich die Frauen auf sexuelle Beziehungen eingelassen, um anschließend – meist unter dem Vorwand einer eingetretenen Schwangerschaft – mehr finanzielle Entschädigung zu fordern, als die Männer bereit waren zu geben. Dabei handelt es sich vor allem wiederum um Gerichtsakten, aus denen die sozialen Akteure „sprechen" und aus denen die Sinngebungen und Deutungen, die in den Aussagen enthalten sind, rekonstruiert werden müssen.

Es handelt sich um eine historische Fallstudie über ein lokales Ereignis. Jedoch werden lokale Welt und große Welt hier so geschickt verbunden, daß nicht etwa das Bild einer „geschichtlichen Insel" entsteht, sondern eine differenzierte Ansicht einer Geschichtslandschaft, ihrer sozialen Lebenswelten und ihrer Akteure. Sorgfältig werden die Eigen- und Fremdbilder der beteiligten Gruppen nachgezeichnet, wenn von ihren sozialen Bindungen und Netzwerken die Rede ist, von ihren verschiedenartigen Auffassungen von individueller Würde und sozialer Ehre, und vor allem geht es immer wieder um den Unterschied zwischen dem weiblichen und dem männlichen Reden über Sexualität und Körperlichkeit. Fast wie in einer zeitgenössischen Sozialreportage erschließt sich uns damit ein Stück gesellschaftliches „Innenleben" am Beginn der Moderne. Zugleich wird sichtbar gemacht, wie soziale und politische Formen vormoderner Herrschaft in diese Lebenswelten eingreifen, wie Formen traditionellen Rechtsbewußtseins und neue Begriffe moderner Staatlichkeit und Rechtsförmigkeit aufeinanderprallen, wie sich also in den Vergesellschaftungsprozessen des frühen 19. Jahrhunderts grundsätzliche Normen- und Moralkonflikte aufwerfen, die in diesem Prozeß einen exemplarischen Ausdruck finden. „Oberflächlich gesehen, wurden vor Gericht sehr unterschiedliche schicht- und geschlechtsspezifische Moralbegriffe verhandelt. Tatsächlich jedoch spiegelt der Prozeß einen weitreichenden Umbruch im soziokulturellen Gefüge dieser ehemals freien Reichsstadt Hall wider, eine Folge der 1802 vollzogenen Eingliederung des reichsstädtischen Territoriums in das Königreich Württemberg, die das altständische Macht- und Solidargefüge erschütterte. So war es zwar der Umgang mit Prostitution und Sexualität, an dem sich die Auseinandersetzung über bürgerliche Vorstellungen von Moral und Ehre entzündete. Diese Auseinandersetzung war jedoch vor allem Ausdruck eines zähen Machtkampfes zwischen den alten reichsstädtischen Eliten und dem württembergischen Landesherrn um die Durchsetzung eines neuen Herrschaftsreglements. Die Frauen der Haller Unterschicht, deren Selbstversorgungsstrategien jahrelang von der alten Haller Obrigkeit geduldet worden waren, wurden so unversehens zu Opfern eines politischen, sozialen und auch kulturellen Umbruchs." (Kienitz 1995: 18f.)

Daß solche Bilder der Geschichte in dieser wie in anderen Studien so plastisch werden, hängt gewiß auch damit zusammen, daß mikrohistorische Studien gerne auf ethnologische Darstellungsweisen zurückgreifen, wie sie etwa mit dem von Clifford Geertz geprägten Begriff der „dichten Beschreibung" skizziert sind. „Dichte Beschreibung" – darauf wird später ausführlicher zurückzukommen sein – meint eine möglichst detaillierte und zugleich komplexe Darstellung einer Situation, deren Abläufe und Beteiligte aus möglichst unterschiedlichen Blickwinkeln und Quellen dargestellt werden; die Diskussion um die – umstrittene – „Rückkehr der Erzählung" in die Geschichtsschreibung spiegelt diese Anstöße wider. Wenn es auf diese Weise gelingt, Vorgänge einerseits minutiös zu rekonstruieren, sie andererseits in ihrer möglichen Mehrdeutigkeit und in der Unterschiedlichkeit ihrer Wahrnehmung durch die sozialen Akteure hermeneutisch zu öffnen, dann werden der Fall, die Szene, die Situation zu einer charakteristischen Momentaufnahme von Kultur und Gesellschaft. Solche detaillierten Momentaufnahmen vermitteln meist mehr Aufschlüsse über die „Praxis der Subjekte" und über deren gesellschaftliche Rahmenbedingungen als großflächige Beschreibungen.

In diesem Interesse verbinden sich ethnologische und mikrohistorische Studien, weil beide Seiten davon ausgehen, daß es immer verschiedene Deutungshorizonte und auch „Wahrheiten" sind, auf die wir in Geschichte und Gesellschaft stoßen. Insofern verkörpert jede Geschichtsschreibung immer auch ein Stück kontrollierter Fiktionalität, wenn Lücken interpretierend geschlossen und Schlußfolgerungen nahegelegt werden. Doch im Unterschied zum Roman muß diese Fiktionalität *kontrollierbar* sein, nämlich deutlich machen, wie diese Verdichtung oder Schlußfolgerung zustande gekommen ist, auf welche Indizien sie sich stützen kann. Dafür bietet die Mikrohistorie mit ihren feingezeichneten Miniaturen, in denen es auf jede Linie und Schraffur ankommt, die besten Voraussetzungen.

Quellen

Bleibt man in dieser Zeit des Müllers Menoccio oder der Schwäbisch Haller Frauen und damit allein bei schriftlichen Geschichtsquellen, so bietet sich bereits hier ein breites Spektrum unterschiedlicher Textgenres an, das von spärlichen individuellen Zeugnissen wie Briefen und Eingaben über kirchliche und amtliche Berichte, über Chroniken und Gesetzestexte bis zu seriellen Quellen wie Tauf- und Steuerbüchern reicht. Für jede dieser Textarten wie für jeden einzelnen Text meint Quellenkritik die systematische Erschließung in einer doppelten Weise: zum einen die Frage danach, wie der konkrete Text entstanden ist, zum anderen jene nach der Überlieferung und Aufbewahrung dieser Quelle. Wer schrieb, für wen, zu welchem Anlaß und Zweck, in welchem weiteren historischen Zusammenhang, in welcher „Sprache", und weshalb und wo wurde der Text aufgehoben? Diese Fragen nach dem Entstehungs- und Überlieferungszusammenhang von Quellen verlangen von der Quellenkritik die Anwendung systematischer Methoden der Textbearbeitung und der Quelleninterpretation – vielleicht mehr noch als in der „Makrogeschichte", weil dem einzelnen Quellenstück hier größeres Gewicht zukommt und weil es sich stärker gegen die Einordnung in Modelle und Interpretationsraster „wehrt" als ein großes Quellenkorpus, das allein schon durch die zu bewältigende Masse seiner Informationen eher eine auch argumentativ „passende" Selektivität erlaubt bzw. erzwingt.

Man kann darüber streiten, ob es sinnvoll ist, Teile der älteren wie jüngeren volkskundlichen Dorfforschungen ebenfalls unter die Überschrift „Mikrohistorie" zu stellen. Es waren und sind jedenfalls auch Versuche, historische oder von der Geschichte besonders stark imprägnierte Alltagswelten und -kulturen in eng begrenzten Ausschnitten intensiv auszuleuchten und dabei die vorhandenen Quellen möglichst „total" zu erfassen, um ihnen historische Erfahrungen, Weltanschauungen, Biographien zu entlocken.[64] Auch dieses Ausschnittformat von Lokalgesellschaften und Dörfern hat sich jedoch für manche Fragestellung und manchen Quellenbestand noch als zu groß erwiesen. Vor allem dann, wenn lange historische Entwicklungslinien eingefangen werden sollen, wird das Feld daher noch weiter verkleinert auf den Ausschnitt einer einzelnen Familie oder eines Hauses. Es sind oft methodische Forschungsexperimente, die dabei unternommen werden müssen, aber ihr Reiz und ihr möglicher Erkenntnisgewinn lassen sich schlüssig begründen: „Ein Haus ist in noch stärkerem Maße ‚Einzelnes' als eine Region, ein bestimmtes Dorf, eine Stadt, markiert einen noch kleineren Ausschnitt aus der gesellschaftlichen und geschichtlichen Wirklichkeit als diese. (...) In erster Linie geht die ‚Geschichte eines Hauses' der Frage nach, inwieweit sich die ‚totale' Erfassung eines extrem kleinen Mikroraums als methodischer Zugang zur Lebenswelt der ‚kleinen Leute', die kaum eigene schriftliche Zeugnisse hinterlassen haben, nutzen läßt." (Hochstrasser 1993: 10)

Nicht zuletzt über diese volkskundliche Dorf- und Gemeindeforschung ist immer stärker auch die Gegenwartserforschung an die Mikrogeschichte herangerückt worden. Damit sind vielfach andere, zum Teil nichtschriftliche Quellen in die Auswertung einbezogen, in denen nun tatsächlich „die Subjekte" selbst sprechen. Erzählungen etwa und lebensgeschichtliche Interviews tauchen (nicht nur) Dörfer und Vergangenheiten scheinbar automatisch und zuverlässig in den warmen Schein jener authentisch verbürgten Erfahrung, nach der wir suchen. Zweifellos sind solche mündlichen Quellen entscheidende Zeugnisse individueller wie kollektiver Erinnerung und damit einer spezifischen geschichtlichen Logik,[65] allerdings werfen sie methodisch nicht weniger Probleme der Analyse und Interpretation auf als schriftliche Texte. Die volkskundliche Erzählforschung, die sich seit langem mit Stoffen und Fragen mündlicher Tradierung beschäftigt, hat den Trend zur Oral History etwa in der Geschichtswissenschaft daher nicht nur mit Begeisterung verfolgt, da dort manche der theoretischen und methodologischen Fußangeln im Erzählfeld zunächst übersehen worden sind: die Wirkung von Gattungs- und Formtraditionen etwa oder Fragen der Phraseologie- und Toposforschung. Denn erzählte Erinnerung folgt vielfältigen kulturellen Regeln der Stoff- und Formgestaltung. Insofern sollten solche Muster des Redens und Erzählens „nicht allein als augenblickliche Gestaltung gesehen werden, was sie stets auch sind, sondern in ihren historischen und kulturellen Voraussetzungen als Formen des individuellen und kollektiven Bewußtseins analysiert werden." (Lehmann 1993: 430)

Bei einer weiteren Quellenart stellen sich ganz ähnliche Probleme der Lesart und Entzifferung, nämlich bei Fotografien. Sie werden als mikro- und alltagsgeschichtliche Quelle für die Zeit nach der Mitte des 19. Jahrhunderts in den letzten Jahren vermehrt genutzt, und auch sie bieten zunächst eine Oberfläche an, die scheinbar eindeutige Dokumentationen vergangenen Lebens liefert. Beim zweiten Blick jedoch stellt ihr „Lesen" uns vor entsprechende Probleme der Deutung einer fremden Handschrift wie ein Text aus dem 17. Jahrhundert, und andere, medienspezifische Fragen gesellen sich noch dazu. „Die Fotografie erfüllt die Kriterien, die einer Quelle zukommen, denn sie ist – wie ein Brief oder eine Akte – medialer Träger von Informationen. Die Fotografie hat, ganz gleich, ob es sich um ein Amateurfoto, ein Pressefoto oder eine künstlerische Fotografie handelt, immer auch dokumentarischen Wert. Sie kann als biographisches, soziales, kulturgeschichtliches und als historisches Dokument gelesen werden. (...) Gleichwohl muß der Historiker die Informationen, die sich dem Medium in einer bestimmten Form eingeschrieben haben, ... erst erschließen und interpretieren, damit sie zu einer historischen Aussage werden können." (Berg 1994: 187)

Es gilt also einerseits, die Entstehung des Fotos und seine zeitgenössischen Gebrauchsweisen zu rekonstruieren, über deren aktuellen Zustand der Kultursoziologe Pierre Bourdieu notiert hat: „Obgleich sich das Spektrum des Photographierbaren ständig erweitert, ist die photographische Praxis deswegen nicht freier, da man nur das photographieren darf, was man photographieren muß, und weil es Bilder gibt, die man ‚unbedingt aufnehmen' muß, so wie es Naturschönheiten und Monumente gibt, die man ‚mitnehmen' muß. Traditionellen Funktionen unterworfen, bleibt die Praxis deshalb auch in der Wahl der Objekte, der Augenblicke und sogar in ihrer Intention traditionell." (Bourdieu 1983: 49) Andererseits ist unser eigener Blick auf dieses Dokument fremder Praxis zu problematisieren, der immer in Gefahr steht, das hineinzusehen, was er sucht, die Fotografie also als buchstäbliche Illustration seiner These zu nehmen. Trotz der vielseitigen Erfahrungen und Methoden vor allem der Kunstgeschichte im Umgang mit Bildern hinkt hier die kulturgeschichtliche Bildforschung der textlichen noch weit hinterher.[66]

„Research up“ *in der Geschichte?*

Eingangs habe ich darauf hingewiesen, daß der Begriff Mikrohistorie zwar zunächst forschungspraktisch für eine Geschichte der „kleinen Dinge“ und der „kleinen Leute“ stand. Man wollte damit mehr erfahren über jene Menschen und Alltage, die vorher eher im Schatten der Geschichtsschreibung gestanden hatten. Doch erschöpft sich darin der Sinn mikrohistorischer Forschung längst nicht mehr, vor allem nachdem deutlich geworden ist, welche anderen Perspektiven dieser Zugang auch auf die Abläufe einer „großen Geschichte“ zu vermitteln vermag. So hat der Historiker Georges Duby einen Tag der Schlacht von Bouvines im Jahre 1214 minutiös rekonstruiert, um die militärischen Abläufe, die geographischen und meteorologischen Bedingungen, die durch Quellen verfügbaren Details sichtbar zu machen, die letztlich über Sieg oder Niederlage entschieden und die damit „Weltgeschichte“ machten: England verlor in der Folge dieser Schlacht zwischen den siegreichen französischen Truppen Philipps II. August und denen von Kaiser Otto IV. den größten Teil seines europäischen Festlandbesitzes, Otto den deutschen Thron an die Staufer (Duby 1988). Duby demonstriert hier an einem kleinen und zugleich großen Beispiel, daß und wie Geschichte nicht nur von ihren Ergebnissen her zu lesen, sondern in ihren konkreten Bedingungen und Abläufen zu verfolgen ist, wenn ihr Gang nicht nur als Gesetzmäßigkeit ex post gedeutet werden soll. Er verweist damit – anknüpfend auch an die französische Tradition einer Geschichte der Mentalitäten – auf weitere Möglichkeiten einer „totalen“ Form der Geschichtsschreibung bzw. ihrer Quellenauswertung (Schöttler 1989).

Mikrogeschichte – in diesem Sinne angewandt – vermag also auch einer „Geschichte der Macht“ wesentliche neue Erkenntnisse hinzuzufügen, indem sie die vermeintlich großen strategischen Entscheidungen gegebenenfalls in kleine Schritte und Zufälle auflöst, indem sie große Figuren von ihrem Podest holt, indem sie Geschichte „vermenschlicht“ in begrenzte Erfahrungsdimensionen, individuelle Handlungsweisen und schließlich subjektive Gefühle. Ihr Blick, der sich lange Zeit überwiegend „nach unten“ gerichtet hat, richtet sich inzwischen ebenso „nach oben“. Auch hier kündigt sich jenes *research up* wie in der ethnologischen Feldforschung an, und auch hier trägt es in Umkehrung dieser Metapher in Wirklichkeit dazu bei, Geschichte wieder „auf den Boden“ ihrer Bedingungen wie unserer Betrachtungen zurückzuholen.

3. Materielle Kultur: Die Sprache der Dinge

Wenn wir von Kultur sprechen, haben wir meist die Beziehungen und Kommunikationsformen zwischen Menschen vor Augen und vergessen dabei leicht, daß zu dieser Kultur auch jene Dinge gehören, in denen sich unsere sozialen Beziehungen materialisieren und symbolisieren: als Produkte von Arbeit, als Gegenstände des täglichen Gebrauchs, als bebaute Umwelten, als Objekte mit Zeichen- und Erinnerungsfunktion. „Die Dinge“ in diesem weiten Sinne sind Kristallisationen unserer kulturellen Praxis, weil sich in ihnen Denkweisen, Wertehorizonte und Nutzungsformen „verewigen“, die ansonsten in Gespräch und Gebrauch so rasch wieder verschwunden sind, wie wir sie zitieren und anwenden. Die ästhetische Gestaltung eines Schmuckstücks, die architektonische Gliederung einer Hausfassade, der von Händen abgenutzte Stiel eines Hammers – das sind beabsichtigte wie ungeplante Spuren kultureller Tätigkeit, die sich uns entäußern, indem sie auf den Gegenstand übergehen. Dieser nimmt damit unseren Blick und unsere Handschrift in sich auf, gleichsam Bestandteile unserer Identität, die sich so auch außerhalb unserer selbst widerspiegeln. Wenn wir also von der „Sprache der Dinge“ reden, dann schreiben wir ihnen kein eigenes Leben, keine eigene Artikulationsfähigkeit zu, sondern meinen diese eingeschriebene Träger- und Bedeutungsfunktion, die Gegenstände durch unsere Nutzung und Gestaltung erhalten.

Zeugnis und Mythos

Diese besondere Eigenschaft der Dinge, Nutzungen und Bedeutungen gleichsam in ihrer physikalisch-materiellen Beschaffenheit zu speichern, haben sich schon die frühe Volkskunde und Völkerkunde in eigener Weise zunutze gemacht. Die Dinge, vor allem jene, die von den Menschen einem besonderen symbolischen oder sakralen Zweck gewidmet waren, wurden als sachhafte Zeugnisse einer vergangenen Weltsicht betrachtet, die sich in eigenen Stimmen und Texten ansonsten kaum überliefert hatte. Afrikanische Amulette oder germanische Runen schienen Schlüsselsymbole vergangener kultureller wie kultischer Praktiken zu verkörpern, deren mythologischer Horizont sich anhand von Gestaltungsweisen und Gebrauchsspuren rekonstruieren lassen mußte. Insbesondere die Konzeption der frühen Völkerkundemuseen zeugt von dieser Auffassung und einer damit verbundenen Sammelpraxis, die das Sakrale und Kultische als Kristallisationskern wie als Schlüssel zum Verständnis des Denkens und Glaubens in historisch oder geographisch „entfernter" Kultur verstand.

Die Frühgeschichte der Volkskunde ist ebenfalls deutlich von dieser Vorstellung eines Museums- und Sammlungsfaches mit geprägt. Nachdem das bäuerliche Volk in seinen Traditionen und Überlieferungen als der geschichtliche Kern jeden gegenwärtigen „Volkstums" bestimmt war, wurden nicht nur dessen Lieder und Sagen gesammelt, sondern systematisch auch sachhafte Zeugnisse einer Vergangenheit, die in ihrer Materialität wie Symbolik noch bis in die Gegenwart dieses 19. Jahrhunderts hineinzureichen schien. Bäuerliche Arbeitsgeräte und Hausrat, Nahrung und Kleidung, Schmuck und Gebetbücher schienen ein noch verläßlicherer Indikator vergangener Lebensformen zu sein als manches, was darüber in mündlicher Erzählung durch „Gewährsleute" übermittelt wurde. Im Sammeln der Dinge drückte sich also auch ein Wunsch nach „realistischeren" Geschichtsbildern aus, wenn anhand dieser Sachzeugnisse versucht wurde, Arbeits- und Lebensformen vorangegangener Jahrhunderte zu rekonstruieren. An der Beschaffenheit etwa von Pflügen ließen sich handwerkliches Geschick, Formen der Bodenbearbeitung, Einsatzmöglichkeiten von Zugvieh sowie Formen der familiären Arbeitsorganisation ablesen, also ergologische Erkenntnisse gewinnen. Die Bauweise wie die Raumaufteilung von Bauernhäusern erbrachten Aufschlüsse über die Formen des Zusammenlebens, über häusliche Funktionsdifferenzierungen sowie über regionale Ähnlichkeiten oder Unterschiede. Geschnitzte Kruzifixe oder bemalte Votivtafeln, die Gott für die Errettung aus einer Notsituation dankten, vermittelten sowohl Hinweise auf ästhetische Empfindungen als auch auf tradierte Formen der Frömmigkeit und des Glaubens.

Allerdings blieb diese Sachkulturforschung in ihrer Deutung stets an das ideologische Konzept eines nur auf Tradition und Archaik fixierten Kulturverständnisses gebunden. Gesucht und gesammelt wurden vorwiegend Gegenstände, die in die Vormoderne zurückwiesen, deren vermutetes oder tatsächliches Alter sie mit einer historischen Aura umgab, die überzeitliche Kontinuität signalisierte, nicht Prozeßcharakter und Wandel in der Zeit. Darin spiegelte sich der zweigeteilte Gesellschaftshorizont der Volkskunde wider, der im sozialen Oben die leitenden „Ideen des Lebens" vermutete, das geistig Reflexive und Innovative, während man im sozialen Unten jene „Dinge und Symbole des Lebens" beheimatet wähnte, die in Vorgeschichte und Mythologie wurzelten und so gleichsam „naturverbunden" blieben. Was im Zuge des 19. Jahrhunderts als „Technik" oder als „technischer Fortschritt" apostrophiert wurde, schien sich daher dieser Natur gegenüberzustellen als etwas Fremdes, von außen an den Menschen Herangetragenes, das jenes Bild einer traditionalen Volkskultur empfindlich störte. Daß von Technik spätestens mit dem steinzeitlichen Faustkeil zu sprechen ist und daß bäuerliches Arbeiten auch in der Frühen Neuzeit bereits eine vielfältige technische Welt einfacher Arbeitsgeräte und -verfahren einschloß, mochte man damals noch nicht sehen. So wurde bezeichnenderweise noch in den 1930er Jahren bei den Erhebungen zum ‹Atlas der deutschen Volkskunde› vor allem nach „Sitte und Brauch" im dörflich-bäuerlichen Milieu gefragt, nicht nach dessen aktuellen Arbeits- und Lebensformen.

„Sachuniversen"

Erst in den 1950er Jahren, zunächst unter dem Einfluß der „Münchner Schule" um Hans Moser und Karl Sigismund Kramer, dann insbesondere auch im Umfeld des Münsteraner Instituts um Günter Wiegelmann, entwickelte sich eine bäuerliche Sachkulturforschung, die eine modernisierungstheoretische Konzeption sozial- und kulturwissenschaftlicher Agrargeschichtsschreibung zu ihrem Ausgangspunkt nahm. Geforscht wurde in drei Richtungen: Zum einen ging es um die materielle Entwicklung der Arbeits- und Lebensweisen in der Landwirtschaft, die anhand von Einzelobjekten wie von gesamten Hausinventarien in ihren sozialen Standards und technischen Veränderungen dokumentiert wurde. Zum zweiten wurde gefragt, wie sich neue Arbeitstechniken und Arbeitsgeräte regional ausbreiteten, wie also Innovations- und Diffusionsprozesse in der Geschichte räumlich verliefen. Zum dritten wurde – etwa im Rahmen der Hausforschung – die soziale Differenzierung der ländlichen Bevölkerung untersucht, die sich vor allem im 18. und 19. Jahrhundert als Pauperisierung und Proletarisierung vorher kleinbäuerlicher Produzentengruppen darstellte, mit tiefgreifenden Folgen im Bereich der Wohn- und Familienformen wie insgesamt in der materiellen und kulturellen Lebensführung.

In der universitären wie der musealen Arbeit wurden also quantitative und qualitative Forschung miteinander verbunden, indem einerseits die „Dingwelt" in ihrem Umfang und in ihrer Gestaltung rekonstruiert wurde, andererseits deren sich wandelnde Funktion und Bedeutung.[67] Sicher blieb und bleibt dabei eine gewisse Skepsis bestehen, wie weit sich von den Dingen tatsächlich auf den menschlichen Umgang mit ihnen rückschließen läßt. Wenn wir heute dennoch recht genau Bescheid zu wissen glauben, in welcher Arbeitsorganisation, mit welchen Möbeln oder mit welchen räumlichen Möglichkeiten bzw. Unmöglichkeiten „privaten Lebens" frühere Generationen lebten, dann verdanken wir diesen Einblick vor allem dieser mühsamen und aufwendigen Erforschung jenes „Sachuniversums" bäuerlicher und vereinzelt auch bürgerlicher Lebenswelten.[68]

Ein anderes Sammel- und Suchgebiet, das bereits zum klassischen Themenkanon der Volkskunde zählte, in dem sich historische und Gegenwartsforschung jedoch in den letzten Jahrzehnten in neuer Weise verbunden haben, ist das Gebiet der Trachten- und Kleidungsforschung. Auch hier stand am Anfang die Suche nach textilen Traditionen im Vordergrund und damit ein Verständnis, das „Tracht" als eine historisch überkommene Verbindung einer regionalen mit einer sozialen Kleidungsordnung sah, wie sie aus den Kleiderordnungen der vormodernen Standesgesellschaft überliefert waren. Die Tracht verkörperte regionale Materialien, Schnitte, Farben und Mentalitäten, so daß sich die Schwarzwälder oder die Uckermärker an ihrem Äußeren identifizieren ließen. Sie brachte zudem innerhalb der Regionen soziale Unterschiede zum Ausdruck wie auch den Gegensatz zwischen Stadt und Land. So lag es nahe, sie zu sammeln und zu typisieren, weil man sich dadurch Aufschluß erhoffte über die „Gliederung des Volkskörpers" in regionalen Typen und sozialen Gruppen. „Rock und Kamisol", also Überjacke und Wams, das war der Schlachtruf von Generationen volkskundlicher Trachtenforscher, die fast mit geschlossenen Augen jedem Textilstück seinen landsmannschaftlichen Platz in der Sammlung zuweisen konnten.

An diesen Überlegungen war gewiß richtig, daß Kleidung grundsätzlich Zeichenfunktionen enthält, über die sich Menschen nach außen ebenso selbst darstellen, wie sie die Selbstdarstellung anderer wahrnehmen. Richtig war auch, daß die vormoderne Ständegesellschaft ein breites Spektrum von Kleidungsvorschriften nach Material, Schnitt und Farben erlassen hatte, das die soziale Binnengliederung der Gesellschaft gleichsam „auf der Haut" sichtbar machen sollte, um die Stände in ihrer hierarchischen Gliederung zu erhalten. Fast alles andere aber erweist sich dann im Rahmen einer ideologisch weniger befangenen Forschung als Ausdruck des Wunsches nach einer heilen und geordneten vergangenen „Volkswelt". Die Tracht gleichsam als Regionaluniform existierte wohl nirgendwo und nie, weil auch regionale Materialien und Schnitte immer den wirtschaftlichen wie ästhetischen Einflüssen unterlagen, die aus dem Handel, der handwerklichen Produktion und der überregionalen Mobilität erwuchsen. Auch die Kleiderordnungen des „Standeskleides" zeichneten sich vielfach gerade dadurch aus, daß ständig gegen sie verstoßen wurde, da auch die vorindustrielle Gesellschaft bereits soziale Aufstiegswünsche kannte, die man sich am leichtesten über äußerliche Repräsentationseffekte wie „bessere" Farben oder Schnitte erfüllen konnte.

Allerdings entwickelte sich im Laufe des 19. Jahrhunderts eine Art „Trachtenparadigma", das unter das Kapitel *invention of tradition* fällt: Nachdem die Tracht durch Politik, Volkskunde und Tourismus als regionaler Identitätsausweis entdeckt war, beeilte man sich natürlich, im Rahmen von Trachtenvereinigungen oder bäuerlichen Erzeugergenossenschaften mit einer entsprechenden Trachtenproduktion der Wirklichkeit etwas nachzuhelfen.[69] Die bekannte „Miesbacher Tracht" in Bayern ist nur ein Beispiel dafür, wie der Geschichte in ihrer Unzulänglichkeit nachträglich auf die Sprünge geholfen und manches Dorf – zumindest sonntags für die Touristen – doch recht einheitlich kostümiert wurde. Daß sich der Trachtenmythos auch später nicht ausrotten ließ, weil ihn Trachtenmuseen, heimatbewußte Politiker und schließlich auch kulissenbedürftige Heimatfilme weiter pflegten, zeigt allerdings, daß sich wissenschaftliche Erkenntnisse gegen solche „Wirklichkeiten" oft nur ungenügend durchsetzen können. Noch im Jahr 1996 fragte die bekannteste deutsche Boulevardzeitung nach dem Festzug der „deutschen Regionen" durch das Brandenburger Tor anläßlich des „Tages der deutschen Einheit" bei unserem Institut an, ob es denn nicht eine Berliner Tracht gebe.

In der volkskundlichen Sachforschung jedoch wurden diese Erkenntnisse bald umgesetzt, indem man das „Trachtenparadigma" allmählich verließ und feststellte, daß es zunächst generell um Kleidung gehe. Sie sei „als Indikator kultureller Prozesse" (Helge Gerndt) zu analysieren in ihren unterschiedlichen Formen von der Tracht bis zur Mode und in ihren unterschiedlichen Funktionen als Zeichen, Emblem und Symbol. „Die Spannweite der möglichen Fragestellungen in der Kleidungsforschung umfaßt zwei Ebenen: Zum einen geht es um die Rolle der Kleidung als Objekt, d.h. um ihre Herstellung, ihren Gebrauch, ihre Funktion; der Gegenstand steht im Mittelpunkt des Interesses. Zum anderen geht es um die Rolle der Kleidung als Objektivation, d.h. um die Ideen-, Werte- und Vorstellungssysteme, die sich in äußerlichen Kleidungsbildern festmachen lassen. Beide Ebenen sind eng miteinander verflochten, sie können nicht getrennt werden. Daraus resultiert eine *Vielzahl von Themenstellungen*, die in der traditionellen Volkskunde nicht berücksichtigt wurden: z. B. Kleidungsverhalten aus der Perspektive des/r Trägers/Trägerin; Modevorstellungen und Leitlinien; individuelles und gesellschaftlich dominiertes Kleidungsverhalten; Symbolhaftigkeit von Vereinskleidung (‚Trachtengruppen', Schützenvereine etc.); Reinigung, Instandhaltung, -setzung und Aufbewahrung von Kleidung und Zubehör … Aber auch gesellschaftliche Veränderungen sind ausschlaggebend für *neue wissenschaftliche Frageperspektiven*. Fragen zur ‚Körperlichkeit', zur Hygiene, zu Krankheiten sind beispielsweise erst durch die Enttabuisierung dieser Themenkomplexe möglich. Erst der kulturelle Wandel erlaubt Untersuchungen zu Phänomenen, die nicht unbedingt am äußeren Erscheinungsbild erkennbar sind, und zu Verhaltensweisen, die vielfach ‚unter Ausschluß der Öffentlichkeit' abliefen. Fragen nach dem Umgang mit Unterwäsche … spielen hier beispielsweise ebenso eine Rolle wie nach der kleidungsmäßigen Vorsorge bei Menstruation." (Böth 1988: 221) Die endgültige Wende in dieser volkskundlichen Kleidungsforschung mag in eher spielerischer Weise ein Sammelband mit dem schlichten Titel ‹Jeans› symbolisieren, der 1985 veröffentlicht wurde und der die aktuelle, eigene Kleidungspraxis im Bereich von Jugendkulturen und -moden zum Ausgangspunkt forschungstheoretischer wie -praktischer Fragen nahm (Scharfe 1985).

Diese Veränderung der Perspektiven in der Kleidungsforschung vor allem in Richtung auf die Gebrauchs- und Zeichenfunktionen läßt sich für die Sachkulturforschung insgesamt verallgemeinern. Die Dinge werden in ihrem sozialen Kontext, in ihrem funktionalen Gebrauch und in ihrer symbolischen Bedeutung untersucht, um über die Dinge näher an die physische wie symbolische Praxis der Menschen heranzukommen (R. E. Mohrmann 1990).

Aura und Archaik

Allerdings erschöpft sich jene „Sprache der Dinge" darin noch keineswegs. Was die frühen Volks- und Völkerkundler in ihrem Sammeltrieb so faszinierte, fasziniert auch heute noch: die Vorstellung nämlich, daß diese Dinge die Aura der Geschichte atmen, daß es der Hauch einer unbekannten Vergangenheit ist, der uns in Räumen umweht, in denen diese Zeugnisse ausgestellt sind. Die Geschichtlichkeit des Materials und seines Gebrauchs scheint gleichsam in den Poren des Gegenstandes enthalten und die Vergangenheit sinnlich erfahrbar zu machen. Etwas zu betrachten oder gar zu berühren, das hundert oder tausend Jahre alt ist, schafft einen besonderen ästhetischen und taktilen Reiz, der uns kulturell anerzogen wurde und den wir tatsächlich körperlich verspüren. Der geschichtliche Lernort dieses Gefühls war das Museum als ein Sammlungs- und Ausstellungsraum, in dem uns Geschichte in ihren Sachzeugnissen physisch gegenübertritt. Kulturgeschichtlich führt hier eine lange Linie von den frühen fürstlichen und städtischen Schatzkammern als dem Aufbewahrungsort herrschaftlicher Kostbarkeiten über die Kunst- und Mineralienkabinette des 17. und 18. Jahrhunderts als den Schauräumen von „Merkwürdigkeiten" zum modernen Museum als dem Begegnungsort mit Kunst und Geschichte.

Dabei war es nicht die Geschichte „an sich", die den Museumsgedanken hervorbrachte, sondern vor allem der Bedarf an historisch versichernden Identitätsbildern, der im Verlauf des 19. Jahrhunderts mit der Formierung der Nationalstaaten in Europa entstand (von Plessen 1992). Sich als Gesellschaft in ihrer Kunst widergespiegelt zu sehen, in nationalen Insignien und Symbolen, in ur- und frühneuzeitlichen Spuren, das verlieh der Idee der Nationalidentität jene Tiefe, derer sie als neue Errungenschaft im 19. Jahrhundert bedurfte: Geschichtlichkeit als Legitimationsstrategie. Parallel dazu ergab sich ein Bedarf an regionalen Identitätsbildern, die zu jener langen Blüte des deutschen „Heimatmuseums" führte und der Volkskunde die wesentliche Funktion eines heimatkundlichen Museumsfaches zuschrieb (Korff/Roth 1990).

Diese Aufgabenstellung des Bewahrens historischer Zeugnisse gesellschaftlicher Identitätsvorstellungen ist den Geschichts- und weitgehend auch den Kunstmuseen bis heute erhalten geblieben, ja die Spirale der Musealisierung und Repräsentation von Vergangenheit hat sich in den letzten Jahren noch dramatisch verengt und beschleunigt. Vor allem der Museumsboom seit den 1970er Jahren vervielfachte die Zahl der Museen in Deutschland und führt inzwischen jährlich über hundert Millionen Besucher in diese Häuser, die manche Beobachter mittlerweile skeptisch-salopp als „Identitätsfabriken" bezeichnen.

Offenbar sind wir Angehörige einer besonders geschichtsbewußten oder besonders geschichtsbedürftigen Zeit. Der Philosoph Hermann Lübbe hat vor allem diese zweite Vermutung mit einer Reihe scharfsichtiger Beobachtungen zu belegen versucht. Er sieht in der wachsenden Attraktivität des Museums einen Ausdruck grundlegender Verunsicherung unserer Gegenwartskultur durch den beschleunigten Wandel und Wechsel in unseren Erfahrungs- und Lebenswelten. Aus dieser Verunsicherung entstehe eine Suche nach Sicherheiten, nach Traditionen, nach einer „Herkunftstreue", die uns unsere Wurzeln bestätigen solle. Lübbe stellt fest, daß nicht „nur die Zahl der Museen ständig wächst; auch die Menge der Objektklassen, aus denen Dinge heute zur Ehre der Museums-Vitrinen erhoben werden, wird immer größer." Vor allem vollziehe sich eine Musealisierung der Populär- und Alltagskultur, die von den Jeans bis zum Müll alles als „ausstellungswürdig" erscheinen lasse. Solche Objekte seien dann Garanten der Erinnerung, die wir in einer flüchtigen Zeit offenbar brauchten, damit wir „Vertrautheitserlebnisse" erfahren – wenn schon nicht mehr zu Hause, dann wenigstens im Museum. Denn das Museum werde so zum Ort der Sicherung und Vertrautheit auch „im Jetzt". Damit setze sich die Spiralwirkung fort: „Mit der Menge der Neuerungen wächst die Menge der Relikte, und mit der Menge der Relikte wächst die Menge und Größe der Institutionen, die nötig sind, diese Relikte zu ... sammeln." (Lübbe 1983: 9f.)

Doch diese Hoffnung – darauf zielt Lübbes Argumentation – erweist sich als trügerisch, denn historische Objekte bringen uns die Geschichte durch das Betrachten und Berühren eines „authentischen" Gegenstandes nur scheinbar näher. Vielmehr entfernt sie diese „Authentizität“ zugleich auch von uns: eben weil wir beim Sehen und Berühren verstehen, daß sie uns unvertraut, fremd sind, daß sie anderen Menschen und einer anderen Zeit angehören. Selbst wenn wir Objekte unserer eigenen Alltagswelt in Vitrinen stellen, tritt dieser Entfremdungseffekt ein, denn sie erhalten durch ihre museale Rahmung und ästhetische Fassung plötzlich eine eigene, von uns unabhängige Bedeutung. So gewinnt der verstaubte Clubsessel aus den 1950er Jahren eine eigentümliche Aura; er wird „veredelt“ und rückt uns dadurch fern, auch wenn wir ihn zu Hause weiter in Gebrauch halten sollten. Nicht das Museum erscheint dann als das eigene Wohnzimmer, sondern das eigene Wohnzimmer gerät gewissermaßen zum verlängerten Museum, zu einem vertrauten Unvertrauten, in dem die uns selbstverständlich umgebenden Dinge uns zugleich wie in einen Rahmen oder in eine Vitrine gefaßt gegenübertreten. Künstler wie Joseph Beuys haben mit ihren provozierenden Verwandlungen von Alltagsdingen zu Kunstwerken auf die Tendenzen und Gefahren dieses kulturellen Verfremdungseffektes aufmerksam gemacht.

Daß in diesem Musealisierungstrend Krisensymptome sichtbar werden, Irritationen gesellschaftlicher Selbstbilder, darauf weisen Beobachter des spätmodernen Kulturbetriebs immer wieder hin. Sie warnen vor der Brüchigkeit solcher Identitätskonstruktionen, die uns im Spiegel einer Objekt- und Symbolwelt Versicherung versprechen. Der amerikanische Kulturanthropologe James Clifford vergleicht diese gesellschaftliche Sammelmanie mit kindlichen Verhaltensmustern, wenn er schreibt: „Ein gewisses ‚Sammeln‘ rund um die eigene Person und die Gruppe – das Zusammenfügen einer materiellen ‚Welt‘, das Abgrenzen eines subjektiven Bereichs, der nicht das ‚Andere‘ ist – ist wohl ein universelles Phänomen. Solche Sammlungen schließen immer Wertehierarchien, Ausschließungen und von Regeln beherrschte Territorien des Selbst ein. Doch ist die Vorstellung, daß dieses Sammeln die Anhäufung von Besitztümern bedeutet, die Idee, daß Identität eine Art von Reichtum sei (von Objekten, Wissen, Erinnerungen, Erfahrung), mit Sicherheit nicht universell. (…) Im Westen hingegen ist das Sammeln seit langem eine Strategie für die Entwicklung eines possessiven Selbst, einer ebensolchen Kultur und Authentizität. Die Sammlungen von Kindern erklären in diesem Licht viel: die Spielzeugautosammlung eines Jungen, die Puppen eines Mädchens, die ‚naturkundliche Sammlung‘ eines Sommerurlaubs … In diesen kleinen Ritualen beobachten wir die Kanalisierungen der Obsession, eine Übung darin, wie man sich die Welt aneignet, auf geschmackvolle, passende Weise um sich herum Dinge versammelt. Der Inhalt aller Sammlungen spiegelt allgemeinere kulturelle Regeln wider – rationaler Taxonomie, des Geschlechts, der Ästhetik. Ein übermäßiges, manchmal sogar habgieriges Bedürfnis, etwas zu *haben*, wird in regelgeleitetes, sinnvolles Begehren transformiert. Auf diese Weise lernt das Selbst, das besitzen will, aber nicht alles haben kann, auszuwählen, zu ordnen, in Hierarchien zu klassifizieren – um ‚gute' Sammlungen zusammenzutragen." (Clifford 1990: 89f.)

Im Vergleich zur öffentlichen Sammlungspraxis macht dieser Gedanke darauf aufmerksam, daß Kinder aus ihrem Sammeln keinen „Fetisch" machen, daß sie es nicht auf unendliche Dauer stellen, sondern sich von Gesammeltem wieder entfernen, trennen, etwas Neues beginnen. Bei unserer „Musealisierung" besteht hingegen die Gefahr, daß obsessiv „verewigt" wird, daß letztlich nurmehr das so Gesammelte unsere Herkunft markiert, als ein: „Dies sind wir!" Einer der führenden Theoretiker der Postmoderne, Jean Baudrillard (1991), hat gezeigt, wie eng mit diesem „System der Dinge" ein „System der Werte" verbunden ist, das uns Seh- und Erfahrungsweisen vorgibt: Das Leben erscheint dann „wie im Museum" oder „wie im Fernsehen" – nicht mehr umgekehrt.

Damit versucht diese Musealisierungsthese auch, auf umfassendere Identitätsstrategien in der Alltagskultur hinzuweisen. So läßt sie sich dahingehend erweitern, daß wir uns nicht nur zunehmend mit Dingen und Symbolen umgeben, die uns eine geschichtliche Dimension der Kontinuität und Identität vorspiegeln, sondern daß wir uns generell in materiellen Repräsentanzen unserer Kultur darstellen, daß wir soziale Identität durch die Wahl unserer Kleidungs-, Einrichtungs-, Schmuck- und anderer Besitzgegenstände definieren. Wie sehr wir dadurch in der Tat ein „Selbst-Sein" vermitteln, wird uns einerseits besonders deutlich, wenn wir uns verkleiden, wenn wir also unser Ich bewußt verändern, es konterkarieren durch das Weglassen oder den Austausch wesentlicher äußerer Identitätsmerkmale. Und wir begreifen es andererseits im Angesicht der Geschichte, wenn wir anhand materieller Hinterlassenschaften die Menschen der Vergangenheit als „andere" begreifen.

Ästhetik und Distinktion

Nun sind zwei Dimensionen in unserem „Umgang mit den Dingen" wichtig, die zugleich eine besondere soziale Semantik in sich tragen. Das eine ist die ästhetische Dimension des Umgangs mit Gegenständen, die zu uns formal und stilistisch passen sollen, die in unserem Verständnis funktional und nützlich sein müssen, die uns also „gemäß" sind. Die andere und ergänzende Ebene ist die der Abgrenzung, der Distinktion gegenüber anderen, zu denen wir nicht gehören wollen und von denen wir uns auch durch den Gebrauch solcher

Dinge unterscheiden, die sich jene nicht zu eigen machen. Mit dieser ästhetischen und distinktiven Praxis befinden wir uns wieder im Bereich der Lebensstile, jenes Universums der Werte, Verhaltensmuster und Dinge, in denen wir uns wiedererkennen, in denen uns andere identifizieren und in denen wir uns von anderen absetzen. Hier verkörpern „Dinge" die äußeren Zeichen, die als symbolisches Mittel der Zuordnung und der Abgrenzung dienen und die als „symbolische Praktiken" im Bereich der Kulturstile auch ein zentrales Forschungsthema der Europäischen Ethnologie sind.

In der bereits skizzierten „Theorie der Lebensstile" von Pierre Bourdieu ist diese Strategie der „feinen Unterschiede" im Bereich des Eß- und Konsumverhaltens, des Kleidungsstils und des Kunstgenusses präzise ausgeführt. Wir lesen die Dinge des Alltags als „distinktive Zeichen", die uns vertraut oder fremd erscheinen und dadurch Wiedererkennen des Eigenen oder Abgrenzung vom Fremden ermöglichen. Dies funktioniert als ein alltägliches Klassifikationssystem, dessen Zeichen wir in Sekundenbruchteilen „lesen" und in soziales wie emotionales Verhalten umsetzen können.

Wer so reagiert, orientiert sich gleichsam automatisch in jedem Raum und in jeder Situation hin zur vertrauten und weg von der fremden Geschmacksrichtung. Denn für jede soziale Gruppe existieren klare Grundkoordinaten eines „legitimen" und eines „illegitimen" Geschmacks, der innerhalb der eigenen Statusgruppe akzeptiert bzw. verworfen ist. Was dieser „legitime Geschmack" etwa im Blick auf Einrichtungsstile von Wohnungen bedeutet, zeigt eine Untersuchung von Einrichtungsstilen als Signets bestimmter Sozialmilieus und Lebenstile: „Vorherrschend ist das ‚Ideal des leeren Raumes', in dem … die Möbel … so sparsam und transparent wie möglich zu wählen sind, damit der Raumeindruck nicht zerstört wird. Ihre klare Form und einfache Linienführung ergibt einen Stil der Unprätentiosität und der Nüchternheit. Um den praktischen ‚Gebrauchswert' des Interieurs gegenüber seinem ‚Schauwert' zu erhöhen, werden leichte und flexible Möbel bevorzugt. Das kompakte Büffet und die schweren Clubsessel sollen aus den Wohnungen verschwinden; anstelle von kompletten Garnituren sollen Einzelmöbel aufgestellt werden. (…) Individualität und Originalität werden durch Vermeidung alles Gemütlichen und Dekorativen erreicht. Die konsequenteste Ausprägung findet dieser Stil bei Architekten und Designern, bei Künstlern und in den sog. Neuen Mittelschichten, also Akademikern in neuen technischen, sozialen und kulturellen Berufen. Gemeinsam ist diesen Einrichtungen, bei allen Unterschieden in der Möblierung und in ihrer Aufstellung, daß sie selten Vorhänge und kaum Teppiche haben und die Möbelfarben schwarz, weiß und grau vorherrschen." (Pallowski 1991: 182)

Dieses Beispiel für die Wirkung „legitimen Geschmacks" ist zu verallgemeinern: Die Untersuchung des „Umgangs mit Dingen" läßt offene wie verborgene Zeichen- und Symbolbedeutungen zum Vorschein kommen, die wiederum Aufschlüsse geben über die Menschen selbst. Denn Dinge sind immer polysemische Bedeutungsträger, die eine Vielfalt von Zuschreibungen, Assoziationen und symbolischen Funktionen ermöglichen. Mit dem Gebrauch, der Inszenierung und der Ästhetisierung der „Dingwelten" werden Bedeutungskontexte geschaffen, deren Logiken sich in der Forschung wiederum entziffern lassen – wenn auch oftmals als vielsinnige und manchmal widersprüchliche. Die „Sprache der Dinge" meint somit stets die Sprache der Kultur, die bestimmten Regeln folgt und die uns – wenn wir diese Regeln verstehen – vieles erzählt über die Menschen, weil diese durch die Dinge viel von sich erzählen. Dieses Prinzip hat auch die Werbung längst erkannt, die gerade im Wohnstil- und Einrichtungssektor immer stärker mit den Prinzipien des „legitimen Geschmacks" argumentiert.

„Umgang mit Technik"

Wenn man die Formulierung von der „Sprache der Dinge" als Aufgabe volkskundlich-ethnologischer Forschung ernst nimmt, dann ist unverkennbar, daß sich die Forschungen in diesem Bereich – soweit es sich um Gegenwartsforschungen handelt – bislang auf wenige Segmente und Objektbereiche beschränken, die vor allem im Umfeld der Lebensstil- und Konsumdebatte liegen. Forschungen zur Eßkultur, zu Kleidungsstilen, zu Körper- und Wandschmuck werden inzwischen häufiger unternommen, während der große gesellschaftliche Bereich des „Umgangs mit Technik" etwa, der die Sphären der Arbeit, der Kommunikation, der Mobilität einschließt, ein Stiefkind geblieben ist. Fast scheint es so, als ob hier noch jene Distanz zur „technischen Welt" nachschwingt, die Hermann Bausinger bereits in den 1960er Jahren einer Volkskunde vorhielt, die durch diese Technikdistanz „in eine immer zwielichtigere Haltung zur Wirklichkeit" gedrängt würde (Bausinger 1961: 19).

Vor kurzem hat der Berliner Kulturwissenschaftler Stefan Beck diese Kritik aufgenommen, um darauf hinzuweisen, wie sehr diese Einstellung immer noch einen aus der Fachgeschichte übernommenen „blinden Fleck" repräsentiere, wie wenig die sich gerne als „Alltagswissenschaft" apostrophierende Volkskunde/Europäische Ethnologie doch von den Realitäten einer Automations-, Kommunikations- und Informationsgesellschaft wahrnehme. Beck entfaltet ein theoretisch ebenso anspruchsvolles wie schlüssiges kulturwissenschaftliches Forschungsprogramm, das mit der Konzentration auf die kulturellen Praxen der Nutzung und der Anwendung technischen Denkens und technischen Wissens für die Zukunft helfen soll, diese disziplinären „Flecken“ auch durch interdisziplinären Dialog – vor allem mit der Soziologie – weiter aufzuhellen: „So erweist sich der hier vorgeschlagene Weg, Technik und Technologie unter einer praxistheoretischen Perspektive zu interpretieren, nicht nur für das Thema Technik im Alltag als gangbar, sondern ermöglicht auch eine praxistheoretische Reformulierung der traditionsreichen Fragestellungen der Sachkulturforschung und damit diesem bedeutenden Forschungszweig der ehemaligen Volkskunde eine innovative Analyse der materiellen Kultur der Moderne und der mit ihr entwickelten kulturellen Praxen.“ (S. Beck 1997: 20)

In der Tat zeigt der Blick auf die einschlägige Forschungsliteratur, daß wir über Ackergerät und Bauernhaus immer noch besser informiert sind als darüber, wie Menschen heute mit Waschmaschinen, Stereoanlagen oder Computern umgehen, wie sie gelernt haben, sich das nötige alltagspraktische Wissen zu deren Bedienung anzueignen. Bis auf einige wenige Pionierstudien ist diese „Dingwelt“ des modernen oder postmodernen Alltags und seiner Technik- und Wissensysteme kulturwissenschaftlich noch nicht erschlossen.[70] Ethnologische Dissertationen erscheinen inzwischen zwar im Internet, aber die hinter diesem Medium stehende Kommunikationsidee wie -technologie selbst wird bisher kaum reflektiert.[71]

4. Diskursanalyse: Wissensordnungen und Argumentationsweisen

Der Begriff Diskurs ist in den letzten Jahren zu einem modischen Schlagwort avanciert, mit dem fast alles belegt wird, was in irgendeiner Form vermeintlich zur „öffentlichen Rede“ gehört. Dieser inflationäre Gebrauch macht seine Anwendung nicht einfacher, weil man sich erst mühsam wieder in Erinnerung rufen muß, daß damit eigentlich eine durchaus systematische Kategorie der Kommunikations- und Kulturanalyse gemeint ist. Entstanden in den Sprachwissenschaften und zunächst gefaßt in der „Diskurslinguistik“, die nach festen Versatzstücken und Regeln des sprachlichen Austauschs von Informationen fragt, meint ein erweiterter Diskursbegriff heute die Formen und Regeln öffentlichen Denkens, Argumentierens und begründungsnotwendigen Handelns als Grundprinzipien von Gesellschaftlichkeit. Es geht um das Austauschen und Aushandeln im Rahmen von Wissensordnungen, die darüber entscheiden, was wichtig und unwichtig oder richtig und falsch ist, von Wertehorizonten, in denen sich gemeinsame oder unterschiedliche Ziele und Interessen herausbilden, von Argumentationsweisen, die ein Ziel oder den Weg dahin dadurch begründen können, daß sie für alle scheinbar einleuchtend und plausibel sind, und schließlich von Kompetenzen, die darüber entscheiden, wer sich wie am Diskurs beteiligen darf.

Diskurse verwalten und regeln also gesellschaftliche Wissenssysteme und Wissenszugänge, in denen die öffentlich verfügbaren Formen von Experten- wie Alltagswissen festgelegt sind; sie begründen diese Wissenssysteme mit moralischen und ethischen Argumenten, die auf einen gesellschaftlichen Konsens abzielen, hinter den nicht zurückgegangen werden kann; sie regeln die Möglichkeiten der Veränderung und Neuinterpretation in diesen Systemen; und sie legen schließlich die Hierarchien zwischen den verschiedenen Wissenssystemen im Sinne einer übergreifenden „Wissensordnung" fest. Wenn man sich unter Diskursen somit komplexe gesellschaftliche Debatten über gesellschaftliche Denk- und Wertehorizonte vorstellt, wie sie in den letzten Jahrzehnten etwa um die Themen „Ökologie", „Fortschritt" oder „Geschlecht" geführt worden sind, dann kann man sich etwas plastischer vorstellen, welche komplizierten sozialen Aushandlungsprozesse damit gemeint sind und wie sehr solche Diskurse durch zitierbare Schlagworte, Bilder, Medien und Symbole tief in fast alle lebensweltlichen Bereiche hineinwirken. Denn als gesellschaftliche Rahmenvorgaben begründen und rechtfertigen sie letztlich in hohem Maße auch unser individuelles Verhalten.

Denken, Argumentieren, Handeln

Wenn wir also von einem Diskurs in seiner kategorialen Bedeutung sprechen und nicht einfach beliebige Diskussions- und Klatschformen damit meinen (Bergmann 1987), dann wird damit Bezug genommen auf mindestens vier Qualitäten: Zum einen meint der Begriff ein festes Argumentationssystem, in dem einzelne Argumente und Werte einen festen Ort und ein bestimmtes Gewicht haben und das zugleich in einem bestimmten Bezugsverhältnis zu anderen Diskursen steht. Dabei kann es um politische Begründungen gehen, die nach der sozialen Opportunität von Entscheidungen fragen, um religiöse Motive, die sich an ethisch-moralischen Vorstellungen orientieren, oder um wissenschaftliche Argumentationsweisen, in denen sich etwa die wachsende „Verwissenschaftlichung" unserer modernen Industriegesellschaften, also die Verschmelzung von Experten- und Laienwissen, ausdrückt (U. Beck 1986; Giddens 1990). Unser kulturelles Wissen vermittelt uns meist einen recht präzisen Eindruck vom Gewicht, von der „Gültigkeit" solcher Argumente. Zum zweiten sind damit Regelsysteme angesprochen, die festlegen, wie im öffentlichen

Diskurs miteinander umzugehen ist, also in welchem Öffentlichkeitsbereich verhandelt wird, welcher „Diskursraum" von Themen und Medien damit gemeint ist, welche Sprach- und Argumentationsweisen dabei zulässig sind. Zum dritten beschreiben Diskurse „Denksysteme", in denen bestimmte Vorstellungen konsensuell festgeschrieben sind, damit andere, offene Fragen neu ausgehandelt werden können. In diesem Sinne konstituieren Diskurse wesentlich unsere „Wahrnehmung von Wirklichkeit", weil wir unsere Wahrnehmung der Welt in den Begriffen dieses Denksystems fassen. Viertens schließlich – was gerne vergessen wird – verkörpern Diskurse auch soziale Praxissysteme, indem sie Denkweisen und Handlungsweisen miteinander verbinden, indem sie Werte in soziale und kulturelle Verhaltensmuster übertragen, die quasi automatisch befolgt werden können.[72]

Diskurse lenken mithin unser Denken im Sinne von gesellschaftlichen Wahrnehmungen und sozialen Handlungen. Sie bilden damit Kategorien und Gegenstände einer Erkenntnistheorie, die von den Grundauffassungen sozialen Verstehens und Begreifens handelt. Diese Funktion gilt wohl generell für die Geschichte gesellschaftlichen Lebens. Sie scheint aber in der spätmodernen Gegenwart an neuer Qualität und zusätzlicher Bedeutung zu gewinnen, weil keine Gesellschaftsepoche zuvor in so hohem Maße von diskursvermittelnden Medien geprägt war, die unsere Wahrnehmung und Erfahrung, unsere Bilder und unsere Logik sozialen Handelns prägen. Die Wirkung dieser medialen Vermittlung, die man als eine „Erfahrung aus zweiter Hand" bezeichnen kann, ist für eine ethnologische Erforschung diskursiver Praktiken daher von hoher Bedeutung.

Zwar wird man den Diskursbegriff selbst nicht als ethnologischen Grundbegriff reklamieren können und wollen, dazu ist seine linguistische Begründung wohl zu dominant. Dennoch scheint er einerseits „anschlußfähig" für ältere volkskundlich-ethnologische Auffassungen sozialer Werte- und Handlungshorizonte, wie sie etwa in den Kontexten des Religiösen, im Wirkungsfeld von Mythen oder im Bereich der Tradition gesehen wurden. Auch diese Beschreibungssysteme kultureller Praxis verweisen ja im Grunde genommen auf eine spezifische Diskursqualität des Kulturellen, nämlich auf die Notwendigkeit, eine ständig zu erneuernde Balance zu finden zwischen festen, unhinterfragbaren Grundsätzen oder Traditionen und solchen, die „verhandelbar" sind, also der argumentativen wie symbolischen Bearbeitung zugänglich. Der Sprachwissenschaftler Siegfried Jäger hat dafür das Bild von den „Diskurssträngen" geprägt, die als ein „Fluß von Wissen durch die Zeit" erscheinen, dabei alte Wissensbestände mitführen, wie neue in sich münden lassen (Jäger 1993). Andererseits lassen sich unter den Diskurs Forschungstraditionen des Faches subsumieren, wie sie etwa im Bereich der Alltagskommunikation und der Erzählkultur schon länger existieren. Denn auch dort werden in den exemplarischen Formen „kommunikativer Kultur" – in Gesprächen, Witzen, Erzählgeschichten, Märchen oder pädagogischen Texten – immer wieder die „festen" und die „beweglichen" Bestandteile kollektiver Sinn- und Wertordnungen bestätigt und verhandelt (Brunold-Bigler/Bausinger 1995). Insofern scheint der Begriff – mit einer praxeologischen Weiterung des Blickes auf die aus dem Diskurs sich eröffnenden sozialen Handlungsoptionen und Verhaltensmuster „der Subjekte" – durchaus sinnvoll einsetzbar bei der Erforschung kultureller Verständigungssysteme.

Jürgen Habermas und Michel Foucault: Verständigung versus Herrschaft?

Der gegenwärtig wohl prominenteste deutsche Vertreter einer ausgearbeiteten Diskurstheorie ist der Frankfurter Philosoph Jürgen Habermas, der im öffentlichen Diskurs eine konstitutive Grundlage „aufgeklärter" Gesellschaft sieht. Wenn diese Gesellschaft prinzipiell auf der Möglichkeit der Meinungsvielfalt, des Wertewandels und des Informationsaustausches gründet, dann scheint ihm der „rationale Diskurs" das entscheidende kommunikative wie moralische Mittel, um „verständigungsorientiertes Handeln" als gesellschaftliche Zielvorstellung zu etablieren. In Habermas' eigenen, mitunter etwas komplizierten Wendungen: „Wenn man sich die handlungskoordinierende Rolle normativer Geltungsansprüche in der kommunikativen Alltagspraxis vergegenwärtigt, sieht man aber, warum die Aufgaben, die in moralischen Argumentationen gelöst werden sollen, nicht monologisch bewältigt werden können, sondern eine kooperative Anstrengung erfordern. Indem die Beteiligten in eine moralische Argumentation eintreten, setzen sie ihr kommunikatives Handeln in reflexiver Einstellung mit dem Ziel fort, einen gestörten Konsens wieder herzustellen. Moralische Argumentationen dienen also der konsensuellen Beilegung von Handlungskonflikten. (...) Diese Art von Einverständnis bringt einen *gemeinsamen Willen* zum Ausdruck. Wenn aber moralische Argumentationen ein Einverständnis dieser Art produzieren sollen, genügt es nicht, daß sich ein Einzelner überlegt, ob er einer Norm zustimmen könnte. Es genügt nicht einmal, daß alle Einzelnen, und zwar jeder für sich, diese Überlegung durchführen, um dann ihre Voten registrieren zu lassen. Erforderlich ist vielmehr eine ‚reale' Argumentation, an der die Betroffenen kooperativ teilnehmen. Nur ein intersubjektiver Verständigungsprozeß kann zu einem Einverständnis führen, das reflexiver Natur ist: nur dann können die Beteiligten wissen, daß sie sich gemeinsam von etwas überzeugt haben." (Habermas 1992: 77)

Dieser „gemeinsame Wille", der in einem „realen" Verständigungsprozeß zustande kommen und sich ausdrücken muß, beschreibt die Form gesellschaftlicher Diskurse, genauer: die Vorstellung eines rationalen und symmetrischen Diskurses, der unter Gleichen stattfindet, offen im Austausch und öffentlich in seiner Geste ist und stets Meinungs- wie Wertedemokratie meinen muß.

Nun wird gerade diese Zielvorstellung eines symmetrischen Diskurses in ihren Realisierungsmöglichkeiten von Kritikern angezweifelt, die damit das Problem gesellschaftlicher Macht und kultureller Hegemonie übergangen sehen oder ihm jedenfalls keine „moralische" Lösungsmöglichkeit zubilligen. Sie verweisen dabei oft auf ein anderes Diskursmodell, das der 1984 verstorbene französische Philosoph und Historiker Michel Foucault entworfen hat. In dessen Modell steht nicht der Akteur, sondern die „Ordnung des Diskurses" im Vordergrund, also die Frage nach den politischen Regeln und den institutionellen Bühnen, nach denen und auf denen gesellschaftliche Argumentationsweisen vertreten werden können und in die stets Machtverhältnisse eingezogen sind. Foucault sieht alle wichtigen Verhandlungsbereiche der Gesellschaft in Diskursen organisiert, die von der Wirtschaft bis in die Politik, vom Recht bis zur Wissenschaft festlegen, was gesellschaftlich gültig und verbindlich ist. Abweichendes wird kurzerhand ausgeschlossen. Dieser Ausschlußmechanismus wird von zwei zentralen Motiven geregelt, die, so Foucault, seit der Neuzeit unsere gesellschaftlichen Wertehorizonte imprägnieren: dem „Willen zum Wissen" und dem „Willen zur Wahrheit". Damit sind die neuzeitlichen Prozesse der kulturellen Verwissenschaftlichung und der ethischen Rationalisierung unseres Weltbildes angesprochen, die sich seit der Renaissance durch die Aufklärung bis in die Moderne ziehen.

Freilich bedeutet dies für Foucault keineswegs die Freiheit von Wissen und Wahrheit, vielmehr deren Festlegung in einer Form der Erkenntnis und der Wahrheit, die *anderes* Wissen ausschließt und damit zum Herrschaftsmittel wird. „Wissen und Wahrheit" sind also Legitimationsstrategien, die machtbewußtes Handeln begründen und rechtfertigen, es sind hehre Ziele und nützliche Ideologien zugleich. Denn: „Dieser Wille zur Wahrheit stützt sich, ebenso wie die übrigen Ausschließungssysteme, auf eine institutionelle Basis: er wird zugleich verstärkt und ständig erneuert von einem ganzen Geflecht von Praktiken wie vor allem natürlich der Pädagogik, dem System der Bücher, der Verlage und der Bibliotheken, den gelehrten Gesellschaften einstmals und den Laboratorien heute. Gründlicher noch abgesichert wird er zweifellos durch die Art und Weise, in der das Wissen in einer Gesellschaft eingesetzt wird, in der es gewertet und sortiert, verteilt und zugewiesen wird. Es sei hier nur symbolisch an das alte griechische Prinzip erinnert: daß die Arithmetik in den demokratischen Städten betrieben werden kann, da in ihr Gleichheitsbeziehungen gelehrt werden; daß aber die Geometrie nur in den Oligarchien unterrichtet werden darf, da sie die Proportionen in der Ungleichheit aufzeigt." (Foucault 1991: 15f.)

Hier ist das Modell eines Diskurses entworfen, der in der Gesellschaft Normen und Institutionen durchsetzt, der also durch Austausch und Übereinkunft „vergesellschaftet" – soweit in Analogie zu Habermas. Diese „Vergesellschaftung" jedoch meint bei Foucault weniger Öffnung gegenüber anderen Argumenten als vielmehr deren Ausgrenzung, Nicht-Verhandlung. Er illustriert diese Ausgrenzung am Beispiel der Justiz und des Gefängnisses, der Psychiatrie und der Klinik oder der Sexualität und ihrer Tabus. Somit konstituiert der Diskurs für ihn eine Wissensordnung, die letztlich wie eine gewaltige „Ausschließungsmaschinerie" funktioniert: Nichtlegitimes Wissen – und dies meint insbesondere viele Bereiche des Erfahrungswissens der Subjekte – wird aus dem gesellschaftlichen Verkehr gezogen.

Werte-Fundamentalismus

Anders als Habermas' optimistischer Blick, der zwar die Gefahr einer „Kolonialisierung der Lebenswelten" durch zentrale Werte-, Wissens- und Machtordnungen sieht, gegen die sich die sozialen Akteure der Lebenswelten allerdings zur Wehr setzen können, drückt Foucault in seinem Diskursbegriff eher eine kritisch-pessimistische Perspektive aus. Sie zweifelt daran, daß sich über den öffentlichen Austausch von Argumenten und Werten in den Gesellschaften offene Denksysteme und soziale wie politische Symmetrien herstellen lassen. Sie „übergeht" daher in ihrem institutionellen Blick auch weitgehend die Perspektive der Subjekte. Für beide gilt jedoch, daß sie im Diskurs eine zentrale Verhandlungs- und Steuerungsebene sehen, auf der sich Gesellschaft und Kultur definieren, auf der also auch die Grundbedingungen sozialer Identität festgelegt werden: „So sind wir". Und wenn dieses Wir-Bild in Frage steht, wie dies in unseren gegenwärtigen Gesellschaften der Fall zu sein scheint, wenn soziale und kulturelle Identitätsvorstellungen heute unsicher geworden sind, dann beschreibt der Begriff des Diskurses eben auch jene Suchbewegungen, die nach neuen, wieder versichernden Selbstbildern streben.

Dabei tritt ein Widerspruch auf, auf den bereits hingewiesen wurde: Gesellschaftliche Eigenbilder sind nicht beliebig zur Disposition zu stellen. Sie sind nicht frei verhandelbar, weil ihre vollständige Freigabe die Auflösung der Gesellschaft bedeuten würde. Deshalb führen solche Suchbewegungen stets und oft gleichzeitig zu Öffnungen wie zu Verhärtungen gesellschaftlicher Wertdiskurse. Die letzten

Jahrzehnte in den westeuropäischen Gesellschaften bieten genügend anschauliche Beispiele dafür, wie auf der einen, der „weichen" Seite Diskurse etwa über eine Veränderung der Geschlechterrollen oder neue arbeitsethische Einstellungen geführt werden konnten, während auf der anderen, der „harten" Seite verstärkt Haltungen eines „Wertefundamentalismus" sichtbar wurden, die sich keineswegs nur auf den Bereich religiöser Bewegungen beschränkten. „Fundamentalismus" meint in diesem Zusammenhang, daß nicht nur bestimmte gesellschaftliche Leitwerte mit religiösen, moralischen oder ethischen Argumenten verteidigt werden, sondern daß vielmehr die grundsätzliche Bereitschaft aufgekündigt wird, andere Argumente überhaupt zur Kenntnis zu nehmen und zu bedenken. Der Diskurs selbst wird außer Kraft gesetzt.

Damit ist dann jene Grenze überschritten, die in den Worten von Jürgen Habermas zwischen einem „Recht haben" im Sinne der eigenen Meinung, die freilich belehrbar ist, und einem „Recht Geltung verschaffen" besteht, das mit allen Mitteln durchgesetzt werden soll. Ausgeschlossen sind also jene Streitfälle und Aushandlungsprozesse, die Meinungspluralität verkörpern und letztlich das Leben der Demokratie überhaupt ausmachen.

Ein prägnantes Beispiel dafür bot in vielen europäischen Ländern während der letzten Jahre die Debatte um die juristische Regelung des Schwangerschaftsabbruchs. In Deutschland standen sich dabei Befürworter und Gegner einer gesetzlichen Liberalisierung oft quer durch die Parteien gegenüber, und die Vereinigung der beiden deutschen Staaten mit ihren nicht nur in diesem Punkte unterschiedlichen Rechtsauffassungen lieferte zusätzlichen Sprengstoff. Wer sich „fundamentalistisch" auf sein Gewissen berief, das keinen Abbruch zuließ, verweigerte sich meist konsequent auch der Möglichkeit des Diskurses. Gerichte entscheiden nicht immer weise, doch in diesem Fall scheint es so, als sei der Kompromiß einer Fristen- und Beratungslösung ein wirklich „weiser" gewesen, dessen höhere Ratio darin besteht, daß er die Frage eben letztlich nicht völlig entscheidet. Rechtlich findet innerhalb des vorgegebenen Rahmens keine Strafverfolgung statt, während die moralische Verurteilung jedem nach seinem Gewissen möglich bleibt. Es wird damit eine Pluralität möglicher Einstellungen zur Abtreibungsfrage offengehalten, die keine Position endgültig ins Abseits drängt.

Diese Lösung entschärft den Konflikt zwar nicht, aber sie spitzt ihn nicht weiter zu, hält ihm diskursive Austragungsmöglichkeiten offen. Das hindert natürlich nicht daran, daß etwa in Kreisen der Vereine und Initiativen für „Lebensschutz" versucht wird, die liberale Position weiterhin diskriminierend auszugrenzen. Über Flugblätter und Schriften werden unter dem Motto „Die Wortwahl steuert Denken und Tun – Lebensschutz durch Sprache" moralisierende Sprachregelungen vorgeschlagen, die Abtreibung als „Mord" titulieren, Abtreibungskliniken als „KZ" und die Schwangerschaft abbrechende Mütter als „Mörderinnen". Die dahinter stehende Absicht ist klar: Über Begriffe und Worte sollen Werte und Haltungen diskriminiert werden, anderslautende Meinungen werden undiskutierbar gemacht. Es werden also Diskursstrategien benutzt, um den Diskurs zu zerstören. Die Berliner Ethnologin Michi Knecht resümiert ihre diskursanalytischen Untersuchungen in diesem Feld so: „Das Ungeborene wird nun vom frühesten Zeitpunkt an mit den in der Medizin gängigen Definitionen von ‚Leben' und ‚Individualität' gleichgesetzt … Die Übertragung solcher Vorstellungen in rechtliche und politische Diskurse über Abtreibung führt zu einer biologistischen Reduktion komplexer sozialer Zusammenhänge auf am Ende ein einziges handlungsleitendes Motiv und einen ultimativen Grund: der Fötus ist Leben, weil sein Erbgut von Anfang an vorhanden ist. Was Leben sonst noch alles ausmacht, scheint keine Rolle mehr zu spielen." (Knecht 1994: 121)[73]

Worte…

Es sollte deutlich geworden sein, daß eine Diskursanalyse vor allem darauf abzielen muß, den komplexen Prozeß der Präsentation von Argumenten und der Aushandlung von Wertigkeiten in seine Schichten und Einzelbestandteile, in seine Strategien und Motive zu zerlegen. Was sorgfältig „konstruiert" worden ist, muß wiederum „de-konstruiert" werden. Die Diskursanalyse bietet dafür kein fertiges Verfahren, jedoch bestimmte Verfahrensschritte an, die solche Rekonstruktions- und Dekonstruktionsarbeiten erleichtern. Dies kann hier nur angedeutet werden: So ist zunächst zu bestimmen, welcher Diskurs*gegenstand* und welche Diskurs*öffentlichkeit* medial wie sozial angesprochen sind, auf wen also und mit Hilfe welcher Kommunikationsmittel bestimmte Argumentationsweisen gerichtet sind. Dann sind die Argumentationssysteme zu untersuchen, d.h. die Formulierungen, Bilder und Begründungen, die bestimmte Vorstellungen plausibel machen und ihnen ethisches wie moralisches Gewicht verleihen sollen. Schließlich ist nach den *Regeln* des Diskurses zu fragen, die den Austausch der Argumente und den Aufbau von Positionen steuern und die darüber entscheiden, was „legitim" und was „illegitim" in diesem Verhandlungsprozeß sein soll. Dabei werden in jedem Diskurs ganz unterschiedliche Traditionen und Wertehorizonte benutzt, um Argumente zu begründen, die oft erst bei genauer semantischer und ideengeschichtlicher Analyse verraten, ob sie auf einen religiösen, einen sozialmoralischen oder einen politischen Hintergrund reflektieren. „Ehre“, „Gerechtigkeit“ oder „Solidarität“ waren solche Kodeworte des 19. Jahrhunderts, die kulturgeschichtlich auf bestimmte Bedeutungen und Wirkungsmächtigkeiten zurückverweisen konnten. Heute wird eher mit Schlagworten wie „Leben“, „Natur“, „Kultur“ oder „Persönlichkeit“ argumentiert, also mit den anders gelagerten Wertefeldern einer spätmodernen Gesellschaft.

Zu dieser Gesellschaft und ihren Diskursen gehören freilich auch wir selbst – und dies wäre der letzte Verfahrensvorschlag: die eigene Standortbestimmung im Diskursuniversum. „Deshalb gehört es zu einer Kulturanalyse des Diskurses auch dazu, das Treiben der Menschen an den Schreibtischen und an den Schreibgeräten zu betrachten. Diese Betrachtung umfaßt neben den instrumentellen und technischen Bedingungen ebenfalls die Gesichtspunkte des Habituellen sowie des sozialen Status, der zur Beteiligung am Diskurs ermächtigt, die gelebten Selbstbilder und die gesellschaftlichen Repräsentationen, die gemeinsam mit den Diskursen den Typus des Literaten oder des Journalisten, des Studenten, des Ethnologen, des Jungwissenschaftlers, des Professors etc. hervortreten lassen.“ (Hartmann 1991: 26f.) Mit diesem Hinweis wird nochmals deutlich, daß es beim Diskurs auch um die Bestimmung seiner Folgen für die kulturelle Praxis geht – nicht nur für die in der Wissenschaftskultur.

...und Bilder

Nun verweisen die Assoziationen und Beispiele, über die wir uns das Funktionieren solcher Diskurssysteme vergegenwärtigen, zumeist auf eine relativ eng begrenzte *textliche* Form. Der Diskurs erscheint als ein sprachlich-textliches Kommunikationssystem. Dieser Eindruck trifft sicherlich in vielen Fällen zu, und er hängt zugleich wohl auch mit der sprachwissenschaftlichen Herkunft der Diskurstheorie zusammen. Dennoch verengt diese Auffassung die historischen wie vor allem die heutigen Diskursmodi und -medien in unzulässiger Weise. Denn Diskurse formulieren ihre Leitbegriffe und Schlagzeilen nicht nur in sprachlichen, sondern auch in *bildlichen* „Texten“. Etwa in gemalten Bildern, in Statuen und Reliefs, in Fotografien und Filmen, also in materiellen wie symbolischen Medien, die in der Lage sind, vielfältigere und komplexere Argumentationswirkungen und Bedeutungsgehalte in sich zu vereinigen, als „eindimensionale“ Schriftprodukte dies vermögen.

Wenn es somit richtig ist, daß wir in spätmodernen Gesellschaften fast mehr noch als von Wortinformationen von Bildeindrücken umstellt sind, daß das uns kollektiv verfügbare Bilderarsenal und damit unser individuell speicherndes Bildergedächtnis regelrecht „explodieren", daß wir auch unsere eigene Lebenssituation in immer vielfältigeren und sich überlagernden Bildern identifizieren, die uns die Medien zur Verfügung stellen, dann läßt sich Diskursanalyse ohne begleitende wahrnehmungs- und mediengeschichtliche Überlegungen nicht angemessen durchführen. „In mancherlei Hinsicht befinden sich Bilder gegenüber Wörtern offenkundig in einer privilegierten Position. Sie sind den Dingen, die sie abbilden, näher als Wörter, die sie umschreiben. Soweit es die Photographie und den Film betrifft, sind die Bilder leichter herzustellen als lange und schwerfällige Wortketten. Sie sind deshalb – bei gleichem Gegenstand – oft ein ökonomischeres Mittel der Dokumentation. Vielfach sind sie eindeutiger als die verbale Äußerung. Darüber hinaus schaffen die Bilder für alles, was in ihrem Blickfeld liegt, einen simultanen Eindruck, sie erlauben einen unmittelbaren Gesamtblick auf das, was sie abbilden, während den Wörtern aus Natur und Notwendigkeit heraus nur das Nacheinander bleibt. (...) Aufgrund ihrer Disposition, die verschiedenen Schichten einer Szene simultan wiederzugeben, gewinnen Bilder mitunter eine Dichte der Information, die man erst im Vorgang der Auslegung, Lage um Lage, Detail um Detail, abbaut und entziffert." (Oppitz 1989: 27f.)

Es geht nicht um Bilder als vermeintliche Illustrationsbeilagen dominanter Schrifttexte, sondern um deren Eigengewicht, um deren spezifische kognitive Informations- und ästhetische Wirkungsmöglichkeiten in unseren „Sinnwelten" (Hitzler 1988). Das führt Anforderungen in die Diskursanalyse ein, die hinüberreichen in den Bereich einer „visuellen Anthropologie", deren Bedeutung in den kulturwissenschaftlichen Diskussionen immer höher eingeschätzt wird. Denn die visuelle Anthropologie fragt nach den Bedingungen und Formen, in denen visuelle Informationen in Gesellschaften weitergegeben und wahrgenommen werden – im Sinne einer Kommunikation der Bilder, der Blicke und der Bedeutungen. Sie versucht damit, eine Geschichte kulturell gesteuerter und vermittelter Wahrnehmung zu beschreiben, die sich zu einer allgemeinen Anthropologie der menschlichen Sinne erweitern kann. Vor diesem Hintergrund wäre auch danach zu fragen, ob in unserer Gegenwart die Bilder tatsächlich eine neue Stufe der „Wirklichkeit" begründen (Baudrillard 1989), ob also die Grenze zwischen „vermittelter" und „erlebter" Wahrnehmung zunehmend durchlässig wird und verschwimmt, ob mediale Seherfahrung sich untrennbar in Eigenerfahrung einschreibt, ob Bilder schließlich eine eigene argumentative Plausibilität als Diskursmedium besitzen.

Dies sind Überlegungen und Hypothesen, die eine ethnologische Beschäftigung mit den Medien geradezu herausfordern, nicht nur im Sinne der Medienanalyse, sondern auch in dem des Einsatzes moderner Bildmedien in der ethnologischen Forschungsarbeit. So, wie die Fotografie einst rasch zu den „klassischen" Feldforschungsmethoden gehörte, scheint heute die Videotechnik aus kaum einem volkskundlichen und ethnologischen Institut mehr wegzudenken zu sein. Wir machen uns damit Bilder von den „Bildern der Anderen", und das ist nicht falsch, aber jedenfalls ein mindestens ebenso kompliziertes Geschäft wie die Textproduktion.[74]

Doch führen diese Bemerkungen schon weit hinaus aus dem Bereich der Diskursanalyse hinein in die komplizierte Landschaft gesellschaftlicher Wahrnehmungsweisen, in der wir noch relativ unsicheres Terrain betreten.[75] Wir verfügen noch längst nicht über ein theoretisch wie methodisch ausgereiftes Instrumentarium der Bildanalyse, mit dem wir den Bedeutungs- und Sinngehalt bildlicher Darstellung in ihren ästhetischen und symbolischen Wirkungen angemessen „lesen" können (Brednich/Hartmann 1989). Daß dieses Gebiet dennoch betreten werden muß, schreibt uns das Programm des eigenen Faches gewissermaßen vor, das einer „Wissenschaft von der Alltagskultur". Auch wenn uns die Schlagworte vielleicht nicht gefallen: Unsere Alltagskultur lebt und begreift sich selbst mit und in Diskursen und Medien.

5. Ethnologisches Schreiben: Texte und/als Repräsentation

Wenn vor dreißig Jahren gefragt wurde, wie sich volkskundliches und ethnologisches Forschen vollziehe, dann lagen die Antworten auf der Hand: Zunächst waren der Untersuchungsgegenstand und die Untersuchungsmethoden festzulegen, dann hatte man sich dem Feld oder Thema beobachtend, lesend, fragend, teilnehmend anzunähern, schließlich mußten die Ergebnisse analytisch aufbereitet werden. Danach kam natürlich noch der mehr oder weniger mühsame Akt des Niederschreibens, der aber nicht mehr als Teil des eigentlichen Forschungsprozesses betrachtet wurde. Zwar machte man sich Gedanken über Darstellungsfragen, etwa über eine mehr oder weniger narrative Struktur des Forschungsberichts, über den Umgang mit Quellen- und Interviewzitaten, über Möglichkeiten einer größeren Plastizität der Bilder durch Porträts oder biographische Darstellungen einzelner Akteure oder Gegenstände. Und das zu Schreibende war auch theoretisch abzustützen, mit Seitenblick auf andere Untersuchungen und auf gängige Erklärungsmodelle. Aber diese Überlegungen erfolgten jenseits des Feldes am Schreibtisch und kaum in forschungssystematischer Absicht und Reflexion. Schreiben erschien als eine Selbstverständlichkeit, die einfach das ausbreiten und theoretisch anreichern sollte, was der Forschungsprozeß an Erträgen erbracht hatte. Das *Wie* war eigentlich nur hinsichtlich der Reaktionen der Scientific Community und des Buchmarktes zu bedenken: als ein Problem der Präsentation in der eigenen Wissenschaftskultur.

Dieses selbstverständliche Umgehen mit dem Schreibprozeß wurde auch durch die „klassische" Ausrede der Volkskundler und Ethnologen befördert, die immer wieder (häufig zu Unrecht) darauf verwiesen, daß sie es ja vielfach mit schriftlosen oder schriftfernen Kulturen zu tun hätten: mit Bauern des 18. Jahrhunderts in Europa oder mit „Stammesgruppen" in Afrika oder Asien. Da dort kaum authentische Texte der sozialen Akteure in schriftlicher Form vorlägen, ginge es bei den Forschungspublikationen in erster Linie darum, „zu erzählen, wie es war und ist", also Gehörtes und Gesehenes wiederzugeben und es zu kommentieren. Immerhin – so lobte man sich – entstünden dadurch vielfach die ersten schriftlichen Texte solcher Gruppen, die mit dieser schriftlichen Verewigung gleichsam erst wirklich aufgenommen würden in das Bewußtsein einer Gegenwart. Daß dies buchstäblich durch „fremde Hand" geschah, schien eben unausweichlich, zugleich aber gemildert durch die Empathie des Forschers gegenüber seinen „Schützlingen".

Wer spricht – wie, über wen, zu wem?

Erst allmählich und unter dem Eindruck sprachwissenschaftlicher und wissenssoziologischer Debatten wuchs ein Problembewußtsein dafür, daß dieser Glaube an ein unkompliziertes Erzählen, „wie es ist" bzw. „wie es im Felde war", im besten Falle einen Akt frommer Selbsttäuschung verkörperte. Diese Selbsttäuschung betraf freilich nicht nur das Schreiben im engeren Sinn, sondern offenbar dessen generelle Funktion in der ethnographischen und ethnologischen Arbeit. Wenn die Vermittlung von Kultur in unserem Alltag wesentlich über Sprache und Schrift erfolgt, dann warf ethnologisches Schreiben plötzlich eine Fülle methodologischer und erkenntnistheoretischer Grundprobleme auf: Zum einen traten sich in jedem Forschungsgebiet zwei Sprachen gegenüber, die Sprache des Feldes und die Sprache des Forschers, die sich nicht mehr umstandslos in einer Neutralitätszone „Text" zu etwas vermeintlich Gemeinsamem verschmelzen ließen; Text bedeutete nunmehr Forschungssprache, unabhängig von der Anzahl der verwendeten Interview- oder Quellenzitate. Zum zweiten meinte Sprache nun komplexe kulturelle Bedeutungssysteme: So, wie sich im Feld oder im Studium der Quelle „zwei Kulturen" begegneten, so mußte sich dies auch in den Texten verhalten – nur: Wo war dort jenes Andere, eben auch als ein kompetentes und kritikfähiges Gegenüber im eigenen Denk- und Reflexionsprozeß? Zum dritten begriff man in neuer Weise, daß ethnologisches Schreiben nicht nur von Kultur und Geschichte handelte, sondern daß mit den Texten im buchstäblichen Sinne Kultur und Geschichte „geschrieben" wurden, daß ihre Begriffe, ihre Bilder, ihre Deutungen jenen Anderen überhaupt erst schufen.

Man sah sich also inmitten jener erkenntnistheoretischen Problemzone, die bald als eine „Krise der Repräsentation" überschrieben wurde und die uns bis heute in Atem hält; bei den Überlegungen zur Feldforschung war bereits die Rede davon. Ich will nicht die dortigen Anmerkungen wiederholen, sondern hier ganz auf der Ebene der Texte und ihrer „Krise" bleiben. Einerseits meint dieser Krisenbefund das wissensphilosophische Grundproblem der „Verdopplung" von Wirklichkeit als ihres Erfassens in Erkenntnisprozessen und -begriffen. Zugleich ist damit das ethnologische Grundproblem der Darstellung einer anderen kulturellen „Wirklichkeit" umschrieben, die es zwar gleichsam unbemerkt außerhalb unseres Gesichtskreises geben mag, die „wirklich" und „anders" für uns jedoch nur dadurch wird, daß wir sie in unseren Gesichtskreis rücken, sie durch diese Annäherung definieren und zugleich distanzieren, weil wir sie uns als „anders" bewußt machen. So konstruieren wir dieses Andere, indem wir ihm in Gestalt von Blicken und Texten kulturelle Repräsentationsformen verleihen, natürlich in den Termini unseres kulturellen Kodes.

Ethnologisches Be-Schreiben erscheint damit als ein zwangsläufiger Akt jenes *othering*, das die Bedingungen ethnologischen Tuns und seine vermeintliche Mittlerrolle „zwischen den Kulturen" in ein neues, zweifelhaftes Licht rückt: der ethnologische Text als – nichtintendierte? – kulturelle Herrschaftstechnik. Darüber wird bekanntlich seit Jahren debattiert, nach Auswegen gesucht vom dialogischen Schreiben bis zum Nicht-Schreiben. Wie manche andere, deutet auch der Amsterdamer Ethnologe Johannes Fabian diese neue Legitimitätsfrage ethnologischer Texte freilich nicht nur als bedrohliches Krisenmotiv, sondern auch als reflexive Chance, indem er argumentiert: „Wenn ich den speziellen Beitrag der Anthropologie zu den Debatten über die Natur der Erkenntnis benennen sollte, würde ich sagen, daß die Reflexion über Ethnographie uns dazu gebracht hat, den naiven Glauben an die Distanz aufzugeben. Dies kann dazu führen, daß man das Gegebensein der Anderen als Gegenstand unserer Fachdisziplin zurückweist. Auch wenn es unbeholfen und modisch klingt: Othering bezeichnet die Einsicht, daß die Anderen nicht einfach gegeben sind, auch niemals einfach gefunden oder angetroffen werden – sie werden gemacht. Für mich sind Untersuchungen über Othering Untersuchungen über die Produktion des Gegenstandes der Anthropologie." (Fabian 1993: 337)

Schreiben nach dem linguistic turn

Aus diesen, im einzelnen vielfach nicht unbedingt neuen, in den 1980er Jahren aber endlich systematisch bedachten Erwägungen heraus entstand allmählich die grundsätzliche Frage, was im Bereich wissenschaftlicher Forschung der Umgang mit Texten und die Verfertigung von Texten bedeutet. Mit dem Begriff „Text" wird nicht mehr nur ein enger Bereich von Schriftstücken aus den Archiven oder aus der Feder des Wissenschaftlers angesprochen, sondern ein weites Feld von schriftlichen, mündlichen, bildlichen und anderen gegenständlichen Repräsentationsformen, die wir als kulturelle Informations- und Bedeutungsträger betrachten und denen wir in der Forschungssituation Aussagen entnehmen bzw. zuschreiben. Auch Symbole oder Rituale verkörpern insofern Textqualität, als wir, sobald wir sie mit dem Forscherauge betrachten, in ihnen eine Geschichte, eine Bedeutung erzählt sehen können. *Texte* umfassen in diesem erweiterten Sinne alle diejenigen Darstellungsformen kultureller Praxis, in denen die sozialen Akteure selbst Botschaften und Zeichen übermitteln bzw. aus denen die Wissenschaft solche Botschaften und Zeichen herauszulesen vermeint oder die sie selbst produziert. Wenn man die gängige ethnologische Metapher, „Kultur lesen" zu wollen, auf die vorgängige Ebene überträgt, dann liegt ein solcher Textbegriff eigentlich auch nahe. Wenngleich natürlich die Texte des Feldes ganz andere Konstruktionsprinzipien aufweisen als die Texte des Forschers, die jene wiedergeben und entziffern wollen.

Die Anstöße zu diesem neuen Nachdenken über Textualität stammen – wie gesagt – vor allem aus dem Bereich der Linguistik. Die Sprachwissenschaft betrachtet Texte als Repräsentationen von Wirklichkeit, weil sie davon ausgehen muß, daß wir nur das begrifflich fassen können, was wir sprachlich und bildlich wahrnehmen und damit erfassen. Wenn diese Medien und Techniken des Verstehens und Begreifens uns jedoch in der wissenschaftlichen wie in der alltäglichen Praxis problematisch werden, weil wir nicht mehr sicher sind, wie wir solche Texte lesen sollen, welche Bilder wir uns machen können, wer welche Bilder von uns sowie von anderen verfertigt, dann kann man in der Tat von einer Krise gesellschaftlicher Wahrnehmungshorizonte sprechen, wie dies seit den 1980er Jahren der Fall ist. Mit der gesellschaftlichen Verunsicherung der Nachmoderne, in der frühere Werte-, Wahrnehmungs- und Verhaltenssicherheiten abhanden gekommen scheinen, läßt sich auch unser Weltbild offenbar nicht mehr einfach aus den zuvor gewohnten Bildelementen zusammensetzen. So, wie wir unsicher sind, ob traditionelle Bilder nationaler, sozialer, geschlechtlicher wie individueller Identität unser heutiges Wir und Ich angemessen wiedergeben, so unsicher sind wir über die Bilder, die wir uns von den Anderen und diese sich von uns machen.[76]

Diese „Krise der Repräsentationen", in der die Wahrnehmung wie die Beschreibung von „Wirklichkeiten" neu ausgehandelt werden müssen, betrifft in besonderer Weise eine Wissenschaft, die sich dieses Beschreiben von Gesellschaft und Kultur zur wichtigsten Aufgabe gesetzt hat. Und dieses Beschreiben ist nun ebenso im buchstäblichen Sinn gemeint, wie die Probleme auch das konkrete Lesen und Schreiben betreffen: Welches sind die rhetorischen Regeln, die allegorischen Bedeutungen, die symbolischen Dimensionen, die uns in Texten der Anderen gegenübertreten, wenn wir sie im Feld oder im Archiv „beobachten"? Welches sind unsere textlichen Möglichkeiten, um diesen „eingeschriebenen" Bedeutungen in der Sprache unserer Kultur gerecht zu werden, um angemessene Möglichkeiten der „Übersetzung" zu finden? Drücken wir nicht mit jeder Interpretation diesem Anderen unseren Sinn auf, „konvertieren" wir nicht jeden dieser Texte in unser eigenes Textverarbeitungsprogramm? Und wenn wir dies vermeiden wollen: Inwieweit verfügen wir überhaupt über andere, offenere Deutungs- und Sprachkonventionen, die diesen „Kolonialisierungsprozeß" fremder Lebenswelten durch die Wissenschaftskultur und -sprache vermeiden oder mildern helfen?

Die unter dem Schlagwort *linguistic turn* versammelten sprachwissenschaftlichen Überlegungen zielen daher zunächst darauf, die sprachlichen und begrifflichen Modalitäten von Wahrnehmung, Deutung und Übersetzung zu hinterfragen, also dem Moment des Schreibens als der Herstellung einer neuen „Wirklichkeit" einen besonders prominenten, aber auch besonders ungesicherten Platz im Forschungsprozeß zuzuweisen. Denn nicht nur der theoretische Blickwinkel, sondern auch die sprachlich-stilistische Form des Schreibens erweist sich für die Wirkung von Bildern und Deutungen als entscheidend: die Bezugnahme auf Genres, die Benutzung von Stilformen, von wissenschaftlichen und literarischen Gesten wie von anderen textlichen Gestaltungsmöglichkeiten. Das in den Kulturwissenschaften längst geflügelte Wort *writing culture* (Clifford/Marcus 1986) meint somit die schreibende „Fabrikation von Kultur", und es rückt das ethnologische Schreiben zugleich in literarische Dimensionen und Funktionen.

Damit scheint die Unbefangenheit ethnologischer Texte im Sinne einer bislang eher unkontrollierten Literaturform verloren. Und dies gilt rückblickend: Denn es läßt sich nicht mehr übersehen, daß auch bislang nicht etwa Freiheiten, sondern feste Konventionen des Schreibens über „andere Kulturen" dominiert hatten. Entworfen von Klassikern wie Riehl, Malinowski oder Lévi-Strauss, führen diese Konventionen – mit leichten Veränderungen und in modischen Varianten – auch heute noch unsere Hand. Clifford Geertz hat sich vor einigen Jahren mit diesen Schreibkonventionen und der Rolle des „Anthropologen als Schriftsteller" ausführlich auseinandergesetzt und dies am Beispiel von vier Gallionsfiguren ethnologischer Forschung durchexerziert: von Claude Lévi-Strauss, Edward Evans-Pritchard, Bronislaw Malinowski und Ruth Benedict. Geertz führt ebenso anschaulich wie genießerisch vor, wie in der literarischen Verfertigung dieser Klassikertexte entscheidende Wirkungsmittel enthalten sind, die nicht nur die Bilder der beschriebenen Anderen prägen, sondern auch die Selbstbilder der ForscherInnen. Mehr noch als die übermittelten Daten und Informationen hilft die stilistische Art der Übermittlung und Darstellung dabei, den Mythos des „wissenden und verstehenden Ethnologen" zu bekräftigen, der „dort" war, also authentische Erfahrung zu vermitteln hat, der „versteht", weil er mit den „Eingeborenen" gelebt hat, der sich selbst „fremd" wurde, weil er die eigene Kultur auf lange Zeit verließ. Geertz resümiert: „Als Autor ‚dort zu sein', greifbar auf dem Papier, ist auf jeden Fall ein Kunststück, das ebenso schwer zu schaffen ist wie das persönliche ‚Dortsein', das schließlich als Minimum kaum mehr erfordert als eine Reisebuchung und eine Landeerlaubnis; eine Bereitschaft, ein gewisses Maß an Einsamkeit, an Beeinträchtigung der Privatsphäre und physischen Unbequemlichkeiten zu ertragen … Und das Dortsein als Autor wird ständig schwieriger. Der Vorteil, wenigstens einen Teil unserer Aufmerksamkeit von den Faszinationen der Feldforschung, in deren Bann wir schon so lange stehen, auf die des Schreibens zu verschieben, besteht nicht nur darin, daß diese Schwierigkeit klarer verstanden werden wird, sondern auch darin, daß wir lernen werden, mit einem aufmerksameren Auge zu lesen." (Geertz 1993: 30)

Wahrheitsfragmente

Damit ist eine Autorität der Ethnologie in Frage gestellt, die sich bislang wesentlich aus einer vermeintlichen „Authentizität" ihrer Texte speiste. Die einfache Wahrheit der Feldbeobachtung wird in ihrer literarischen Darstellung zu *partial truths* (Clifford 1986), zu fragmentierten Wahrheiten mit hohen fiktionalen, interpretamenthaften und selbststilisierenden Zusätzen. Geertz' Kollege James Clifford spitzt diese kritische Perspektive noch schärfer zu, wenn er dem ethnologischen Schreiben nicht nur die Funktion der Repräsentation von Kultur zumißt, sondern dessen Konstruktionscharakter ganz in den Vordergrund stellt. Von welchem Standpunkt aus beobachtet und geschrieben wird, ist für ihn nicht nur eine Frage unterschiedlicher

Deutungsmöglichkeiten, sondern wesentlich jene Frage nach gesellschaftlicher und kultureller Deutungsmacht, die – bewußt oder unbewußt – von jedem ethnologischem Schreiben ausgeht. „Power and history work through ethnographic texts in ways the authors cannot fully control", formuliert er und beschreibt damit eine Unausweichlichkeit, diesen Wirkungen kultureller Dominanz zu entgehen (Clifford 1986: 7).

Um diese Unausweichlichkeit zumindest transparent und in den Texten kenntlich zu machen, fordert Clifford eine ständige Überprüfung der ethnologischen Perspektive in deren Texten selbst. Er wendet die Bedingungen des Schreibens über „Alterität", über die „Bilder vom Anderen", als Spiegel auf die Ethnologie selbst zurück. Es ist das Konzept einer „Ethnographie der Ethnologie", einer Erforschung unserer wissenschaftlichen „Stammescharakteristika", die in unsere Blickwinkel und in unsere Texte eingehen und die wir auch den „eingeborenen Texten" beifügen. Solch ein „selbstreflexives" Verhalten zur eigenen Forschung und Schreibpraxis scheint ihm der einzige Ausweg, um nachvollziehbar zu machen, welche wechselseitigen Bilder im ethnologischen Forschungsprozeß entworfen werden und wie sie sich im ethnologischen Schreiben begegnen und vermischen. Nur so könne die Ethnologie jener Arroganz der kulturellen Deutungsmacht vielleicht entkommen.

Daß diese Selbstreflexivität das bislang gültige ethnologische Selbstbild in seinem Kern trifft, liegt auf der Hand: „Die Illusion, daß es in der Ethnographie darum ginge, fremdartige und ungeordnete Fakten in vertraute und übersichtliche Kategorien einzuordnen – das hier ist Magie, das da Technik –, ist längst zerstört. Was dieses Fach dann aber ist, ist weniger klar. Der Gedanke, daß sich hier literarische Tätigkeit vollziehen könnte, ein Zu-Papier-Bringen, ist denen, die damit beschäftigt sind, Ethnographie zu produzieren, zu konsumieren oder beides zu tun, hin und wieder gekommen. Doch die Untersuchung dieser Disziplin als Schriftstellerei ist von verschiedenen Erwägungen behindert worden, die alle nicht sehr vernünftig sind. Eine dieser Überlegungen, die besonderes Gewicht bei den Produzenten hat, besagt ganz einfach, daß man so etwas als Anthropologe nicht tut. Womit sich ein anständiger Ethnograph anständigerweise beschäftigen sollte, sind Fahrten in ferne Länder, von denen er Informationen darüber mitbringt, wie die Menschen dort leben; diese Informationen sollte er seinen Fachkollegen in handlicher Form zugänglich machen und nicht in Bibliotheken herumlungern und über literarische Fragen nachdenken. Übermäßige Beschäftigung – und das heißt in der Praxis gewöhnlich: jedwede Beschäftigung – mit der Frage, wie ethnographische Texte konstruiert werden, wirkt wie eine ungesunde Beschäftigung mit dem eigenen Ich –

im besten Falle Zeitverschwendung, im schlimmsten Hypochondrie." (Geertz 1993: 11)

„Dichte Beschreibung" und „dialogische Anthropologie"

Diesem durchaus auch selbstironisch klingenden Befund setzt Clifford Geertz sein Konzept der „dichten Beschreibung" entgegen, dem er den Untertitel „eine deutende Theorie von Kultur" gibt und das er folgendermaßen erklärt: „die Ethnographie ist dichte Beschreibung. Das, womit es der Ethnograph tatsächlich zu tun hat ..., ist eine Vielfalt komplexer, oft übereinandergelagerter oder ineinander verwobener Vorstellungsstrukturen, die fremdartig und zugleich ungeordnet und verborgen sind und die er zunächst einmal irgendwie fassen muß. Das gilt gerade für die elementarsten Ebenen seiner Tätigkeit im Dschungel der Feldarbeit: für die Interviews mit Informanten, die Beobachtung von Ritualen, das Zusammentragen von Verwandtschaftsbegriffen, das Aufspüren von Eigentumslinien, das Erstellen von Haushaltslisten ... das Schreiben seines Tagebuchs. Ethnographie betreiben gleicht dem Versuch, ein Manuskript zu lesen (im Sinne von ‚eine Lesart entwickeln'), das fremdartig, verblaßt, unvollständig, voll von Widersprüchen, fragwürdigen Verbesserungen und tendenziösen Kommentaren ist, aber nicht in konventionellen Lautzeichen, sondern in vergänglichen Beispielen geformten Verhaltens geschrieben ist. (...) Es gibt also drei Merkmale der ethnographischen Beschreibung: sie ist deutend; das, was sie deutet, ist der Ablauf des sozialen Diskurses; und das Deuten besteht darin, das ‚Gesagte' eines solchen Diskurses dem vergänglichen Augenblick zu entreißen." (Geertz 1987: 15, 30)

Geertz fordert also nochmals als Stärke der Ethnologie die Beobachtung und Beschreibung kleiner gesellschaftlicher Felder, in denen Kultur im Sinne alltäglicher Handlungsweisen wie symbolischer Praktiken genau beobachtet, in ihren unterschiedlichen Deutungen und Stimmen beleuchtet, in ihrer „einheimischen" Interpretation ernst genommen, vor allem aber auch mit der eigenen Interpretation des Forschers konfrontiert wird, um immer wieder deutlich zu machen, daß sich im Feld wie im Text unterschiedliche kulturelle Deutungen und Blickwinkel begegnen. Durch diese Konzentration auf kleine Felder, charakteristische Szenen und kulturelle Mehrdeutigkeiten erhofft er sich einen „Verdichtungseffekt": eine Verdichtung der Informationen und Quellen, der räumlichen und zeitlichen Strukturen, der unterschiedlichen Aussagen und Perspektiven. Letztlich beabsichtigt dieser Vorschlag einen „Dialog der Texte", in dem sich die Autorität des Forschers nurmehr auf seine Beobachtungsposition beschränkt, nicht mehr absolute Deutungsmacht beansprucht.

Dadurch wird das ethnologische Schreiben selbst zur kulturellen „Praxis". Sie verlängert das Feld gleichsam bis zum Schreibtisch. Der Berliner Ethnologe Michael Oppitz wägt diese erweiterte Perspektive in ihren Möglichkeiten und Risiken sorgfältig ab, wenn er kommentiert: „Ein Ziel dieser Praxis ist Mehrstimmigkeit, die sich über die Monotonie herkömmlicher Textformate hinwegzusetzen versucht: multiple Autorenschaft, in der nicht nur die Subjektivität des Ethnographen zu Wort kommt, sondern auch die der beschriebenen Subjekte; ein Dialog, der nicht mit dem Abschluß der Feldarbeit an sein Ende gelangt, sondern bis in die Publikationen hinein fortgeführt wird. Beide Richtungen, Meta-Ethnologie und reflexive Ethnologie, bergen Gefahren des Exzesses in sich: Die eine tendiert dahin, dank des Prestiges, das sie augenblicks genießt, das Verlangen, Ethnographie weiterhin überhaupt zu betreiben, spürbar zu verlangsamen; die andere dahin, dank der Introspektionen, die sie fördert, auf einen narzißtischen Kurs zu geraten, auf dem der eigentliche Gegenstand, die Herstellung ethnographischer Quellen, nur noch einen Vorwand für die Selbstdarstellung abgibt. (...) Nichtsdestoweniger haben diese neueren Richtungen das Bewußtsein geschärft, für die artistische Dimension des Verfassens ethnologischer Texte und – allgemein – für die Beziehung zwischen Literatur und Wissenschaft." (Oppitz 1993: 40f.)

Wie diese „Kunst der Genauigkeit" betrieben werden soll, um Feldforschung in ihrem Ablauf wie in ihren Texten als mehrstimmige Praxis kenntlich zu machen, bleibt allerdings umstritten. Geertz' „dichte Beschreibung" und andere Konzepte einer „dialogischen Anthropologie", die dem sozialen Gegenüber in der Forschung mehr kulturelle Kompetenz und im Text mehr Raum einräumen wollen (Tedlock 1985), werden einerseits als ein Weg zur „Begegnung der Subjekte" gefeiert, andererseits als eine bloß symbolische Kompensationsstrategie der Schuldgefühle einer „weißen" Ethnologie kritisiert: „Die dialogische Anthropologie kann dann für sich lediglich in Anspruch nehmen, eine bessere Repräsentation zu sein." (S. A. Tyler 1993: 289) Mit „besser" meint ein skeptischer Stephen Tyler hier kaum mehr als: weniger schlecht.

Dies muß kein Argument gegen jedes ethnologische Schreiben sein, um mit den Texten sozusagen die Repräsentationen aus der Welt zu schaffen, sondern mag auch als Warnung verstanden werden, die Erkenntnisse der „reflexiven Wende" nicht wieder leichtfertig mit einem Schleier scheinbarer Lösungen zu verhängen. Denn vielleicht gilt auch hier, daß manchmal der Weg das Ziel ist: Texte als Dokumente „offener" Reflexions- und Spannungszustände werfen Fragen auf, die mitunter klüger sind als die möglichen Antworten. Das ethnologische Schreiben jedenfalls scheint mir in dieser „Krise der Repräsentation" zugleich komplizierter und interessanter geworden – und damit gewiß auch noch stärker „eine leidvolle persönliche Erfahrung" (Knecht/Welz 1995: 87).

Schrei(b)k(r)ämpfe

Von diesen Erfahrungen soll nun aber ebensowenig mehr die Rede sein wie von reflexiven Höhenflügen. All diese theoretischen und ethischen Überlegungen ändern wenig daran, daß „Schreiben als kulturelle Praxis" auch „praktisch" getan werden muß. Denn wer über ein Nicht-Schreiben nachdenkt, kann sich dies in aller Regel bereits leisten – natürlich laut nachdenkend und heftig und gut honoriert schreibend. Für den ethnologischen „Normalfall" trifft diese komfortable Situation eher selten zu. Denn Schreiben gehört zum Berufsbild. Schreibleistungen sind nicht nur im Rahmen universitärer Seminare zu erbringen, in denen – etwa in der intensiven Form von Studienprojekten – inzwischen vermehrt Erfahrungen und Fertigkeiten vermittelt werden, und nicht nur zur Erlangung akademischer Weihen. Vielmehr sind sie auch begleitende „Praxis" in allen künftigen Berufsfeldern der AbsolventInnen des Faches. Wer dieser Erkenntnis und ihren literarischen Konsequenzen während des Studiums ausweicht, wird spätestens beim Berufseintritt in eine höchst individuelle „Krise der Repräsentation" geraten, die ihm von Arbeitgebern drastisch verdeutlicht wird.

Dieses Schreiben meint aber auch ganz einfach und vordergründig die handwerkliche Abfassung von Texten, die „Gebrauchsliteratur" darstellen können, also verständlich, stimmig, lesbar auch für diejenigen sein sollten, die den *linguistic turn* aus vernünftigen Gründen für eine neue Reckübung im Kunstturnen halten. Deshalb hier der Versuch, einige einfache, naive, praktische Regeln zu nennen, die sich aus der teilnahmsvollen Leseerfahrung zahlloser Seminar- und anderer Arbeiten ableiten und die vielleicht auf der Ebene des „kleinen Einmaleins" bei der Abfassung von Texten von Nutzen sein mögen.
– Wer schreibt, sollte erstens versuchen, einen eigenen Stil der Darstellung zu finden und nicht den Jargon der Sekundärliteratur oder die „Sprache der Quellen" zu imitieren; sollte zweitens dem Text einen klaren Aufbau geben, der die Lesenden auch über die Gliederung, die Absätze und die Argumentenabfolge nicht zu lange im dunkeln läßt; sollte drittens die Argumentationsschritte und Themenwechsel durch Übergänge und Verbindungsworte auch „sprachlich" begleiten; sollte viertens bewußt mit Zeiten und Zeitenwechseln umgehen, weil die Vergangenheitsform automatisch eher Erzählcharakter ergibt, während die Gegenwartsform mehr reportagehaft klingt; sollte fünftens rasch „zur Sache zu kommen", also zu einer

klaren Fragestellung und zu einem roten Faden, der den Text durchzieht; sollte sechstens die Quellen nicht als einen „Informationssteinbruch“ mißbrauchen, sondern sie auch in der Art und Länge ihrer Darstellung „zum Sprechen“ bringen; sollte siebtens Theorie nicht als Not und Last in ein isoliertes Theoriekapitel verpacken, sondern sie aus dem und an dem Gegenstand entwickeln; sollte achtens nicht unbesehen annehmen, daß alles, was sich „Theorie“ nennt, auch wirklich diesen Namen verdient; und sollte neuntens nicht der verbreiteten Illusion verfallen, daß notfalls Laserdrucker und anspruchsvolles Layout aus unzusammenhängenden Worten und Gedanken noch einen stringenten Text machen können.

Schreiben als Beruf?

Diese Frage könnte über dem Schlußwort eines Handbuchs mit dem Titel „Wie werde ich Schriftsteller?“ stehen (steht dort natürlich auch schon), meint hier aber die Berufsperspektiven von Volkskunde und Europäischer Ethnologie. Wenn ich an die kurze Aufstellung in der Einleitung erinnere, in der die aktuell wichtigsten Berufsfelder vom Museum über die Bereiche der Dokumentations- und Weiterbildungsarbeit in anderen Kulturinstitutionen bis zu den Medien und dem Kulturmanagement genannt sind, dann wird deutlich, daß als berufsbegleitende Tätigkeit Schreiben die Regel, (Feld-)Forschung eher die Ausnahme bildet – vom universitären Berufsfeld zu schweigen. Von kulturwissenschaftlich ausgebildeten Menschen werden Texte erwartet – Sitzungsvorlagen und Protokolle, Ausstellungskonzepte und Eröffnungsreden, Artikel und Bücher. Wer sich Arbeit „in der Kultur“ anders vorgestellt hat, wird über weite Strecken enttäuscht: Das „Repräsentationsproblem“ läßt uns so schnell nicht los.

Dieses Problem tritt in vielen Varianten auf, nicht nur in der des Schreibens. So hängt auch die generelle Frage nach den Chancen auf dem Arbeitsmarkt der Gegenwart und Zukunft entscheidend davon ab, wie sich das Fach nach außen darstellt, welche Expertise es für sich plausibel beanspruchen kann und welche ihm zugebilligt wird. Im Moment läßt sich dieses Problem wohl nur mit einem Einerseits – Andererseits kommentieren: Einerseits ist nirgendwo ein Berufsfeld ausschließlich für das Fach reserviert (läßt man einmal die schmalen Bereiche der volkskundlich-kulturgeschichtlichen Museen und der disziplinären Universitätsinstitute beiseite); andererseits haben das inzwischen sehr breite Spektrum der fachlichen Qualifikationen wie der starke Ausbau der deutschen Kulturinstitutionen in den 1980er Jahren dazu geführt, daß die Arbeitslosigkeit unter den AbsolventInnen zumindest noch keine dramatischen Ausmaße angenommen hat. Vor allem zeigt sich, daß sich über einzelne „Pfadfinder“ immer wieder Wege in neue Berufsfelder eröffnen – vereinzelt inzwischen auch bereits in Grenzbereiche zur Industrie und Politik. Was hier fehlt, obwohl es schon länger beklagt wird, um endlich ein differenzierteres Bild zu erhalten, sind systematische Untersuchungen über Berufseinstieg und Berufsverbleib.[77]

Mit der Frage der Repräsentation hängt auch die individuelle berufliche Situation zusammen, und zwar in doppeltem Sinne: Zum einen bestimmt das gesellschaftliche Außenbild eines Faches über die persönlichen Kompetenzzuschreibungen mit, die frau/man im Rahmen der beruflichen Tätigkeit bzw. der betreffenden Beschäftigungsinstitution erfährt. Das bedeutet in unserem Fall nicht unbedingt: kleines Fach gleich geringe Reputation. Aber der Verweis auf die Volkskunde oder Europäische Ethnologie als Ausbildungskontext muß wohl doch sehr viel öfter erläutert werden, als dies etwa bei Jura der Fall ist. Zum andern spiele ich damit auf die häufig „individualisierte" berufliche Situation an, die sich in kleinen Museen oder auch in großen Redaktionen einstellt: Entweder mangels Kollegen oder qua fachlicher Herkunft sich immer wieder in einzelkämpferischen Rollen wiederzufinden, nachdem das Studium vielfach in gruppenförmigen Zusammenhängen absolviert wurde, macht die „Praxis" nicht einfacher. Sie wird allerdings manchmal dadurch erleichtert, daß viele dieser Bindungen, die sich in Studienzeiten an Personen wie an Institute knüpften, auch nach dem Berufseintritt nicht völlig gelöst werden, sondern als freundschaftliche Netzwerke das Rückgrat stärken helfen. Diese Funktion kann sehr wichtig sein. Denn auch darüber sollten wir uns keine Illusionen machen: Vieles, was wir in den Fachdiskussionen als Errungenschaft empfinden wie Kritikfähigkeit und Selbstreflexivität, wird „draußen", bei Auftrag- und Arbeitgebern, nicht unbedingt in gleichem Maße geschätzt. Gefragt sind dort oft klare Bilder, scheinbare Faktizitäten, Schwarz-Weiß-Dispositive, und honoriert wird unkomplizierte Kooperation. Diesem Sog der lobenden Gesten und Gelder gegebenenfalls zu widerstehen ist nicht einfach und braucht manchmal Beistand.

Schließlich bezieht sich die Repräsentationsfrage aber auch nochmals auf ihren engeren „ethnologischen" Sinn: Wer über und im Bereich der Kultur arbeitet, hat es mit Menschen zu tun – mit ihren historischen Zeugnissen oder aktuellen Meinungen, mit ihren Konflikten oder Harmonien. In diesem Sinne sind „Ethno-Berufe" immer auch politische Berufe: nicht qua Arbeitsauftrag, sondern durch die unausweichliche Übernahme ethischer Verantwortung für das, was als Kultur beobachtet, beschrieben und letztlich inszeniert wird – auch als ein Eigenes, Anderes und Fremdes.[78] Es mag diese Verantwortung sein, die uns hilfreich klarmacht, daß wir als „Kultur(v)ermittler" manchmal eben zu jenen Anderen gehören.

Abkürzungen

Jahrbuch für Volkskunde = JfV
Kölner Zeitschrift für Soziologie und Sozialpsychologie = KZfSS
Zeitschrift für Volkskunde = ZfV
Österreichische Zeitschrift für Volkskunde = ÖZfV

Anmerkungen

1 S. dazu Korff (1996), S. 403–434.
2 Ausführlicher und systematischer dazu Kaschuba (1990).
3 Genauere Darstellungen dazu wie zum folgenden bei Kaschuba (1993b), S. 56–81.
4 Vgl. dazu etwa Vermeulen (1995), S. 39–59, hier S. 49; Burke (1981); Hroch (1985); Gellner (1991).
5 S. etwa Deißner (1997).
6 Diese Frage stellten zuletzt Wünsch und Zschäck (1991), S. 35–40.
7 Diese umstrittene Seite der „vor-paradigmatischen“ Phase der Volkskunde wird sehr detailliert und kritisch beleuchtet von Deißner (1997), bes. S. 30–101.
8 Dazu etwa Berding (Hg.) (1996).
9 Zur Wissenschaftsgeschichte der Völkerkunde s. Kohl (1993), bes. S. 99ff.
10 S. dazu Gansohr-Meinel (1992); Simon/Schürmann (1994), S. 230–237.
11 S. vor allem Bausinger (1965), S. 177–204; Emmerich (1971); Gerndt (Hg.) (1987).
12 Ebenso eindrücklich wie abwägend dazu Jacobeit u.a. (Hg.) (1994).
13 Zum volkskundlichen Umgang mit dem „Volk“ s. auch den Problemaufriß von Brückner (1987), S. 105–127, bes. S.107ff.
14 S. etwa Burke (1981); die Beiträge von Brückner, Burke, Köstlin in: Ethnologia Europaea XIV (1984) 1; Kaschuba (1988).
15 Näheres s. Kapitel „Verortungen“.
16 S. auch Ahmed/Shore (Hg.) (1995); Fox (Hg.) (1991).
17 Einen vorzüglichen, allerdings nicht ganz einfach zu lesenden kritischen Überblick über die Diskussionen um den Kulturbegriff von Geertz und anderen Diskutanten geben Berg/Fuchs (1993), S. 11–108.
18 In diese Richtung der „Praxis“ und der „Praktiken“ weisen ja auch immer wieder die bereits erwähnten Überlegungen von Pierre Bourdieu, auf die im Kapitel „Verortungen“ ausführlicher eingegangen wird.
19 Dies gilt im übrigen – wenngleich mit schwächerer Wirkung und einiger Verzögerung – auch für die historische Forschung in der damaligen DDR, wobei der Volkskunde eine initiative Rolle zukam. Vgl. S. und W. Jacobeit (1986/95).
20 Dabei handelt es sich um eine durchaus europäische Bewegung. S. dazu Jeggle (1977); Lehmann (1976); Bozon (1984), Gorfer (1975); Anderegg (1973).
21 S. dazu etwa Becker (1994); Projektgruppe ‚Heimatkunde des NS‘ (1988); Kaschuba/Lipp (1982); Niethammer (Hg.) (1986).
22 Zu diesen Debatten s. etwa Lash/Friedman (Hg.) (1992).
23 Einen kritischen Rückblick auf die Heimat-Debatte gibt der Tagungsband des Volkskunde-Kongresses in Kiel 1979: Köstlin/Bausinger (Hg.) (1980).

24 Niedermüller (1992) hat diesen Prozeß am – ganz anders als in der deutschen Geschichte gelagerten – ungarischen Fall eindrücklich dargestellt, S. 185–201.

25 Eine ausführlichere Darstellung der Argumentationen findet sich in Kaschuba (1995c), S. 123–142.

26 S. dazu Niedermüller (1995), S. 135–151; außerdem das Jahrgangsheft 1989 H. 1 der Zeitschrift Ethnologia Europaea und das Jahrgangsheft 1994 der Zeitschrift REGIO: A Review of Minority and Ethnic Studies.

27 Für den Fall Schwedens beschreiben das sehr anschaulich Frykman (1993), S. 259–274, Löfgren (1996), S. 161–196, und Daun (1996).

28 S. dazu etwa die Argumente von Taylor (1993). Aus volkskundlicher Sicht Schuhladen (1994), S. 37–58.

29 S. dazu auch Brednich/Hartinger (Hg.) (1994); Dewandre/Lenoble (Hg.) (1994).

30 Einen vorzüglichen Überblick gibt Assion (1987), S. 153–177.

31 Diskussionsbeiträge dazu etwa in Kaschuba u.a. (Hg.) (1991).

32 Als ambitioniertestes Unternehmen in dieser Hinsicht muß wohl die von französischen und italienischen Historikerinnen und Historikern verfaßte fünfbändige ‚Geschichte der Frauen' betrachtet werden (hg. von Georges Duby/Michelle Perrot, in dt. Übersetzung Frankfurt/M. usw. 1993ff.).

33 Erhellende Diskussionsbeiträge bei Hauser-Schäublin/Röttger-Rössler (Hg.) (1998); Cornwall/Lindisfarne (1994).

34 Einen aktuellen Überblick über den neueren Forschungsstand vermitteln etwa die regelmäßigen Berichte der „Kommission für Frauenforschung" in der ZfV sowie im dgv-info der Deutschen Gesellschaft für Volkskunde.

35 Ein Ausdruck dessen mag auch sein, daß seit dem Wintersemester 1997/98 an der Humboldt-Universität zu Berlin ein interdisziplinärer Magisterstudiengang „Geschlechterstudien" eingerichtet ist.

36 Sehr anschauliche Beispiele dafür aus dem „modernen" Schweden bieten Frykman/Löfgren (Hg.) (1996).

37 S. dazu vor allem den ethnologisch interessierten französischen Historiker Lévy-Bruhl (1930).

38 Bäder Blatt der Frankfurter Zeitung vom 4.4.1926, S. 1. Den Hinweis auf diese schöne Geschichte verdanke ich Andrea Wetterauer, Heidelberg.

39 So der Untertitel bei Brednich (1993).

40 S. etwa auch die ausgesprochen anregenden Forschungsperspektiven dazu bei Bendix (1995).

41 Zu Wandlungen im Bereich von Religiosität und Fest s. etwa auch Burckhardt-Seebass (1975).

42 Erinnert sei hier nur an den „Klassiker" Evans-Pritchard (1937). Einen Überblick über neuere volkskundliche Forschungen dazu geben Bauer (Red.) (1993); sowie Korff (1987), S. 244–270.

43 So der „Klassiker" Mauss (1978), S. 9–144, hier S. 27.

44 Zur Weite alltäglicher Symbole und Deutungsuniversen s. etwa Blaschitz u.a. (Hg.) (1992); Brednich/Schmitt (Hg.) (1997).

45 Einschlägig dazu noch immer Eco (1972).

46 Die französische Ethnologin Claverie (1987: 209) spricht daher vom Symbolischen gar als dem „enigmatischen Herz der Ethnologie".

47 S. dazu aus volkskundlicher Perspektive Scharfe (Hg.) (1991).

48 In einer beeindruckenden Studie hat die Schweizer Ethnologin Steffen (1990) dieses Ritualkonzept angewandt und viele „kleine" Schwellensituationen des modernen Lebens in der Alltags- und Berufswelt von Taxifahrerinnen erkundet – gerade auch im Blick auf den Zusammenhang von öffentlichem Raum und Geschlechterkulturen.

49 Besonders interessant sind Beobachtungen und Überlegungen zur „Schwellensituation" von nichtdeutschen Betrachtern; aus US-anthropologischer Perspektive etwa Borneman (1992).

50 Generelle Ausführungen dazu Connerton (1989). Dessen Überlegungen hat Eriksen (1997) auf den norwegischen Fall und seine „Nationalfeiertage" angewandt.
51 Dazu auch Strecker (1988); Boissevain (Hg.) (1992).
52 Etwa Bausinger u.a. (1978); Bausinger (1971); Weber-Kellermann/Bimmer (1985); Chiva/Jeggle (Hg.) (1987); Gerndt (Hg.) (1988); Brednich (Hg.) (1988); Wiegelmann (1995); Kaschuba (Hg.) (1995).
53 S. dazu Deißner (1997); Lehmann/Kuntz (Hg.) (1988).
54 Vgl. Bonß (1982); Hirschauer/Amann (Hg.) (1997).
55 So kritisch argumentierte bereits vor über zwei Jahrzehnten Stagl (1974), S. 107.
56 Einen generellen Überblick über wesentliche Methoden der Sozial- und Kulturforschung geben Flick u.a. (Hg.) (1991); Garz/Kraimer (Hg.) (1991).
57 Einen der ersten, wenngleich zunächst noch wenig wirksamen Anstöße dazu gab Nader (1969), S. 284–311.
58 S. etwa Helmers (Hg.) (1993); Aster u.a. (Hg.) (1989); Götz (1997).
59 S. dazu die ausgesprochen differenzierten Überlegungen von Warneken/Wittel (1997), S. 1–16.
60 Diesen Hinweis verdanke ich Reeha Toivanen, Berlin.
61 S. dazu etwa Kohli (1978), S. 1–29; Bude (1985), S. 327–336; Sill (1995), S. 28–42.
62 Vgl. dazu Rosenthal (1994), S. 125–138.
63 S. neben den bereits erwähnten Titeln etwa Thompson (1980); Burke (1981); Davis (1984); LeRoy Ladurie (1983); Sabean (1990); Dülmen/Schindler (Hg.) (1984); Medick/Sabean (Hg.) (1984).
64 Vgl. etwa Jeggle (1977); Kaschuba/Lipp (1982); Simon/Wiegelmann (Hg.) (1992).
65 S. dazu als Fallstudie etwa Schröder (1989).
66 Bemerkenswerte Ansätze dazu finden sich immerhin etwa bei Walter (1995), Hägele (1997), S. 159–187, Kunt (1990).
67 Einen guten Überblick vermitteln Meiners (1987), S. 17–36, und Köstlin/Bausinger (Hg.) (1983).
68 Vgl. etwa Hauser (1994); Csikszentmihalyi/Rochberg-Halton (1989).
69 S. dazu Ottenjann (Hg.) (1985); Brückner (1986), S. 363–382.
70 S. etwa Dauskardt/Gerndt (Hg.) (1993); Scharfe (1990), S. 216–243; Silberzahn-Jandt (1991); Douglas/Isherwood (1981); Ruppert (Hg.) (1993); König/Landsch (Hg.) (1993); Siegrist/Kaelble/Kocka (Hg.) (1997). Von soziologischer Seite s. vor allem Joerges (Hg.) (1988).
71 Als Pionierstudie Bahl (1997).
72 Ausführlichere Darstellungen der Diskursanalyse finden sich etwa bei Tietzmann (1989), S. 47–61.
73 Generell dazu auch Fraser (1994); Strathern (1992).
74 Zum Diskussionsverlauf in diesem Bereich vgl. die Zeitschrift Visual Anthropology 1988ff.
75 Erste Wegmarkierungen finden sich etwa bei Kleinspehn (1989).
76 Nicht von ungefähr wurde diese Nachdenklichkeit wesentlich mit durch ein Buch angestoßen, das die westlichen Bilder vom „Orientalismus" zum Anlaß einer kritischen Inspektion der eigenen Blicke nahm, nämlich Said (1981).
77 Ansätze zu neuen Überlegungen in Blick auf Studien- wie Berufsperspektiven bieten nun Brednich/Scharfe (Hg.) (1996), und Hoppe/Schimek/Simon (Hg.) (1998).
78 Eine ausführliche und scharfsinnige Analyse dieser Rolle der Ethnowissenschaften als „Cultural Brokerage" gibt Welz (1996) S. 231–275.

Literaturverzeichnis

A Review of Minority and Ethnic Studies. REGIO 1994.

Adorno, Theodor W. (1969): Freizeit. In: ders.: Stichworte. Frankfurt/M.

Ahmed, Akbar S./Cris Shore (Hg.) (1995): The Future of Anthropology. Its Relevance to the Contemporary World. London/Atlantic Highlands.

Altenbockum, Jasper von (1994): Wilhelm Heinrich Riehl 1823–1897. Sozialwissenschaft zwischen Kulturgeschichte und Ethnographie. Köln usw.

Améry, Jean (1980): Jenseits von Schuld und Sühne. Bewältigungsversuche eines Überwältigten. Stuttgart.

Anderegg, Jean-Pierre (1973): Ferenbalm. Struktur und Entwicklung einer Landgemeinde. Bern/Frankfurt/M.

Antweiler, Christoph (1994): Eigenbilder, Fremdbilder, Naturbilder. In: Anthropos 89. Jg., S. 137–168.

Appadurai, Arjun (1996): Modernity at Large. Cultural Dimensions of Globalization. Minneapolis u. a.

Arnim, Achim von/Clemens Brentano (1806): Des Knaben Wunderhorn.

Assion, Peter (1985): „Was Mythos unseres Volkes ist". Zum Werden und Wirken des NS-Volkskundlers Eugen Fehrle. In: ZfV 81. Jg., S. 220–244.

– (1987): Von der Volksforschung zur volkskundlichen Kultursoziologie. In: Chiva/Jeggle (Hg.): Deutsche Volkskunde, S. 153–177.

Assmann, Aleida (1993): Zum Problem der Identität aus kulturwissenschaftlicher Sicht. In: Leviathan 21. Jg., H. 2, S. 239–253.

Aster, Reiner u. a. (Hg.) (1989): Teilnehmende Beobachtung. Werkstattberichte und methodologische Reflexionen. Frankfurt/M./New York.

Atlas der Deutschen Volkskunde (1937). Hg. von Heinrich Harmjanz/Erich Röhr. Leipzig.

Augé, Marc (1994): Orte und Nicht-Orte. Vorüberlegungen zu einer Ethnologie der Einsamkeit. Frankfurt/M.

– (1995): Krise der Identität oder Krise des Andersseins? In: Kaschuba (Hg.): Kulturen, S. 85–99.

Bach, Adolf (1937): Deutsche Volkskunde. Leipzig.

Bahl, Anke (1997): Zwischen On- und Off-Line. Identität und Selbstdarstellung im Internet. München.

Barley, Nigel (1986): Die Raupenplage. Von einem, der auszog, Ethnologie zu betreiben. Stuttgart.

Barth, Fredrik (Hg.) (1969): Ethnic Groups and Boundaries. The Social Organization of Culture Difference. Bergen.

Barthes, Roland (1979): Elemente der Semiologie. Frankfurt/M.

Baudrillard, Jean (1989): Philosophien der neuen Technologie. Berlin.

– (1991): Das System der Dinge. Über unser Verhalten zu den alltäglichen Gegenständen. Frankfurt/M./New York.

Bauer, Ingolf (Red.) (1993): Frömmigkeit. Formen, Geschichte, Verhalten, Zeugnisse. München.

Bauman, Zygmunt (1995): Ansichten der Postmoderne. Hamburg/Berlin.

Bausinger, Hermann (1961): Volkskultur in der technischen Welt. Stuttgart.

– (1965): Volksideologie und Volksforschung. In: ZfV 61. Jg., S. 177–204.

– (1969): Kritik der Tradition. Anmerkungen zur Situation der Volkskunde. In: ZfV 65. Jg., S. 232–250.

– (1971): Volkskunde. Von der Altertumsforschung zur Kulturanalyse. Berlin usw.
– (1972): Konservative Aufklärung – Justus Möser vom Blickpunkt der Gegenwart. In: ZfV 68. Jg., S. 161–178.
– (1978): Identität. In: ders. u. a.: Grundzüge, S. 204–263.
– (1980): Zur Spezifik volkskundlicher Arbeit. In: ZfV 76. Jg., S. 1–21.
– (1987): Ungleichzeitigkeiten. Von der Volkskunde zur empirischen Kulturwissenschaft. In: Der Deutschunterricht 39. Jg., H. 6, S. 5–16.
– (1994): Wir Kleinbürger. Die Unterwanderung der Kultur. In: ZfV 90. Jg., S. 1– 12.
– u. a. (1978): Grundzüge der Volkskunde. Darmstadt.
– u. a. (Hg.) (1991): Reisekultur. Von der Pilgerfahrt zum modernen Tourismus. München.
Beck, Rainer (1993): Unterfinning. Ländliche Welt vor Anbruch der Moderne. München.
Beck, Stefan (1997): Umgang mit Technik. Kulturelle Praxen und kulturwissenschaftliche Forschungskonzepte. Berlin.
Beck, Ulrich (1986): Risikogesellschaft. Auf dem Weg in eine andere Moderne. Frankfurt/M.
– (1997): Was ist Globalisierung? Frankfurt/M.
Becker, Franziska (2001): Ankommen in Deutschland. Einwanderungspolitik als biografische Erfahrung im Migrationsprozess russischer Juden. Berlin.
Beer, Ursula (1990): Geschlecht, Struktur, Geschichte. Soziale Konstituierung des Geschlechterverhältnisses. Frankfurt/M./New York.
Beitl, Klaus/Olaf Bockhorn (Hg.) (1987): Kleidung – Mode – Tracht. Referate der österreichischen Volkskundetagung 1986 in Lienz (Osttirol). Wien.
Beiträge zur Geschichte der Humboldt-Universität Nr. 28 (1991): Geschichte der Völkerkunde und Volkskunde an der Berliner Universität. Berlin.
Bendix, Regina (1995): Amerikanische Folkloristik. Eine Einführung. Berlin.
Benhabib, Seyla (1992): Kritik und Utopie. Frankfurt/M.
Berding, Helmut (Hg.) (1966): Nationales Bewußtsein und kollektive Identität. Frankfurt/M.
Berg, Eberhard/Martin Fuchs (1993): Phänomenologie der Differenz. In: dies. (Hg.): Kultur, soziale Praxis, Text, S. 11–108.
– (Hg.) (1993): Kultur, soziale Praxis, Text. Die Krise der ethnographischen Repräsentation. Frankfurt/M.
Berg, Ronald (1994): Die Fotografie als alltagshistorische Quelle. In: Berliner Geschichtswerkstatt (Hg.): Alltagskultur, S. 187–198.
Berger, Peter L./Thomas Luckmann (1969): Die gesellschaftliche Konstruktion der Wirklichkeit. Eine Theorie der Wissenssoziologie. Frankfurt/M.
Bergmann, Jörg R. (1987): Klatsch. Zur Sozialform der diskreten Indiskretion. Berlin/New York.
Berliner Geschichtswerkstatt (Hg.) (1994): Alltagskultur, Subjektivität und Geschichte. Zur Theorie und Praxis von Alltagsgeschichte. Münster.
Bielefeld, Uli (Hg.) (1991): Das Eigene und das Fremde. Neuer Rassismus in der Alten Welt? Hamburg.
Bitterli, Urs (1976): Die „Wilden" und die „Zivilisierten". Grundzüge einer Geistes- und Kulturgeschichte der europäisch-überseeischen Begegnung. München.
Blaschitz, Gertrud u. a. (Hg.) (1992): Symbole des Alltags – Alltag der Symbole. Graz.
Bloch, Ernst (1977): Erbschaft dieser Zeit. Frankfurt/M.
Boissevain, Jeremy (Hg.) (1992): Revitalizing European Rituals. London/New York.
Bönisch-Brednich, Brigitte u. a. (Hg.) (1991): Erinnern und Vergessen. Vorträge des 27. Deutschen Volkskundekongresses Göttingen 1989. Göttingen.
Bonß, Wolfgang (1982): Die Einübung des Tatsachenblicks. Zur Struktur und Veränderung empirischer Sozialforschung. Frankfurt/M.
Bookmann, Hartmut (1987): Geschichte im Museum? München.
Borneman, John (1992): Belonging in the Two Berlins. Kin, State, Nation. Cambridge und New York.

– /Nick Fowler (1997): Europeanization. In: Annual Review of Anthropology 2, S. 487–514.
Böth, Gitta (1988): Kleidungsforschung. In: Brednich (Hg.): Grundriß, S. 211–228.
– /Gaby Mentges (Hg.) (1989): Sich Kleiden. Marburg.
Bourdieu, Pierre (1979): Entwurf einer Theorie der Praxis auf der ethnologischen Grundlage der kabylischen Gesellschaft. Frankfurt/M.
– (1983): Die gesellschaftliche Dimension der Photographie. In: ders. u. a.: Eine illegitime Kunst. Die sozialen Gebrauchsweisen der Photographie. Frankfurt/M., S. 85–109.
– (1983): Kult der Einheit und kultivierte Unterschiede. In: ders. u. a.: Eine illegitime Kunst. Die sozialen Gebrauchsweisen der Photographie. Frankfurt/M., S. 25–84.
– (1984): Die feinen Unterschiede. Kritik der gesellschaftlichen Urteilskraft. Frankfurt/M.
– (1990): Was heißt sprechen? Die Ökonomie des sprachlichen Tauschs. Wien.
– u. a. (1997): Das Elend der Welt. Zeugnisse und Diagnosen alltäglichen Leidens an der Gesellschaft. Konstanz.
Bovenschen, Silvia (Hg.) (1986): Die Listen der Mode. Frankfurt/M.
Bozon, Michel (1984): Vie quotidienne et rapports sociaux dans une petite ville en province. Lyon.
Braudel, Fernand (1971): Die Geschichte der Zivilisation. München.
Braun, Rudolf (1960): Industrialisierung und Volksleben. Zürich/Stuttgart.
Brednich, Rolf Wilhelm (1993): Das Huhn mit dem Gipsbein. Neueste sagenhafte Geschichten von heute. München.
– u. a. (Hg.) (1982): Lebenslauf und Lebenszusammenhang. Freiburg.
– /Andreas Hartmann (Hg.) (1989): Populäre Bildmedien. Vorträge des 2. Symposiums für Ethnologische Bildforschung. Göttingen.
– /Walter Hartinger (Hg.) (1994): Gewalt in der Kultur. Vorträge des 29. Deutschen Volkskundekongresses. Passau.
– /Martin Scharfe (Hg.) (1996): Das Studium der Volkskunde am Ende des Jahrhunderts. Göttingen.
– /Heinz Schmitt (Hg.) (1997): Symbole. Zur Bedeutung der Zeichen in der Kultur. Münster usw.
– (Hg.) (2001): Grundriß der Volkskunde. Einführung in die Forschungsfelder der Europäischen Ethnologie. Dritte, überarbeitete und erweiterte Auflage. Berlin.
Bruch, Rüdiger vom u. a. (Hg.) (1989): Kultur und Kulturwissenschaften um 1900. Stuttgart.
Bruck, Andreas (1990): Vergangenheitsbewältigung?! In: ZfV 86. Jg., S. 177–202.
Brückner, Wolfgang (Hg.) (1971): Falkensteiner Protokolle. Frankfurt/M.
– (1986): Trachtenfolklorismus. In: Jeggle u. a. (Hg.): Volkskultur, S. 363–382.
– (1987): Geschichte der Volkskunde. Versuch einer Annäherung für Franzosen. In: Chiva/Jeggle (Hg.): Deutsche Volkskunde, S. 105–127.
Brunold-Bigler, Ursula/Hermann Bausinger (Hg.) (1995): Hören Sagen Lesen Lernen. Bausteine zu einer Geschichte der kommunikativen Kultur. Bern usw.
Bude, Heinz (1985): Der Sozialforscher als Narrationsanimateur. In: KZfSS 37. Jg., S. 327–336.
– (1995): Kultur als Problem. In: Merkur 9/10, S. 775–782.
Bukow, Wolf-Dietrich (1984): Ritual und Fetisch in fortgeschrittenen Industriegesellschaften. Frankfurt.
Burawoy, Michael u. a. (2000): Global Ethnography. Forces, Connections, and Imaginations in a Postmodern World. Berkeley.
Burckhardt-Seebass, Christina (1975): Konfirmation in Stadt und Landschaft. Basel.
Burke, Peter (1981): Helden, Schurken und Narren. Europäische Volkskultur in der frühen Neuzeit. Stuttgart.
– (1998): Eleganz und Haltung. Berlin.
Butler, Judith (1990): Gender Trouble. Feminism and the Subversion of Identity. New York.

– (1991): Das Unbehagen der Geschlechter. Frankfurt/M.

Castells, Manuel (2001): Das Informationszeitalter: Wirtschaft, Gesellschaft, Kultur. 3 Bde., Opladen.

Chakrabarty, Dipesch (2000): Provincializing Europe. Postcolonial Thought and Historical Difference. Princeton.

Chartier, Roger (1990): Lesewelten. Buch und Lektüre in der frühen Neuzeit. Frankfurt/M. usw.

Chiozzi, Paul (Hg.) (1989): Teaching Visual Anthropology. Firenze.

Chiva, Isac (1987): Wie die Ethnologie Frankreichs entstand. In: ders./Jeggle (Hg.): Deutsche Volkskunde, S. 13–43.

– /Utz Jeggle (Hg.) (1987): Deutsche Volkskunde – Französische Ethnologie. Frankfurt/M. usw.

Clarke, John u. a. (1979): Jugendkultur als Widerstand. Milieus, Rituale, Provokationen. Frankfurt/M.

Claverie, Elisabeth (1987): Bereiche des Symbolischen. In: Chiva/Jeggle (Hg.): Deutsche Volkskunde, S. 209–221.

Clifford, James (1986): Introduction: Partial Truths. In: ders./Marcus: Writing Culture, S. 1–25.

– (1988): The Predicament of Culture. Twentieth-Century Ethnography, Literature, and Art. Cambridge.

– (1990): Sich selbst sammeln. In: Korff/Roth: Das historische Museum, S. 87–106.

– /George E. Marcus (Hg.) (1986): Writing Culture. The Poetics of Ethnography. Berkeley/Los Angeles.

Connerton, Paul (1989): How Societies Remember. Cambridge.

Cornwall, Andrea/Nancy Lindisfarne (1994): Dislocating Masculinity. Comparative Ethnologies. London/New York.

Csikszentmihalyi, Mihaly/Eugene Rochberg-Halton (1989): Der Sinn der Dinge. Das Selbst und die Symbole des Wohnbereichs. München/Weinheim.

Damman, Rüdiger (1991): Die dialogische Praxis der Feldforschung. Der ethnographische Blick als Paradigma der Erkenntnisgewinnung. Frankfurt/M./New York.

Daun, Ake (1996): Swedish Mentality. Park Penn.

Dauskardt, Michael/Helge Gerndt (Hg.) (1993): Der industrialisierte Mensch. Vorträge des 28. Deutschen Volkskunde-Kongresses in Hagen vom 7.–11.10.1991. Hagen.

Davis, Natalie Zemon (1984): Die Wahrhaftige Geschichte von der Wiederkehr des Martin Guerre. München.

Deißner, Vera (1997): Die Volkskunde und ihre Methoden. Mainz.

Devereux, Georges (1984): Ethnopsychoanalyse. Die komplementaristische Methode in den Wissenschaften vom Menschen. Frankfurt/M.

Dewandre, Nicole/Jacques Lenoble (Hg.) (1994): Projekt Europa. Postnationale Identität. Berlin.

Dölling, Irene/Beate Krais (Hg.) (1997): Ein alltägliches Spiel. Geschlechterkonstruktionen in der sozialen Praxis. Frankfurt/M.

Douglas, Mary (1986): Ritual, Tabu und Körpersymbolik. Frankfurt/M.

– /Baron Isherwood (1981): The World of Goods. Towards an Anthropology of Consumption. New York.

Driessen, Henk (Hg.)(1993): The Politics of Ethnographic Reading and Writing. Confrontations of Western and Indigenous Views. Saarbrücken.

Duby, Georges (1988): Der Sonntag von Bouvines. 27.7.1214. Berlin.

– /Michelle Perrot (Hg.) (1993ff.): Geschichte der Frauen. In dt. Übersetzung: Frankfurt/M. usw.

Dülmen, Richard van (Hg.) (2001): Entdeckung des Ich. Die Geschichte der Individualisierung vom Mittelalter bis zur Gegenwart. Köln, Weimar.

– /Norbert Schindler (Hg.) (1984): Volkskultur. Zur Wiederentdeckung des vergessenen Alltags (16.–20. Jahrhundert). Frankfurt/M.

Dünninger, Josef (1937): Volkswelt und geschichtliche Welt. Gesetze und Wege des deutschen Volkstums. Berlin usw.
Durando, Dario (1993): The Rediscovery of Ethnic Identity. In: Telos 97. Jg., S. 21–31.
Eco, Umberto (1972): Einführung in die Semiotik. München.
Eder, Klaus (Hg.) (1989): Klassenlage, Lebensstil und kulturelle Praxis. Frankfurt/M.
Elias, Norbert (1976): Über den Prozeß der Zivilisation. Soziogenetische und psychogenetische Untersuchungen. 2 Bde. Frankfurt/M.
Elwert, Georg (1989): Nationalismus und Ethnizität. In: KZfSS 41. Jg., S. 440–464.
Emmerich, Wolfgang (1971): Zur Kritik der Volkstumsideologie. Frankfurt/M.
Erdheim, Mario (1982): Die gesellschaftliche Produktion von Unbewußtheit. Eine Einführung in den ethnopsychoanalytischen Prozeß. Frankfurt/M.
Eriksen, Anne (1997): Memory, History, and National Identity. In: Ethnologia Europaea 27. Jg., S. 129–137.
Erikson, Erik (1957): Kindheit und Gesellschaft. Zürich.
– (1971): Identität und Lebenszyklus. Drei Aufsätze. Frankfurt/M.
Erixon, Sigurd (1950/51): An Introduction to Folklife Research or Nordic Ethnology. In: Folk-Liv 14/15, S. 5–15.
Evans-Pritchard, Edward E. (1978): Hexerei, Orakel und Magie bei den Zande. Frankfurt/M.
Fabian, Johannes (1993): Präsenz und Repräsentation. Die Anderen und das anthropologische Schreiben. In: Berg/Fuchs (Hg.): Kultur, soziale Praxis, Text, S. 335–364.
Featherstone, Mike (2000) (Hg.): Body Modification. London u. a.
Fehrle, Eugen (1935): Die Staatsführung ist angewandte Volkskunde. In: Mein Heimatland 22. Jg., S. 61–64.
Fischer, Hans (Hg.) (1992): Ethnologie. Einführung und Überblick. Berlin.
Flick, Uwe u. a. (Hg.) (1991): Handbuch Qualitative Sozialforschung. München.
Fontane, Theodor (1979): Meine Kinderjahre. Autobiographischer Roman. Frankfurt/M. usw.
Forster, Georg (1979): Entdeckungsreise nach Tahiti und in die Südsee 1772–1775. Neu hg. von H. Homann. Tübingen/Basel.
Foucault, Michel (1991): Die Ordnung des Diskurses. Frankfurt/M.
Fox, Richard G. (Hg.) (1991): Recapturing Anthropology. Working in the Present. Santa Fe.
François, Etienne/Hagen Schultze (Hg.) (2001): Deutsche Erinnerungsorte. München.
Fraser, Nancy (1994): Widerspenstige Praktiken. Macht, Diskurs, Geschlecht. Frankfurt/M.
Frevert, Ute (1986): Frauen-Geschichte zwischen bürgerlicher Verbesserung und neuer Weiblichkeit. Frankfurt/M.
Friese, Heidrun (1994): Die Kinder zur unrechten Zeit. In: ZfV 90. Jg., S. 183–209.
Frykman, Jonas (1993): Becoming the Perfect Swede. Modernity, Body Politics, and National Processes in 20th Century Sweden. In: Ethnos 58. Jg., S. 259–274.
– /Orvar Löfgren (Hg.) (1996): Force of Habit. Exploring Everyday Culture. Lund.
Fuchs, Dieter u. a. (1993): Wir und die anderen. Ethnozentrismus in den zwölf Ländern der europäischen Gemeinschaft. In: KZfSS 45. Jg., S. 238–253.
Gansohr-Meinel, Heidi (1992): „Fragen an das Volk". Der Atlas der deutschen Volkskunde 1928–1945. Würzburg.
Garz, Detlef/Klaus Kraimer (Hg.) (1991): Qualitativ-empirische Sozialforschung. Opladen.
Geertz, Clifford (1987): Dichte Beschreibung. Beiträge zum Verstehen kultureller Systeme. Frankfurt/M.
– (1993): Die künstlichen Wilden. Der Anthropologe als Schriftsteller. Frankfurt/M.
Geiger, Klaus u. a. (Hg.) (1970): Abschied vom Volksleben. Tübingen.
Gellner, Ernest (1991): Nationalismus und Moderne. Berlin.
Gennep, Arnold van (1986): Übergangsriten. Frankfurt/M.
Gerndt, Helge (1980): Zur Perspektive volkskundlicher Forschung. In: ZfV 76. Jg., S. 22–36.

– (1986): Kultur als Forschungsfeld. Über volkskundliches Denken und Arbeiten. München.
– (Hg.) (1987): Volkskunde und Nationalsozialismus. Referate und Diskussionen einer Tagung der Deutschen Gesellschaft für Volkskunde, München 23.–25.10.1986. München.
– (Hg.) (1988): Fach und Begriff „Volkskunde" in der Diskussion. Darmstadt.
Geschichte neu schreiben. Österreichische Zeitschrift für Geschichtswissenschaften 1 (1990).
Giddens, Anthony (1990): The Consequences of Modernity. Stanford.
– (1993): Tradition in der post-traditionalen Gesellschaft. In: Soziale Welt 44. Jg., S. 445–485.
– (1996): Leben in einer posttraditionalen Gesellschaft. In: Ulrich Beck u. a.: Reflexive Modernisierung. Eine Kontroverse. Frankfurt/M., S. 113–194.
Giesen, Bernhard (Hg.) (1991): Nationale und kulturelle Identität. Frankfurt/M.
Gilmore, David D. (1991): Mythos Mann. Rollen, Rituale. Leitbilder. München.
Ginzburg, Carlo (1983a): Der Käse und die Würmer. Die Welt eines Müllers um 1600. Frankfurt/M.
– (1983b): Spurensicherungen. Über verborgene Geschichte, Kunst und soziales Gedächtnis. München.
– (1993a): Die Benandanti. Feldkulte und Hexenwesen im 16. und 17. Jahrhundert. Hamburg.
– (1993b): Mikro-Historie. Zwei oder drei Dinge, die ich von ihr weiß. In: Historische Anthropologie 1, S. 169–192.
Giordano, Christian/Johanna Rolshoven (Hg.) (1999): Europäische Ethnologie/Ethnologie Europas. Fribourg.
Glaser, Hermann (1986): Ein deutsches Mißverständnis. Die Walhalla bei Regensburg (1842). In: Hans Jürgen Koch (Hg.): Wallfahrtsstätten der Nation. Zwischen Brandenburg und Bayern. Frankfurt/M.
Goddard, Victoria A./Josep R. Llobera/Cris Shore (Hg.) (1996): The Anthropology of Europe. Identities and Boundaries in Conflict. Oxford.
Goffman, Erving (1991): Interaktionsrituale. Über Verhalten in direkter Kommunikation. Frankfurt/M.
Gorfer, Aldo (1975): Die Erben der Einsamkeit. Reisen zu den Bergbauernhöfen Südtirols. Trient.
Görres, Joseph von (1807): Die Teutschen Volksbücher. Heidelberg.
Göttsch, Silke/Albrecht Lehmann (Hg.) (2000): Methoden der Volkskunde. Positionen, Quellen, Arbeitsweisen der Europäischen Ethnologie. Berlin.
Götz, Irene (1997): Unternehmenskultur. Die Arbeitswelt einer Großbäckerei aus kulturwissenschaftlicher Sicht. Münster usw.
Grathoff, Richard (1989): Milieu und Lebenswelt. Einführung in die phänomenologische Soziologie und die sozialphänomenologische Forschung. Frankfurt/M.
Greverus, Ina-Maria (1978): Kultur und Alltagswelt. Eine Einführung in Fragen der Kulturanthropologie. München.
Grimm, Jacob (1835): Deutsche Mythologie.
Gupta, Akhil/James Ferguson (Hg.) (1997): Anthropological Locations. Boundaries and Grounds of a Field Science. Berkeley.
– (Hg.) (1997): Culture, Power, Place. Explorations in Critical Anthropology. Durham, NC u. a.
Habermas, Jürgen (1983): Die neue Unübersichtlichkeit. Frankfurt/M.
– (1992): Moralbewußtsein und kommunikatives Handeln. Frankfurt/M.
Habermas, Rebekka/Nils Minkmar (Hg.) (1992): Das Schwein des Häuptlings. Beiträge zur Historischen Anthropologie. Berlin.
Haferkamp, Hans (1990): Sozialstruktur und Kultur. Frankfurt/M.
Hägele, Ulrich (1997): Visuelle Tradierung des Popularen. Zur frühen Rezeption volkskundlicher Fotografie. In: ZfV 93. Jg., S. 159–187.

Hahn, Alois (1994): Die soziale Konstruktion des Fremden. In: Walter M. Sprondel (Hg.): Die Objektivität der Ordnungen und ihre kommunikative Konstruktion. Für Thomas Luckmann. Frankfurt/M., S. 140–163.

Halbwachs, Maurice (1991): Das kollektive Gedächtnis. Frankfurt/M.

Hall, Stuart (1994): Rassismus und kulturelle Identität. Hg. und übersetzt von Ulrich Mehlem. Hamburg.

Haller, Dieter (2000): Gelebte Grenze Gibraltar. Transnationalismus, Lokalität und Identität in kulturanthropologischer Perspektive. Wiesbaden.

Hannerz, Ulf (1992): Cultural Complexity. Studies in the Social Organization of Meaning. New York.

– (1995): „Kultur" in einer vernetzten Welt. In: Kaschuba (Hg.): Kulturen, S. 64–84.

Harbsmeier, Michael (1994): Wilde Völkerkunde. Andere Welten in deutschen Reiseberichten der Frühen Neuzeit. Frankfurt/M./New York.

Hartmann, Andreas (1988): Die Anfänge der Volkskunde. In: Brednich (Hg.): Grundriß, S. 9–30.

– (1991): Über die Kulturanalyse des Diskurses. Eine Erkundung. In: ZfV 87. Jg., S. 19–28.

Harvolk, Edgar (1990): Eichenzweig und Hakenkreuz. Die Deutsche Akademie in München (1924–1962) und ihre volkskundliche Sektion. Münster.

Hauschild, Thomas (1997): Christians, Jews, and the Other in German Anthropology. In: American Anthropologist 99. Jg., H. 4, S. 746–753.

– /Heide Nixdorf (Hg.) (1982): Europäische Ethnologie. Berlin.

Hausen, Karin (1976): Die Polarisierung der „Geschlechtscharaktere". In: Werner Conze (Hg.): Sozialgeschichte der Familie in der Neuzeit Europas. Neue Forschungen. Stuttgart, S. 363–393.

– /Heide Wunder (Hg.) (1992): Frauengeschichte – Geschlechtergeschichte. Frankfurt/M./New York.

Hauser, Andrea (1994): Dinge des Alltags. Studien zur historischen Sachkultur eines schwäbischen Dorfes. Tübingen.

Hauser-Schäublin, Birgitta/Birgitt Röttger-Rössler (Hg.) (1998): Differenz und Geschlecht. Neue Ansätze in der ethnologischen Forschung. Berlin.

Helmers, Sabine (Hg.) (1993): Ethnologie der Arbeitswelt. Beispiele aus europäischen und außereuropäischen Feldern. Bonn.

Henningsen, Bernd (1997): Das Ende des Humboldt-Kosmos. In: ders./Stephan Michael Schröder (Hg.): Vom Ende der Humboldt-Kosmen. Konturen einer Kulturwissenschaft. Baden-Baden, S. 13–31.

Herder, Johann Gottfried von (1985): Ideen zur Philosophie der Geschichte der Menschheit. Wiesbaden.

Herzfeld, Michael (2001): Anthropology. Theoretical Practice in Culture and Society. Oxford.

Hirschauer, Stefan/Klaus Amann (Hg.) (1997): Die Befremdung der eigenen Kultur. Zur ethnographischen Herausforderung soziologischer Empirie. Frankfurt/M.

Hitzler, Ronald (1988): Sinnwelten. Opladen.

Hobsbawm, Eric/Terence Ranger (1986): The Invention of Tradition. Cambridge.

Hochstrasser, Olivia (1993): Ein Haus und seine Menschen 1549–1989. Ein Versuch zum Verhältnis von Mikroforschung und Sozialgeschichte. Tübingen.

Hoffmann-Krayer, Eduard (1902): Die Volkskunde als Wissenschaft. Zürich.

Holmes, Douglas R. (2000): Integral Europe. Fast-Capitalism, Multiculturalism, Neofascism. Princeton.

Honegger, Claudia (1991): Die Ordnung der Geschlechter. Die Wissenschaft vom Menschen und das Weib. Frankfurt/M./New York.

Honer, Anne (1993): Lebensweltliche Ethnographie. Ein explorativ-integrativer Forschungsansatz am Beispiel von Heimwerker-Wissen. Wiesbaden.

Hoppe, Jens/Michael Schimek/Michael Simon (Hg.) (1998): Die Volkskunde auf dem Weg ins nächste Jahrhundert. Münster.

Hörning, Karl H. (2001): Experten des Alltags. Die Wiederentdeckung des praktischen Wissens. Weilerswist.
Hroch, Miroslav (1968): Die Vorkämpfer der Nationalen Bewegungen bei den kleinen Völkern Europas. Prag.
– (1985): Social Preconditions of National Revival in Europe. Cambridge.
Hugger, Paul (Hg.) (1992): Handbuch der schweizerischen Volkskultur. 3 Bde. Zürich.
Husserl, Edmund (1954): Die Krisis der europäischen Wissenschaften und die transzendentale Phänomenologie. Den Haag.
Jacobeit, Sigrid und Wolfgang (1986/95): Illustrierte Alltags- und Sozialgeschichte Deutschlands. Bd. 1: 1550–1810, Köln 1986, Bd. 2: 1810–1900, Köln 1987, Bd. 3: 1900–1945, Münster 1995.
Jacobeit, Wolfgang (1991): Vom „Berliner Plan" 1816 bis zur NS-Volkskunde. Ein Abriß. In: Mohrmann/Jacobeit (Hg.): Beiträge zur Geschichte der Volkskunde.
– u. a. (Hg.) (1994): Völkische Wissenschaft. Gestalten und Tendenzen der deutschen und österreichischen Volkskunde in der ersten Hälfte des 20. Jahrhunderts. Wien usw.
Jäger, Siegfried (1993): Kritische Diskursanalyse. Eine Einführung. Duisburg.
Jagose, Annamarie (2001): Queer Theory. Eine Einführung. Berlin.
Jahn, Friedrich Ludwig (1813): Deutsches Volksthum. Leipzig.
Jeggle, Utz (1977): Kiebingen – eine Heimatgeschichte. Zum Prozeß der Zivilisation in einem schwäbischen Dorf. Tübingen.
– (1978): Alltag. In: Bausinger u. a.: Grundzüge, S. 81–126.
– (1988): Volkskunde im 20. Jahrhundert. In: Brednich (Hg.): Grundriß, S. 51–72.
– /Gottfried Korff (1974): Zur Entwicklung des Zillertaler Regionalcharakters. Ein Beitrag zur Kulturökonomie. In: ZfV 70. Jg., S. 39–57.
– (Hg.) (1984): Feldforschung. Qualitative Methoden in der Kulturanalyse. Tübingen.
– u. a. (Hg.) (1986): Volkskultur in der Moderne. Reinbek.
Joerges, Bernward (Hg.) (1988): Technik im Alltag. Frankfurt/M.
Johler, Reinhard (2000): Eine „Ost/West"-Ethnographie. Volkskundliche Perspektiven auf Europa. Schweizerisches Archiv für Volkskunde 96. Jg., S. 187–200.
Jones, Gareth Stedman (1988): Klassen, Politik und Sprache. Münster.
Junker, Almut/Eva Stille (1988): Die zweite Haut. Zur Geschichte der Unterwäsche 1700–1960. Frankfurt/M.
Jurczyk, Karin/Maria S. Rerrich (Hg.) (1993): Die Arbeit des Alltags. Beiträge zu einer Soziologie der alltäglichen Lebensführung. Freiburg.
Kardorff, Ernst von (1991): Zum Biologismus und Organizionismus in den Sozialwissenschaften. In: Josef Heilmeier (Hg.): Gen-Ideologie: Biologie und Biologismus in den Sozialwissenschaften. Hamburg/Berlin, S. 53–79.
Kaschuba, Wolfgang (1986): Mythos oder Eigen-Sinn? „Volkskultur" zwischen Volkskunde und Sozialgeschichte. In: Jeggle u. a. (Hg.): Volkskultur, S. 469–507.
– (1988): Volkskultur zwischen feudaler und bürgerlicher Gesellschaft. Frankfurt/M. /New York.
– (1990): Lebenswelt und Kultur der unterbürgerlichen Schichten im 19. und 20. Jahrhundert. München.
– (1993a): Nationalismus und Ethnozentrismus. In: Michael Jeismann/Henning Ritter (Hg.): Grenzfälle. Über neuen und alten Nationalismus. Leipzig, S. 239–273.
– (1993b): Volk und Nation. Ethnozentrismus in Geschichte und Gegenwart. In: Heinrich August Winkler/Hartmut Kaelble (Hg.): Nationalismus – Nationalitäten – Supranationalität. Stuttgart, S. 56–81.
– (1995a): Deutsche Bürgerlichkeit nach 1800. Kultur als symbolische Praxis. In: Jürgen Kocka (Hg.): Bürgertum im 19. Jahrhundert. Deutschland im europäischen Vergleich. Band 2: Wirtschaftsbürger und Bildungsbürger. Göttingen, S. 92–127.
– (1995b): Kulturalismus. Vom Verschwinden des Sozialen im gesellschaftlichen Diskurs. In: ZfV 91. Jg., S. 27–46.
– (1995c): Wiedergewinnung der Gemeinschaft. Ethnisierung als Identitätsstrategie. In: Ethnologia Europaea. 5. Internationaler Kongreß der Société Internationale d'Eth-

nologie et de Folklore (SIEF). Hg. von Klaus Beitl und Olaf Bockhorn. Wien, S. 123–142.
– /Carola Lipp (1982): Dörfliches Überleben. Zur Geschichte materieller und sozialer Reproduktion ländlicher Gesellschaft im 19. und frühen 20. Jahrhundert. Tübingen.
– u. a. (Hg.) (1991): Arbeiterkultur seit 1945 – Ende oder Veränderung? Tübingen.
– /Ute Mohrmann (Hg.) (1992): Blickwechsel Ost-West. Tübingen.
– (Hg.) (1995): Kulturen – Identitäten – Diskurse. Perspektiven Europäischer Ethnologie. Berlin.
Kienitz, Sabine (1989): Unterwegs – Frauen zwischen Not und Norm. Lebensweise und Mentalität vagierender Frauen um 1800 in Württemberg. Tübingen.
– (1995): Sexualität, Macht und Moral. Prostitution und Geschlechterbeziehungen Anfang des 19. Jahrhunderts in Württemberg. Ein Beitrag zur Mentalitätsgeschichte. Berlin.
Kleinspehn, Thomas (1989): Der flüchtige Blick. Sehen und Identität in der Kultur der Neuzeit. Reinbek.
Knecht, Michi (1994): Zwischen Reproduktionstechnologie und neuer Mütterlichkeit. In: Christa Wichterich (Hg.): Menschen nach Maß. Bevölkerungspolitik in Nord und Süd. Göttingen, S. 107–128.
– /Gisela Welz (1992): „Postmoderne Ethnologie" und empirische Kulturwissenschaft. In: Tübinger Korrespondenzblatt 41. Jg., S. 3–18.
– /Gisela Welz (1995): Ethnographisches Schreiben nach Clifford. In: kea. Zeitschrift für Kulturwissenschaften, Sonderband „Ethnologie und Literatur", H. 1, S. 71–95.
Knorr Cetina, Karin (1999): Epistemic Cultures. How the Societies make Knowledge. Cambridge.
Kohl, Karl-Heinz (1993): Ethnologie – die Wissenschaft vom kulturell Fremden. Eine Einführung. München.
– (Hg.) (1992): Mythen im Kontext. Ethnologische Perspektiven. Frankfurt/M.
Kohli, Martin (1978): „Offenes" und „geschlossenes" Interview. Neue Argumente zu einer alten Kontroverse. In: Soziale Welt 29. Jg., S. 1–29.
Kokot, Waltraud/Dorle Dracklé (Hg.) (1996): Ethnologie Europas. Grenzen – Konflikte – Identitäten. Berlin.
Kokot, Waltraud/Thomas Hengartner/Kathrin Wildner (Hg.) (2000): Kulturwissenschaftliche Stadtforschung. Eine Bestandsaufnahme. Berlin.
Könenkamp, Wolf-Dieter (1978): Wirtschaft und Kleidungsstil in den Vierlanden während des 18. und 19. Jahrhunderts. Zur Situation einer Tracht. Göttingen.
– (1988): Volkskunde und Statistik. Eine wissenschaftliche Korrektur. In: ZfV 84. Jg., S. 1–25.
König, Wolfgang/Marlene Landsch (Hg.) (1993): Kultur und Technik. Zu ihrer Theorie und Praxis in der modernen Lebenswelt. Frankfurt/M. usw.
Korff, Gottfried (1978): Kultur. In: Bausinger u. a.: Grundzüge, S. 17–80.
– (1987): Volkskundliche Frömmigkeits- und Symbolforschung nach 1945. In: Chiva/Jeggle (Hg.): Deutsche Volkskunde, S. 244–270.
– (1996): Namenswechsel als Paradigmenwechsel? In: Sigrid Weigel/Birgit Erdle (Hg.): Fünfzig Jahre danach. Zur Nachgeschichte des Nationalsozialismus. Zürich, S. 403–434.
– /Martin Roth (1990): Das historische Museum. Labor, Schaubühne, Identitätsfabrik. Frankfurt/M. usw.
– (2002): Museumsdinge. Deponieren – Exponieren. Köln, Weimar.
Köstlin, Konrad (1994): Das ethnographische Paradigma und die Jahrhundertwenden. In: Ethnologia Europaea 24. Jg., S. 5–20.
– /Hermann Bausinger (Hg.) (1980): Heimat und Identität. Probleme regionaler Kultur. Tagungsband des Volkskunde-Kongresses in Kiel 1979. Neumünster.
– /Hermann Bausinger (Hg.) (1983): Umgang mit Sachen. Zur Kulturgeschichte des Dinggebrauchs. Regensburg.
Kramer, Dieter (1970): Wem nützt Volkskunde? In: ZfV 66. Jg., S. 1–16.
Kristeva, Julia (1990): Fremde sind wir uns selbst. Frankfurt/M.

Kunt, Ernö (1990): Foto-Anthropologie. Bild und Mensch im ländlichen Ungarn der ersten Hälfte unseres Jahrhunderts. Würzburg.

Labouvie, Eva (1991): Zauberei und Hexenwerk. Frankfurt/M.

Lancaster, Roger N./Micaela di Leonardo (Hg.) (1997): The Gender/Sexuality Reader. Culture, History, Political Economy. New York, London.

Land, Rainer/Ralf Possekel (1994): Namenlose Stimmen waren uns voraus. Politische Diskurse von Intellektuellen in der DDR. Bochum.

Langbein, Ulrike (2002): Geerbte Dinge. Soziale Praxis und symbolische Bedeutung des Erbens. (Alltag & Kultur Bd. 9). Köln, Weimar.

Lash, Scott/Jonathan Friedman (Hg.) (1992): Modernity and Identity. Oxford/Cambridge.

Lauffer, Otto (1923): Niederdeutsche Volkskunde. Leipzig (Erstveröff. 1917).

Lefèbvre, Henri (1972): Das Alltagsleben in der modernen Welt. Frankfurt/M.

Lehmann, Albrecht (1976): Das Leben in einem Arbeiterdorf. Stuttgart.

– (1993): Zur Typisierung alltäglichen Erzählens. In: Thomas Jung/Stefan Müller-Doohm (Hg.): „Wirklichkeit" im Deutungsprozeß. Frankfurt/M., S. 430–437.

– (Hg.) (1984): Studien zur Arbeiterkultur. Münster.

– /Andreas Kuntz (Hg.) (1988): Sichtweisen der Volkskunde. Zur Geschichte und Forschungspraxis einer Disziplin. Berlin/Hamburg.

Leiris, Michel (1987): Die eigene und die fremde Kultur. Frankfurt/M.

Lepenies, Wolf (1981) (Hg.): Geschichte der Soziologie. Studien zur kognitiven, sozialen und historischen Identität einer Disziplin. Frankfurt/M.

LeRoy Ladurie, Emmanuel (1983): Montaillou. Ein Dorf vor dem Inquisitor. Frankfurt/M. usw.

Lévi-Strauss, Claude (1978): Traurige Tropen. Frankfurt/M.

Lévy-Bruhl, Anthony (1930): Die Seele der Primitiven. Wien.

Lichtenberg, Heinz Otto (1970): Unterhaltsame Bauernaufklärung. Tübingen.

Liedtke, Frank u. a. (Hg.) (1991): Begriffe setzen. Strategien des Sprachgebrauchs in der Politik. Opladen.

Lindner, Rolf (1981): Die Angst des Forschers vor dem Feld. In: ZfV 77. Jg., S. 51–66.

– (1987): Zur kognitiven Identität der Volkskunde. In: ÖZfV 41. Jg., S. 1–19.

– (1990): Die Entdeckung der Stadtkultur. Soziologie aus der Erfahrung der Reportage. Frankfurt/M.

– (2000): Die Stunde der Cultural Studies. Wien.

Lipp, Carola (1993): Alltagsforschung im Grenzbereich von Volkskunde, Soziologie und Geschichte. In: ZfV 89. Jg., S. 1–33.

– (Hg.) (1995): Medien popularer Kultur. Erzählung, Bild und Objekt in der volkskundlichen Forschung. Frankfurt/M./New York.

Löfgren, Orvar (1993): Materializing the Nation in Sweden and America. In: Ethnos 58. Jg., S. 161–196.

Lübbe, Hermann (1983): Zeit-Verhältnisse. Zur Kulturphilosophie des Fortschritts. Graz usw.

Lüdtke, Alf (Hg.) (1989): Alltagsgeschichte. Zur Rekonstruktion historischer Erfahrungen und Lebensweisen. Frankfurt/M./New York.

Lutz, Gerhard (1958): Volkskunde. Berlin.

Maase, Kaspar (1997): Grenzenloses Vergnügen. Der Aufstieg der Massenkultur 1850–1970. Frankfurt/M.

– /Wolfgang Kaschuba (Hg.) (2001): Schund und Schönheit. Populäre Kultur um 1900. (Alltag & Kultur, Bd. 8), Köln, Wien, Weimar.

Malinowski, Bronislaw (1979): Argonauten des westlichen Pazifik. Frankfurt/M. (1922).

– (1986): Ein Tagebuch im strikten Sinne des Wortes. Frankfurt/M.

– (1988): Eine wissenschaftliche Theorie der Kultur. Frankfurt/M., S.77 (engl. Erstveröff. 1944).

Mannhardt, Wilhelm (1904/5): Wald- und Feldkulte. Berlin.

Marcus, George E./Michael Fischer (1986): Anthropology as a Cultural Critique. Chicago.
Marx, Karl/Friedrich Engels (1969): Die deutsche Ideologie. In: dies.: Werke. Band 3. Berlin.
Maus, Heinz (1946): Zur Situation der deutschen Volkskunde. In: Die Umschau 1.Jg., S. 349–353.
Mauss, Marcel (1978): Die Gabe. In: ders.: Soziologie und Anthropologie. Band II. Frankfurt/M. usw., S. 9–144.
McRobbie, Angela (1995): What is happening in cultural studies? Kulturanalyse im Postmarxismus. In: Kaschuba (Hg.): Kulturen, S. 100–113.
Medick, Hans (Hg.) (1994): Mikro-Historie. Neue Pfade in die Sozialgeschichte. Frankfurt/M.
– /David W. Sabean (Hg.) (1984): Emotionen und materielle Interessen. Göttingen.
Meier, John [1954]: Der Verband deutscher Vereine für Volkskunde; sein Werden und Wirken 1904–1954. In: 50 Jahre Verband der Vereine für Volkskunde 1904–1954, o. O. u. o.J., S. 3–27.
Meiners, Uwe (1987): Forschungen zur historischen Sachkultur. In: Der Deutschunterricht 39.Jg., H. 6, S. 17–36
Meulemann, Heiner/Karl-Heinz Reuband (1984): Soziale Realität im Interview. Frankfurt/M./New York.
Mikkeli, Heikki (1998): Europe as an Idea and an Identity. London, New York.
Mitteilungen aus der kulturwissenschaftlichen Forschung: „Geschlechterverhältnisse. Sexualität", 31 (1992).
Mitterauer, Michael (1986): Sozialgeschichte der Jugend. Frankfurt/M.
Mohrmann, Ruth-E. (1990): Alltagswelt im Land Braunschweig. Städtische und ländliche Wohnkultur vom 16. bis zum frühen 20.Jahrhundert. 2 Bde. Münster.
Mohrmann, Ute/Wolfgang Jacobeit (Hg.) (1991): Beiträge zur Geschichte der Volkskunde. (=Wissenschaftliche Zeitschrift der Humboldt-Universität zu Berlin, Reihe Geistes- und Sozialwissenschaften 40), Berlin.
Möller, Helmut (1964): Volkskunde, Statistik, Völkerkunde. In: ZfV 60.Jg., S. 218–233.
Moser, Hans (1954): Gedanken zur heutigen Volkskunde. In: Bayerisches Jahrbuch für Volkskunde, S. 208–234.
Moser, Hugo (1956/57): Volk, Volksgeist, Volkskultur. In: ZfV 53.Jg., S. 127–140.
Moser, Josef (1984): Arbeiterleben in Deutschland 1900–1970. Frankfurt/M.
Müller, Hans-Peter (1992): Sozialstruktur und Lebensstile. Der neuere theoretische Diskurs über soziale Ungleichheit. Frankfurt/M.
Müller, Klaus E. (1984): Die bessere und die schlechtere Hälfte. Ethnologie des Geschlechterkonflikts. Frankfurt/M./New York.
Museum für Volkskunde (Hg.) (1989): Kleidung zwischen Tracht und Mode. Berlin.
Nader, Laura (1969): Up the Anthropologist – Perspectives Gained from Studying Up. In: Dell Hymes (Hg.): Reinventing Anthropology. New York, S. 284–311.
Nadig, Maya (1982): Die verborgene Kultur der Frau. Ethnopsychoanalytische Gespräche mit Bäuerinnen in Mexiko. Frankfurt/M.
– (Hg.) (1993): Wissenschaftlerinnen in der Europäischen Ethnologie. Nahe Fremde – Fremde Nähe. Wien.
Naumann, Hans (1922): Grundzüge der deutschen Volkskunde. Leipzig.
Nedo, Paul (Hg.) (1969): Probleme und Methoden volkskundlicher Gegenwartsforschung. Berlin.
Nicholson, Linda J. (Hg.) (1991): Feminism/Postmodernism. New York/London.
Niedermüller, Peter (1992): Die imaginäre Vergangenheit. Volkskultur und Nationalkultur in Ungarn. In: ZfV 88.Jg., S. 185–201.
– (1994): Politics, Culture and Social Symbolism. In: Ethnologia Europaea 24.Jg., S. 21–34.
– (1995): Politischer Wandel und Neonationalismus in Osteuropa. In: Kaschuba (Hg.): Kulturen, S. 135–151.

Niethammer, Lutz (1986): „Die Jahre weiß man nicht, wo man die hinsetzen soll". Faschismuserfahrungen im Ruhrgebiet. Berlin/Bonn.

Noiriel, Gérard (1988): Le creuset français. L'Histoire de l'imagination, XIXe–XXe siècle. Paris.

Opptiz, Michael (1989): Kunst der Genauigkeit. Wort und Bild in der Ethnographie. München.

– (1993): Wohin treibt die Ethnologie einen, der sie ausübt? Zürich.

Ottenjann, Helmut (Hg.) (1985): Mode. Tracht. Regionale Identität. Historische Kleidungsforschung heute. Cloppenburg.

Pallowski, Katrin (1991): Sozialer Fortschritt, aber Geschmackskatastrophe? In: Kaschuba u. a. (Hg.): Arbeiterkultur, S. 168–188.

Parin, Paul (1978): Der Widerspruch im Subjekt. Ethnopsychoanalytische Studien. Frankfurt/M.

Parman, Susan (Hg.) (1998): Europe in the Anthropological Imagination. New Jersey.

Peßler, Wilhelm (Hg.) (1935/38): Handbuch der Deutschen Volkskunde. Potsdam.

Peuckert, Will-Erich (1931): Volkskunde des Proletariats. Frankfurt/M.

– /Otto Lauffer (1951): Volkskunde. Bern.

Plessen, Marie-Louise von (Hg.) (1992): Die Nation und ihre Museen. Deutsches Historisches Museum. Frankfurt/M./New York.

Pomian, Krysztof (1990): Museum und kulturelles Erbe. In: Korff/Roth: Das historische Museum, S. 41–64.

Projektgruppe ‚Heimatkunde des NS' (1988): Nationalsozialismus im Landkreis Tübingen. Eine Heimatkunde. Tübingen.

Projektgruppe Tübingen (1990): Der aufrechte Gang. Tübingen.

Raphael, Freddy (Hg.) (2001): „...das Flüstern eines leisen Wehens...". Beiträge zu Kultur und Lebenswelt europäischer Juden. Festschrift für Utz Jeggle. Konstanz.

Raulff, Ulrich (Hg.) (1986): Vom Umschreiben der Geschichte. Berlin.

– (Hg.) (1987): Mentalitäten-Geschichte. Zur historischen Rekonstruktion geistiger Prozesse. Berlin.

Riehl, Wilhelm Heinrich (1854): Die Naturgeschichte des Volkes als Grundlage einer deutschen Social-Politik. 1. Band: Land und Leute. Stuttgart/Tübingen.

– (1858): Die Volkskunde als Wissenschaft. In: Wissenschaftliche Vorträge gehalten zu München im Winter 1858. Braunschweig, S. 411–431.

– (1859): Culturstudien aus drei Jahrhunderten. Stuttgart.

– (1861): Die deutsche Arbeit. Stuttgart.

– (1869): Handwerksgeheimnisse des Volksstudiums. In: ders.: Wanderbuch. Naturgeschichte des Volkes, Band 4. Stuttgart, S. 3–31.

Rosenthal, Gabriele (1994): Die erzählte Lebensgeschichte als historisch-soziale Realität. Methodologische Implikationen für die Analyse biographischer Texte. In: Berliner Geschichtswerkstatt (Hg.): Alltagskultur, S. 125–138.

Rotteck, Carl von/Carl Welcker (Hg.) (1834): Staatslexikon oder Encyklopädie der Staatswissenschaften. Band 1. Altona 1834.

Rudolph, Wolfgang (1992): Ethnos und Kultur. In: Fischer (Hg.): Ethnologie, S. 57–78.

Ruppert, Wolfgang (Hg.) (1993): Fahrrad, Auto, Fernsehschrank. Zur Kulturgeschichte der Alltagsdinge. Frankfurt/M.

Sabean, David W. (1990): Das zweischneidige Schwert. Herrschaft und Widerspruch im Württemberg der frühen Neuzeit. Frankfurt/M.

Sahlins, Marshall (1986): Der Tod des Kapitän Cook. Geschichte als Metapher und Mythos als Wirklichkeit in der Frühgeschichte des Königreichs Hawaii. Berlin.

Said, Edward W. (1981): Orientalismus. Frankfurt/M.

Scharfe, Martin (1990): Ungebundene Circulation der Individuen. Aspekte des Automobilfahrens in der Frühzeit. In: ZfV 86. Jg., S. 216–243.

– (Red.) (1985): Jeans. Beiträge zu Mode und Jugendkultur. Tübingen.

– (Hg.) (1991): Brauchforschung. Darmstadt.

Schiffauer, Werner (1991): Die Migranten aus Subay. Türken in Deutschland. Eine Ethnographie. Stuttgart.
– (1996): Die Angst vor der Differenz. Zu neuen Strömungen in der Kulturanthropologie. In: ZfV 92. Jg., S. 20–31.
Schindler, Norbert (1984): Spuren in die Geschichte der ‚anderen' Zivilisation. In: Dülmen/ders. (Hg.): Volkskultur, S. 13–77.
– (1992): Widerspenstige Leute. Studien zur Volkskultur in der frühen Neuzeit. Frankfurt/M.
Schmidt, Bettina E./Mark Münzel (Hg.) (1998): Ethnologie und Inszenierung. Ansätze zur Theaterethnologie. Marburg/Lahn.
Schomberg-Scherff, Sylvia M. (1986): Grundzüge einer Ethnologie der Ïsthetik. Frankfurt/M. usw.
Schöttler, Peter (1989): Mentalitäten, Ideologien, Diskurse. In: Lüdtke (Hg.): Alltagsgeschichte, S. 85–136.
Schröder, Hans Joachim (1989): Die gestohlenen Jahre. Erzählgeschichten und Geschichtserzählung im Interview. Der Zweite Weltkrieg in der Sicht ehemaliger Mannschaftssoldaten. Tübingen.
Schuhladen, Hans (1994): Wieviel Vielfalt ertragen wir? Zur Pluralität der multikulturellen Gesellschaft. In: ZfV 90. Jg., S. 37–58.
Schulze, Gerhard (1992): Die Erlebnisgesellschaft. Kultursoziologie der Gegenwart. Frankfurt/M./New York.
Schulze, Winfried (1988): Mikrohistorie versus Makrohistorie? In: Christian Meier/Jörn Rüsen (Hg.): Historische Methode. München, S. 319–340.
– (Hg.) (1994): Sozialgeschichte, Alltagsgeschichte, Mikro-Historie. Eine Diskussion. Göttingen.
Schütz, Alfred/Thomas Luckmann (1975): Strukturen der Lebenswelt. Neuwied/Darmstadt.
Sennett, Richard (1986): Verfall und Ende des öffentlichen Leben. Die Tyrannei der Intimität. Frankfurt/M.
Shore, Cris (Hg.) (1997): European Association of Social Anthropologists: Anthropology of Policy. Critical Perspectives on Governance and Power. London u. a.
– (2000): Building Europe. The Cultural Politics of European Integration. London u. a.
Siegrist, Hannes/Hartmut Kaelble/Jürgen Kocka (Hg.) (1997): Europäische Konsumgeschichte. Zur Gesellschafts- und Kulturgeschichte des Konsums. Frankfurt/M./New York.
Sievers, Kai Detlev (1988): Fragestellungen der Volkskunde im 19. Jahrhundert. In: Brednich (Hg.): Grundriß, S. 31–50.
– (Hg.) (1991): Beiträge zur Wissenschaftsgeschichte der Volkskunde im 19. und 20. Jahrhundert. Neumünster.
Silberzahn-Jandt, Gudrun (1991): Wasch-Maschine. Zum Wandel von Frauenarbeit im Haushalt. Marburg.
Sill, Oliver (1995): „Über den Zaun geblickt". Literaturwissenschaftliche Anmerkungen zur soziologischen Biographieforschung. In: BIOS 8. Jg., H. 1, S. 28–42.
Simmel, Georg (1983): Schriften zur Soziologie. Frankfurt/M.
Simon, Michael/Günter Wiegelmann (Hg.) (1992): Dörflicher Alltag im Wandel. Alhausen, eine westfälische Gemeinde im 19. und 20. Jahrhundert. Münster.
– /Thomas Schürmann (1994): Ein Kapitel für sich – der Atlas der deutschen Volkskunde. In: ZfV 90. Jg., S. 230–237.
Spamer, Adolf (Hg.) (1934/35): Die deutsche Volkskunde. 2 Bände. Leipzig.
Spencer, Jonathan (1989): Anthropology as a Kind of Writing. In: Man 24. Jg., S. 145–164.
Sperber, Dan (1989): Das Wissen des Ethnologen. Frankfurt/M.
Sprondel, Walter M./Richard Grathoff (Hg.) (1979): Alfred Schütz und die Idee des Alltags in den Sozialwissenschaften. Stuttgart.
Stagl, Justin (1974): Kulturanthropologie und Gesellschaft. Eine wissenschaftssoziologische Darstellung der Kulturanthropologie und Ethnologie. Berlin.

Steffen, Katharina (1990): Übergangsrituale einer auto-mobilen Gesellschaft. Eine kulturanthropologische Skizze. Frankfurt/M.

Stehr, Nico (2000): Die Zerbrechlichkeit moderner Gesellschaften. Die Stagnation der Macht und die Chance des Individuums. Weilerswist.

Steinitz, Wolfgang (1954/62): Volkslieder demokratischen Charakters aus sechs Jahrhunderten. Berlin.

Strathern, Marilyn (1992): Reproducing the Future. Anthropology, Kinship and the New Reproductive Technologies. New York.

Strecker, Ivo (1988): The Social Practice of Symbol. An Anthropological Analysis. London.

Taylor, Charles (1993): Multikulturalismus und die Politik der Anerkennung. Frankfurt/M.

Tedlock, Dennis (1985): Die analogische Tradition und die Anfänge einer dialogischen Anthropologie. In: Trickster 12/13, S. 62–74.

Theweleit, Klaus (1980): Männerphantasien. Reinbek.

Thompson, Edward P. (1980): Plebeische Kultur und moralische Ökonomie. Frankfurt/M. usw.

– (1987): Die Entstehung der englischen Arbeiterklasse. Frankfurt/M.

Tietzmann, Michael (1989): Kulturelles Wissen – Diskurs – Denksystem. In: Zeitschrift für französische Sprache und Literatur 99. Jg., S. 47–61.

Tönnies, Ferdinand (1991): Gemeinschaft und Gesellschaft. Grundbegriffe der reinen Soziologie. Darmstadt.

Turner, Victor (1989a): Das Ritual. Struktur und Anti-Struktur. Frankfurt/M.

– (1989b): Vom Ritual zum Theater. Frankfurt/M./New York.

Tyler, Stephen A. (1991): Das Unaussprechliche. Ethnographie, Diskurs und Rhetorik in der postmodernen Welt. München.

– (1993): Zum ‚Be-/Abschreiben' als ‚Sprechen für'. In: Berg/Fuchs (Hg.): Kultur, soziale Praxis, Text, S. 288–299.

Vermeulen, Han F. (1994): Frühe Geschichte der Völkerkunde oder Ethnographie in Deutschland 1771–1791. In: Systematische Völkerkunde. Völkerkunde Tagung 1991. Hg. von Matthias S. Laubscher/Bertram Turner. München, S. 329–344.

– (1995): Origins and Institutionalization of Ethnography and Ethnology in Europe and the USA, 1771–1845. In: ders./Arturo Alvarez Roldƒn: Fieldwork and Footnotes. Studies in the History of European Anthropology, London/New York, S. 39–59.

Walter, Karin (1995): Postkarte und Fotografie. Studien zur Massenbild-Produktion. Würzburg/München.

Walz, Rainer (1993): Hexenglauben und magische Kommunikation im Dorf. Paderborn.

Warneken, Bernd Jürgen (1985): Populare Autobiographik. Empirische Studien zu einer Quellengattung der Alltagsgeschichtsforschung. Tübingen.

– /Andreas Wittel (1997): Die neue Angst vor dem Feld. Ethnographisches research up am Beispiel der Unternehmensforschung. In: ZfV 93. Jg., S. 1–16.

– (1999): „Völkisch nicht beschränkte Volkskunde". Eine Erinnerung an die Gründungsphase des Faches vor 100 Jahren. Zeitschrift für Volkskunde 95. Jg., S. 169–196.

Weber, Max (1972): Wirtschaft und Gesellschaft. Tübingen.

Weber-Kellermann, Ingeborg (1969): Deutsche Volkskunde zwischen Germanistik und Sozialwissenschaft. Stuttgart.

– (1985): Der Kinder neue Kleider. Frankfurt/M.

– /Andreas C. Bimmer (1985): Einführung in die Volkskunde/Europäische Ethnologie. Stuttgart.

Weber-Schäfer, Peter (1990): Wie europäisch ist die Moderne? In: Symbol- und Ordnungsformen im Zivilisationsvergleich. Hg. von der Akademie für Politische Bildung. Tutzing, S. 31–58.

Weingarten, Elmar u. a. (Hg.) (1976): Ethnomethodologie. Frankfurt/M.

Weinhold, Karl (1890): Was soll die Volkskunde leisten? In: Zeitschrift für Völkerpsychologie und Sprachwissenschaft 20, S. 1–5.

– (1891): Zur Einleitung. In: ZfV 1. Jg., S. 1–10.

Weiss, Richard (1946): Volkskunde der Schweiz. Erlenbach-Zürich.

Welz, Gisela (1991): Street Life. Alltag in einem New Yorker Slum. Frankfurt/M.
– (1996): Inszenierungen kultureller Vielfalt. Frankfurt am Main und New York City. Berlin.
Wiegelmann, Günter (1977): Die Sachkultur Mitteleuropas. In: ders. u. a.: Volkskunde. Eine Einführung. Berlin, S. 97–131.
– u. a. (1977): Volkskunde. Eine Einführung. Berlin.
– (1995): Theoretische Konzepte der Europäischen Ethnologie. Münster.
Williams, Raymond (1977): Innovationen. Über den Prozeßcharakter von Literatur und Kunst. Frankfurt/M.
Witzel, Andreas (1982): Verfahren der qualitativen Sozialforschung. Frankfurt/M.
Wolf, Eric R. (1986): Die Völker ohne Geschichte. Europa und die andere Welt seit 1400. Frankfurt/M.
– (1993): Gefährliche Ideen. Rasse, Kultur, Ethnizität. In: Historische Anthropologie 1, H. 3, S. 331–346.
Wünsch, Gudrun/Franziska Zschäck (1991): Wilhelm Heinrich Riehl (1823–1897). „…, daß unter allen Dingen dieser Welt der Mensch des Menschen würdigstes Studium sey.“ Der Volkskundler Wilhelm Heinrich Riehl. In: Mohrmann/Jacobeit (Hg.): Beiträge zur Geschichte der Volkskunde. Berlin, S. 35–40.
Zinnecker, Andrea (1996): Romantik, Rock und Kamisol. Volkskunde auf dem Weg ins Dritte Reich – die Riehl-Rezeption. Münster/New York.

Personenregister

Sachregister

Aus dem Verlagsprogramm

Ethnologie

Herwig Birg
Die demographische Zeitenwende
Der Bevölkerungsrückgang in Deutschland und Europa
4. Auflage. 2005.
226 Seiten mit 40 Schaubildern und
25 Tabellen. Paperback
(Beck'sche Reihe Band 1426)

Karl-Heinz Kohl
Ethnologie – die Wissenschaft vom kulturell Fremden
Eine Einführung
2., erweiterte Auflage. 2000.
212 Seiten mit 8 Diagrammen im Text. Broschiert
(C. H. Beck Studium)

Klaus Rosen
Die Völkerwanderung
2002. 128 Seiten mit 2 Karten. Paperback
(Beck'sche Reihe Band 2180)

Terry Eagleton
Was ist Kultur?
Eine Einführung
Aus dem Englischen von Holger Fliessbach
2. Auflage. 2001.
190 Seiten. Klappenbroschur

Hermann Bausinger
Typisch deutsch
Wie deutsch sind die Deutschen?
4. Auflage. 2005.
176 Seiten. Paperback
(Beck'sche Reihe 1348)

C. H. Beck Studium

In der Reihe „C. H. Beck Studium" werden Studienbücher zu den Kultur- und Geisteswissenschaften veröffentlicht, die behutsam und doch auf höchstem Niveau in die jeweiligen Wissensgebiete einführen. Zahlreiche Bände sind mittlerweile zu „Klassikern" der Einführungsliteratur geworden.

Dirk Berg-Schlosser / Theo Stammen
Einführung in die Politikwissenschaft
7., durchgesehene und erweiterte Auflage. 2003.
IX. 366 Seiten. Broschiert

Hartmut Leppin
Einführung in die Alte Geschichte
2005. 195 Seiten mit 10 Abbildungen und 5 Karten.
Broschiert

Gerhard Endreß
Der Islam
Eine Einführung in seine Geschichte
3., überarbeitete Auflage. 1997.
323 Seiten mit 6 Karten. Broschiert

Jürgen Heideking / Vera Nünning
Einführung in die amerikanische Geschichte
1998. 224 Seiten mit 4 Karten
und 1 Abbildung. Broschiert

Matias Martinez / Michael Scheffel
Einführung in die Erzähltheorie
6. Auflage. 2005. 198 Seiten. Broschiert

Hans-Ulrich Wiemer
Alexander der Große
2005. 243 Seiten mit 9 Abbildungen und 4 Karten.
Broschiert